刑事法の基礎

第2版

平川宗信
Hirakawa Munenobu

有斐閣

第2版はしがき

本書は，初版のはしがきで述べたように，刑事法全体についての知識を身に付け，刑事法の根底にある思想・理念や原理・原則を淵源・根本に遡って理解するためのテキストである。それゆえ，本書では，刑事法と犯罪・刑罰の現状および刑事法・刑事法思想の歴史を概観した上で，刑事法の理念・原理・原則や根底にある思想を人間観・国家観にまで遡って叙述することに努めた。

ところで，2008年に本書を刊行してから，4年余が経過した。その間，刑事法の分野では，裁判員裁判の開始，公訴時効の廃止・延長，冤罪や検察の不祥事を契機とした刑事司法制度改革論議の進行など，重要な変化が生じている。また，社会では，2011年3月11日の東日本大震災と，それに伴う東京電力福島第1原子力発電所爆発事件という，人間・社会・国家のあり方が問い直されるような深刻な事態が発生している。このような変化によって，本書の叙述も，いささかアウト・オブ・デートの印象を免れなくなった。そこで，この間の状況の変化を踏まえて，本書を改訂することにした。

改訂に際しては，犯罪と刑罰の現状に関する記述を『平成24年版犯罪白書』のデータ等によって最新のものに改めると共に，初版以後の刑事立法・法改正，制度改革，制度改革に関する議論状況等とそれに対する理念・原理・原則からの検討を織り込むことに重点を置いた。また，初版には心神喪失者等医療観察法（心神喪失等の状態で重大な他害行為を行った者の医療及び観察等に関する法律）に関する記述がなかったので，同法や保安処分に関する記述を追加した。刑事法の理念・原理・原則や人間観・国家観等に関わる部分は，初版で述べたことの重要性がさらに大きくなっており，基本的に叙述の変更等はしていない。ただし，私の仏教的人間観に関する記述については，いわゆる「本覚思想」（全てが一なる超越的実在に包含されているとする思想）を採るものと誤解されやすい記述になっていたため，記述を若干修正した。

初版刊行後の私にとって重要な出来事として，恩師・團藤重光先生のご逝去がある。團藤先生は，昨年6月に98歳の天寿を全うして世を去られた。人生には様々な出遇いがあるが，先生との出遇いなくして今の私はない。私の刑事法基礎理論は，人間とその主体性・尊厳性に基礎を置く先生の「主体性の理論」を引き継ごうとしたものである。刑事法に対する機能主義的・技術的な考え方が強い今日，人間の主体性・尊厳性に立って刑事法のあるべき方向を見定めていくことは，極めて重要なことである。不肖ではあるが，門下の一人として，先生の基本的な考え方を引き継ぎ，その深化と展開に努めていく所存である。本書は至らないながらもその努力の一部であり，本書を先生の御許に捧げさせていただく。

本書の改訂も，多くの方々の直接あるいは書物等を通した間接のご教示に負うところが多い。その一々を挙げることができないことをお詫びし，感謝の意を表したい。また，本書のカバー写真は，45年来の友人で日本画を描かれつつ美術教育にも携わってこられた石河晄一郎氏のご厚意によるものである。大地に根を下ろして幹から枝葉を茂らせた巨樹のイメージは，位負けの感はあるが，本書の意図と重なる。石河氏の友情に心から感謝申し上げる。なお，今回の改訂では，有斐閣書籍編集第一部の笹倉武宏氏と山宮康弘氏に大変お世話になった。厚くお礼申し上げる。

2013年1月28日

平川宗信

初版はしがき

本書は，私が名古屋大学法学部で担当した「刑事法原論」と中京大学法学部で担当している「刑事法入門」の講義案を基に書き下ろしたものである。講義のテキストとされることを予定しているが，本書を単独に読んでも，刑事法全体についての基礎的知識を身に付け，刑事法の根底にある思想・理念や原理・原則を淵源・根本に遡って理解できる内容にするように努めた。

本書は，法学部でこれから刑事法を学ぼうとしている学生を，読者としてまず想定している。しかしながら，刑事法の根底にある思想・理念や原理・原則は，刑事法の立法論・解釈論の基礎である。それを探究して立法論・解釈論に活かしていくことは，既に刑事法を一通り学んだ学部学生，法科大学院生，さらには研究者を目指す大学院生にも，必要・重要なことである。本書は，そのような学生・院生も，読者として想定している。また，今後は，裁判員として刑事裁判に関与する可能性がある市民にも，刑事法の基礎的知識と，基本的な思想・理念や原理・原則への理解が求められよう。法は，市民のものである。市民が刑事法のあり方を考えるのに本書が役立てば，望外の幸せである。

本書は学生・大学院生のテキスト・学習書を想定したものであるが，本書の根底には，私自身の思想と，それに基づく刑法の理念や原理・原則に関する私の考え方がある。私の思想の中核は，仏教思想とくに親鸞思想に学んだ人間観であり，それに基づいて團藤重光博士の主体性論を展開した仏教的ないし無我の主体性論である。そして，この見地から現行憲法を理解し，その上に刑事法の理論を構築する「憲法的刑事法学」を目指している。本書は，その概略を示したものでもある。そのため，独自の体系により，独自の見解を示したところも少なくない。この点は，ご了解いただきたい。

近年，刑事法学は非常に細分化され，個々の理論は極めて精緻になっている半面で，その全体的関連性，根底をなす人間観・国家観や，理念・原理・原則などに目が向けられることが少なくなっているように感じられる。とくに，最も根本の問題である人間の問題が，おろそかにされているように思われてならない。罰するのは人間であり，罰せられるのも人間である。人間の問題を置き去りにした刑事法学は，人間不在の刑事司法をもたらしかねない。そのような見地から，私は，仏教的人間観に立った刑事法学の再構築を目指してきた。しかし，これは仏教の現代的変革をも必要とする困難かつ反時代的な試みであることもあって，その歩みが遅く，いまだ試論ないし問題提起にとどまっていることは慚愧にたえない。

本書の背後には，今まで私が続けてきた刑事法の研究・教育，仏教の学び，そして報道被害・死刑問題を中心とした市民活動がある。それぞれのところで私を育てて下さった多くの方々に，深く感謝申し上げたい。とくに，今月お元気に95歳を迎えられた恩師・團藤重光先生には，心からのお祝いと感謝の気持ちを申し上げたい。なお，本書は，これらの分野における多くの方々の講義・講演・発言，著書・論文・講義録・講演録その他の文献・資料等から教示を受けて書かれたものであるが，その一々に言及することは不可能であり，本書の性格からも適切でない。そのため，言及・注記を省略させていただいた。失礼をお詫び申し上げるとともに，ご海容を乞いたい。

本書を構想して以後，大学は「改革」の嵐に翻弄され続け，落ち着いて深くものを考える余裕もなく，私の身上にも大きな変化があった。そのため，本書の執筆は予想外に遅れてしまった。気長に待っていただいた有斐閣書籍編集第一部長・酒井久雄氏に，厚くお礼申し上げる。また，同編集部の笹倉武宏氏に校閲や索引の作成等で多大なご助力をいただいたほか，高橋俊文氏にもお世話になった。深く感謝の意を表する。

2008年11月

平川宗信

目　次

第1部　刑事法の現状と歴史

第2部　刑法を考える

第3部　刑事訴訟法・行刑法・少年法・犯罪被害者法を考える

＊本書で用いている裁判所・判例集の略語とその正式名称は下記の通りである。

大判	大審院判決	刑録	大審院刑事判決録
最	最高裁判所	民集	大審院民事判例集
高	高等裁判所		最高裁判所民事判例集
判	判決	刑集	大審院刑事判例集
決	決定		最高裁判所刑事判例集
最大判	最高裁判所大法廷判決	判時	判例時報
最大決	最高裁判所大法廷決定	判タ	判例タイムズ

第1部
刑事法の現状と歴史

I　刑事法と犯罪・刑罰の現状

1　刑事法の現状

(1)　刑事法の法領域と基本的な法規

犯罪と刑罰の法　　犯罪と刑罰に関する法律は，一般に「刑事法」と呼ばれる。その中には，大別して 4 種類の性質の異なる法律が含まれる。実体法としての刑法，手続法としての刑事訴訟法，執行法としての行刑法，そして，最近の新しい刑事法領域としての犯罪被害者法である。

これら刑事法に関する法律として，さらに憲法がある。刑罰は，国家が強制力を行使して個人の生命・自由・財産等を奪うものであり，個人の基本的人権に対する重大な侵害となる。そこで，憲法は，刑事法のあり方について様々な規定を置いている。

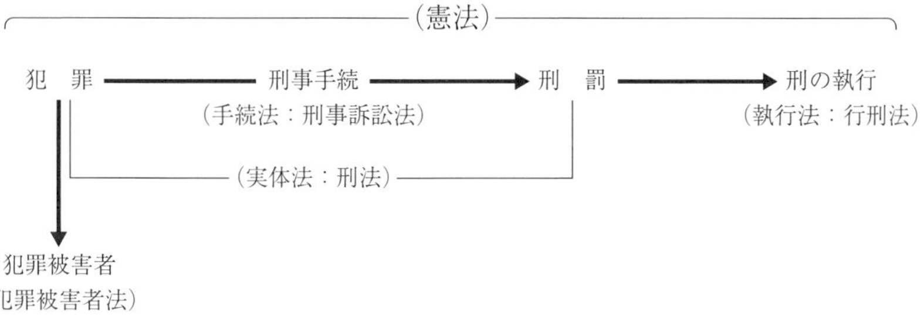

刑事法と憲法　　現在の日本において，犯罪・刑罰ないし刑事法のあり方に関する基本的なことを規定しているのが，国の最高法規である日本国憲法である。近代国家では，立憲主義が採られ，国家権力の行使は憲法による規制に服する。国家の刑罰権行使も，憲法による規制に服する。

憲法は，31 条以下に刑罰や刑事手続に関するかなり詳しい規定を置いている。これは，戦前の日本で国家の刑罰権行使によって多くの人権が侵害されたことを考慮して，刑罰権行使に厳しい制約を課したものである。基本となるのは「何人も，法律の定める手続によらなければ，その生命若しくは自由を奪はれ，又はその他の刑罰を科せられない」とした31条の規定で，実体法・手続法・執行法の全てが法律で定められ，さらにそれらの内容が適正であることを要求していると解されている。憲法のこれらの規定は，刑事法の全てに関する，現行の最も重要な刑事法規である。

また，憲法には，13条以下に多数の人権規定が置かれている。刑罰は，国家による人権の制限・剝奪という性質を有する。それゆえ，これらの人権規定も，刑事法と深い関係をもっている。後述（92頁，141頁以下）するように，憲法31条の規定も，13条以下の人権規定と表裏一体の関係にある。

刑事法は，憲法の下にある法律であり，これらの憲法規定を基礎に構築されなければならない。その意味で，刑事法は「憲法的刑事法」でなければならないし，刑事法学は「憲法的刑事法学」でなければならない。

刑　法　刑事法は，犯罪と刑罰に関する法律である。そこで，刑事法には，まず何が犯罪に当たり（犯罪成立要件・法律要件）それにどのような刑罰が科されるか（法律効果）という実体的法律関係を定めた法律がなければならない。これが，実体法としての「刑法」である。近代以前の社会では，権力者が気に入らない者を法律によらずに勝手に処罰することができた。しかし，近代国家においては罪刑法定主義が認められ，何人も，犯罪とそれに対する刑罰を定めた法律によらなければ処罰されることはない。近代国家には，犯罪と刑罰を規定した実体法としての刑法がなければならないのである。

刑法に当たる現行の法律としては，まず「刑法」という名前の法律がある。これは，1907（明治40）年に作られた古い法律で，漢文調の古めかしい文章だったため，1995年の改正で表記が現代用語化された。これが「形式的意義における刑法」で，「刑法」といえば通常この法律を指す。

ただし，犯罪と刑罰を定めた法律は，これだけではない。軽犯罪法，爆発物取締罰則，「人の健康に係る公害犯罪の処罰に関する法律」，暴力行為等処罰ニ関スル法律，「航空機の強取等の処罰に関する法律」など，犯罪処罰を内容とする特別法がかなりの数ある。これらは，「特別刑法」と呼ばれる。また，道路交通法，各種の税法，独占禁止法，銀行法，金融商品取引法等の行政法規にも多くの罰則が置かれている。これらは，「行政刑法」と呼ばれる。また，会社法（960条以下），破産法（265条以下）等の民事法規にも罰則がある。これらも，広い意味では刑法に属し，「実質的意味における刑法」と呼ばれる。

刑事訴訟法　刑法が定めたことを現実に実現するためには，実際に犯罪を確認して刑罰を決める手続が必要である。この手続を定めた法律が手続法であり，現在の刑事手続は訴訟手続で行われるため，「刑事訴訟法」と呼ばれる。

近代になるまでは，捜査・訴追の権限も有する裁判官が，被告人を一方的に断罪する「糺問（きゅうもん）手続」が広く行われてきた（江戸時代の「お白洲裁判」はその一例である）。しかし，近代国家では，民事裁判と同じように，原告に当たる検察官と被告に当たる被告人が刑罰権の存否をめぐって争い，その争い（訴訟）を中立的な第三者である裁判官が裁く「訴訟手続」で刑事裁判が行われる。憲法31条は「法定手続の保障」を規定しているから，その「訴訟手続」は，国会が制定する法律で定められなければならない。この法律が，「刑事訴訟法」なのである。

刑事訴訟法に当たる現行の法律としては，まず「刑事訴訟法」という名前の法律がある。これは，1948年にそれまでの法律（いわゆる「旧刑事訴訟法」・1922年）を全面改正したもので，これが「形式的意義における刑事訴訟法」である。「刑事訴訟法」という場合は，通常この法律を指す。

このほか，刑事手続に関しては，少年法，最高裁判所規則である刑事訴訟規則，少年審判規則等があり，手続の担い手に関しては，裁判所法，検察庁法，弁護士法や，刑事裁判への市民参加を規定した「裁判員の参加する刑事裁判に関する法律」(裁判員法) などがある。また，捜査手段としての盗聴に関する「犯罪捜査のための通信傍受に関する法律」(盗聴法) などもある。これらは，「実質的意味における刑事訴訟法」である。

行刑法　刑罰が決まれば，それが執行されなければならない。この刑罰の執行について定めた法律が，執行法である。近代以前には，釜茹(ゆ)で・鋸(のこぎり)引き・磔(はりつけ)などの残酷な死刑や，遠島，追放，笞(むち)打ちなどが刑罰の中心であった。しかし，現在の刑罰制度は，懲役・禁錮(こ)等の自由刑を根幹的な刑罰としている。それゆえ，現在では，執行法の中核は，自由刑の執行すなわち行刑に関する「行刑法」である。広義には，「行刑法」を刑執行法の意味に用いることもできよう。

刑の執行に関する基本的な規定は，現在は，刑法 (11条以下)，刑事訴訟法 (471条以下) に置かれている。懲役刑・禁錮刑の執行等については，従来は明治時代に制定された「監獄法」がこれを規定していたが，近年，「刑事収容施設及び被収容者等の処遇に関する法律」(刑事施設・処遇法) に全面改正された。

刑罰ではないが，少年院における保護処分の執行については，少年院法がある。仮釈放・保護観察などについて規定した更生保護法も，最も広い意味では行刑法に含めて考えることができる。犯罪に当たる行為を行った精神障がい者の医療機関への入院を規定した「心神喪失等の状態で重大な他害行為を行った者の医療及び観察等に関する法律」(心神喪失者等医療観察法) も，刑罰以外の措置に関するものであるが，犯罪者処遇に関連する法律として，ここで言及しておく。

犯罪被害者法　従来，刑事法は，刑法・刑事訴訟法・行刑法の3つの法領域で構成されていた。しかし，近年は，犯罪被害者に強い関心が向けられるようになり，犯罪被害者等基本法 (2004年) を初めとする多数の法律が立法されている。これらの法律は，「犯罪被害者法」という新しい第4の法領域を形作りつつある。ただし，この法領域は，なお発展途上にあり，将来の動向は不透明である。また，犯罪被害者法は，従来の法領域とくに刑事訴訟法と深く関連するが，その相互関係は理論的に不明確なままにされている。また，犯罪被害者法は，理論的な検討を経ずに政治的判断により立法されているものが多く，従来の刑事法とは異質の部分も少なくない。犯罪被害者法の展開と他の法領域との整合は，将来の課題である。

犯罪被害者に関する最初の法律は，生命・身体犯罪の被害者に対する給付金の支給を定めた1980年の犯罪被害者等給付金支給法である。その後，約20年間は立法の動きがなかったが，2000年に，刑事手続において被害者に一定の権利を認めた「犯罪被害者2法」(「刑事訴訟法及び検察審査会法の一部を改正する法律」,「犯罪被害者等の保護を図るための刑事手続に付随する措置に関する法律」) が制定された。そして，2004年には，犯罪被害者等のための施策の基本理念等を規定した犯罪被害者等基本法が立法された。さらに，2007年には，被告人に対する損害賠償命令の制度や，犯罪被害者等を「被害者参加人」として刑事手続に参加させる制度を新設する，刑事訴訟法等の一部改正が行われた。2008年には，少年による死傷事件の被害者・遺族による少年審判の傍聴を認めるための少年法の一部改正等が行われている。

(2)　最近の刑事法制の変化

安定期から変革期へ　　刑事関係の法律は，敗戦後の変革期に現行憲法の理念に従って大きく変容し，現在の刑事法制の根幹が確立された。そして，その後約半世紀は，社会状況の変化に対応するための部分的な立法や法改正はあったものの，大きな法改正や新規立法はほとんど行われなかった。しかし，地下鉄サリン事件があった1995年頃から日本における「治安の悪化」,「体感治安の悪化」や「安全神話の崩壊」が政府やマスメディアによって強調されるようになり，1990年代末頃から，国民生活の安全の確保を理由とする刑事関係法令の改正や新規立法が活発に行われるようになった。刑事法は，約50年にわたる安定期から，変革の時代に入ったということができる。

最近の刑事立法例　　最近の刑事立法の動きを概観すると，刑法では，従来は改正されることが少なかった刑法典が頻繁に改正され，強制執行妨害目的財産損壊等罪等 (96条の2以下)，支払用カード電磁的記録に関する罪 (163条の2以下)，不正指令電磁的記録に関する罪 (168条の2以下。「ウイルス作成罪」)，危険運転致死傷罪 (208条の2)，自動車運転過失致死傷罪 (211条2項)，人身売買罪 (226条の2) 等が新設され，賄賂(わいろ)犯罪，性犯罪，生命・身体犯罪の罰則強化，公務執行妨害罪や窃盗罪の罰則の変更などが行われた。特別刑法の新規立法も盛んに行われ，組織的犯罪処罰法，不正アクセス禁止法，児童買春・児童ポルノ処罰法等が制定された。

刑事訴訟法の領域では，刑事裁判への市民参加を定めた裁判員法が制定されたほか，刑事訴訟法の改正により，被疑者国選弁護（37条の2以下），犯罪被害者等の証人保護制度（157条の2以下），公判前整理手続（316条の2以下），被害者参加人制度（316条の33以下），即決裁判手続（350条の2以下）等が新たに導入され，重大犯罪の公訴時効の廃止・期間延長（250条）等が行われた。また，犯罪捜査のための通信傍受法（盗聴法）等の特別法も制定された。

少年法も大きく改正され，触法少年に対する警察官等の調査（6条の2），被害者等の意見聴取（9条の2），16歳以上の少年による故意の死亡事件の原則検察官送致（20条2項），審判への検察官関与（22条の2），被害者等の少年審判の傍聴（22条の4），被害者等への審判状況の説明（22条の6）等が導入された。

行刑法では，今までの監獄法が全面改正されて，刑事施設・処遇法が制定された。

前述のように，多数の犯罪被害者関連法も制定された。

刑事立法のあり方　前述のように，ここ10数年間に行われた刑事法の制定・改廃は数多く，多岐にわたる。しかし，それらの立法には，立法による解決を必要とする問題の存在，立法の問題解決に対する効果，刑法の基本原則や従来の考え方との関係等を十分に検討することなく行われたものが多い。

立法は，「生類憐れみの令」のように，立法者の自己満足のために行うものではない。立法は，法的解決が必要な何らかの社会的問題がある場合に，その解決のために行うものである。したがって，立法が行われる際には，まず，立法による法的解決が必要な問題が存在することが，事実によって論証される必要がある。これらの事実は，「立法事実」（legislative facts）と呼ばれる。立法事実が明らかでない立法は，合理的な立法とはいえない。また，刑事政策の分野では，近年，「証拠に基づく政策」（Evidence-Based Policy）の考え方が，世界的に強調されるようになってきている。これも，ある立法提案が妥当と評価されるためには，立法によって獲得すべき成果が明示され，その獲得目標がその立法によって実現されることが実証的根拠（証拠）により証明されなければならないとするものである。しかし，近年の刑事立法は，マスメディアの影響で形成された市民感情や被害者感情に立脚するものが多く，立法事実，獲得目標と実証的根拠などが明らかでない立法が少なくない。例えば，危険運転致死傷罪（刑法208条の2）も，無謀事故の厳罰化が所与の前提のようにみえ，このような立法の必要性，厳罰化の獲得目標（被害者感情の充足か，事故防止か），立法による目標の獲得可能性等が事実に基づいて論証されているとはいい難い。

また，刑事立法は，憲法を指針とし，憲法上の刑事法の基本原則に従い，憲法の理念を実現するように行われなければならない。そして，刑事法の従来の基本的な考え方や，他の部分・領域との整合性が慎重に検討されなければならない。しかし，近年の刑事立法においては，このような整合性に疑問を感じさせるものが少なくない。例えば，危険運転致死傷罪も，責任主義との関係，結果的加重犯の考え方や自動車運転過失致死傷罪（刑法211条2項）との整合性等の点で，多くの問題を含んでいるように思われる。自動車運転過失致死傷罪と業務上過失致死傷罪（刑法211条1項）との関係も，十分に検討されているようには見受けられない。自動車事故に関連するこれらの規定については法制審議会でさらなる改正が検討されているが，過去の改正も含めて理論的な検討が十分になされることが求められる。

立法事実や「証拠」に基づかない刑事立法，憲法や刑事法全体との整合性に問題のある刑事立法は，問題解決に役立たないだけでなく，市民の自由を不当に制約し，好ましくない副作用をもたらすおそれがある。我々は，刑事立法を感情的にではなく，これらの見地から慎重・冷静に分析・検討することが必要である。

2　犯罪の現状

犯罪統計の読み方　犯罪の全体状況は，通常，犯罪統計を用いた大量観察により認識される。日本では，政府機関による犯罪・刑事司法に関する公式統計が長期にわたってよく整備されており，その基本資料となっている。犯罪統計資料で一般市民にも利用しやすいものとしては，重要な犯罪統計を整理・編集・解説して毎年公刊される『犯罪白書』と『警察白書』がある。本書のデータも，基本的に，『犯罪白書』（平成24年版）のデータによっている。

ただし，統計には現実には存在しながら計上されない「暗数」があるため，統計が現実をそのまま反映しているとは限らないことに注意しなければならない。例えば，犯罪の発生件数の資料として警察統計の犯罪認知件数が用いられるが，実際には発生していながら警察が認知していない犯罪が存在するため，両者の間にはずれがある。殺人などの重大犯罪では暗数は少ないが，比較的軽微な窃盗や強姦等の性犯罪などでは被害を警察に届けない場合も多く，暗数は多い。堕胎・賭博・麻薬取引や贈収賄・脱税・会社犯罪などは，密かに行われるため，発覚するのは「氷山の一角」であり，多くが暗数となる。認知件数に暗数を加えたものが，現実の発生件数である。

また，警察が取締り・摘発を強化したり，被害に遭った市民が積極的に被害を届けるようになれば，犯罪の実態が変わっていなくても，統計上の認知件数は増加する。検察の起訴猶予基準や裁判所の量刑基準などが変動すれば，それに関わる統計上の数値も変化する。この意味では，犯罪統計は，犯罪というよりは刑事司法活動の実態を示すものである。

さらに，犯罪統計は，生データのままでは単なる数字の羅列であり，それを見ても理解するのは困難である。それで，犯罪統計は，生データを加工して提示されるのが通常である。そうすると，犯罪統計から受ける印象は，生データの加工・提示の仕方によって，与える印象がかなり異なってくる。例えば，長期的には減少している犯罪が一時的に増加しているような場合，全体を折れ線グラフで示せば「減少の中での微変化」との印象を与えるが，増加部分のみを拡大して示せば「増加している」との印象を与える。犯罪統計は，これらのことを念頭に置いた上で，慎重に解読する必要がある。

犯罪認知件数の推移　戦後の日本における刑法犯の認知件数は，戦後の混乱期に著しく増加し，1948 年にピークに達した。当時の警察力の弱体化による暗数の存在を考慮に入れると，実際の犯罪は統計以上に多かったと考えられる。その後，社会が安定するに伴って刑法犯の認知件数は次第に減少し，1953 年頃に底となった。しかし，その後，高度経済成長が進むにつれて，刑法犯認知件数も次第に増加した。ただし，その増加は主に交通関係業過（業務上過失致死傷罪に当たる道路交通事故）の増大によるもので，それを除いた刑法犯の認知件数は，経済の発展・向上に伴い，横ばいかむしろ減少傾向をたどった。

犯罪認知件数

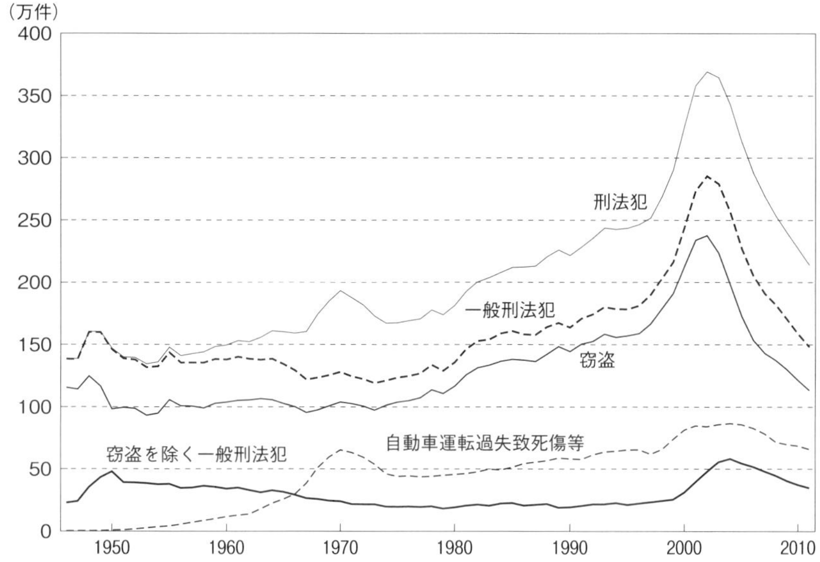

注　平成 24 年版犯罪白書を基に作成。
1955 年以前は，14 歳未満の者による触法行為を含む。
1965 年以前の一般刑法犯は「業過を除く刑法犯」である。

しかし，交通関係業過を除く刑法犯の認知件数も，1974 年以後は増加に転じる。これは，戦後生まれの「団塊の世代」が犯罪適齢になってきたことと，石油ショック後の経済矛盾の増大によるものと考えられる。ただし，増加したのは主にオートバイ盗・自転車盗・車上狙い等の比較的軽微な非侵入窃盗であり，増加の動きも緩やかであった。ところが，刑法犯の認知件数は，1998 年から 2002 年にかけて，急激に増加する。交通関係業過と窃盗を除く一般刑法犯の認知件数も，2000 年から 2004 年にかけて，大きく増加する。そして，これらの認知件数の増加は，政府とマスメディアによって日本の「治安の悪化」,「安全神話の崩壊」を示すものと説明され，前述した厳罰化・処罰拡大・捜査権限強化等のための法改正・新規立法の理由とされた。

しかし，これらの犯罪認知件数の増加が現実の犯罪発生件数の増加によるものであるかについては，疑問が提起されている。なぜならば，犯罪は社会の病理現象であり，社会秩序を悪化させる状況が急速に拡大しない限り犯罪が急増することはないと考えられるところ，この時期の日本社会にはそのような社会状況の急激な悪化はみられないからである。そこで，これらの犯罪認知件数の増加は，現実の犯罪の増加によるものではなく，暗数になっていた犯罪が警察への届出の増加により統計に現われたことによるとの見方が有力である。そして，届出の増加の原因としては，犯罪被害者への不適切な対応が社会問題化して警察が被害届を積極的に受理するようになったこと，保険が普及して保険金請求のための被害届出が増えたことなどが考えられている。

刑法犯の認知件数は，2003 年以後，再び減少に転じている。自動車運転過失致死傷等（自動車運転過失致死傷罪または業務上過失致死傷罪に当たる道路交通事故）と窃盗を除く一般刑法犯の認知件数も，2005 年以後，やはり減少に転じている。これも，社会が再び安定して犯罪が減少してきたということではなく，犯罪被害を積極的に届け出る動きが一段落したことによるとみるのが合理的である。

このようにみるならば，近年の犯罪認知件数の増加は，現実の犯罪の増加，「治安の悪化」を示すものではなく，日本の犯罪状況はなお良好と考えられる。実際にも，特別法犯は，道路交通法違反を除けば，戦後の混乱期に多かったものの，その後著しく減少し，安定しているのである。

各種犯罪の現況　近年は，「犯罪の凶悪化」ということもいわれている。犯罪の種類別にみた犯罪認知件数の推移と現況は，どうであろうか。

凶悪犯を殺人と強盗の認知件数についてみると，いずれも 1955 年頃までが著しく多く，その後は大きく減少している。近年の殺人の認知件数は，年間 1000 件程度にまで減少している。強盗の認知件数が 1998 年頃から急増しているが，不況の長期化という増加要因はあるものの，急増をもたらすような大不況があったわけではない。これも，それまでは窃盗として立件されていた粗暴なひったくりが強盗として立件されるようになったという，厳罰化の影響による「見かけ上の増加」とみるのが合理的である。強盗の認知件数自体も，2004 年以後は減少に転じている。凶悪犯が増加していると考える根拠はない。

粗暴犯の認知件数は，傷害・暴行・脅迫・恐喝とも 1965 年頃までが著しく多く，その後は大きく減少している。これらの犯罪の認知件数も 2000 年から急増しているが，この時期に人々を粗暴にするような大きな社会的変化があったわけではない。これも，前述した「届出の増加」であり，従来は届け出なかったような事件の届出が増えたことによる「見かけ上の増加」とみるのが合理的である。これらの犯罪の認知件数も，2003年頃からは減少傾向にある。

性犯罪の認知件数は，強姦・強制わいせつとも1990年代の末から増加しているが，ともに2004年以降は減少している。性犯罪は暗数の多い犯罪であり，近年の性犯罪の増加も，警察の性犯罪被害者対応の改善や女性の意識の変化に基づく届出の増加による「見かけ上の増加」とみられる。

刑法犯の大部分は窃盗であり，自動車運転過失致死傷等を除く一般刑法犯の約75%を占めている。その90%近くは，オートバイ盗・自転車盗等の乗り物盗と車上狙い・万引き等の非侵入盗である。また，一般刑法犯の約4%を占めている横領の大部分も，放置自転車の乗り逃げ（占有離脱物横領）である。それゆえ，一般刑法犯の約80%は，窃盗と占有離脱物横領という比較的軽微な犯罪で占められていることになる。なお，窃盗の認知件数は，1970年頃から徐々に増加し，1998年から2002年にかけて大きく増加した後，急速に減少している。長期的な増加は上記の乗り物盗・非侵入盗の増加によるものであり，近年の急増・急減も届出や余罪解明の変化による見かけ上の変化と考えられる。

交通事故は，交通環境の整備により1970年をピークに急速に減少したが，1978年頃から再び増加傾向に転じた。ただし，発生件数・負傷者数は増加したものの，死亡者数は減少しており，危険な死亡事故が増加しているわけではない。また，近年は，発生件数・負傷者数も，減少に転じている。

このように，犯罪の種類別にみても，2003年頃をピークとする「犯罪の増加」は見かけ上のもので，現実に凶悪犯・粗暴犯や性犯罪が増加しているとみることはできない。比較的軽微な財産犯には多少の増加傾向がみられるものの，犯罪状況は安定しており，治安は比較的良好といえる。日本において治安が悪化している，犯罪が凶悪化しているとみるのは，誤りである。

犯罪の国際比較　欧米の先進国と比べても（法制の違い等から正確な比較は困難であるが），日本の犯罪状況は，相対的に良好である。

近年の犯罪発生率（人口10万人当たりの犯罪認知件数の比率）を米国・イギリス・ドイツ・フランスと比べた場合，殺人では，日本は米国の約5分の1，イギリス・ドイツ・フランスの約2分の1から3分の1である。窃盗でも，日本はイギリスの約4分の1，米国・ドイツ・フランスの約3分の1である。主要な犯罪全体でみれば，日本は，これらの国の約6分の1ないし3分の1にとどまる。国際的な比較では，日本の犯罪発生率は相当に低く，日本の治安は相対的に良好である。

犯罪状況の正確な認識　このように，データを詳細に分析すると，統計上の犯罪認知件数の増減にかかわらず，日本の犯罪は，比較的安定しているとみなければならない。それゆえ，1990年代後半以後に強くいわれるようになった，日本の「治安の悪化」「犯罪の凶悪化」「安全神話の崩壊」は，事実誤認といわざるをえない。このようにみるならば，これらを理由に行われた近年の刑事立法は，虚像の立法事実に基づいて行われた立法といわざるをえない。このような立法は，誤診に基づいた投薬のように，好ましくない効果・作用を引き起こすおそれがある。

最近は，犯罪認知件数が減少している一方で，市民は治安の悪化を感じているとする世論調査が多い。そこで，治安は回復してきているが「体感治安」は悪化しているといわれることもある。しかし，市民が治安の悪化を感じているのは，生活実感からではなく，マスメディアの報道に基づくところが多い。警察・検察は，犯罪が増えれば組織・権限・予算の拡大を要求できるため，「治安の悪化」を印象付けようとする傾向がある。マスメディアは，これを批判的に検証して報道すべきであるが，近年は，警察・検察の発表を無批判にそのまま報道する傾向が強い。その報道に接した市民が「治安が悪化している」との印象をもつのは，当然である。また，近年は，犯罪被害への関心の高まりから，マスメディア報道に占める犯罪報道のウエイトも大きくなっている。これに接した市民が犯罪への不安を強くするのも，自然である。我々市民は，犯罪統計を正しく読み解き，またメディア・リテラシーを身に付けてマスメディア報道を正しく読み解き，現実を正確に認識した上で，刑事政策・刑事立法のあり方を考えていかねばならない。そうして初めて，立法事実と「証拠」に基づいた刑事政策・刑事立法が実現するのである。

もっとも，日本でも，近年は，「自己責任」や「競争」を強調する新自由主義的政策によって社会福祉や労働条件が後退し，社会的格差が著しく拡大すると共に，「ワーキングプア」や「ホームレス」等の生活困窮層の増加が大きな社会問題となっている。このところ，高齢者の犯罪が高齢者人口の増加を大きく上回る勢いで増加し，その犯罪も窃盗の割合が高い。これは，就労あるいは福祉の支援を受けるべき者がその機会を得られずに犯罪に陥っていることが大きいと考えられ，刑務所が「最後のセーフティネット」化しつつあるともみることができる。様々な分野における「グローバル化」や「3.11」以後の政治・経済・社会の不安定化によって社会的格差がさらに拡大して生活困窮層が全ての世代で一層増大すれば，大きな犯罪増加要因となる。社会連帯に立って社会的セーフティネットの再構築に努めなければ，犯罪情勢は厳しいものになると思われる。今後の日本の犯罪情勢は，決して楽観できない。

3　刑事司法の現状

捜査の現状　近代国家では，刑罰は，法律の定める手続によって科されなければならない（憲法31条）。刑罰を科す手続は，捜査から始まる。

捜査を行うのは，主に警察である。警察が犯罪を認知すると，捜査が開始される。捜査は，強制によらない任意捜査が原則で，逮捕・勾留・捜索・押収等の強制捜査は刑事訴訟法に特別の規定がある場合に限り例外的に認められる（刑訴法197条）。実際に，自動車交通関係事件を除く刑法犯・特別法犯で逮捕された者は，全体の30％程度にとどまる。ただし，警察・検察から逮捕状が請求された場合は裁判官によりその99％以上に逮捕状が発布され，逮捕された者は90％以上が勾留請求され，裁判官によりその99％近くについて勾留が認められている。逮捕・勾留の判断は，事実上，警察・検察がしているといってよい。

警察が被疑者を検挙（被疑者を特定して必要な捜査を遂げること）し，捜査が終了すると，一定の交通違反や軽微事件を除き，事件は検察官に送致される（刑訴法246条。「送検」）。2011年には，約214万件の刑法犯が警察に認知され，約112万件について被疑者が検挙されている。検挙率は，52.4％である。刑法犯の検挙率は，かつては70％程度あったものが，1980年代後半から低下し，2000年頃には30％台にまで下がったが，その後は回復してきている。これは，犯罪認知件数の増加に検挙が追いつかなかったためであり，検挙数自体が大幅に減少したためではない。近年の検挙率の回復も，認知件数の減少によるものである。

公訴提起の現状　検察官は，警察から事件を受理すると，必要な捜査を行い，犯罪の成否，証拠の内容，処罰の要否等の諸般の事情を検討して，公訴の提起（起訴）をするかしないかを決定する。犯罪の嫌疑がない場合は不起訴，嫌疑があっても起訴する必要がない場合は起訴猶予（刑訴法248条）にするが，嫌疑があって起訴する必要がある場合は公訴を提起する（刑訴法247条）。

検察庁での処理状況をみると，2011年に終局処理された一般刑法犯の起訴率は41.9％で，起訴された場合の約30％（刑法犯・特別法犯全体では約80％）は略式命令請求である。起訴猶予率は46.5％で，ここ10年以上にわたり増加傾向にある。自動車運転過失致死傷等の起訴率は約10％で，約90％は起訴猶予となっている。起訴された場合も，約90％が略式命令請求である。

裁判の現状　略式命令請求（被疑者の同意が必要）がされた場合は，略式手続という簡便・迅速な書面による裁判で100万円以下の罰金・科料が科される（刑訴法461条以下）。前述したように，事件の大部分はこの略式命令で処理される。公判請求された場合は，原則として，通常の裁判手続（公判手続）で裁判が行われる。ただし，事案が明白かつ軽微な場合は，被疑者の同意を得て，起訴の際に即決裁判手続という簡略な手続を申し立てることができる（刑訴法350条の2以下）。

通常の1審の手続は，原則として，地方裁判所または簡易裁判所で行われる（裁判所法24条，33条）。一定の重大事件については，裁判員裁判が行われる（裁判員法2条）。裁判所は，審理を遂げると，手続上の理由等で公訴棄却・免訴等を言い渡す場合の外は，有罪・無罪を判断して判決を言い渡す（刑訴法329条以下）。有罪の場合は，適切な刑を量定（量刑）して言い渡す。執行猶予にする場合は，その旨を併せて言い渡す（刑訴法333条2項）。この裁判に対して，検察官・被告人・弁護人等は，高等裁判所に控訴，さらに最高裁判所に上告して争うことができる（刑訴法351条以下。「上訴」）。それ以上争うことができなくなると，裁判は確定する。

通常の裁判手続による裁判では，無罪となる者は0.1～0.2％程度にすぎず，有罪率は100％に限りなく近い。1審で無罪となったときも，検察官が控訴した場合は，1審判決の約60～80％が覆されて有罪になっている。

4　刑罰の現状

日本の刑罰制度　現在の日本では，刑罰は，死刑・懲役・禁錮・罰金・拘留・科料が主刑とされ，没収が付加刑とされている（刑法9条）。

死刑は，刑事施設内で，絞首して執行される（刑法11条）。死刑は，原則として判決確定から6ヶ月以内に法務大臣の命令により執行されるものとされている（刑訴法475条）。法務大臣が死刑執行を命じたときは，5日以内に死刑が執行される（刑訴法476条）。死刑は，検察官・検察事務官・刑事施設長等が立ち会って（刑訴法477条），刑務官が執行する。

懲役は，無期と有期があり，有期懲役は1月以上20年以下とされている。懲役は，刑事施設に拘置され，作業を課される（刑法12条）。禁錮は，無期と有期があり，有期禁錮は1月以上20年以下とされている。禁錮は，刑事施設に拘置され（刑法13条），作業は課されない。

罰金は，1万円以上とされている（刑法15条）。拘留は，1日以上30日未満で，刑事施設に拘置される（刑法16条）。科料は，千円以上1万円未満とされている（刑法17条）。賄賂，凶器，偽造通貨，賭博の勝ち金，犯罪請負報酬等は，没収の対象となる（刑法19条）。

裁判所の科刑状況　裁判所の科刑状況をみると，2011年に通常手続の1審で有罪となった者の刑は，有期懲役・禁錮が約95％（懲役が大部分で禁錮は稀）を占め，残りの多くは罰金刑である（ただし，略式命令を合わせれば，刑罰の約85％は罰金刑である）。有期懲役・禁錮の刑期は，3年以下が90％以上を占めている。3年以下の懲役・禁錮の約60％には，執行猶予が付されている。

死刑は，敗戦直後には年間100人を超えていたのが次第に減少して，1970年代以後はほぼ年間1桁台で推移していたが，2000年代以後は年間2桁台に増加した。無期懲役も，同じ頃から大幅に増加し，厳罰化の傾向がみられた。しかし，2008年頃からは共に減少傾向を示しており，今後の推移が注目される。

死刑執行の現状　死刑は，1960年頃までは年間30人以上が執行されることも珍しくなかったが，その後次第に減少し，1977年以後は4人以下の状態が続き，1990年から1992年の3年間は執行がない状態が続いた。しかし，1993年に執行が再開され，その後は2011年を除き毎年執行が続いている。執行数は増加傾向にあり，とくに2008年には15名が執行された。殺人が増加していない中での死刑執行の激増は，正常な状態とは思えない。

判決確定から執行までの期間は，再審請求・恩赦出願等をしている期間は「6ヶ月」に算入されないこともあって，まちまちである。数年以後が多く，30年以上執行されない例もあるが，近年には確定から1年程度で執行された例もある。誰を執行するかは法務大臣の裁量であり，執行命令を出す基準は明らかではない。法務大臣の命令があれば，必ず5日以内に執行される。執行は，拘置所内の刑場で行われる。

懲役刑執行の現状　懲役・禁錮の有罪判決が確定した場合は，執行猶予にならない限り，刑が執行される。懲役刑の場合は，刑務所に収容され，作業等の矯正処遇が行われる（刑法12条2項，刑事施設・処遇法84条以下）。受刑者に改悛（しゅん）の状があるときは，刑期の3分の1（無期刑の場合は10年）を経過した後，地方更生保護委員会の決定により，仮釈放が認められうる（刑法28条，更生保護法33条以下）。仮釈放になった者は，刑期満了まで保護観察に付される（更生保護法40条）。

懲役・禁錮で行刑施設に収容されている受刑者数は，敗戦直後の1950年には約8万5000人であったが，その後大きく減少し，1993年には約3万7000人と最低を記録した。しかし，その後，急激に増加し，2006年には7万人近くにまで増大した。これは，厳罰化傾向により，実刑を科される者が増加するとともに刑期の長期化が進んだためと思われる。このため，刑務所における過剰収容状態が深刻化し，施設の増築や，民間資金を導入したPFI方式の刑事施設の建設も進められた。その後，刑務所収容人員は徐々に減少しているが，なお施設と職員は不足している。とくに女子刑務所は定員を約10％超えた受刑者を収容しており，早急の対応が求められる。

受刑者のほとんどは，男子である。女子の受刑者は，増加傾向にはあるが，受刑者の約9％にとどまっている。在所者の刑期は，男女とも3年以下の者が

80％以上を占め，5年を超える長期刑受刑者は数％にとどまる。最近は，受刑者の高齢化が進み，新規受刑者の60％近くを40歳以上の者が占め，60歳以上の者も約15％を占めるようになっている。なお，受刑者の60％近くは再入者である。

仮釈放が認められる受刑者の率（仮釈放率）は，低下傾向にあり，近年は50％程度である。仮釈放になる者も，80％近い者が刑期の80％以上を執行されている。無期懲役受刑者の場合，仮釈放が認められるのは年間数名（2007年はゼロ）と極めて少なく，獄死者の方がかなり多い。仮釈放された者の平均服役期間も長期化する傾向にあり，最近では25年以内に仮釈放される例はほとんどない。

5　少年非行と少年司法の現状

少年非行の現状　　少年刑法犯の検挙人員の推移をみると，1951年をピークとする第1の波，1964年をピークとする第2の波，1983年をピークとする第3の波，そして1998年をピークとする第4の波がみられる。第1の波は敗戦直後の社会的混乱の影響，第2の波は高度経済成長の歪みの影響，第3の波は「豊かな社会」の負の側面の影響によるものとされている。第4の波は小さく，その社会的要因についての明確な説明は見受けられない。

第1の波と第2の波には，敗戦と急速な経済成長という，少年非行の要因となる社会的要因が存在する。しかし，「第3の波」は，安定成長期の現象であり，非行の増加とその後の減少を経済社会的要因で説明するのは困難である。この「第3の波」は，非行の通報の増加による「見かけ上の非行の増加」とみるのが合理的である。すなわち，この時期は，豊かな社会が実現して子どもに目が向き，「早期発見・早期治療」のスローガンの下で，警察・学校・地域の連携による子どもへの介入が進んだ時期である。それで，従来は大目に見られたり学校・地域で処理されていた年少少年の軽微な非行も警察に通報されたために統計上の非行数が増加し，このような積極的活動が一段落することで統計上の数値が減少したものと考えられる。最近の「第4の波」も，少子化の進行により子どもの健全育成への社会的圧力が高まった時期における，「非行を見

少年刑法犯の検挙人員

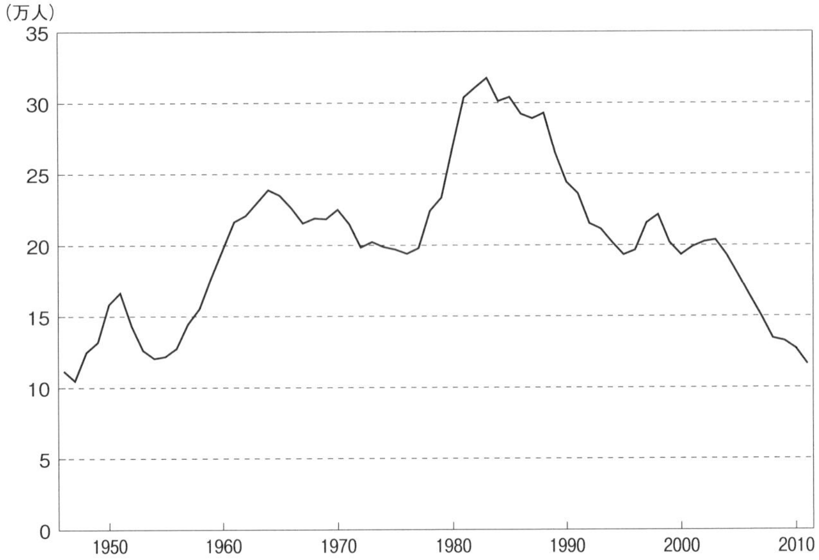

注　平成 24 年版犯罪白書を基に作成。
触法少年の補導人員を含む。
1970 年以降は，触法少年の自動車運転過失致死傷等を除く。

逃さない」動きから生じた「見かけ上の非行の増加」とみるのが合理的なように思われる。そうだとすると，「第 3 の波」と「第 4 の波」は見かけ上のもので，現実の少年非行は，「第 2 の波」以後は安定的に推移していることになる。

少年非行が「凶悪化」しているともいわれているが，殺人の少年検挙人員は，1960 年代までは年間 200～400 人で推移していたところ，1970 年代後半以後はおおむね 100 人未満（2011 年は 60 人）となっている。強盗は，戦後約 15 年間は高水準にあったが，1960 年代以後は著しく減少した。2000 年前後に強盗の少年検挙人員がかなり増加しているが，これも，少年非行に対する厳罰化・厳格対応の動きが強まった結果，ひったくりや「かつ上げ」の一部が窃盗・恐喝ではなく強盗として処理されたことによる見かけ上の現象とみるべきであろう。

少年非行も，大部分が窃盗と占有離脱物横領であり，両者で自動車運転過失致死傷等を除く一般刑法犯の約 80％を占めている。そのほとんどは，自転車盗等の乗り物盗，万引き等の非侵入盗，自転車の乗り逃げであり，比較的軽微な非行である。薬物事犯やシンナー乱用，道交法違反も，1980 年代後半以後は急減している。暴走族に所属する少年の数も，近年は急速に減少している。

このように，統計的にみる限り，少年非行は安定ないし減少しており，非行の凶悪化・粗暴化もみられない。日本の少年非行の状況は，比較的良好ということができる。

少年司法の概要　少年法は，20 歳未満の者を少年とし，少年の健全育成の見地から，罪を犯した少年にも，刑罰ではなく性格矯正・環境調整のための保護処分を科すこととしている（少年法 1 条，2 条）。

少年の事件は，警察・検察から全てが家庭裁判所に送致される（少年法 41 条，42 条）。家庭裁判所が事件を受理すると，家庭裁判所調査官が，事件および少年の生育歴・環境等を調査する（同法 8 条）。家庭裁判所は，調査の結果，審判に付すことができず，または不相当と認めるときは，審判不開始を決定して事件を終わらせる（同法 19 条）。家庭裁判所が審判開始を相当と認めるときは，審判を開始する（同法 21 条）。審判の結果，保護処分に付すことができず，またはその必要がないと認めるときは，不処分の決定をする（同法 23 条 2 項）。児童福祉法上の措置が相当なときは，事件を都道府県知事・児童相談所長に送致する（同法 23 条 1 項，18 条）。刑事処分を相当と認めるときは，事件を検察官に送致（同法 23 条 1 項，20 条。「逆送」）する。これら以外の場合は，保護観察，児童自立支援施設・児童養護施設送致，または少年院送致の保護処分を決定する（同法 24 条）。

事件が検察官に逆送された場合は，原則として公訴が提起される。起訴後の手続は，成人とほぼ同様である。少年院送致になった少年は，少年院に収容され，矯正教育が授けられる（少年院法 1 条）。少年院の処遇には，原則 2 年以内の「長期処遇」，原則 6 ヶ月以内の「一般短期処遇」，および 4 ヶ月以内の「特修短期処遇」がある。

少年司法の現状　家庭裁判所が受理する少年の数は，少年非行の「第 2 の波」のピーク時には 100 万人を超え，「第 3 の波」のピーク時にも 60 万人を超えたが，その後急速に減少し，2011 年には約 15 万人にまで減少している。そのうちの約 20% は道路交通法違反の少年であり，約 80% が一般保護事件の少年である。家庭裁判所が2011年に処理した一般保護事件の少年は約8万4100人であるが，審判不開始・不処分が約80％を占め，保護観察が約15％，少年院送致は3.7％である。道路交通法違反の場合は保護観察・検察官送致（刑事処分）の比率が高く，それぞれ約34％と約12％を占めている。審判不開始・不処分の比率が高いが，家庭裁判所調査官による調査が矯正処遇として機能し，効果を上げているのであり，何もされていないということではない。

少年院に新たに収容される少年の数は，少年非行の「第2の波」の時期までは毎年8000人を超えることが多かったが，その後は急速に減少した。「第3の波」と「第4の波」のピーク時には約6000人まで増加したが，2011年は約3500人にまで減少してきている。これは，前述した少年非行に対する厳罰化・厳格対応の動きの沈静化に対応するものとみられる。女子の少年院収容者は，全体の約10％と少ない。少年院収容者の保護処分歴をみると，男子では，少年院の経験がある者が約15％，それ以外の保護処分を受けた経験がある者が約50％で，保護処分歴のある者が多い。女子の場合は，保護処分歴のない者が50％を超えている。処遇区分では，長期処遇が約73％，一般短期処遇が約26％で，特修短期処遇は極めて少ない。ほとんどの少年に仮退院が認められており，長期処遇の少年の平均在院期間は1年余である。出院から5年内に再入院した者の比率は15～16％，出院から5年内に刑務所に入所した者の比率は8～10％であり，成人受刑者の再入率と比べてかなり低い。

II　刑事法制の歴史と国際比較

1　刑事法制の歴史性と地域性

文化としての刑事法制　刑事法制は，人間活動の所産であり，人々が長い年月をかけて作り上げてきた無形の文化財である。現在の日本の刑事法制も，先人が営々として歴史的に形成してきたものである。

絶対に正しい永遠・不変の普遍的刑事法制というものは，存在しない。人間の営為は常に相対的であり，全ての制度は仮のものにすぎない。刑事法制も，政治的・文化的な歴史・伝統や経済的・社会的現実の中から，その時，その所における仮の相対的存在として作られてきたものである。それゆえ，刑事法制には時代・地域による多様性があり，今の日本には今の日本の刑事法制がある。

しかし，今の日本の刑事法制も，不動のものではなく，時代と共に変化してゆく。変化の担い手は，我々である。我々は，その変化を成り行きに任せるのではなく，あるべき方向に変化させていかなければならない。それには，まず，現在の日本の刑事法制を世界の刑事法制史の中で相対化し，その歴史的・世界的位置を明確に認識する必要がある。その上で，現在の時代・社会の中で人間の本来のあり方を追求し，その見地から現在の刑事法制を批判的に検討し，その進むべき方向を見極めなければならない。

日本の刑事法制と世界　日本の刑事法制は，奈良時代に中国の律令の刑事法制を，明治期に近代ヨーロッパ（とくにドイツ）の刑事法制を，戦後にアメリカの刑事法制を受容しつつ，独自の展開を遂げてきたものである。そして，律令刑事法制は古代中国文化を背景に，近代ヨーロッパ刑事法制はローマ法とゲルマン法を源流に市民革命の中から，アメリカ合衆国の刑事法制はイギリスのコモン・ローの中から，それぞれ生まれてきたものである。それゆえ，現在の日本の刑事法制の世界史的位置をみるためには，中国法・ヨーロッパ大陸法・英米法の歴史的展開とその特徴を概観した上で，日本の刑事法制の歴史的展開を概観するのが適切である（なお，下の「刑事法系概観図」参照）。世界には，このほかにもイスラム法などの重要な法系が存在するが，日本法との直接的な交渉はないので，ここでは立ち入らない。

なお，刑事法制は，人間の歴史の初期の発生段階では，地域による差異は少ない。これは，文化の地域差が少なく，社会が等質的であったためである。しかし，時代が進むと共に文化は多様化し，多様な法系が独自の展開を遂げる。そこで，以下では，歴史の初期段階の刑事法制を概観し，次いで，各法系の展開を概観することにする。

【刑事法系概観図】

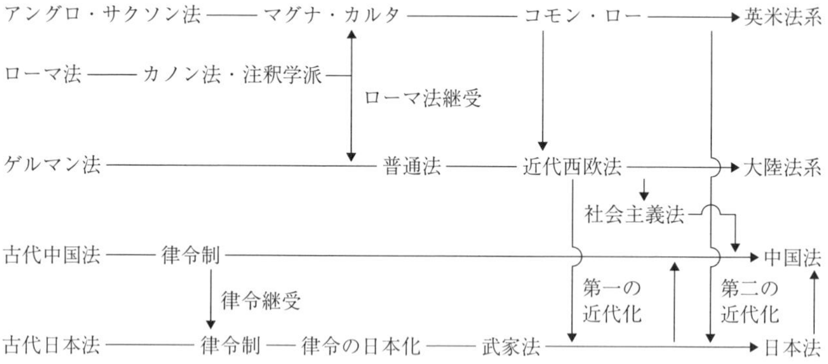

2　刑罰制度の成立

刑罰の起源　刑罰の起源は，祭祀と復讐にあるといわれている。

原始社会では，人々は，血縁を中心とした氏族集団を形成して生活していた。氏族集団はそれぞれ独立していて，それらを統括・支配する上位権力はまだ発生していない。氏族集団は，低い生産力の下で生産を確保し，構成員の生存・維持を図るために強い団結を必要とし，神（氏神・トーテム）を中心とする宗教（シャーマニズム）により強く結合していた。そのため，集団とその宗教が人々の意識を規定し，人間を個人としてみる意識はなかった。

氏族集団の内部では，宗教が絶対的意味を持ったため，その禁止規範（タブー。集団の維持に危険な生産・生殖に関するものが多い）の違反が，罪と意識された。

そして，タブー違反の存在は集団に対する神の怒りを招き，集団に災いをもたらすと観念され，それを鎮めるために集団全体で祭祀が行われた。そこでは，罪を犯した者に神への捧げ物を出させる，罪を消すために肉体的苦痛を伴う呪術を行う，神へ犠牲として捧げる，集団構成員としての地位を奪う（平和喪失），集団から排除・追放するなどのことが行われた。また，罪を犯した者を神意により判定するため，神判（テスト・占い）や宣誓（厳格な形式の神への誓い）が行われた。ここでは，宗教規範が刑法としての意味をもち（法と宗教の未分化），タブー違反の存在が犯罪とされ（行為や故意・過失の有無は問題とされない，いわゆる結果主義・厳格責任），祭祀が裁判としての意味をもち，神への捧げ物・犠牲・平和喪失・追放等が刑罰としての意味をもった。これは，「内部的刑法」と呼ばれ，刑罰制度の起源の一つとされる。

異なる氏族集団の間での加害は，集団による集団に対する攻撃と観念され，被害集団全体による加害集団全体に対する無限定の報復攻撃（復讐・血讐：Blutrache）が行われた。ここでは，加害の事実だけが重要で，加害者の故意・過失等は問題になる余地がなく（結果主義），復讐が刑罰としての意味をもっていた。これは，「外部的刑法」と呼ばれ，刑罰制度のもう一つの起源とされる。

刑罰の発生　　生産力の増大につれて，支配層・被支配層の階級分化が生じて権力者が発生するとともに，氏族集団は次第に統合され，古代王国を形成する。ここに，氏族集団の上に立ってこれを統制する王権が成立する。しかし，この王権は諸氏族集団の「盟主」的存在でしかなく，その権力はなお弱体である。

そのため，氏族集団の内部問題の多くはその内部的処理に留保され，犯罪の大部分は内部的処理に委ねられる。そこでは引き続き祭祀的色彩の強い処理が行われるが，内部の階級分化が進んでいる場合には，権力者（司祭・首長）の意思による裁判・処罰が行われるようになる。国王も，直接統治する範囲内では，権力者として自己の意思で裁判・処罰を行うようになる。ここに，公権力による公刑罰としての「刑罰」が発生する。

復讐は，王国の平和を乱すものとして，国王による統制が加えられるようになる。例えば，「タリオ」（「目には目を」等の同害報復）の原則による過剰な復讐の禁止，「アジール」（避難所・「駆け込み寺」）制度による逃避者の身の安全の保障，国王の賠償命令による復讐の禁止，「国王の平和」の制度による聖日や聖職者に対する復讐の禁止などである。これは，加害・被害の当事者間の紛争に権力が介入するものであり，民事裁判と同一の性格をもつ。そのため，「刑法の私法的把握」「私法的刑法」などと呼ばれる。

刑罰制度の確立　やがて大きな統一帝国が現われて帝権が強力になると，復讐は治安を乱す行為として禁止され，刑罰権力は皇帝の下に一元化される。裁判や刑罰も，次第に祭祀的色彩を薄め，皇帝による支配手段としての性格が強まり，法と宗教が分化する。これにより，皇帝権力による一元的な刑罰制度が出現し，公刑罰の制度が確立する。そして，古代文明の発展とともに犯罪・刑罰・裁判に関する法制が発達し，世界各地に多様な刑事法制が現われてくる。

3　ヨーロッパ大陸法系の刑事法制の展開

ローマ法　大陸法系の刑事法制の源流の一つは，ローマ法である。

共和制期のローマでは，刑事法制も民主政的な性格をもっていた。当時の基本法典の12表法（前450年頃）では，違法行為の多くは民事不法行為とされ，犯罪の種類は限られていた。裁判も私人による訴えで始まり（弾劾主義），民会が裁判した。

帝政に移行し，皇帝の権力が強力になると，刑罰権力も皇帝に集中し，権力的な刑事法制が整備された。反逆罪・通貨偽造罪・公共安全危険罪などの国家的・公共的犯罪が多く認められ，不法行為とされていた多くの行為が犯罪とされた。他方，アリストテレス以来の伝統に従って意思責任の原則が採られ，故意（dolus）・過失（kulpa）と偶然の結果（casus）とが区別された。刑罰は過酷化し，残酷な死刑・労役刑（ガレー船漕ぎ等）・流刑・笞（ち）刑・財産没収等が科された。裁判は，皇帝・官僚が行ったが，法律の制約は少なく，訴えを待たずに手続を開始し（職権開始主義），被疑者を恣（し）意的・強権的に一方的に取り調べ（糺問（きゅうもん）手続），拷問も行われた。このようなローマ法を集大成したのが，「ユスチニアヌス法典」（529年）である。

教会法・中世イタリア法学　やがてローマ帝国が滅亡し，ローマ教会が盛強になると，教会が刑事裁判権を行使するようになる。これは，異端審問や聖職者の懲戒裁判から始まり，次第に他の犯罪行為にも拡大された。ここから，教会法（カノン法）が生まれた。この刑事法制はキリスト教の色彩が濃く，犯罪は宗教的・道徳的「罪」，刑罰は「贖罪」と観念された。宗教・倫理に対する違反が犯罪とされ，行為の評価の際は行為者の内心・主観が重要視された。神が背後にある教会の裁判は権威的で，超越的立場から罪を明らかにし，贖罪をさせるべきものであった。そのため，裁判は糺問的に行われ，真実の解明が重視された。罪の告白の重視は，秘密裁判による自白の追求と拷問につながった。後には，異端に対する火刑にみられるように，刑罰も過酷化した。

中世には，教会法とローマ法がイタリア法学により発展させられた。そこでは，刑法は宗教的に基礎付けられ，刑罰は神の正義を地上に実現する手段として神聖化された。「全ての犯罪は罰せられねばならない」とされ，絶対的応報刑の理論が採られた。刑罰は，タリオや反射刑（窃盗犯の手の切断等）の観念から導かれ，過酷化した。他方，内心が重視され，意思責任の原則が認められ，幼児や精神病者は不処罰とされ，悪意（dolus malus）・過失（culpa）が処罰の要件とされた。ただし，悪事から生じた重大な結果には責任を負うものとされた（「versari in re illicita」の法理）。刑事手続は，ローマ法・教会法の糺問手続が精密化された。

ゲルマン法　ヨーロッパ中央部でも，481年にフランク王国が成立すると，刑罰権力も国王を中心に統一・整備された。犯罪は細かく類型化され，国王の命令で新しい犯罪が作られた。犯罪のキリスト教的理解がされ，行為者の心情が考慮されるようになった。復讐（フェーデ）は制限され，追放刑・拘禁刑・贖罪金で代替された。裁判は古代的・宗教的要素を強く残していたが，国王直属の裁判所の手続は次第に糺問手続化が進んだ（「フランクの糺問手続」)。フランク王国の刑事法制は，カール大帝（在位768～814年）時代に最も整備されたが，王国の衰退・分裂により崩れていった。

中世ドイツ・フランスでは，封建社会が形成され，刑罰権は国王・領主・教会・都市などに分有された。刑事法制は地方ごとの慣習法に委ねられ，行為者・被害者の身分で適用が異なり（身分刑法），極めて錯綜した。そこで，13世紀頃には，これを整理した「法書」（「ザクセン・シュピーゲル」が著名）が各地で作られた。中世の刑法は宗教的色彩が濃厚で，殺人・強盗・窃盗等のほか宗教的犯罪（異端・魔術・姦通など）が重く罰せられた。故意の有無は考慮されたが，結果主義的傾向も強かった。刑罰は過酷で，多様な死刑・身体刑・笞刑・焼印刑・名誉刑（晒し・仮面刑等）・追放刑・罰金刑・家産没収等があった。騎士の間ではこの頃まで復讐（フェーデ）が行われていたが，皇帝・国王権力の強化に伴い，12～13世紀に「平和令」が出されて禁止された。裁判手続は非形式的で恣意的なものになり，自白・世評による有罪認定と拷問が拡大した。

近世普通法　近世になると，広域的経済活動の活発化を背景に，ドイツでは神聖ローマ皇帝の下に領邦がまとまり，フランスでは国王に権力が集中して絶対王政が成立した。これに伴い，法の統一が求められ，中世イタリア法学によるローマ法が共通の法として継受され（ローマ法の継受），従来の慣習法・判例と共にローマ法の法律書が刑事裁判の基準となり，「普通法」が形成された。法典編纂の努力もされ，ドイツでは，カール5世のカロリナ法典（1532年）や各領邦の刑法典によって刑法が法典化され，これが裁判の基準となった。フランスでは，ルイ14世の「刑事手続に関する大条例」（1670年）が作られたが，刑法は法典化されず，地方慣習法による裁判が続いた。

刑法は，引き続き宗教的に「罪と贖罪」の見地から理解されたが，後には功利的な威嚇刑（威嚇による犯罪予防）の思想も現われた。宗教犯罪は，近世でも重く罰せられた。魔女裁判では，16～17世紀に約100万人が犠牲になったとされる。犯罪成立の一般要件では，ローマ法に倣って責任の存在が処罰の前提とされ，責任能力および故意（dolus）・過失（culpa）が処罰の要件とされた。故意は違法の意識を含む「悪意」（dolus malus）として理解されたが，versari法理の発展としての「間接故意」の理論によって，その範囲が拡張されていた。刑罰は依然として過酷で，残酷な死刑が多用された。

刑事手続は，過酷な糺問手続が一般的であった。裁判官の裁量権には法の枠がはめられていたが，国王の官僚統制のためで，国王は裁判に恣意的に介入できた。糺問手続は予備手続・予審・糺問手続の3段階に分かれていたが，同じ裁判官が全手続に関与した。手続は，職権開始による秘密裁判で，供述を記録した書面に絶対的価値が認められた（書面主義）。有罪にするには自白または3人以上の目撃証言が必要とされ（法定証拠主義），自白は「証拠の王」とされた。拷問が認められ，それでも自白しない場合には「仮放免」（後で再審理できる）や

「嫌疑刑」(疑わしいことへの刑罰）が認められた。

近代の刑事法制　啓蒙思想が生まれると，このような過酷な刑事法制は，人道主義・人権思想の見地から厳しく非難された。1789年のフランス革命は，このような制度（アンシャン・レジューム，旧制度）を倒して刑事法制を近代化し，それが他の地域へも波及していった。

フランスでは，1791年に刑法典が制定され，身分刑法の廃止，罪刑法定主義の確認，刑法の世俗化（宗教犯罪の廃止），個人責任主義の確立，刑罰の人道化（残虐刑の廃止，死刑の縮小，自由刑の一般化）等が行われた。また，裁判官の裁量の余地をなくすため，犯罪成立要件を細かく規定し，刑も固定刑とした。手続は，啓蒙思想家たちがイギリスの刑事手続を人権保障に厚い制度として高く評価していたため，イギリスの刑事制度が全面的に導入された。しかし，フランスでは，その後の政治的変動の中で刑事法制も大きく揺れ動き，ナポレオンによる刑法典（1810年）と治罪法（1808年）の制定によって，近代的刑事法制がようやく安定した。ナポレオン刑法典は，革命期の刑法原理を引き継いでいるが，犯罪の種類が増え，治安維持的傾向が強まり，固定刑も量刑制に変更されている。治罪法は，糺問手続を近代的手続に改変したもので，「改革された刑事訴訟法」といわれる。その内容は，①予備手続・予審・糺問手続をそれぞれ捜査・予審・公判に改変するが，担当者を分離して予断を排除する，②検察官制度を設けて不告不理の原則を採用し，弾劾主義・訴訟主義を確立する，③公判に陪審制を採用する，④自由心証主義を採用して自白重視を改め，拷問を禁止する，⑤裁判を公開し，直接口頭主義を採用して書面重視を改める，などである。ただし，フランスでは陪審制は定着せず，参審制に変容していった。

ドイツでは，フリードリッヒ大王の「プロイセン一般ラント法」(1794年）が刑法近代化の出発点とされるが，なお権威主義・国民訓育主義的性格が強く，近代的刑法としては不徹底であった。ドイツ最初の近代的刑法典とされるのはフォイエルバッハ（後述50頁以下）が起草したバイエルン刑法典（1813年）で，罪刑法定主義，宗教犯罪の廃止，刑罰の人道化など，法治主義・自由主義の精神を実現した刑法典とされている。この内容は，プロイセン刑法典（1851年），ドイツ帝国刑法典（1871年）にも引き継がれた。手続法では，ナポレオン治罪法以後，その影響を受けてラントの刑事訴訟法が作られ，それを基礎にドイツ帝国刑事訴訟法典（1877年）が制定された。これは，ナポレオン治罪法と比べると，検察官・裁判官の権限が強いなど，より国家主義的・権威主義的なものであった。

その後の展開　フランスでは，ナポレオン刑法・治罪法が，第二次世界大戦後まで長く刑事法制の基本を成した。治罪法は，ドゴール政権下の1959年に全面改正され，名称も「刑事訴訟法」に改められたが，旧治罪法を大きく変えたものではない。刑法も，ミッテラン政権下の1992年に全面改正され，1994年から施行された。新刑法も，旧刑法を根本的に変えたものではないが，1981年の死刑廃止を引き継ぐなど，より自由主義的・人道主義的になっていると同時に，新しい犯罪現象への対応が図られている。

ドイツでも，ドイツ帝国刑法・刑事訴訟法が，ナチス期に罪刑法定主義原則の削除等の国家主義的改変を受け，戦後再び自由主義的な方向に修正される（死刑も廃止された）などの変遷をたどりつつも，戦後まで命脈を保った。刑事訴訟法は，基本的には現在も現行法である。刑法典は，1969年以後，部分改正の積み重ねにより全面的に改められ，より自由主義・個人主義・人道主義的な要素も取り入れられた。ただし，最近では，新しい犯罪現象に対応するための，処罰範囲の拡大，捜査権限の強化，被告人の権利の制限などの法改正の動きも顕著である。

大陸法系の刑事法制の特色　ヨーロッパ大陸諸国の刑事法制は，歴史的には，ローマ法の伝統による理論的・体系的な成文法主義，キリスト教の伝統による真実・具体的正義の重視，強力な帝権・王権と糾問主義の伝統による権威的・治安維持的傾向などの特色をもっているといえよう。

そのため，刑法は，犯罪行為と行為者の具体的事情に適合した妥当な処罰のあり方を示し，国家による正義の実現を可能にするため，理論的・体系的に法典化される。刑法典は総則と各則に分けられ，総則には責任主義を基本に処罰の一般原則が刑法理論を踏まえて体系的に規定され，各則には犯罪とされる行為の類型が体系的に分類して規定される。刑事訴訟法は，この刑法の内容を実現するための手段と考えられ，刑法と刑事訴訟法とは「目的と手段」「基本法と助法」の関係に立つものとされる。その意味で，いわば「実体法の優位」の感覚が強い。そこで，刑事手続は，正義の実現のための真実解明の場としてとらえられ,「真実の発見」が刑事手続の基本的理念とされる（実体的真実主義）。そして，真実発見の責任は裁判官にあるとされ，刑事手続は裁判官を中心に構成され，公判は裁判官による証人・被告人の取調べを中心に進められる（職権主義）。このような刑事法制は，具体的な事実関係を重視し，それをきめ細かく調べて「信賞必罰」を実現することで正義の実現と犯罪の抑制を図ろうとするもので,「精密型」「犯罪鎮圧型」の刑事法制などともいわれる。

4　英米法系の刑事法制の展開

コモン・ローの成立　イングランドでは，11世紀半ばまでは強力な統一権力は成立せず，各地の領主や共同体の裁判所で，神判や決闘による祭祀的・復讐的な刑事裁判が行われていた。

イングランドには1066年に北フランスからノルマン人が侵入し，ノルマン人の国王を最高領主とする封建制のノルマン王朝が成立する。その後，国王権力は，中央集権化を図って領主や共同体の裁判所を次第に国王の裁判所に吸収し，刑罰権を一元化していった。そして，国王裁判所における法は，領主・共同体裁判所の法を吸収しつつ，王国の共通の法として独自の展開を続けていった。その後，国王裁判所は，次第に国王からの独立を強め,「コモン・ロー裁判所」へと発展していった。そして，その法として，生活に密着した実務的性格の強い判例法としての「コモン・ロー」(common law) が形成されていった。英米法系の刑事法制は，判例の集積であるこのコモン・ローを基本とし，これを制定法で補充・修正あるいは法典化する形で展開されてきたものである。

陪審制の展開　コモン・ローの裁判手続は，陪審制（Jury System）によって特徴付けられる。陪審は，起訴陪審（大陪審）と審理陪審（小陪審）とに分かれる。

大陪審は，当初は国王による犯人捜査の手段として採用された。外国から来たノルマン人の国王は，当初，全国に犯罪捜査網・情報網をもたなかった。そのため，被疑者を特定するため，犯罪地の住民を多数呼び出し，疑わしい者の名前を強制的に言わせた。しかし，国王権力が強力になると，国王の役人が被疑者を見つけ出し，それを治安判事が予備審問して起訴するようになる。そこで，大陪審は，これら国王の役人による起訴をチェックするための機関へと変容した。これが，今日の起訴陪審へと発展していった。

小陪審は，神判の廃止を契機に生まれた。国王裁判所では，当初は宣誓裁判が行われ，大陪審に被疑者として指名された者が12人の宣誓補助者（人格の保証人）を立てて無罪を宣誓できれば無罪とされた。しかし，1215年に教会が神判の正当性と聖職者の関与を否定し，宣誓裁判は不可能になった。そこで，裁判所は，被告人・事件を知る多数の者を陪審員とし，その知見に基づいて有罪・無罪を言明させ，それを基に裁判するようになった。この陪審は，一種の証人（証拠方法）であり，現在の陪審とは性格が異なる。陪審員の数は後に12人に縮小されたが，大体は大陪審の中から事情に最も詳しい者が選ばれた。しかし，そのような者は被告人や事件について予断・偏見をもち，判断が偏ることが多かった。そのため，1352年に大陪審と小陪審は分離され，被告人や事件を知らない者で小陪審を構成するようにされた。この陪審は，白紙の状態で裁判に臨み，訴追側・被告人側双方の主張と証人の証言等の証拠から有罪・無罪を判断するもので，裁判者（裁判主体）としての陪審である。これが，今日の審理陪審へと発展していった。

イングランドでも，絶対王政期には星室庁（Star Chamber, 1487年）が設置され，政治犯などに対して糺問的な刑事裁判が行われた。しかし，コモン・ロー裁判所の陪審裁判に対する国民の支持は強く，これが刑事裁判の主流として強固に存在し続けた。星室庁は1640年に廃止され，イングランドでは糺問手続は長続きしなかった。

コモン・ローの犯罪と刑罰　コモン・ローでは，犯罪は反逆罪・重罪・軽罪の3つに分けられたが，処罰範囲は広範かつ不明確で，刑罰は過酷であった。

反逆罪は，国王への反逆である大逆罪と，夫殺し，主殺し等の小反逆罪とに分けられた。大逆罪の限界は極めて不明確で，当初は，王権を傷つけるとされた多数の犯罪が大逆罪とされ，その範囲が極端に拡大した。そのため，大逆罪は，1352年の制定法で7つの類型に限定された。反逆罪に対する刑罰は極端に過酷で，生きながら腹を割いて絞首した後に斬首して四つ裂きにする刑および家産没収が科されたが，徐々に緩和された。

重罪には，謀殺・故殺・強盗・強姦・男色・窃盗・放火・夜盗・重傷害などが含まれた。重罪に対する刑罰は過酷で，ほとんどの場合，絞首・斬首・火焙(あぶ)りなどの死刑と家産没収が科された。しかし，後には，死刑に替えてアメリカ，オーストラリア等の植民地への流刑や強制労働を科すことも行われるようになった。犯罪成立の一般要件については，当初は厳格責任の観念が強く残っていたが，過酷な刑罰を緩和する目的とカノン法の影響から，主観的要素による処罰の限定が徐々に進み，やがて「犯意（mens rea）がなければ行為だけでは犯罪は成立しない」との原則が確立された。

軽罪には，傷害・暴行・偽証・公衆迷惑行為などが含まれ，罰金刑または禁錮(こ)刑が科せられた。禁錮刑は12世紀に始まっており，早くから自由刑があったことが注目される。

マグナ・カルタの近代的再解釈　17世紀以後，イングランドでは，「法の支配」（rule of law），「法の適正な手続」（due process of law）などの観念が定着し，コモン・ローは，市民の権利保障を中心に置く近代的法制へと徐々に姿を変えていった。そこで法理論的に重要な役割を果たしたのが，マグナ・カルタの近代的再解釈であった。

マグナ・カルタは，ジョン王の1215年のものが最初であるが，その後，何度も修正・再発布・再確認されている。マグナ・カルタは，本来的には，王権の弱体化に乗じて諸侯が国王に自分たちの権利・権益を認めさせた封建的契約文書である。それゆえ，その中の「いかなる自由人も，彼らの同輩たちの合法的判決あるいは国土の法によらなければ，逮捕または監禁され，（中略）法外放逐に処せられ，（中略）侵害されることはない」との規定においても，「自由人」は諸侯を，「同輩による裁判」は家士を仲間同士で主君の裁判所で裁く裁判を，「国土の法」は伝統的な宣誓・決闘等の法を，それぞれ意味した。しかし，エドワード・クック（1552～1634年）は，「自由人」を全人民，「同輩による裁判」を陪審裁判，「国土の法」をコモン・ローと制定法および慣習による「法の適正な手続」と理解し，マグナ・カルタを市民的人権保障文書として近代的に再解釈した。この後，マグナ・カルタは，「法の支配」「法の適正手続」を規定した基本文書と解されるようになり，刑事手続における人権保障を拡大する根拠となっていった。

イングランドにおける刑事法制の近代化　イングランドにおいても，18

世紀までは，刑事法制はなお前近代的な状況にあった。コモン・ローと制定法が複雑に交錯し，法の内容は不明確で，法の解釈・適用・科刑が裁判官の恣意的で気紛れな裁量に委ねられ，極めて不統一・不調和・不合理で，不正・矛盾・野蛮の塊であったといわれている。18世紀半ばまでは拷問が行われ，監獄（囚人を収容する施設）の状況も極めて非人間的であった。このような状況に対しては，18世紀末以後，啓蒙法思想家から厳しい批判が加えられた。そして，19世紀に入ると，立法等により，刑事法制の人道化・近代化が徐々に進行していった。

手続に関しては，陪審制度はあったが，19世紀初頭までは審理は極めて粗雑・拙速で，防御のための被告人の権利もほとんど認められていなかった。しかし，1772年には拷問が廃止され，19世紀半ばには被告人の弁護人依頼権・証人審問権等が認められ，被告人の防御権が次第に強化されていった。また，陪審員と裁判官の役割分担の明確化，証拠法則の精密化など，陪審審理を合理化する改革も行われ，人権保障を中心にした刑事手続が徐々に確立されていった。その中で，大陪審は，治安判事の民主化により市民による公訴提起チェックは不要になったとして，1933年に廃止された（アメリカ合衆国では存続）。

刑法も，19世紀半ば頃から，コモン・ローの犯罪類型や刑事責任の一般原則が制定法によって次第に整理・整序・明確化され，処罰の広範さ，過酷さも緩和され，徐々に合理化・近代化されていった。大逆罪は，1832年および1848年の法律で5つの類型に強く限定された。また，1861年には多くの立法によって多数のコモン・ロー上の犯罪が成文化され，その後も立法・法改正による改革の努力が続けられた。刑罰も次第に人道化され，植民地への流刑は廃止され，懲役・禁錮の自由刑が刑罰の中心になった。監獄も，監獄改良運動によって，次第に人道化されていった。

アメリカにおける刑事法制の展開　アメリカ合衆国は，コモン・ローを受け継ぎつつも，これを合衆国に適合するように変容し，独自の刑事法制を展開していった。

刑事手続に関しては，合衆国は，植民地時代にコモン・ローの陪審裁判を受け継いだ。しかし，本国を去ってきた移民たちは，当時のイングランドの前近代的な刑事手続のあり方には強い反感をもっていた。そこで，彼らは，17～18

世紀に本国に先駆けて刑事手続における人権保障を強化し，拷問・二重の危険・自己負罪等の禁止，保釈・証人審問権等の保障などを行い，「法の支配」「法の適正な手続」の実現を図った。

植民地期の刑法は，ピューリタニズムの影響から，かなり過酷・厳格であった。やがてコモン・ローを学んだ法律家が刑事裁判を行うようになると，その実体刑法が合衆国の刑法になっていった。しかし，当時のコモン・ロー刑法は，不合理で混乱したものでしかなかった。19 世紀以後，合衆国でも刑法の法典化が進み，連邦や多数の州で刑法典が制定され，コモン・ロー上の犯罪の成文化や新しい犯罪類型の創設によって刑法の合理化が徐々に進んだ。刑罰も，監獄改良運動により，次第に人道化されていった。

その後の展開　イギリスでは，その後も立法による刑事法制改革の動きが続き，とくに第二次世界大戦後，大きく進展した。戦後前半期には，刑事裁判制度の組織化・合理化，刑罰の人道化・近代化および統一的・体系的刑法典の制定が目標とされ，1960 年代を中心とする累次の法改正により，前二者はほぼ達成されたが，刑法の法典化は性犯罪・財産犯などについて部分的に実現するにとどまった。1980 年代以後は，犯罪の増加を背景に，保守党政権の下で，捜査・訴追体制の強化，重大犯罪の処罰強化など，刑事司法の強化を目指した法改革が行われた。労働党政権の下でも，基本的には同様の政策が続けられた。

合衆国でも，刑事法制は，戦後，大きく進展した。刑事手続については，1960 年代に連邦最高裁判所が被疑者・被告人の権利を拡大する判例を次々と打ち出し，「刑事手続法の革命」といわれた。これにより，手続的権利の保障は大きく前進した。1962 年にはアメリカ法律協会によって「模範刑法典」が作成され，多くの州がその影響下で刑法典の立法作業を行った。行刑についても，社会復帰思想の下で，受刑者の改善処遇が積極的に推進された。しかし，合衆国では，1970 年代以後，犯罪が増大し，犯罪対策が大きな政治問題となった。そして，警察力の強化，刑務所の増設，重罰化など，法秩序維持や「正当な報い」を重視した法改正が行われた。

英米の刑事法制の特徴　英米法系の刑事法制は，歴史的には，コモン・ローの伝統による実務的・実際的な判例法主義，陪審制の伝統による手続重視・民衆性，「法の適正な手続」の重視による人権保障的性格などの特徴を持っている。

英米法系の刑事法制は，基本的にはコモン・ローによって作られてきた。コモン・ローは，判例の集積で，実務的・実際的ではあるが，理論性・体系性には乏しい。そのため，時が経つと，内容は膨大になり，社会の変化により現実的でなくなった判例や理論的には矛盾あるいは不合理な判例も増加した。そこで，19 世紀以後，これを立法により整理・修正して統一的法典にする動きが進むが，完全な成文化はなお将来の課題である。

英米法系では，陪審制が刑事法制の中核と考えられている。陪審制では，裁判は，陪審の面前での訴追側・被告人側の両当事者の攻防によって進行する。そこで，手続は，当事者主義を採ることになる。陪審裁判は市民の権利保護の最後の砦（とりで）と考えられ，「適正手続の理念」の下で被疑者・被告人の手続的権利が重視される。合衆国は，とくにこの傾向が著しい。そして，このような手続が重視される反面，実体法は手続の中で実現されていくものと観念され，「手続法の優位」の感覚が強い。そのため，実体法は，実務的・実際的な反面，厳格責任・代位責任など理論的には問題のある制度も含んでいる。

この基礎にあるのは，冤（えん）罪者を出さないためには有罪者を逃すのもやむをえず，適正手続で陪審が有罪とした者のみが罰せられればよいとの感覚である。反面，有罪とされた者への刑罰はかなり重い。このような刑事司法は，「粗い司法」（ラフ・ジャスティス），「個人利益擁護型」などともいわれる。ただし，合衆国では，人種差別や貧富の格差が著しいため，偏見をもたれ有能な弁護士を雇うことができない被差別層や貧困層は，実際には適正手続から疎外され，捜査の過程で人権侵害を受けることが少なくなく，陪審裁判でも不利な立場に置かれやすいことが指摘されている。理念と現実は，必ずしも一致するものではない。

5　中国の刑事法制の展開

律以前の刑事法制　　中国では早くから文明が開け，政治権力が成立していた。そのため，中国では早くから権力による公刑罰が存在していた。ただし，夏・殷から周までの国家は宗教国家であり，その刑事法制も宗教的色彩が濃いものであった。

このことは，「法」という文字によく現われている。「法」の古い字体は，「灋」である。「廌」は，真実を言い当てるという伝説上の動物を示すとも，神判に用いる犠牲の羊（「法」の文字は「廌」を敗訴者と共に「水」に流し「去」る形とされる）を意味するともいわれている。いずれにしても，宗教的な意味合いが濃厚である。また，復讐（仇討ち）も認められ，これもかなり後の時代まで存続した。

この時代の刑事法制の具体的内容は不明の点が多いが，犯罪・刑罰は宗教的にとらえられ，刑罰は王が天に代わって与える「天罰」と観念されていたようである。刑罰に関しては，タリオ（同害報復）・反射刑の観念が強く，死刑・身体刑が中心の過酷なものであったとされている。刑事手続も，神判・盲誓による宗教的色彩の濃いものであったとみられている。

春秋戦国時代になると，諸子百家が輩出し，様々な国家思想が唱えられた。とくに，儒家は「王道」による「徳治主義」を，法家は「覇道」による「法治主義」をそれぞれ主張し，この二者がその後の中国の刑事法制を生み出していくことになる。

律の刑事法制　　秦は法家の思想によって法制度を整えたが，漢・隋は儒家の思想も取り入れて法制度の整備を図り，唐代にほぼ完成の域に達する。その刑事法制が「律」であり，唐の高宗が制定した「唐律」（653年）が代表的なものである。この唐律は，近世ヨーロッパの刑事法典をも上回る程に整備されたものであり，極めて高度な刑事法制を実現した法典である。

唐律における刑法は，総則部分と各則部分とに分かれる。そして，総則部分では，身分による刑罰の区別（身分刑法）を定めるほか，自首減免・共犯処罰（連座・縁座を含む）・罪数・累犯加重・故意と過失の区別等が認められていた。また，一種の罪刑法定主義が認められ，律の成文にない行為は処罰できないことになっていた。ただし，「援引比附（えんいんひふ）」（類推解釈）が認められており，近代の罪刑法定主義とは異なっている。刑罰としては，笞・杖・徒・流・死の5刑が認められていた。従来刑罰の多くを占めていた身体刑は存在せず，刑罰の人道化が行われた。しかし，後代には，身体刑が復活するなどして刑罰が過酷化した時期もあったようである。また，奴隷として使役することを目的とする点で近代的自由刑とは異なるが，自由刑・労役刑としての徒刑が広く行われたことは注目に値する。

刑事手続は，整備された糾問手続である。職権開始主義でなく弾劾主義が採られている，事実の確認に慎重な手続が採られている，拷問も比較的厳しくない，上訴が広く認められているなど，近世ヨーロッパの糾問手続と比べて，より精緻かつ人道的な手続ということができる。

唐律の刑事法制は，儒教の政治理念を基礎にした徳治主義・家父長的保護教育主義に由来する寛刑主義を基調にしたものである。これは，専制権力下の刑事制度としては比較的穏やかなものということができる。

その後の中国の刑事法制　　唐律の刑事法制は，専制権力下の刑事法制としては完成の域に達した，比較的温情的なものであった。そのため，この法制は，基本的にはその後の歴代王朝にも引き継がれ，清朝末期まで続いていった。

その後の近代の中国は，法制の近代化を目指し，西欧や日本の法制に学んで刑事法制の改革に努めた。1949 年の中華人民共和国成立後は，ソ連の法制も学んで社会主義的な刑事法制を確立する努力がなされたが，文化大革命によって法制度は完全に破壊された。「四人組」の失脚以後，法制度の再建の努力がなされ，刑法・刑事訴訟法も施行されたが，まだ十分には整備されていない状態であり，欧米や日本に学ぶ努力が続けられている。

中国の刑事法制の特徴　　中国の刑事法制の特徴は，律の精緻な刑事法制が比較的早期に確立し，それが 1200 年以上も続いたことにあるといえよう。現代の中国は，律の刑事法制を離れて近代的刑事法制を確立する努力を続けている。しかし，このような中国の伝統は，刑事司法担当者の幅広い裁量権や，死刑の執行猶予制度などの形で，現在の刑事法制の中にも引き継がれているように思われる。中国の課題は，中国の伝統を批判的に継承しつつ，人間の尊厳と人権を確保しうる刑事法制を主体的に形成していくことにあるといえよう。

6　日本の刑事法制の展開

(1)　近代以前の刑事法制

上代の刑事法制　日本では，弥生時代までは原始的共同体が各地に点在し，祭祀・復讐が刑事法制の役割を果たしていたと考えられる。

これらの共同体は弥生時代末から次第に「くに」へと統合され，さらに大和地方の政治勢力に統合されていった。それに伴い，刑罰権は「くに」の「王」に集中し，大和の「大王（おおきみ）」の刑罰権も次第に強くなったと考えられる。当時の刑事法制は，記紀や中国の史書から，古代宗教的色彩の極めて濃いものであったことが窺われる。ただし，復讐の要素は，痕跡をとどめていない。この点は，特徴的なことといえよう。

犯罪（「つみ」）は，「国津罪（くにつつみ）」と「天津罪（あまつつみ）」とに分けられ，農耕秩序を破壊する行為のほか，宗教的タブー違反や身体障がい・疾病・天災なども含まれていた。犯罪は，「神が悪（にく）む行為」として，宗教規範違反と未分化の状態にあった。刑罰も，「つみ」により生じた不浄（「けがれ」）の浄化（「はらへ」）と観念され，供え物（「はらえつもの」）の提供や「みそぎ」が科せられ，最終的には追放（「やらひ」）が科せられた。裁判は，祭祀であり，「盟神探湯（くかたち）」のような神判が行われた。

5世紀には，王・大王の世俗的権力が強まり，宗教の影響力が衰えた。犯罪・刑罰の観念も次第に宗教色を薄め，法と宗教が分化した。犯罪は権力者の意思・命令への違反として理解され，刑罰も世俗化され，死刑・流刑・追放刑・身分刑（身分を落とす）・身体刑・没収刑などが科されるようになった。裁判手続も，祭祀から糺問手続に移行した。

律令の刑事法制　6世紀末以後，東アジア情勢の影響から，天皇を中心に統一国家体制を整備する動きが活発化した。大化の改新（645年）後は，中国の律令制に倣って国家・法体制を確立する努力がされ，701年に大宝律，718年に養老律が作られた。

大宝律・養老律は，唐律を継受したもので，刑罰が若干軽減された以外は，ほとんど唐律と同一である。犯罪は国家秩序への違反として理解され，各則に個別具体的に規定された。刑罰は，懲戒・威嚇のためのものと理解され，唐律に倣って笞・杖・徒・流・死の5刑が認められた。総則は，唐律をほぼそのまま受容している。手続も，唐律の糺問手続をほぼそのまま取り入れている。

これにより，日本は，当時の世界水準の刑事法制をもつことになった。しかし，これは「紙の上」のことで，これが実際にどこまで行われたかは疑問である。当時の日本には，高度の律令体制を支える社会・経済的基盤や権力構造が十分には存在せず，律令を完全に実施できる条件は整っていなかったからである。律令は全国で完全実施されたのではなく，畿内を中心に限られた地域で行われたにとどまったとみるのが穏当であろう。

律令制の変容　このような社会的実態から，律令は，「格式」などで実情に合わせて変容され，日本化されていった。刑事法制も，令外の官の「検非違使（けびいし）」により，律の法制が変容された。検非違使は，京中の犯罪に機敏に対応するために816年頃新設されたものであるが，次第に管轄権を拡大し，律令によらず，その先例である「庁例」を重視した。これにより，手続が簡略化・柔軟化された反面で死刑が大幅に削減されて刑が軽減されるなど，律の刑事法制は大きな変容を受けた。また，810年から1156年までの約350年間，朝廷においては死刑が行われなかったことが注目される。

平安時代後期には，律令体制が崩壊し，刑罰権も朝廷・荘園領主・武家などに分有されていった。そこにおける刑事法制は，律令・格式を地域の慣習・慣例などで変容したものが一般的で，簡便な糺問手続で，律・庁例と慣習法に従って処罰するのが通常であった。

武家法の刑事法制　鎌倉幕府が成立すると，幕府は謀反（むほん）・殺人・強盗等の「大犯三箇条（だいぼんさんかじょう）」に刑罰権を行使し，「御成敗式目」（1232年）を制定し，武家法が確立する。御成敗式目は武家の「道理」すなわち慣習法を成文化したもので，以後，武家の刑事裁判は，これを基本法とする慣習法によって行われるようになった。

武家法では，武家の封建秩序を乱す行為が犯罪とされ，死刑・自由刑・家産没収・名誉刑・身体刑が科された。鎌倉幕府の刑法は比較的温和であったが，室町時代には威嚇主義が強くなり，喧嘩両成敗（けんかりょうせいばい），幼年者処罰などの原則が現われた。幕府の裁判は糺問手続であったが，鎌倉幕府では，弾劾主義を採り，拷問で得た自白で有罪とすることを否定するなど，比較的温和なものであった。室町幕府では手続は厳格化し，自白の重視や拷問も行われた。中世の刑事法制では，神判が復活した。鎌倉幕府では「参籠起請（さんろうきしょう）」（宣誓の一種）が，室町幕府では「湯起請（ゆきしょう）」（「盟神探湯」と同種）が行われた。

戦国期には，領国内に専制的支配を確立した戦国大名に刑罰権が集中し，専制的な刑事法制が作られた。戦国期の刑事法制は，戦乱の中で専制的支配を貫徹するため，威嚇主義の強い，過酷なものになった。喧嘩両成敗が一般化し，連座（罪を犯した者の同僚・仲間を罰する）・縁座（罪を犯した者の親族を罰する）も広く行われた。刑罰として残酷な死刑や身体刑が行われ，手続も著しく糺問化し，恣意的な裁判や過酷な拷問が行われた。

江戸時代には，幕府と藩が裁判権を分有し，藩は幕府に準じた裁判を行った。その法制は，戦国期の流れをくむ厳しいもので，「見懲（みこらし）」すなわち厳しい懲戒と威嚇を基本理念としていた。裁判は慣習法に従って行われたが，1742年に幕府は先例を整理・体系化した「公事方御定書」を編纂し，多くの藩でも藩法集が作られた。太平が続くと従来の刑事法制がときに過酷と感じられるようになり，運用でそれを緩和する場合も生じたが，法制の根幹は変わらなかった。ただし，それでも，江戸時代の刑事法制は，近世ヨーロッパのそれと比べれば，温和なものであった。

江戸時代後半には，刑事法制の近代化につながる動きも現われている。18世紀中頃には仙台藩士・蘆野徳林（蘆東山）が『無刑録』を著して，人間の尊厳と平等に立脚した人道主義的な刑法思想を主張した。1790年には火付盗賊改役・長谷川平蔵の献言により老中・松平定信が石川島人足寄場（にんそくよせば）を設置し，世界に先駆けて社会復帰行刑を行った。

(2)　刑事法制の西欧化・近代化

明治初期の法制改革　明治維新後，新政府は，新しい刑事法制の整備を急いだ。当初は，「王政復古」の立場から律が復活され，1868（明治元）年に「仮刑律」，1870（明治3）年に「新律綱領」，1873（明治6）年に「改定律例」が制定された。これらは，大宝律・養老律に倣った前近代的なもので，身分刑法の性格を残し，罪刑法定主義の観念もなく，類推適用（「援引比附」）や条理による処罰（「不応為」）を認めていた。手続も糺問手続的で，自白を有罪判決の条件とし，拷問を認めていた。

しかし，不平等条約を改正し，領事裁判権を撤廃するためには，刑事法制を西欧化・近代化することが不可欠であった。そこで，明治政府は，フランスのナポレオン法典をモデルに選び，太政官の制度取調局，後には司法省を中心にその翻訳・学習を進めた。この成果を基に，1871（明治4）年には司法省が設置されて司法権が一元化され，1872（明治5）年には「監獄則」が制定され，検事の制度が導入された。

とはいえ，日本人のみで西欧的・近代的な刑事法制を確立することは不可能であった。そこで，政府は，1873（明治6）年にフランスからボアソナード（G. E. Boissonade, 1825～1910年）を法律顧問として招き，その指導の下で，弾劾主義と不告不理の原則の徹底，1875（明治8）年の大審院の設置による司法部の独立，1876（明治9）年の自由心証主義の採用と自白法定証拠主義の廃止，1879（明治12）年の拷問の廃止などを実現した。

西欧型刑事法制の確立　しかし，これらの改革は断片的で，刑事法制の全面的な近代化・西欧化には，統一的な刑法典・刑事訴訟法典を必要とした。そこで，政府は，ボアソナードに両法典を起草させ，これを修正して法律とした。1880（明治13）年に公布され翌々年に施行された「刑法」（旧刑法）・「治罪法」がそれである。監獄則も，これに合わせて，1881（明治14）年に全面改正された（改正監獄則）。

旧刑法は，ナポレオン刑法典に倣った比較的自由主義的な刑法典で，罪刑法定主義を明文で定め，客観的行為を重視し，罪刑の均衡を図り，従来の刑罰を緩和し，整った犯罪阻却事由・刑罰軽減事由を規定していた。治罪法も，ナポレオン治罪法に倣った比較的自由主義的な法律で，予審・公判における被告人の権利の確立，公判における弁護権の保障，公判の公開などがこれで実現した。改正監獄則も，監獄内の平和を理念とし，これを妥当な賞罰と作業により実現しようとする自由主義的なもので，その実現の場として西欧式の監獄が次々に建設された。これによって，刑事法制の近代化・西欧化が一応達成された。ただし，これらの刑事法制の確立は，国民のためのものではなく，国権の確立のために行われたものであることに注意しておく必要がある。このことが，その後の刑事立法と法運用を規定していくことになる。

刑事法制のドイツ化　その後，天皇を中心に権威主義的な政治体制を作ろうとした政府は，法制のモデルをフランスより権威主義的な帝政国家のプロイセン・ドイツに移し，1889（明治22）年にプロイセン憲法に倣った大日本帝国憲法（明治憲法）を制定した。刑事法制も，ドイツ的なものに改められていった。

刑法については，ドイツ帝国刑法典（1871年）に倣った新しい「刑法」が1907（明治40）年に公布され，翌年施行された。新刑法は，当時のドイツにおける行為者重視の主観主義や刑事政策重視の動きを取り入れて，裁判官の裁量の余地を広くした。また，罪刑法定主義の規定を削除し，旧刑法が細分化していた構成要件を統合して一つの抽象的な構成要件として法定刑の幅を拡大し，裁量による刑の執行猶予を認め，刑の減軽における裁量権を拡大した。この刑法典は，部分改正と1995年の現代用語化を経ながら，現在なお現行刑法典として存続している。

刑事訴訟法については，憲法制定の翌年，ドイツ的な裁判所構成法の制定を契機に，治罪法がドイツ的な「刑事訴訟法」（旧々刑訴法・明治刑訴法）に代えられ，さらに1922（大正11）年に新しい刑事訴訟法（旧刑訴法）が制定され，翌々年施行された。旧刑訴法は，外見的には大正デモクラシーを反映してかなり自由主義的にみえるものの，実際は検察官の権限が非常に強力で，治安維持的・権力的な性格が極めて強いものであった。

行刑法は，憲法発布の年にドイツ的な新しい「監獄則」（新監獄則）に代えられ，さらに1908（明治41）年，より徹底してドイツ的な「監獄法」に代えられた。これは，規律の維持を基本理念とし，戒護・拘禁に重点を置いたもので，「処遇」の考え方は薄かった。この法律も，2005年に全面改正されるまで，100年近くの間存続した。

戦前の刑事法制の動き　その後の日本の刑事司法は，このような法制度の下で，極めて権威主義的・権力主義的に運用された。刑法は治安維持・積極処罰の方向で解釈・運用され，刑事訴訟法も検察官主導で人権侵害的・恣意的な運用がなされた。政治犯に対しては法律を無視した検束・拷問なども行われ，多くの犠牲者が出た。行刑では，西欧的な教育刑の理念と日本的な「天皇の臣民としての教化」の理念が結合して，抑圧主義から次第に「処遇」重視の方向に移行し，1933（昭和8）年に「行刑累進処遇令」が制定された。これは，監獄法の実質的な改正に当たる重要な変化であった。少年については，1922（大正11）年に少年法（旧少年法）が制定された。これは，検察官の判断により行政機関である少年審判所が18歳未満の少年に対して刑罰ではなく保護処分を行うこととしたもので，当時「愛の法律」と呼ばれた。

国家主義的傾向が強まり，さらに戦時体制に入ると，刑事法制にもその影響が及んでくる。1937（昭和12）年には「軍機保護法」が制定され，1941（昭和16）年には「治安維持法」が改正され，その翌年には「戦時刑事特別法」が制定された。その結果，国民の自由は大幅に制限され，旧刑訴法による人権保障もさらに限定され，行刑は受刑者を戦時生産に動員する「戦時行刑」へ移行した。

(3)　戦後における刑事法制の展開

刑事訴訟法の動き　　敗戦による天皇制絶対主義体制の崩壊と，1946年の日本国憲法の制定に伴い，刑事法制も民主化・自由主義化の方向へ進んだ。

刑事訴訟法は，新憲法が刑事手続における人権を厚く保障する規定を多数置いたため，憲法との矛盾が著しかった。そこで，「日本国憲法の施行に伴う刑事訴訟法の応急的措置に関する法律」（1947年）で違憲の事態の発生を回避した後，1948年の全面改正により英米法的な人権保障・当事者主義の理念を大幅に取り入れた現行刑事訴訟法（新刑訴法）に移行した。刑事訴訟法は，1953年に被疑者・被告人の権利を縮小する方向での一部改正がなされ，その後も1958年の警察官職務執行法改正案，1978年のいわゆる弁護人抜き裁判法案などの動きもあったが，法律となるには至らなかった。しかし，近年は，前述（8頁）したように，多くの法改正・新規立法がされている。

少年法も，アメリカ法の考え方を取り入れて，1948年に全面改正された。新しい少年法は，少年年齢を20歳未満に引き上げ，家庭裁判所に少年保護の責任を委ね，少年に刑罰を科すか保護処分にするかの決定権を検察官から家庭裁判所に移した。そのため，その後，法務省・検察庁は，少年に対する検察官の権限と刑事罰の範囲の拡大を求めて少年法改正の動きを続けた。そして，2000年以後，少年に対する厳罰化と少年手続の適正化を求める声を背景に，少年法がかなり大きく改正された。

刑法の動き　刑法は，1947年の一部改正で，新憲法の象徴天皇制・戦争放棄・表現の自由の保障などと抵触する規定が削除・修正されるにとどまった。

その後，戦争で中断していた刑法の全面改正作業が再開され，1974年に「改正刑法草案」が作られた。しかし，これに対しては，憲法の理念を無視した権威主義的・国家主義的な草案であるとの厳しい批判が加えられた。そのため，草案による改正は実現せず，1995年に現行刑法の文言の現代用語化のみが行われた。

1970年代頃からは，新しい犯罪現象の出現に伴い，公害罪法・航空機強取等処罰法・人質強要行為等処罰法・暴力団対策法・麻薬特例法等の特別法が作られたほか，1987年にはコンピュータ犯罪処罰のための刑法一部改正が行われた。近年は，前述（7頁）したように，刑法典が頻繁に改正されているほか，特別刑法の新規立法も盛んに行われている。

行刑法の動き　監獄法は，戦後改革期にも実質的な改正を受けずに存続していた。そのため，監獄法と，受刑者の人権保障や「社会復帰」を中心とする現在の行刑理念および「処遇」を重視する行刑実務との乖離が顕著になった。そこで，監獄法の全面改正が図られ，1982年に「刑事施設法案」が作られた。しかし，いわゆる代用監獄問題で法務省・警察庁と弁護士会が鋭く対立し，法改正は実現しなかった。しかし，2002年に発覚した名古屋刑務所における受刑者死亡事件を契機に監獄法改正の機運が高まり，2005年に「刑事施設及び受刑者の処遇等に関する法律」が成立し，2006年に未決拘禁者等をも対象とする「刑事収容施設及び被収容者等の処遇に関する法律」に改められた。

犯罪被害者保護の動き　戦後の動きとして，犯罪被害者保護の動きがある。日本における犯罪被害者保護の動きは欧米よりかなり遅く始まり，最初の犯罪被害者保護立法である犯罪被害者等給付金支給法が1980年に制定された。犯罪被害者保護立法が大きく進むのは2000年以後であり，犯罪被害者等基本法を初めとする多数の立法・法改正がされている。

(4)　日本の刑事法制の特徴

外国法の継受と日本化　日本の刑事法制の特徴の一つは，外国法を継受した後，それが日本化されていくというところにある。古代日本は唐律を継受し，それを日本化した。現在の日本は，明治以後に継受した近代西欧法を日本化する過程にあるようにみえる。

日本における外国法の継受は，内発的原因よりも国際状況によるところが大きい。そのため，継受した法と日本社会とが乖離し，それを埋めるために日本化が進むのは当然である。問題は，「日本化」のあり方である。「日本化」は，法を日本の「現実」や「古来の伝統」に適合するように変容させることとして理解されることが少なくない。しかし，法は，人間の本来性に合致したものであるべきである。日本の社会実態や伝統が人間の本来性に合致しているかは，批判的に検証されなければならない。また，日本の社会実態や伝統も多様であり，決して一様ではない。その一部のみを絶対視して，法制をそれに合わせようとするのは，誤りである。日本の社会実態や伝統を人間の本来性から批判的にとらえ返し，日本社会の進むべき方向を見通した刑事法制を主体的に形成することが，真の日本化というべきである。近代西欧刑事法原理には，人間の本来性に根差した普遍的な要素がある。これを日本社会の中で我々自身のものとして再構築することが重要であり，いわゆる「日本的」なものにいたずらに合わせるべきものではない。

判例の重視　日本の刑事法制は，判例法によった時代が長く，判例法主義的傾向が強い。外国法の継受は制定法を通じて行われるが，その運用は判例によるところが多く，それを通じて法の日本化が進んでいく。

現在でも，刑事法の基本法規には抽象的な法文が多く，解釈・運用は判例・先例による部分が多い。いわば，中心には制定法があるが，実質的に法制を動かしているのは判例・先例という状態である。その意味では，現在の成文法主義も，実質はかなり判例法主義的である。このような傾向は，今後も続くことが予想される。そうだとすれば，判例や法運用を官僚のみに委ねるのは非民主的であり，これを市民的立場からチェックするための市民参加のシステムを構築することは，不可欠というべきである。ただし，現在の裁判員制度がそのようなシステムとして機能するかは，疑問である（後述 244 頁以下参照）。

祭祀的・権威的性格　日本の刑事裁判の起源は祭祀にあり，復讐の痕跡はあまりみられない。そこでは，犯罪・刑罰は，「つみ」「けがれ」「はらえ」「みそぎ」「やらひ」などの観念でとらえられた。このような観念は，その後は制度の表層から消し去られた。しかし，犯罪・刑罰・裁判に対するこのような意識は，神道的感覚を通して現在にも引き継がれ，日本人の意識の深層に残存しているのではなかろうか。今日でも，裁判や刑を受けることを「みそぎを受ける」といい，「刑を受けてきれいな体になる」ということは，稀ではない。

このような共同体の平穏の実現・維持を基本とする観念は，刑罰や手続を比較的温和なものにする。刑罰が復讐として観念される場合には，同害報復は当然で，それを超える報復もありうる。しかし，不浄の浄化には，象徴的・儀式的な刑罰で足りるのである。もっとも，自由刑や死刑が「やらひ」として観念される場合には，これらが異分子排除の手段とみられ，刑務所出所者排除や死刑肯定の感覚を生み出す。さらに，祭祀的にとらえられた裁判は，権威が要求される反面で，社会の平安を取り戻す儀式になる。このような感覚の下では，被疑者・被告人の人権侵害や誤判も，社会の平安のためのスケープ・ゴートとして，問題にならなくなる。最近の刑事事件のマスメディア報道が「お祭騒ぎ」的様相を呈しているのは，日本人の精神の古層に根差したものともみられよう。

刑事法制に対する日本人の上代起源の感覚は，このような問題性を含むものである。我々は，このような日本人の意識の深層を探り，人間の本来的・普遍的なあり方からそれを批判的に分析し，これを克服していく必要があろう。

III　近代刑事法思想の流れ

1　啓蒙刑事法思想

近代以前の刑事法思想　明治以後の日本の刑事法制・刑事法思想は，ヨーロッパとくにドイツの近代刑事法制・近代刑事法思想から多大な影響を受けつつ発展してきた。そして，ヨーロッパの近代刑事法制・近代刑事法思想は，アンシャン・レジューム（旧制度）の刑事法制・刑事法思想を批判する中から生まれ，発展してきた。

アンシャン・レジュームの刑事法思想は，近世普通法学の刑事法思想であり，キリスト教の色彩が濃厚なものであった。そこでは，人間を罪深い被造物とする人間観と，国王権力を神から授けられたものとする国家観（王権神授説）とに基づいて，いわゆる神政的刑事法思想が当時の刑事法制（28 頁参照）を支配していた。犯罪は，宗教的な「つみ」すなわちキリスト教倫理に反する行為として観念され，瀆神等の宗教犯罪が重い犯罪とされ，行為者の主観（悪い意思）が重視された。刑罰は，応報を加えて罪を償わせる応報刑・贖罪刑と観念されたが，「見せしめ」としての威嚇刑の要素も多く，死刑が多用され，過酷であった。刑事手続は，過酷な糺問手続が一般的であった。

啓蒙思想家たち　17～18 世紀にかけて現われたモンテスキュー，ヴォルテール，ルソーなどの啓蒙思想家たちは，アンシャン・レジュームの刑事法思想を厳しく批判した。彼らは，人間を理性的存在とする理性的人間観と，国家権力を社会契約説に基づいて市民の意思によって基礎付ける合理主義的国家観とに立脚して，法と宗教との分離（法の世俗化）を図り，宗教犯罪の廃止，罪刑の法定，罪刑の均衡，目的刑論，糺問手続・拷問の廃止を主張するなど，合理主義的な刑事法思想を主張した。

ベッカリア　啓蒙思想に深い影響を受けたイタリアのミラノの青年貴族ベッカリア（C. Beccaria, 1738～94 年）は，『犯罪と刑罰』（1764 年）を著して，啓蒙主義的な刑事法思想をまとまった形で情熱的に展開した。

彼は，国家刑罰権の基礎を社会契約に求め，個人が自由・権利を他者の侵害から保護してもらうためにその一部を提供して作ったのが国家であり，国家刑罰権は社会契約の範囲内でのみ行使されなければならないとした。そして，社会契約で授権された立法者による法律のみが犯罪と刑罰を規定しうるとして，罪刑の法定を主張した。また，刑罰権を個人の自由・権利を保護する手段とするところから，他人を害しない宗教犯罪は刑法から除かれるべきものとして刑法の世俗化を図り，行為の犯罪性は行為者の意思の善悪ではなく行為の他者侵害性によって決定されるべきものとして刑法の客観化を図った。刑罰については，人々の犯罪や犯人の再犯を予防して被害を防止するためのものとする予防刑論に立ち，予防には刑罰の不利益が犯罪による利益を上回れば十分でそれを超える刑罰は不要として，罪刑の均衡や死刑廃止を主張し，刑罰の人道化を目指した。さらに，陪審制の採用，拷問の廃止，自白の証拠価値の否定，未決者を犯罪人として扱うことの禁止など，刑事手続の改革も主張した。

『犯罪と刑罰』の思想は，当時としては反体制的な危険思想であり，弾圧される危険があった。しかし，この書物が刊行されると直ちに大きな反響を呼び起こし，各国の言語に翻訳され，全ヨーロッパさらには全世界に大きな影響を与えた。

ホンメルとカント　ドイツでは，ホンメル（K. F. Hommel, 1722～81年）が，早くから啓蒙的な刑事法思想を主張していた。彼によるベッカリアの『犯罪と刑罰』のドイツ語訳（1778年）や，遺著の『刑法に関する哲学的考察』（1784年）は，ドイツの刑事法思想に大きな影響を与えた。ホンメルは，ベッカリア以上にアンシャン・レジュームの刑事法制に批判的で，犯罪の大幅削減，処罰の謙抑，監獄の廃止などを主張した。

さらに，ドイツでは，哲学者カント（I. Kant, 1724～1804年）が，啓蒙的な刑事法思想を主張した。カントは，その道徳形而上学に基づいて，法を外部的行為の規範，道徳を内部的良心の規範とし，法と道徳を峻別した。そして，社会契約説に依拠して，国家は個人の権利保護の任務のみを有し，それが侵害された場合にのみ刑罰権を発動できるとした。他方，カントは，「人格の絶対性」の見地から，「個人は，他の目的のための手段として扱われてはならず，それ自体常に目的として扱われなければならない。それゆえ，刑罰は，本人の改善や犯罪の抑止等の目的のために科せられてはならず，常に，ただその者が罪を犯したことのみを理由として科せられなければならない」として，刑罰はそれ自体が目的であり正義であるとする絶対的応報刑論を採った。そして，犯罪にはそれに等しい刑罰が科せられねばならないとして，同害報復（タリオ）を主張した。カントが「市民社会が構成員の同意によって解散するときには（例えば，ある島に住んでいる人々が解散して世界中に散って行くことにした場合），監獄につながれている最後の殺人犯は，その前に必ず処刑されなければならない。正義が滅ぶときには，人間が地上に生きる価値はない」としたことは有名である。

2　近代ドイツ刑事法思想の展開

(1)　ドイツ古典派刑事法思想の展開

前期古典派　　ドイツでは，フォイエルバッハ（P. J. A. von Feuerbach, 1775～1833年）が，カントを継承しつつ，啓蒙主義的・合理主義的・自由主義的な刑事法思想を展開した。

彼は，カントに倣って法と道徳を峻別し，社会契約説によって国家の任務を市民の権利の保護に置く個人主義的・自由主義的な国家観に立った。そして，宗教犯罪や風俗犯の犯罪からの削除による刑法の世俗化，個人の権利を侵害する行為のみを犯罪とすべきものとする権利侵害説，犯罪を行為者の意思ではなく外部的行為と権利侵害で把握すべきものとする行為主義・客観主義の考え方などを主張した。

他方，フォイエルバッハは，功利主義的な立場からカントの絶対的応報刑論を否定し，刑法を市民一般の犯罪防止のためのものとする，相対主義・目的刑・一般予防の考え方を主張した。彼によれば，合理精神をもつ人間は犯罪から得られる利益よりも刑罰による不利益の方が大きければ当然犯罪を思いとどまるから，刑法は，刑罰という不利益を予め告知・警告することによって人々に心理的圧力を加え，その犯罪を予防することを目的とするとされる。この考え方は，「心理強制説」と呼ばれる。

彼は，この理論から，2つの帰結を導き出した。一つは，警告としての刑罰は犯罪による利益をわずかに上回れば足りるという，罪刑均衡の原理である。もう一つは，罪刑法定主義である。彼によれば，重要なのは刑法で犯罪と刑罰を予め警告しておくことであり，実際に処罰することは警告が真実であることを示す意味しかない。そこで，彼は，法律で予め罪刑を定めておくことの重要性を「法律なければ刑罰なし（nulla poena sine lege）」などの標語に表し，罪刑法定主義を強調した。これで，ドイツに罪刑法定主義思想・法治主義思想が確立したとされる。

フォイエルバッハの刑事法思想は，夜警国家的国家観，合理主義的人間観，個人の自由の尊重という，自由主義的・個人主義的な思想に立脚している。これは，当時の市民社会成立期・初期資本主義期における市民階級のイデオロギーを反映したものである。彼が自由主義・個人主義に立って個人の自由と刑事司法における人権保障を重視した点は，今日も高く評価されている。とはいえ，フォイエルバッハはバイエルン王国の司法官僚であり，ドイツの民主化・自由化の遅れによる限界も認められる。例えば，彼の罪刑法定主義には，罪刑の予告による自由の保障という自由主義的な見地はあるが，罪刑は市民自身が立法者として法律で定めるという民主主義的な見地は欠落している。陪審制に反対し，死刑の存置を認めたことも，彼の限界といえよう。

ヘーゲルとヘーゲル学派　前期古典派の自由主義的・個人主義的な刑事法思想は，ヘーゲル（G. W. Hegel, 1770～1831年）とその流れをくむ「ヘーゲル学派」の人々によって否定される。

ヘーゲルは，一度峻別された法と道徳を「弁証法」の哲学で再び総合し，カントやフォイエルバッハの社会契約説的国家観を否定して国家を理性的・人倫的共同体と規定して，法は人倫の客観的形態であるとした。そして，フォイエルバッハの心理強制説を「犬に杖を振り上げて脅すように人間を扱うもので，人間を理性的存在として扱っていない」と批判して，刑罰それ自体に意義を認める絶対的応報刑論を主張した。彼は，犯罪は「法の否定」であり，刑罰は「法の否定の否定」すなわち「法の肯定」「正義の回復」であるとして，刑罰自体に積極的意義を認めた。そして，刑罰は犯罪の否定としての応報であるとして応報刑論に立ち，犯罪とそれを否定する刑罰との価値的同一性すなわち罪刑の均衡を主張した。彼は，刑罰による応報で行為者の内なる法も回復されるのであり，これが行為者を理性的人格として扱うことであるとして，その絶対的応報刑論を形而上学的に基礎付けた。

ヘーゲルの思想はドイツの刑事法思想に大きな影響を及ぼし，1840 年代から 70 年代には，「道義的応報」の観念を中心とする形而上学的・超個人主義的・権威主義的・国家主義的な性格の強い「ヘーゲル学派」の刑事法思想が，ドイツ刑事法学の主流を占めるに至った。この流れは，1848 年にベルリン 3 月革命が挫折し，プロイセンが「ドイツ民族共同体」をスローガンに権威主義的・国家主義的にドイツ統一を進めていくという，当時のドイツの状況を反映したものとみることができる。

後期古典派　1871 年にドイツ帝国が成立し，ドイツ帝国刑法典が制定されると，カント，ヘーゲルの観念論哲学と法実証主義の影響下に，後期古典派（古典学派・旧派）の刑事法思想が確立されていった。

後期古典派の刑事法思想の一つの中核は，「規範論」に基づく「規範違反説」の考え方である。その主唱者ビンディング（K. Binding, 1841～1920 年）は，国家には国民に服従を求める権利があり，その総体が「規範」（Normen）であり，その侵害・違反（規範違反）が犯罪であると主張した。これは，個人ではなく国家の権利の侵害を犯罪としたもので，フォイエルバッハの権利侵害説を 180 度逆転させた考え方といえる。ここで，「規範」は，刑罰法規と同一ではなく，刑罰法規の背後にあり，それを裏付ける不文の規範を意味するとされる。「人を殺した者は，……の刑に処する」という刑罰法規は，殺人者を罰する権利を国家に与えたもので，国民に「人を殺すな」と命じたものではない。その命令は刑罰法規の背後に不文の規範として存在し，その違反が犯罪だとされるのである。

後期古典派の刑事法思想のもう一つの中核は，意思自由論に基づく道義的責任論と応報刑論である。後期古典派は，人間には意思の自由があり，自由意思で行った犯罪行為には道義的責任（Schuld）が認められ，刑罰はそれに対する非難・応報であるとした。そして，ここから，行為したことを道義的に非難できない場合には刑罰を科しえないという責任主義の原則と，刑罰は責任に相応するという責任と刑罰の均衡の原則が導き出されるとした。また，後期古典派は，自由意思の外部的・現実的実現としての行為とその結果を重視する，客観主義・行為主義の立場を採った。

後期古典派の刑事法思想には，権威主義的側面と，自由主義的側面とが併存している。規範論・規範違反説や，国家が個人を道義的に非難して応報を加えるとする点は，国家の道徳的権威を認めるもので，権威主義的側面といえる。しかし，意思の自由を認めて責任主義および責任と刑罰の均衡を説く点や，客観主義・行為主義を採る点は，自由主義的側面といえる。このような後期古典派刑事法思想の二面的性格は，ドイツ帝国の二面的性格を反映したものである。ドイツ帝国は，後発資本主義国として，資本家階級の自由主義的経済発展を促しつつ，半封建的なユンカー階級と結び付いたプロイセンが上から統一した国家であった。それゆえ，ドイツ帝国自体，自由主義的側面と権威主義的側面を併有していた。後期古典派の刑事法思想は，このようなドイツ帝国に即応した刑事法思想として成立したものである。

(2)　ドイツ近代派刑事法思想の成立

プロレタリア犯罪の増加　ヨーロッパでは，19世紀に産業が急速に発展し，資本主義も高度化した。それに伴って社会矛盾も増大し，生活苦から生じるプロレタリアの犯罪が次第に増加した。ドイツでも，19世紀後半に犯罪が著しく増加した。

しかし，「合理的理性人」を前提とした前期古典派の一般予防刑論や，意思自由論を基礎とした後期古典派の応報刑論は，このような社会矛盾から生じた犯罪の大波を静めるのには無力であった。そこで，これに飽き足らない人々は，当時急速に発展してきた実証科学の方法論と成果を犯罪現象に適用して犯罪原因を科学的に解明し，それに基づいて犯罪対策を考えようとする方向に向かい，近代的犯罪学が成立した。この犯罪学を基礎に，意思決定論を採り，行為者を重視し，目的刑・改善刑の立場を採る近代派（近代学派・新派）の刑事法思想が生まれてきた。

実証科学としての犯罪学の成立　近代的犯罪学の始祖は，イタリアの精神医学者ロンブローゾ（C. Lombroso, 1836～1909年）とされる。彼は，犯罪者には特別の生物学的特徴があるという仮説に基づいて刑務所の受刑者の頭蓋骨を科学的に測定し，そこに古代原始人と共通する特徴があることを「発見」した。彼は，これを遺伝学説と結合し，犯罪者は野蛮な原始人の特質が隔世遺伝によって現代人に発現したものであるという「先祖返り説」を主張し，このような特徴をもつ者は生まれながらにして必然的に犯罪に陥る運命にあるとする「生来性犯罪人説」を主張した。

ロンブローゾの学説は，古来の「人相学」や「骨相学」を継承した側面はあるが，科学的な調査結果を遺伝学と結合した点に従来にない科学性があり，近代的犯罪学の源流とされる。彼の学説は，方法論にも問題があり，後の追試で誤りが実証されたが，犯罪者の生物学的特徴に犯罪原因を求める考え方（犯罪人類学派）は，現在の犯罪生物学・犯罪精神医学などに受け継がれている。

もう一つの近代的犯罪学の源流とされるのは，ベルギーの統計学者ケトレー（A. Quetelet, 1796～1874 年）に始まる「犯罪統計学派」である。ケトレーは，各種の社会的事情と犯罪との関係を統計学的に調査・分析して，その間に相関関係があることを解明し，犯罪が社会的な要因から生じることを実証した。この考え方は，後に「社会はそれにふさわしい犯罪者をもつ」という命題に定式化された。このような犯罪原因を社会に求める考え方（犯罪社会学派）は，現在の犯罪社会学に受け継がれている。

イタリア学派　犯罪要因として社会に着目する犯罪社会学派の考え方は，刑法よりも社会政策に結び付く。これに対して，犯罪者に着目する犯罪人類学派の考え方は，刑法と直接結び付く契機をもつ。そこで，ロンブローゾ門下のフェリー（E. Ferri, 1856～1929 年）とガローファロ（R. Garofalo, 1852～1934 年）は，これを基礎に「イタリア学派」と呼ばれる新しい刑事法思想を展開した。

フェリーは，犯罪人類学に立ちつつ犯罪の物理的・社会的要因をも認め，自由意思の存在を「純然たる幻想」として否定して，意思決定論の立場を採った。そうだとすると，犯罪は犯罪者の素質と環境から必然的に生じることになり，犯罪者に犯罪の道義的責任を問うことはできなくなる。しかし，彼は，それでも人間は社会の一員として自己の社会的危険行為に責任を負うべきだとして「社会的責任論」を主張した。そして，我々は危険な犯罪者から社会を守る必要があるとして「社会防衛論」を主張し，改善不能な常習犯人等には隔離，偶発犯人等には治療・改善，激情犯人には損害賠償など，犯罪者の特性に応じた適切な処分を加えることを主張した。彼が1921年に起草したイタリア刑法草案（フェリー草案）では，「刑罰」が「制裁」に，「責任」が「危険性」に，それぞれ置き換えられている。ガローファロも，責任を犯罪者の「危険性」「悪性」に置き換え，「自然犯」と「法定犯」とを区別して，犯罪者の特性に応じた処分を加えることを主張した。

ドイツ近代派　イタリア学派の刑事法思想は，斬新ではあったが，犯罪の生物学的要因を特別に重視する点や「刑罰」の概念を排除する点で，極端と感じられた。これに対して，ドイツのリスト（F. von Liszt, 1851～1919年）は，より中庸な立場を採った。

リストは，イェーリングの「法における目的」を重視する社会功利主義的な目的思想に従い，刑罰は目的をもった合理的なものでなければならないとして，目的刑論を主張した。そして，刑罰の目的は法的に保護される人間の生活利益（法益）を守ることであり，犯罪とは法益侵害行為を意味し（法益侵害説），刑罰は法益保護・社会防衛の手段であるとした。その上で，リストは，犯罪の社会的原因を強調して「最良の刑事政策は社会政策である」としながらも，刑罰で個人的犯罪原因に働きかけることは可能として，刑罰を犯罪者の再犯防止（特別予防）のために用いることを主張した。そして，行為を重視して客観主義・行為主義を採る古典派に対して，「行為」を罰するのは不可能で，「罰せられるべきは行為ではなく行為者」であり，刑罰は行為者の反社会的性格・社会的危険性に対応すべきものとして，主観主義・行為者主義・性格責任論を主張した。リストは，改善不能な状態犯人には排除刑，改善可能な犯人には改善刑，改善不要な機会犯人・偶発犯人には威嚇刑が有効な特別予防の手段になると主張した。

リストの考え方を徹底すれば，危険な犯罪者は犯罪を行う前に処罰するのが合理的である。しかし，リストは，「刑法は犯罪者のマグナ・カルタである」「刑法は刑事政策が越えられない柵である」として，刑法の人権保障機能を強調し，罪刑法定主義（「法律なければ刑罰なし」）を強く支持した。リストは，また，犯罪を行為者の意思とは別の外部的・客観的事実として判断を客観化し，改善刑の目的も道徳的改善ではなく市民的改善だとして倫理・道徳の強制を回避しようとした。リストの思想は，社会防衛論・主観主義の近代派刑事法思想としては自由主義・個人主義・客観主義の色彩が強い中庸で受け入れやすいものであった。刑事政策と刑事法学とを総合する「全刑法学」を構想したリストの刑事法思想は，彼が創刊・創設した『全刑法学雑誌』「国際刑事学協会」を通じて，多くの国々の刑事法学と刑事政策に大きな影響を与えた。

近代派刑事法思想の背後には，資本主義の高度化に伴う社会矛盾の増大がある。近代法は「市民法から社会法へ」展開することでこれに対応したが，近代派刑事法思想は刑事法における「法の社会化」ということができる。それは，国家を刑事政策・社会防衛の主体とし，行為者人格への介入を認めたところに現われている。この点では，近代派刑事法思想も，国家の役割・機能の拡大・積極化につながる，個人の自由に危険な側面を有していた。「社会防衛」の思想は，現実の国家を刑法で保護することを主張する国家主義的・権威主義的な思想になる危険も内包していた。リストはこの点を意識して自由主義的な限定を行ったが，それは理論上必然のものではなかった。

(3) 「学派の争い」とナチス刑法学

「学派の争い」　近代派の刑事法思想は後期古典派から強い反発を受け，両者の間で激しい「学派の争い」が展開された。古典派は，意思自由論を展開し，自由意思で行った犯罪に対する道義的非難として刑罰が科されると主張した。近代派は，意思が自由か否かは哲学の問題で，科学的には人間の意思にも法則性があり，意思決定論が正しいと主張した。また，古典派は，刑罰は「昇華された復讐」で応報が本質であると主張し，近代派は，社会は進歩・発展するもので，刑罰も本能的・盲目的・衝動的なものから目的をもった合理的なものに進歩すべきであり，今日の刑罰は教育であるべきだと主張した（教育刑論）。

学派の争いは，当初は激しかったが，ドイツでは近代派の主張が穏健・中庸だったこともあって次第に沈静化し，1920年頃にその中心にいたビルクマイヤーとリストが相次いで亡くなると，論争は急速に下火になった。刑事立法も近代派の刑事政策的主張を入れた折衷的なものへ移行し，学説にも両派の折衷・調和を求める「統合説」が多くなった。M. E. マイヤー（M. E. Mayer, 1875～1923年）は，刑法の定立は応報，裁判は法の確認，刑の執行は目的刑をそれぞれ理念とするという，「分配説」を主張した。

両派の対立は，一面では伝統的な哲学的人間観と新興の科学的人間観の対立であったが，他面では19世紀的な個人主義・自由主義的国家観と新しい社会的・自由主義的国家観の対立であった。そして，後者の対立点では，両派とも，自由主義・法治国思想を維持する点では共通していた。これが，両派の対立を穏やかにした理由と考えられる。しかし，前述したように，後期古典派刑事法思想は，国家主義的・権威主義的側面も有していた。他方，近代派の思想も，国家の役割を拡大し，国家主義・権威主義へ赴く危険を内包していた。この点でも両派は共通しており，両派はこの方向で統合・調和される可能性もあったのである。

ナチス刑法学　1933年にナチスが政権を掌握すると，この危険が現実化した。

「キール学派」を中心としたナチス系の刑事法学者は，「権威刑法」を唱道し，刑法は個人さらには個人の総体としての社会をも超越する「民族共同体」を保護する役割を有し，刑罰は侵害された国家の権威を回復・強化するものだと主張した。犯罪は「民族共同体への誠実義務違反」であり，義務に違反した意思が犯罪の本質とされ，刑法は極端に主観化された（意思刑法）。反面，刑罰は民族共同体への誠実義務違反に対する贖罪・応報とされ，応報的見地が強調された。罪刑法定主義は，無用のものとして否定された。ここでは，極端な国家主義・権威主義思想の下で，応報刑論と主観主義・社会防衛論・性格責任論などが結合している。ナチス刑法学は，後期古典派の応報刑論が客観主義刑法理論と必然的に結合するものではないことを示すとともに，近代派刑法思想の危険性をも示したということができる。

3　日本における刑事法思想の展開

(1)　明治初期の刑事法思想

儒教的刑事法思想の伝統　明治期以後，日本の刑事法思想は，欧米の刑事法思想に学びながら発展してきた。ただし，それは，全くの白紙状態から学ばれたのではなく，石川島人足寄場（にんそくよせば）の実践や蘆野徳林の『無刑録』などにみられる儒教的な人道主義的刑事法思想の伝統（前述41頁）の上に学ばれたものであった。このような人道主義的伝統は，西欧近代の人道主義刑事法思想を円滑に受容する素地をなしたものであり，高い評価に値する。しかし，反面において，このような伝統がその後の刑事法思想に儒教的家父長主義や権威主義的官僚主義の色彩を帯びさせたことも否定できない。

フランス刑事法思想の継受　明治初年には，主にイギリス，フランスの刑事法思想が学ばれた。1873（明治6）年にボアソナードがフランスから招かれると，彼を通してフランスの刑事法思想が日本の法律家に浸透していった。ボアソナードが説いた刑事法思想は，当時のフランスで主流だったオルトランらの「新古典主義」であった。これは，刑法を正義と功利主義の双方からとらえ，自由意思論・応報刑主義と社会防衛論・目的刑主義の折衷・調和を図る「折衷主義」の考え方で，犯罪は正義・道徳に反する処罰に社会的利益がある行為を意味し，刑罰の意義は応報による正義の実現と一般予防・特別予防にあるとするものであった。1880（明治13）年の旧刑法とその下での刑事司法は，このような刑事法思想を学んだ人々によって支えられた。宮城浩蔵は，フランスに留学してオルトランの学説を詳しく学んで帰国し，「東洋のオルトラン」と呼ばれた。

(2)　近代派刑事法思想の興隆

ドイツ近代派刑事法思想の流入　その後，日本の刑事法学は，フランス法を離れて急速にドイツ法に接近した。そうした中で，社会防衛，刑事政策の重視，主観主義などを強調する近代派的見解が，次第に有力になっていった。近代派的見解は，すでに明治20年代に富井政章・穂積陳重が主張していたが，明治30年代には古賀廉造・勝本勘三郎・岡田朝太郎などがドイツ近代派の影響下にこれを積極的に展開した。

ドイツから初めに古典派ではなく近代派の思想が取り入れられたのは，当時，これがドイツの「新思潮」として注目されるとともに，日本でも資本主義の発展に伴ってプロレタリアの犯罪や労働・公安事件が増大し，近代派の思想でこれに対応するのが効果的と考えられたためであった。当時の高級司法官僚は，近代派の思想を天皇制国家を防衛するための思想として受容したといえよう。

1910（明治43）年の大逆事件を主導したとされる平沼騏一郎も，近代派刑事法思想の信奉者であった。1907（明治40）年に成立した新しい刑法典（現行刑法）も，刑事政策的考慮を積極的に取り入れた，近代派的色彩の濃いものとなった。

牧野英一の刑事法思想　近代派的色彩の濃い刑法典の下で，近代派の思想は一層隆盛になった。その中心は，東京帝国大学教授の牧野英一（1878～1970年）であった。日本の近代派刑事法思想は，牧野によって確立された。

牧野は，ドイツに留学してリストに学び，フェリーからも影響を受けて，主観主義・目的刑論を採る独自の刑事法思想を展開した。その根底にあるのは，社会進化論である。彼は，国家・社会・法律は進化するとし，刑事法制も進化・発展するとした。そして，刑事法思想も，近代初期の人道主義時代に適合した個人主義・応報刑・客観主義の古典派思想から，現代の科学時代に適合した団体主義・目的刑・主観主義の近代派思想へ進化すべきものとした。

牧野は，応報刑は回顧的で観念的意義しかないが，目的刑は展望的で将来の犯罪防止という現実的な刑事政策的意義を有するから，刑罰は応報刑から目的刑へと進化すべきものとした。そして，現代の刑罰は社会防衛の目的を科学的方法で実現すべきであり，科学的方法による犯罪者の改善・教育を通した特別予防が刑罰の目的であるとした。また，犯罪者にも生存権を認めるのが現代の文化国家の理念であり，犯罪者と防衛される社会とを対立的にとらえず，犯罪者を教育して人格を向上させて再び社会へ統合することが刑罰の目的であるとして，「教育刑」の理念を強調した。このような社会防衛論・教育刑論からすれば，社会的危険性（牧野は「悪性」という）がある者には，犯罪を現実に行う前に刑罰を科すのが合理的である。しかし，それでは国民の自由が害される。そこで，彼は，刑罰を科すには犯罪行為が必要だが，現実の行為自体に意味があるのではなく，行為が行為者の危険性を徴表するのだとして，「犯罪徴表説」を主張した。犯罪徴表説では，行為が行為者の危険性を徴表していれば刑罰を科すのに十分で，現実の侵害・危険の発生は不要になる。牧野は，この考え方に基づいて，極めて主観主義的な独自の犯罪理論を展開した。

牧野の立場では，罪刑法定主義は，犯罪者の積極的教育・社会防衛の障害となる。そこで，彼は，罪刑法定主義の「転回」を主張し，罪刑法定主義には「刑罰からの個人の保護」という「制限機能」だけでなく「刑罰による個人の保護」(教育刑による人格向上) という「促進機能」もあるとして，刑罰法規の自由な解釈と類推解釈の許容を主張した。

牧野の学説は，リストに学びながら，リストが犯罪論 (犯罪成立要件論) では客観主義・罪刑法定主義を重視していたのに対して，犯罪論でも主観主義を徹底し，罪刑法定主義を「転回」している。そこで，リストは古典派の思想を完全には脱却できなかったが，牧野は古典派的要素を完全に払拭して近代派刑法理論を完成させたとする評価があった。しかし，このような評価が妥当かは疑問である。前述のように，近代派の思想には国家主義・権威主義につながる側面があり，リストはその危険を自覚していたために犯罪論で客観主義・罪刑法定主義を重視したのである。牧野は，その自覚がなかったために理論的徹底を行いえたといえよう。

牧野の刑事法思想の根底には，「文化国家」の国家観がある。彼は，国家は個人と対立せず個人を超越し包摂するとし，刑法は個人を社会へ統合するためのものとする。これは，一面では社会的・福祉的な思想といえるが，「文化国家」と現実の国家を同視したときには，極めて国家主義的・権威主義的な思想に転化する。そして，牧野は，当時の天皇制国家をこの「文化国家」と同視していた。それで，牧野は，近代派刑事法思想の内包する危険性を自覚しえなかったのである。

牧野の近代派刑法理論は一時急速に広まり，その刑罰論は矯正実務に大きな影響を及ぼした。しかし，その極端な主観主義犯罪理論は裁判実務にあまり受け入れられず，判例では客観主義の傾向が強かった。

(3) 古典派刑事法思想の展開

古典派刑事法思想の導入　近代派刑事法思想が隆盛になると，次第に古典派の立場からの批判が起こってきた。当初はドイツでビルクマイヤーに学んだ大場茂馬が，後には東京帝国大学教授の小野清一郎 (1891～1986年) と京都帝国大学教授の瀧川幸辰 (1891～1962年) が，その中心になった。ただし，同じく古典派といっても小野と瀧川ではかなりの違いがあり，小野は後期古典派に近く，瀧川は前期古典派に近い。

ドイツでは，初めに古典派刑事法思想が生まれ，それを批判して近代派刑事法思想が興ってきた。しかし，日本では，ドイツから先に近代派の思想が導入され，その後に古典派思想が導入された。これは，後発国特有の逆転現象といえる。

小野清一郎の刑事法思想　小野の刑事法思想は，仏教思想を根底に置いたもので，ドイツの後期古典派に学びつつも，独自性のあるものである。

小野は，絶対と相対を一如とみる仏教的存在論に基づいて，普遍的・客観的な価値・理念が歴史的・民族的に具体化されたものが「文化」であるとした。そして，国家はこれに奉仕する「文化国家」でなければならず，刑罰の任務も文化の維持にあるとした。その上で，小野は，刑罰の「概念」と「理念」とを区別し，刑罰は苦痛であってその概念はあくまでも道義的非難たる応報であるが，その理念・目的は文化たる正義の実現にあるとした。そして，刑罰は，国民に道義・倫理を明示して客観的文化の存在を意識させて社会を維持・完成させることで一般予防を図り，行為者に道義的責任を問うことにより道義観念を覚醒させて人格を道徳的に完成させることで特別予防を図ることを目的とするのであり，応報刑主義と目的刑・教育刑主義とは「文化主義」において総合・止揚されるとした。

犯罪については，小野は，犯罪は「反文化的・反社会的行為」であり，犯罪の実質は法秩序の精神としての文化的秩序に反することにあるとし，その秩序は現実の文化規範としての公の秩序・善良の風俗を批判的・合理的に選択することにより見出されるとした。小野は，犯罪行為を主観・客観の統一体として把握して主観的要素を重視したが，行為者の内心・主観を理由に処罰するのは近代刑法の立場ではなく社会的正義に反するとし，犯罪論では客観主義の立場を採った。また，小野は，全ての反文化的行為が刑法上犯罪として処罰されるわけではなく，法律上の犯罪成立要件を満たさなければ処罰は認められないとし，行為が社会的文化に対する危険行為を類型化した「構成要件」に該当しなければ処罰されないとした。そして，これは，被支配者の自由の保護という正義観に基づくもので，罪刑法定主義に政策的根拠があるとした。しかし，小野は，刑法の解釈もいたずらに厳格であってはならず，文化維持の目的から合目的的に行うべきものとして，目的論的解釈を主張した。

小野の刑事法思想は，国民への道義・倫理の明示や個人の道義観念の覚醒と人格の道徳的完成を国家の権能としたことにみられるように，国家主義・権威主義の色彩が強い。これは，小野の刑事法思想の基礎にある「文化国家」の理念が，理想主義的ではあるが，個人を超える「文化」を認め，国家をその守護者，国民の文化的教導者とする，国家主義的・権威主義的性格が強いものであることに基づいている。このような国家理念は，「文化国家」を当時の天皇制国家と，「文化」を天皇制文化と同視したときには，極めて国粋主義的な思想となる。小野の戦時体制下の思想は，まさにそのようなものであった。ただし，小野の刑事法思想には，自由主義的側面もなかったわけではない。構成要件を重視し，客観主義を採ったことは，その現われである。

小野の刑事法思想は国家主義的・権威主義的性格が強いものではあるが，小野が日本の思想的伝統に立って深い人間観の上に独自の刑事法思想を構築しようとしたことには，大きな価値がある。このような側面を継承しつつ，小野の刑事法思想を批判的に超克することが，今後の刑事法学の課題であるように思われる。

瀧川幸辰の刑事法思想　小野の刑事法思想が権威主義的・国家主義的であったのに対して，瀧川の刑事法思想は，基本的に個人主義的・自由主義的であった。

瀧川は，個人主義的自由主義の立場に立ち，マルクス主義にも影響を受けて，日本社会を資本主義社会・階級社会と規定し，犯罪は資本主義の矛盾・階級対立から生じる必然的現象だとした。そして，犯罪問題の解決は社会問題の解決の中に存在し，社会の経済的構造の変革こそが犯罪をなくす根本条件であり，刑罰万能の思想は最も保守的・反動的な思想であって，刑罰はなるべく限定的に使われるべきものとした。

このような見地から，瀧川は，刑罰は犯罪に対する反動であり応報であるが，単に「犯罪に対する反動」という意味で応報であるにすぎず，「応報」ということにそれ以上の積極的意味はないとした。また，瀧川は，牧野の教育刑論は国家的条理を個人の上に置くもので，階級対立の存在を無視した改良主義者の空論であるとして，これを批判した。また，瀧川は，犯罪は形式的には国家条理違反であるが，実質的には法益の侵害・脅威であるとして，行為の客観的側面を重視した。そして，罪刑法定主義を強調し，刑法の「マグナ・カルタ的役割」を重視すべきものとして，構成要件論を中核にした行為主義・客観主義の犯罪理論を構築した。

瀧川の刑事法思想は，同じく応報刑論・客観主義刑法理論とはいっても，小野の刑事法思想とは大きく異なっている。瀧川の刑事法思想は，刑法の刑罰限定機能を基本とした個人主義・自由主義の色彩の濃いものであって，同じ古典派といっても，後期古典派よりもむしろ前期古典派の思想に近いものがある。そこで，瀧川を前期古典派に位置付ける見方も多い。瀧川の思想は自由主義的でマルクス主義とも近かったため，日本が国家主義の道を歩むに従い，著書『刑法読本』などが国粋主義者からの攻撃を受けた。そのため，1933（昭和8）年，瀧川は文部省から休職処分を受け，『刑法読本』は発禁になった。京都帝大法学部は大学の自治の侵害であるとして抵抗したが，東京帝大などは呼応せず，瀧川は大学を追われた。これが，いわゆる「瀧川事件」（京大事件）である。瀧川は，戦後，京都帝大に復帰し，その学説も再評価された。

(4)　日本における学派の争いと戦時刑事法思想

学派の争い　日本における「学派の争い」の中心は牧野と小野・瀧川であったが，後に，木村亀二・宮本英脩が近代派の側に加わった。論争の根底には人間観・国家観・世界観の深刻な対立があり，また小野が牧野の門下であったこともあって，論争は時に感情的対立にまで発展した。そのため，日本における学派の争いは，ドイツ以上に激烈であった。その影響は，戦後にまで及んでいる。

しかし，日本の新旧両派とくにそのリーダーの牧野・小野の思想は，鋭く対立しながらも，国家主義的・権威主義的性格が強い点では共通していた。そのため，日本が戦時体制に入ると，いずれの刑事法思想も戦時体制維持の役割を果たした。

戦時刑事法思想　太平洋戦争下には，「戦時刑事法思想」ともいうべき国粋主義的・超国家主義的な刑事法思想が現われた。その中心は小野であり，『日本法理の自覚的展開』（1942年），『全訂刑法講義』（1945年）等の著作で，刑罰は国民の人倫的文化秩序すなわち国民的道義秩序を維持・形成するためのものであり，「日本刑法は，日本国家的道義を根本とするものであり，天皇の御稜威(みいつ)の下に国民の道義的・法律的秩序を全うし，億兆一心の和を実現するものであらねばならぬ」として，刑事法制を絶対主義天皇制の国家秩序・体制道徳を維持・強化するためのものとするに至った。そのため，小野は，戦後，戦争協力者として公職追放になり，東京帝大を追われた。しかし，占領が終わると，小野は，法務省特別顧問に迎えられ，刑法改正作業の中心になった。

ただし，小野の戦時刑事法思想にも，自由主義的側面が全くなかったわけではない。小野は，戦時体制下でも，罪刑法定主義を維持し，客観主義の犯罪理論を維持した。この点で，ナチス刑事法思想とは異なる。また，戦時体制を支えたのは，小野の刑事法思想だけではなかった。近代派の社会防衛論は絶対主義天皇制国家の防衛を正当化する理論となったし，教育刑論も刑罰を皇民化教育の手段とした「戦時行刑」を支える理論となった。

IV　現代の刑事法と刑事法思想の動き

1　戦後の世界と刑事法・刑事法思想

戦後の世界状況と刑事法　第二次世界大戦後の世界は，アメリカ合衆国を中心とする自由主義圏とソビエト連邦を中心とする社会主義圏とに大きく分かれた。刑事法・刑事法思想も，そのイデオロギーにより，自由主義刑事法・刑事法思想と社会主義刑事法・刑事法思想とに分かれた。しかし，1990年前後から社会主義圏は崩壊し，自由主義刑事法・刑事法思想が主流となった。

自由主義圏では，ファシズム国家や社会主義圏における独裁や全体主義への対抗もあって民主主義が進展し，新聞・テレビ等のマスメディアや通信手段の発達による社会の情報化を背景に，民主主義の大衆化が進んだ。また，「豊かな社会」が実現したことで人々の生活防衛への意識が強まり，犯罪への関心が高まった。そのため，刑事政策や刑事立法が政治問題となるようになり，刑事政策や刑事立法は，法律学・刑事学の専門的知識や刑事法思想よりも，選挙民である一般の人々の意識の影響を強く受けるようになった。その結果，法律学や刑事法思想にも，一般の人々の意識が反映される傾向が現われてきている。

これは，刑事法の一種の「民主化」とはいえようが，刑事立法・刑事司法実務・刑事法学が一般の人々の意識に追随し，それを反映するだけであれば，単なるポピュリズムにすぎない。一般の人々の多くは，犯罪・刑罰・刑事法に関する情報を，主にマスメディアから得ている。しかし，マスメディアの情報は，断片的かつ不正確で，権力による情報操作を受けやすいのが常である。そのような情報に基づいて形成された一般の人々の意識・意見によって刑事法が動かされることは，刑事法を，無思想かつ非合理的・非科学的で，権力に都合のよいものにする危険性が大きい。それゆえ，正確な知識・情報を多くの市民に伝えることが重要であり，それに基づく主権者としての自覚と責任に立った市民の意見が尊重されなければならない。

刑事法の国際化　現代の刑事法・刑事法思想の特徴の一つは，その国際化にある。

第二次世界大戦後，科学技術の進歩によって人や情報が国際的に大量・迅速に行き交うようになり，刑事立法・判例・運用・学説等に関する情報の国際的な流れが飛躍的に増大・加速した。その結果，現代の刑事法・刑事法思想は，国際的に相互に影響を及ぼし合いながら展開してきている。とくに，アメリカ合衆国の動きは，国際的に強い影響を及ぼしている。

また，国連では，経済社会理事会・犯罪防止会議・人権理事会等で犯罪や刑事法の問題が討議され，多数の条約・決議・宣言等が作られている。その中には，国際人権規約，拷問禁止条約，ジェノサイド条約，ハイジャック防止条約，麻薬新条約，死刑廃止条約，国際刑事裁判所規程，被拘禁者処遇最低基準規則，児童の権利条約，少年司法運営に関する最低基準規則（北京ルールズ），少年非行防止のための国連指標（リヤドガイドラインズ）など，重要なものも多い。これらは，世界の刑事法・刑事法思想に大きな影響を及ぼしている。欧州連合（EU）・米州機構（OAS）等の地域国際機構の条約・決議・宣言や，国際刑法学会，国際法曹委員会，アムネスティ・インターナショナル等の有力な国際非政府組織（NGO）の決議・宣言等も，大きな影響を及ぼしている。

とはいえ，2001年の「9.11事件」以後とくに露わになってきたように，世界には，なお多様な歴史・伝統・文化・政治体制をもった国・地域が存在している。刑事法は，これらの地域的要素との結び付きが強く，現在でも国・地域による違いが大きい。共通する要素が多く，統一の動きが進んでいる欧州連合でも，コモン・ローと大陸法との相違もあって，「欧州刑法典」の制定による刑事法の統一は現実的な課題とはなっていない。国連における条約等も，大国とくにアメリカを中心とした国際的な駆け引きや力関係の中から生まれてきたものであり，無条件に「正しい」ものであるわけではない。「グローバル化」がいわれる今日でも，世界の刑事法制や刑事法思想を一つにすることは，極めて困難である。

人間の作る制度・思想に絶対的・普遍的なものはありえず，真実を追求する道は多様である。欧米の刑事法・刑事法思想が唯一絶対的・普遍的であるわけではない。いたずらに刑事法・刑事法思想の世界的統一を志向することは，文化や価値観の押し付けにもなりかねず，有害・無益である。それぞれの歴史・伝統・文化の中から人間の真実を求めて多様な刑事法・刑事法思想が打ち出され，それらが相互に影響し合いながら発展していくのが，好ましい姿であろう。

日本の動きと世界　戦後日本の刑事法・刑事法思想は，このような世界の動きの中で，自由主義圏の内に位置して展開してきた。

刑事法学・刑事法理論は，国際化の流れの中で常に世界の動きに目を向け，とくにアメリカ合衆国とドイツ（統一前は西ドイツ）から強い影響を受けて展開してきた。しかし，逆に世界に影響を及ぼすことは，少なかった。これは，日本の刑事法学・刑事法理論が西欧近代思想の基本的枠組みをなお超えておらず，未だ独自のものを構築するに至っていないことによるといえよう。これに対して，刑事司法実務は，日本の特殊性を根拠に「日本型刑事司法」としての独自性を維持し，世界の動きからは距離を置きつつ展開してきた。そして，一時は，比較的良好な犯罪情勢と高い検挙率を背景に，関係者はこれに自信をもち，外国にも影響を及ぼそうとする勢いであった。しかし，最近は，犯罪情勢の悪化と検挙率の低落がいわれ，刑事司法機関の不祥事が次々と発覚し，市民の批判が高まるとともに，関係者も自信を失っているように見受けられる。そのような中で，法制審議会の「新時代の刑事司法制度特別部会」では，刑事司法のあり方の全面改革の議論が進められている。

日本の現状には，かなり根本的な問題がある。日本の刑事法学・刑事法理論は，いつまでも欧米の一亜流にとどまっていてよいのであろうか。西欧近代思想の行き詰まりがいわれて久しい現在，諸外国の経験にも学びつつ，自らの歴史・伝統・文化を踏まえて現実と切り結ぶ中から独自の刑事法思想を構築し，欧米への精神的依存状態を脱して，新しい時代を開く世界の動きに貢献すべきではなかろうか。また，刑事司法実務も，いたずらに「日本型刑事司法」に拘泥することなく，人間の真実を求めて新たな展開を図るべきではあるまいか。

2　戦後世界の刑事法と刑事法思想の動き

自由主義国の全体状況　戦後の主要自由主義国における刑事法・刑事法思想の動きは，ほぼ3つの時期に区分できる。

戦後，1970年頃までは，大戦の終結がファシズムに対する個人主義・自由主義・人道主義の勝利とみられたため，リベラルな思想が強まった。そして，個人を侵害する行為を犯罪，刑罰をその予防手段とする個人保護主義・機能主義的な考え方や，犯罪者を積極的に処遇して改善・更生させて犯罪予防を図る特別予防主義的な「処遇理念」「改善思想」が，刑事法思想の主流となった。反面，ドイツ的な形而上学的応報刑論は，後退した。その下で，ホモセクシュアル，ポルノ販売，賭博，薬物の自己使用等の「被害者のない犯罪」の非犯罪化（刑罰法規から削除して犯罪でなくすること）・軽罰化等が進んだ。また，科学的処遇の強化，刑事施設の改善，専門職員の充実など，受刑者の処遇の改善が進んだ。

1970年代以降，欧米では犯罪が急増し，応報主義や，厳罰あるいは刑法の宣言的効果により犯罪を防止しようとする一般予防主義的な傾向が強まった。テロ・組織犯罪・環境犯罪・経済犯罪等の新たな問題も発生し，これらの犯罪化（新しい犯罪類型を刑罰法規に規定すること）や処罰強化が進んだ。他方，軽微犯罪については，非犯罪化・非刑罰化（刑罰以外の制裁を科す）・非施設化（刑事施設に収容せず社会内で処遇する）・ダイバージョン（事件を刑事手続以外の手続で処理する）等により刑事介入を回避・限定する，「不介入」の動きも進んだ。

しかし，その後も犯罪は顕著には減少せず，人々の安全への要求が高まり，犯罪が政治争点化した。そのため，1990年代以後は，犯罪への対応を多角的に模索する動きが強まっている。そこでは，重大犯罪の重罰化とともに，犯罪被害者の権利の確立と保護・救済・支援を目指す動きや，被害者・加害者・地域代表の協議による問題解決を目指す「修復的司法」（後述326頁以下）の試みも生まれている。これらは「国家対犯罪者」という従来の刑事法の枠組みを超えるものであり，また修復的司法は欧米が非欧米世界から学んだものであって，今後の展開が注目される。しかし，犯罪は依然として高水準にあり，状況はますます混迷しているようにもみえる。

アメリカ合衆国　アメリカ合衆国の刑事法思想では，功利主義・個人主義・自由主義の思想的伝統を背景に，刑事法を社会統制の一手段とする機能主義的見地に立ち，J. S. ミルの「侵害原理」（個人は他者を侵害しない限り自由に行為でき，刑罰は他者の侵害から個人を守るためにのみ使用できるという原理）に基づいて，個人を侵害する行為が犯罪であり，刑罰はその予防手段だとする，個人保護主義・目的刑的な考え方が主流であった。また，人道主義の傾向から，改善思想も有力であった。他方，刑罰を倫理・道徳の維持のためのものとする「リーガル・モラリズム」や，刑罰を反倫理的行為への応報とする考えも，根強く存在した。ただし，いずれも犯罪を行為者の個人的問題とし，その個人責任に着目する点では共通している。

合衆国では，1960年代頃までは，伝統的なリベラルで人道主義的な刑事法思想が支配的で，侵害原理に基づく「被害者のない犯罪」の非犯罪化等，刑事規制を限定する動きが進んだ。また，改善思想に基づいて，犯罪者を病人，刑事施設を病院になぞらえる「治療モデル」が主張され，専門職員による科学的処遇の強化，施設の改善等の改革が推進された。刑事手続に関しては，ウォーレンを長官とする連邦最高裁判所の判例により，手続的権利の保障の強化が進んだ。

しかし，1970年頃から合衆国では犯罪が激増し，犯罪者処遇にはコストに見合った犯罪防止効果がないとの批判が強まった。他方，受刑者への処遇の強制は人格への不当な介入であるとの批判や，刑罰は人に「犯罪者」のレッテルを貼ってさらに犯罪に追い込むとする「ラベリング理論」からの批判も現われた。そのため，改善思想は後退し，「相応の罰」(Just Deserts) による応報と犯罪予防を目指す「正義 (Justice) モデル」，自由刑の内容は拘禁であり改善のための処遇ではないとする「自由刑純化論」，非犯罪化・非刑罰化等により刑事介入の限定を図る「不介入」等の考え方が有力化した。バーガーを長官とする連邦最高裁の判例で，手続的権利の保障も後退した。

1980年代後半以後，犯罪はさらに増加し，犯罪が重大な政治的争点となった。その中で，犯罪性の大きい特定グループの無害化を目指す「選択的無害化論」が主張され，改善思想を再評価する動きも現われた。政府は，重罰化，刑務所増設，警官増員等の包括的な犯罪対策を採り，凶悪犯罪には厳罰・予防強化で臨み，軽微犯罪には社会内処遇や修復的司法等で社会内処理・社会復帰を目指す傾向が顕著になった。近年の犯罪情勢は改善の方向へ向かっているが，政治の保守化傾向もあって，厳罰化の動きに変化はみられない。

イギリス　イギリスでも，1970年代まではリベラルな刑事法思想が支配的で，死刑廃止や，改善思想に基づく行刑が推進された。しかし，1980年代に入ると，犯罪の増加が政治問題化し，「市民的自由の尊重」を重視するリベラル派の考え方と「刑事司法の強化」を重視する保守派の考え方とが対立するようになった。そして，サッチャー保守党政権の下で後者の考え方が優位に立ち，警察力・訴追力の強化，重大犯罪の厳罰化等を内容とする「法と秩序」政策が推進された。他方，「コミュニティーを基礎にした犯罪予防」の考え方が生まれ，軽微犯罪の処分の軽減，犯罪防止的環境の整備，犯罪抑止的コミュニティーの形成，地域と警察の連携，修復的司法の試行などが進められた。

1990年代以後も，「相応の罰」論に基づいて，重大犯罪・悪質犯罪者には黙秘権・保釈の制限等の刑事司法の強化と厳罰で抑止・無害化を図り，軽微犯罪・一般犯罪者にはコミュニティーを基礎に社会内処遇を行って社会復帰を図るという，二元的対応が進められた。その後の労働党政権も，重大犯罪の厳罰化，少年の処罰強化，精神障がい者の処遇強化，性犯罪者の監視，社会資源を活用した社会内処遇の充実，刑務所の民営化等，同様の政策を継承した。現在の保守党政権下でも，市民的自由への過度の介入を見直す動きはあるものの，大きな変化は見られない。しかし，この間，刑務所人口の大幅増加に悩まされるなど，これらの対応が成功しているとはみられていない。

フランス　　フランスでは，リーガル・モラリズムと個人保護主義を折衷し，応報刑主義と目的刑主義を折衷した「新古典主義」の思想が，伝統的に優勢であった。また，社会防衛論を採る「実証主義学派」も，有力であった。戦後は，功利主義・個人主義・自由主義・人道主義的な傾向の高まりを受けて，この流れの中から，科学的処遇による特別予防に重点を置く「新しい新古典主義」や，「責任」の意識を活用した科学的処遇による社会復帰を通した社会防衛を主張するM.アンセルの「新社会防衛論」などが有力化した。そして，1960年代までは，これらの思想の影響下で，犯罪者の社会復帰の促進を中心とするリベラルな改革が進行した。

しかし，1970年代以後，フランスでも犯罪が増加し，「市民的自由」を重視するリベラル派と「市民的安全」を重視する保守派の考え方が対立するようになり，刑事法・刑事法思想は，その間で揺れ動くようになった。そして，1980年代には，ミッテラン社会党政権のバダンテール法相の下で自由主義的な改革が進められ，死刑廃止や改正刑法草案の起草等が実現した。この草案は，理念的には「新しい新古典主義」に近い比較的リベラルで人道主義的な内容のものであるが，法人の刑事責任の肯定，組織犯罪対策の強化，コンピュータ犯罪への対応等，市民的安全や新しい犯罪現象への対応も考慮したものであった。

このような改革の動きは，1980年代後半以後，政治勢力の変動に伴って中断と前進を繰り返すが，1992年に改正刑法草案は新刑法典として成立し，1994年から施行された。その後も，「市民的自由」と「市民的安全」をめぐる争いは続いているが，リベラル派と保守派の考え方は接近しており，「社会復帰を，しかし厳罰も」と「厳罰を，しかし社会復帰も」の違いにすぎないともいわれている。

ドイツ　旧西ドイツでは，ナチス体制に対する反省から，戦後，自由主義・個人主義・人道主義の理念が強調され，1949年の基本法（憲法）にも，人間の尊厳（1条）と社会的法治国原理（28条1項）が基本原理として定められ，死刑廃止（102条）等が規定された。刑事法思想においても，罪刑法定主義・責任主義・客観主義（行為主義）が強調され，後期古典派の統合説が再度学界の主流を占めた。そして，そこでは，犯罪者の「人格」に着目して新旧両派の理論を統合しようとする，「人格主義」の立場が有力化した。

そのような中で，ヴェルツェル（H. Welzel, 1904～77年）は「目的的行為論」を主張し，その後の刑事法学に大きな影響を与えた。彼は，行為を「意思──→身体の動静──→結果」という一連の流れとみる従来の行為論を「因果的行為論」として批判した。そして，人間の行為は，自己の活動の結果を予見し，それに基づいて目標を設定し，この目標達成に向かって自己の活動を計画的に統制してゆく目的的な事象であるとする「目的的行為論」を主張した。彼は，目的的行為論に基づいて，行為を主観（意思）・客観（外部的態度）の統一体としてとらえ，故意・過失を責任要素ではなく構成要件要素・違法要素とし，違法を結果発生（結果無価値）ではなく行為の基準からの逸脱（行為無価値）に置く「人的違法観」を採るなど，従来とはかなり異なる犯罪論体系を構築した。目的的行為論それ自体は必ずしも広く受容されるには至らなかったが，故意・過失を構成要件要素・違法要素とする見解や，行為無価値を重視する見解は，広く受容された。

このような中で，旧西ドイツでは，1954年に刑法改正作業が開始され，1962年に政府草案が公表された。しかし，この草案に対しては，若手・中堅研究者のグループ（「対案グループ」）から，応報主義的である，刑事政策・特別予防への配慮が薄い，道徳維持の色彩が強い，処罰範囲が広すぎる等の批判が加えられ，彼らは1966年に「対案」を作成した。対案グループの人々の考え方は必ずしも一様ではないが，基本法（憲法）の「社会的法治国原理」に基づき，①形而上学的観念論を排して政策的・機能的考察方法を採る，②刑法の目的を倫理・道徳の維持ではなく個人の生活利益の保護に置く，③刑罰を応報ではなく行為者の社会復帰の観点を中心に考える，④「責任」に刑罰限定機能を期待し，人権保障を図る，⑤「責任」を人格責任ではなく行為責任としてとらえる，⑥重要な法益の保護に必要最小限の範囲に処罰を限定する，などの点で共通している。この「対案」と彼らの考え方は，アメリカの機能主義的・功利主義的な考え方の影響を受けたものであるが，1969年から1975年にかけて順次行われた刑法の全面改正や1976年の行刑法制定に影響を及ぼし，学界でも次第に勢力を拡大していった。

しかし，旧西ドイツでは，1980年前後から犯罪が増加し，「過激派」のテロ・ハイジャック・誘拐，外国人労働者の犯罪・非行，公害犯罪，コンピュータ犯罪，経済犯罪等も目立つようになった。1990年のドイツ統一以後は，東西の経済・法制等の統合に多くの困難があることから，問題はさらに複雑化した。そして，そのような状況を背景に，処罰の拡大や厳罰を求める声が次第に強まり，新しい犯罪現象に対応するための刑罰規定の制定（新しい犯罪化）や捜査権限強化の動きが進んできている。刑罰思想でも，刑罰の機能を特別予防から一般予防にシフトさせ，正しい刑罰を科すことで国民一般の規範意識を強化して一般予防を図るとする「積極的一般予防論」も有力になってきている。しかし，このような状況に対しては，実際の処罰よりも国民の規範意識の強化を目指した「象徴的刑法」を増やし，「刑罰インフレ」を促進させ，刑法を「予防刑法」「保安刑法」化するものであって，刑法の原理・原則を危うくするとの批判も強い。また，一般市民とテロリスト等の「社会の敵」とを分けて，前者には積極的一般予防論で臨み，後者には強権的な厳罰主義で臨もうとする，「敵味方刑法」をもたらしつつあるとの批判も加えられている。

3　日本における刑事法・刑事法思想の動き

戦後初期　戦後の日本は，大日本帝国憲法の絶対主義天皇制体制から，日本国憲法の民主主義・自由主義体制へと移行した。本来ならば，ここで，この体制移行が刑事法にどのように影響するかが解明され，その上に新しい刑事法思想が構築されるべきであった。しかし，それまでの刑法思想は意思自由論対意思決定論，応報刑論対目的刑論という哲学論争を基礎にしていたため，憲法体制の転換と刑法思想とは無関係と受け止められ，戦後の刑法思想も「学派の争い」の延長として展開されていった。ただし，そこでは，新憲法における個人の尊重，人権保障，生存権の保障などの理念を意識して，罪刑法定主義，構成要件の厳格性，客観主義的犯罪論，責任による刑罰の限定などを強調する立場が優勢になり，近代派を支持する者が減少し，古典派が多数になっていった。

このような中で，憲法36条（残虐刑の禁止）は応報刑を否認し，憲法13条（個人の尊重）・25条（生存権の保障）は社会復帰刑・教育刑を要求するとした木村亀二や，新憲法の個人の尊厳と民主主義の理念は主体的人格としての人間を予定するもので古典派的な犯罪論に結び付くとした団藤重光などのように，憲法改正と刑法思想の関係を意識した議論を展開する動きもなくはなかった。しかし，それも「学派の争い」の中の我田引水的な議論にとどまり，議論は必ずしも深まっていかなかった。

人格主義的刑法思想の展開　古典派が優勢になっていく中で，人格責任論が，新旧両派の統合を目指す理論として，次第に有力化した。代表的なものは，団藤重光（1913～2012年）の「人格形成責任論」である。団藤は，人間の主体性を強調し，犯罪は素質と環境に制約されながらも行為者が主体的に行ったものであり，行為者人格も素質と環境に制約されながらも本人が主体的に形成したものとした。そして，応報刑論の立場に立ちつつも，非難の有無・程度は犯罪行為だけではなく行為の背後にあってそれを裏付けている人格形成をも考慮して決すべき（同じ行為でも，人格形成環境が悪ければ非難は減少し，人格形成環境が良ければ非難が増大する）であるとして「人格形成責任論」を主張し，このような刑罰に一般予防・特別予防の効果が期待されるとした。また，刑法の社会倫理機能を重視しつつも法益保護機能と人権保障機能をも強調し，罪刑法定主義と構成要件の「定型性」を強調した（定型説）。団藤の刑法思想は，後期古典派の立場に立ちつつも，人間の主体性を強調することで人間の尊厳を守り，刑事政策的見地も取り入れつつ，これを自由主義的・個人主義的に再構成しようとしたものとみることができる。

このようなところへ，木村亀二・平場安治・福田平等により旧西ドイツから目的的行為論が紹介・導入された。目的的行為論は，戦後初めてもたらされた海外の新思潮であったこと，「行為の目的性」が新旧両派の理論を統合する契機を含むと受け止められたことなどから，その後の刑法学に大きな影響を及ぼした。しかし，その後の論争の過程で，故意・過失を構成要件要素・違法要素とする見解や行為無価値に着目する見解はかなり広く受け入れられたが，目的的行為論自体はほとんど広がらなかった。

機能主義的刑法思想の展開　同じ頃，刑事訴訟法の領域では，平野龍一（1920～2004年）によってアメリカ的な刑事訴訟法理論の導入が図られた。平野は，従来の刑事訴訟法学が実体的真実主義・職権主義を刑事手続の本質としていたのに対して，刑事手続の基本原理をどうみるかは政策の問題とする立場から，刑事手続の基本原理を憲法体制の転換を踏まえてとらえるべきものとし，現行刑事訴訟法の基本原理は当事者主義と被疑者・被告人の人権保障であるとした。これは，アメリカの刑事訴訟法学に学んだものであり，その後のアメリカ的な機能主義刑法学の展開を準備するものともなった。

日本でも，1969年に，法制審議会刑事法特別部会で刑法改正作業が開始された。その審議は，小野清一郎の主導の下で，応報・厳罰主義的，処罰拡張的な方向へ進んでいった。平野・平場を中心とした当時の中堅・若手研究者は，これを厳しく批判し，旧西ドイツの「対案グループ」に倣って「刑法研究会」を結成して，批判活動を繰り広げた。「刑法研究会」は，リベラルな立場を採る刑事法研究者が大同団結したもので，理論的立場はまちまちであった。しかし，このような動きを通じて，リベラルな機能主義的な刑法学の考え方が，次第に浸透していった。

この中心となった平野は，刑法を形而上学的に理解することを否定し，これを社会統制の手段として機能的・目的合理主義的に理解すべきであるとする基本的立場を採った。そして，社会統制の手段としての刑法のあり方は，憲法の趣旨に従って，民主主義・個人主義・自由主義を基礎とすべきだとした。この見地から，平野は，刑法の役割は倫理道徳の維持ではなく個人の生活利益の保護にあるとし，「被害者のない犯罪」の非犯罪化を主張し，結果無価値論を基礎にした客観主義的な犯罪論を展開した。そして，刑法は社会統制の「最後の手段」(ultima ratio) であるとの見地から，刑法の補充性・謙抑性・断片性と罪刑法定主義・実体的デュープロセスを強調した。また，平野は，「やわらかな決定論」を主張して，意思が自由か否かは「決定されているか否か」によるのではなく「意思が何によって決定されているか」によるとして，自分の規範意識によって決定されたなら意思は自由であるとした。そして，「応報による罪の清算」を認める応報主義的思想を否定して，応報による一般予防・犯罪抑止を刑罰の目的とする相対的応報刑論の立場を主張し，これは犯罪者の社会復帰と矛盾しないとした。

安定期の刑事法思想と刑事法　1970年代以降，日本社会は相対的に安定し，刑事法理論も，それまでの刑事法思想を基礎に安定的に展開していった。

機能主義的な刑事法学は，次第に勢力を拡大し，伝統的な後期古典派刑法学を凌ぐ勢いになった。この立場の者は，法益保護の見地から処罰の必要性・有効性を基礎に置く刑事政策的な刑事法理論を目指し，体系整合性を重視する形式論的な刑法理論を「形式的犯罪論」として排し，この見地から刑法理論の実質化を図った。そして，定型説を批判し，実質的違法論，結果無価値論，実質的責任論，刑事政策的な刑罰論・処遇論などを展開し，「実質的犯罪論」を主張した。他方，伝統的な後期古典派刑法学を受け継ぐ者も，個人主義・自由主義・人道主義・刑事政策重視の傾向を強め，法益保護・人権保障・罪刑法定主義・実体的適正を強調する方向に進んだ。また，人格主義は，判断基準があいまいなだけでなく個人の人格への干渉になるとの批判を受け，行為主義への回帰が進んだ。刑事訴訟法の領域では，松尾浩也・田宮裕らが，平野の当事者主義刑事訴訟法理論を発展させて適正手続（デュープロセス）の理念を基礎に置く「デュープロセスの刑事訴訟法理論」を展開し，これが主流となった。

この時期，社会が比較的安定していたために刑事立法は相対的に不活発であり，新たな犯罪現象に対応するための判例による処罰の拡大（コピーの偽造を文書偽造とした最判昭和51・4・30刑集30巻3号453頁，テレホンカードの偽造を有価証券偽造とした最決平成3・4・5刑集45巻4号171頁など）が目立った。また，立法・判例・実務は国際的な動きを受容することに消極的で，長期保守政権下での立法・判例の保守化・処罰化の傾向や，共同体主義的な「日本型刑事司法」実務の人権侵害的性格が批判された。そのため，立法・判例・実務と，憲法理念を重視する学説のリベラルな考え方との乖離・対立が目立つようになった。

危機の時代の刑事法と刑事法思想　1990年代に入ると，「バブル崩壊」による社会・生活不安が増大した。とくに，1995年の阪神・淡路大震災と地下鉄サリン事件は日本社会の「安全神話」が崩壊したとの印象を人々に与え，治安・市民的安全に対する人々の不安感が高まった。そのような治安・安全に対する不安感を背景に，とくに1999年以降，議員立法を含む刑事立法が活発化し，新たな犯罪現象に対応するための刑法改正・特別刑法の制定，被害者保護のための刑事訴訟法改正・立法，少年非行への対応の厳格化のための少年法改正，刑事司法への国民参加を理由とする裁判員制度導入のための立法など，多くの刑事立法が行われた。これらの立法は，被害者・一般国民の保護・安全の重視，刑罰の拡大，凶悪犯罪の厳罰化等を指向するもので，日本の刑法も「敵味方刑法」になりつつあるともいえよう。

刑事法理論においても，市民的安全・治安の維持を重視する動きや，立法・判例・実務に接近する傾向も現われた。そのため，後期古典派の流れの中でも，社会秩序の維持を重視する立場と，市民の自由や権利を重視するリベラルな立場との分離が顕著になった。また，機能主義の流れの中でも，憲法の自由主義・個人主義に立って市民的自由を重視する立場と，最近の動きに従って刑法による市民生活の安全の維持を重視する立場との分離がみられるようになった。積極的一般予防論も，有力化している。

治安・安全への不安感の増大と「安全神話の崩壊」は，日本の良好な治安を支えていると自負してきた「日本型刑事司法」への市民の信頼を揺るがし，刑事実務家の自信を徐々に失わせていくことにもなった。その中で，刑事司法機関における不祥事も相次ぎ，刑務所・少年院における被収容者に対する暴力事件は，施設・処遇のあり方に対する社会の厳しい批判を招き，刑事施設・処遇法の制定や少年院法改正の動きにつながった。また，志布志選挙違反冤（えん）罪事件，足利事件，厚生労働省元局長冤罪事件等の冤罪事件が明るみに出ることによって，警察・検察による違法・不当な取調べや調書・証拠の偽造・変造等が大きな社会問題となり，警察・検察とそのチェック機関である裁判所への不信が増大した。そして，裁判員裁判の開始による市民の刑事司法への関心の増大もあって，録画・録音による取調べの可視化，捜査・公判のあり方の改革，検察制度・組織の改革など刑事司法制度の抜本的改革が重要・緊急の社会的課題として浮上し，議論が進められている。

今後の展望　現在の日本の刑事法思想と刑事立法・刑事司法は，混迷しているようにみえる。この混迷は，日本社会の混迷に根差したもののように思われる。そして，日本社会の混迷は，2011年3月11日の東日本大震災・東京電力福島第一原子力発電所爆発事件以後，ますます深まっているように見受けられる。

日本の混迷は，日本固有の事情のみならず，さらに広く世界の混迷に由来するように思われる。とくに2001年の「9.11事件」とその後のアフガン・イラク戦争以後，世界は，先の見えない大きな混迷の時代に突入したようにみえる。これは，近代という一つの時代の終わりを予兆するものである。我々は，この混迷の時代を終わらせ，近代の次の新しい時代を切り拓く新たな思想・理念を必要としている。新しい刑事法思想も，そのような思想・理念から生まれてくるものであろう。

私は，新たな思想・理念は，近代西欧的な理性的人間像およびそれに基づく世界観・国家観を超克するところから生まれると考える。西欧は内部からその超克に努めるであろうし，世界の他の地域でも，その伝統に根差した超克の努力が行われるであろう。その中で，我々はアジアの一員として，その伝統である東洋的な人間観に立脚して，超克の努力を行うべきものと考える。そして，そこから，「力の時代」を超克して「連帯と共生の時代」を拓く思想，そして「力の刑事法」を超克して「連帯と共生の刑事法」を拓く刑事法思想を生み出していくべきものと考える。ただし，その道程は容易なものではない。アジア思想の普遍的なるものに立脚して現代社会・世界と真向かいに切り結ぶことによって，新たな時代思想を形成していかなければならない。

第2部
刑法を考える

I　刑法学の根底にあるもの

1　はじめに

刑法学と方法論　これまでみてきたように，犯罪と刑罰，そして刑法に関しては，様々な考え方がある。刑法をめぐる考え方の相違の根底には，刑法を考える際の方法論の相違や，人間と国家についての考え方の相違が存在している。このことは，近代・現代の刑法思想・刑法理論を見渡せば，容易に見て取ることができよう。

およそ学問は，対象と方法があって確立する。刑法学の対象が刑法であることは明確であるが，刑法にアプローチする方法は様々である。どのような方法論に立つかによって，刑法に対する考え方は異なってくる。自分の刑法に対する考え方を明確なものにするためには，自分の方法論を明確にしなければならない。

刑法学と人間観・国家観　刑法は，人間と国家とに関わる法である。犯罪は，人間の行為を国家が犯罪とするものである。刑罰は，国家が人間を処罰するものである。それゆえ，刑法を考える場合には，国家そして人間をどのように考えるかが問題になる。いかなる人間観・国家観に立つかによって，刑法に対する考え方は当然異なってくるのである。よって立つ人間観・国家観を不明確なままにした刑法学・刑法理論は，基礎の弱いものといわなければならない。刑法を考える場合には，まず初めに，よって立つ方法論と人間観・国家観が問われなければならない。

2　刑法学の方法

(1)　本質主義刑法学と機能主義刑法学

本質主義刑法学と機能主義刑法学　　刑法にアプローチする方法としては，従来，本質論的な考察方法と機能論的な考察方法が主要なものであった。前者に立脚した刑法学を本質主義刑法学，後者に立脚した刑法学を機能主義刑法学ということができる。

本質主義刑法学　　本質主義刑法学は，刑法の基本問題である犯罪および刑罰の「本質」の把握を出発点とし，その「本質」から，いかなるものが犯罪として処罰されるべきであり，刑罰はいかにあるべきかを明らかにしようとする。その典型は，後期古典派刑法学である。後期古典派刑法学は，観念論的な哲学・形而上学を基礎にして，人間の本質を「自由意思をもった存在」ととらえ，それに基づいて犯罪の本質を自由意思による規範違反行為，刑罰の本質をそれに対する応報とし，道義的責任論・応報刑論に基づく犯罪論・刑罰論の体系を構築したのであった。

本質主義刑法学では，何をどのような場合に犯罪として処罰するか，また刑罰をどのように加えるかは，犯罪と刑罰の「本質」から演繹的・体系的に導き出されることになる。このような刑法学は，理論的整合性・体系性に優れ，恣意的な理論構成が困難である。それゆえ，法的安定性や人権保障に役立つという長所をもつ。しかし，半面において，刑事政策的な考慮を容れにくく，無自覚的に理論的・体系的整合性のみを追い求めた場合には，非実際的な「理論のための理論」「理論倒れ」になるおそれがある。また，その本質論が現実から遊離した場合には，単なる思弁さらには空中楼閣に陥るおそれもある。

機能主義刑法学　　機能主義刑法学は，現代社会における刑法の機能・役割はいかにあるべきかとの見地から，犯罪論・刑罰論を機能的に構築しようとするものである。この考え方は，日本では1960年代以降，後期古典派の本質主義刑法学へのアンチテーゼとして平野龍一を中心に有力になった考え方である。そこでは，刑法は社会統制手段の一つであり，刑法の機能・役割は個人の生命・自由・財産等の生活利益の保護にあるとされ，どうすればこの刑法の機能・役割が妥当・適切に果たされるかという見地から，立法論・解釈論を通じて，何をいかなる場合に犯罪とし，刑罰はいかにあるべきかが論じられた。

機能主義刑法学は，「個人の生活利益の保護における刑法の機能・役割」という刑事政策的見地から犯罪と刑罰のあり方を考察するものであり，功利主義的・経験論的な立場に立つ。そして，後期古典派の本質主義刑法学を形而上学的理論として批判し，理論的・体系的整合性を目指す体系的考察方法よりも個々の問題の妥当な解決を目指す問題的考察方法を重視すべきものとする。なお，刑法のあり方を考える場合の政策的立場ないし価値観に関しては，価値相対主義を採り，いかなる政策的立場を採るかは論者の価値観によるのであり，論者はその政策的立場を採ったことに政治的責任があるとしている。

刑法は一つの社会的制度であるから，その社会的な機能・役割を重視すべきことは当然である。刑法学の基礎には，刑法の機能論・役割論がなければならない。とはいえ，価値相対主義に立った機能主義刑法学は，単なる社会統制のための技術に堕すおそれがある。それは，権力による不当な処罰から市民を守る道具にもなれば，権力・法官僚が効率的に秩序維持と支配を行う道具にもなりうる，諸刃の剣である。刑法は何よりも人間に関わるものである。刑法の機能・役割も人間社会における機能・役割であり，その根底には人間論がなければならない。人間論のない機能主義刑法学は，人間の尊厳を見失い，刑罰の恣意的な使用を許し，刑法学を支配層・法官僚による支配の技術にする危険がある。

当初の機能主義刑法学の主張は，自由主義・個人主義という憲法の価値観を重視して，個人の自由や権利の保障に意を払ったものであった。しかし，その後の機能主義刑法学には，個人の自由・権利の保障よりも治安・安全の確保を重視して，刑法を刑罰による治安維持・安全確保の手段として積極的な活用を目指す動きも見受けられる。法官僚の中にも，このような発想が見受けられる。これは，上述した機能主義刑法学に内在する危険性の現実化ということができよう。人間論のない機能主義刑法学は，空疎かつ危険である。我々は，機能主義刑法学を超えて，人間論に基づく刑事法学を求めなければならない。

⑵　主体性刑法学

団藤重光の主体性刑法学　人間を主体的存在として「主体性の刑法学」を主張したのが，団藤重光である。団藤は，個人は主体性をもった存在であり，法の解釈は主体的個人が自己の世界観的立場を支えとして行う主体的営為であるとする。そして，法解釈論における個々人の主体的主張は単純に主観的なものではなく，客観的な時代・社会に制約されるなど客観的要素があり，主体的主張のぶつかり合いの中から間主体的に主体的＝客観的な解釈が形成されていくとする。

団藤の「主体性の刑法学」は，人間の主体性から刑法学のあり方を説いたもので，基本的に正しい方向を示している。しかし，ここで「主体性」が何を意味するかは，明確ではない。主体性とは「最後まで客体化されないところのものであり，思惟する者，行為する者である」とされているが，これではまだ漠然としている。また，「主体性の刑法学」の方法論が，具体的に示されているわけではない。団藤の「主体性の刑法学」は，刑法学の方法論としてはなお問題を残している。我々は，これを批判的に継承・発展させていく必要がある。

主体性とは何か　「主体性の刑法学」を批判的に継承・発展させるためには，初めに，その根底にある人間の「主体性」とは何かをより明確にする必要がある。

主体性は，主体に関わる。主体とは，客体的・客観的にとらえられないものであり，要するに思惟・行為する「自己」である。それゆえ，「主体性とは何か」を問うことは，「自己とは何か」を問うことにほかならない。ところで，近代西欧思想では，「我思う，ゆえに我あり」と言ったデカルトのように，主体としての「我」（自己・自我）が厳然として存在し，それがその世界観・価値観に従って思惟・行為するところに主体性があると考えられる。しかし，そのような常一的主宰者としての「自己・自我」が確固たる実体として存在するかは，疑問である。人間は，遺伝と環境の産物である。親から受け取った肉体と環境が形成した精神を取り去れば，後には何も残らない。様々な要素が仮に集合して現象し（空（くう）），常に変化している（無常）のが，「我」である。それゆえ，アジアの哲学とくに仏教がいうように，恒常不変の実体としての「我」というものは存在しない。人間の本質は，「無我」である。小野清一郎が仏教哲学に基づいて人間を業(ごう)存在とし，団藤が主体性の究極には「無我」や「空(くう)」があるとしたのは，正当である。

それでは，「我」が存在しないとすると，主体性を問うことは無意味になるのであろうか。そうではない。転変する諸要素の仮の集合としての自己は，存在している。自己は，いのちとして，今，ここを生きている。自己のいのちは，自己を超えて，全てのいのちにつながり，共鳴する。いのちは，全てのいのちが共に生きることを求めるのであって，いわば生きとし生けるものの連帯と共生を願っている。これが，いのちとしての人間の根源的な要求である。このいのちの根源的要求，連帯と共生の願いに生きることが，主体的ということである。自分の欲望・欲求（煩悩）や世界観・価値観に従うことが主体性ではない。とはいえ，人間は素質・環境に制約された存在（業存在）であるから，純粋にいのちの連帯・共生の願いに生きることはできない。しかし，そのことを自覚したときには，そのような生き方を離れて，いのちの連帯・共生の願いに生きようとする行動が生まれる。ただし，それもまた不純・不完全な行動であり，そのことの自覚がまた新たな行動を生み出す。この不断の歩みの中に，人間の主体性がある。

主体性刑法学のアプローチ　主体性刑法学は，上述の意味での主体性をもって刑法と向き合うものである。この意味で，主体性刑法学は，「無我の主体性の刑法学」でなければならない。それゆえ，いのちの連帯と共生の願いに立って刑法と向き合うことが，主体性刑法学の出発点である。犯罪・刑罰の本質や，刑法の機能も，この視点から考察されなければならない。以下では，このようなアプローチに従って，まず人間と国家を論じ，それを踏まえて犯罪・刑罰の本質，刑法の機能などについて論じていくことにする。

3　刑法と人間

(1)　人間観の対立と刑法理論

「学派の争い」と人間観　刑法は，まずもって人間に関わる。古典派刑法学と近代派刑法学の「学派の争い」の根底にあるのも，人間観をめぐる争いである。前期古典派のフォイエルバッハは，啓蒙的人間観に立って人間を理性的存在ととらえ，人間の理性に働きかけて犯罪を抑止するという「心理強制説」を主張した。後期古典派は，同様の近代的・理性的人間観に立ちつつも，人間を自由意思の主体とする見地を強調し，人間が自由意思で行った行為には責任が問えるのであり，それに対する応報が刑罰であるとして，応報刑論を主張した。

古典派刑法学が理性的人間観に立ったのに対して，近代派刑法学は，全ての存在は法則に従うのであり，人間の行動も法則に従って必然的に生じるものであるとする近代的・科学的人間観に立って，人間の自由意思を否定した。そして，刑罰は危険な犯罪者から社会を防衛するための手段であるとする，社会防衛論を主張した。

相対的自由意思論とやわらかな決定論　古典派の理性的人間観は，観念論哲学に立脚したもので，抽象的・観念的な人間観といわなければならない。具体的な人間をみるときには，自他共に，何にも制約されずに全て自由に考え，行動できるようには思えない。そこで，古典派も，近代派の主張を一部受け入れて，人間には素質・環境によって決定されている部分もあるが自由に決定できる領域も残されており，自由に決定した部分については責任を問えるとする，相対的自由意思論が主流となった。

近代派の意思決定論も，科学主義的な思想に基づく抽象的・観念的な人間観であり，人間を運命の操り人形とする宿命論といわなければならない。そこで，意思決定論にも変化が現われ，機能主義の立場から，自由か否かは「決定されているか，いないか」ではなく「何に決定されているか」によるとして，他人や生理的なものによって決定されて行動するのではなく，自己の規範意識に従って行動するのであれば，それが素質・環境によって法則的に形成されたものであっても，その人自身による決定として自由であるとする，「やわらかな決定論」も有力になった。

さらに，最近では，自由意思の有無はどちらとも証明不可能である（不可知論）が，人間の尊厳を根本原理とする法制度は人間には自己決定の自由があることを前提としており，自由意思は規範的要請であるとする規範的自由意思論や，自由意思の有無とは無関係に国民の規範意識や予防目的から刑罰を基礎付けることができるとする自由意思論不要論なども現われている。

従来の人間観の問題点　相対的自由意思論も，自由な意思の領域の存在を認める点で，一つの自由意思論である。そうだとすると，なぜ自由意思があるのか，自由意思の根拠は何か，自由意思はどこから生じるのか等が問題になる。しかし，相対的自由意思論は，これらの問題には答えていない。やわらかな決定論は，意思の法則性を認め，意思が決定されていることを前提にする点で，一つの決定論である。そうだとすると，なぜ他人や生理という「外からの強制」がなければ「自己内部の自由」がなくても自由といえるのか，これは「自由」という言葉の単なる定義の変更でしかないのではないかが疑問になる。やわらかな決定論は，この疑問に十分に答えるものではない。規範的自由意思論は，「規範の要請」に寄り掛かり，それを人間論で基礎付けることを放棄したといわざるをえない。自由意思論不要論は，刑法を人間論と切り離すことで刑法を非人間化し，単なる技術にしてしまうものといわなければならない。

人間観は，処罰される人間だけに関わる問題ではなく，処罰している国家を構成している我々，刑法を立法・解釈する我々にも関わる問題である。自分の立法論・解釈論は，自分の自由意思による主張なのか，自分の素質・環境に決定付けられた主張なのか，どちらとも分からないというのか。主張をする以上は，この点をあいまいにしてはならない。人間論をさらに深め，そこから刑法にアプローチする必要がある。

(2)　主体的人間観と刑法

人間と主体性　前述したように，人間は，具体的な歴史的存在である。生まれ落ちたとき，すでに，自然史における人類の現段階を親から引き継いでいる。そして，歴史・社会状況との相互作用の中で，思考・表現・行為しつつ肉体的・精神的に成長・変化していく。人間は，過去の無数の要素の集積であり，それを離れては存在しえない。集積した要素を取り除き，「本来の自己」を求めようとしても，何もない。人間は業（ごう）を逃れられない存在であり，その思考・表現・行為は業の結果であり，その本質は無我である。

そうだとすると，人間の営為は全て運命的・宿命的で，主体性ということもありえないのであろうか。そうではない。人間を業の集積として存在させているのは，いのちである。いのちが，真の主体である。このいのちの連帯と共生の願いに生きることが，主体的ということである。人間は，業を逃れることはできない。しかし，そのことを深く自覚するときには，業を超えて，いのちを主体として，その連帯と共生の願いに生きようとする。人間は，そのような自覚の可能性を有している。その可能性の根拠は，いのちの根源的要求，連帯と共生の願いにある。人間は，それゆえに尊厳なのである。小野の「決定されつつ決定する」という業の理論，団藤の主体性の理論は，このように展開されるべきである。

主体的人間と刑法　このような人間観は，「主体」に関わるものであるから，刑法学の領域では，まずもって，刑法学の主体である我々の刑法へのアプローチの仕方すなわち刑法学方法論の問題に関わる。この点は，前に論じた。

この人間観は，同じいのちとしての犯罪行為者にも関わる。それゆえ，犯罪は行為者の業に縛られた必然的な結果であるが，行為者は行為時に自分の業を自覚していのちの根源的要求，連帯と共生の願いに生きることができたはずであり，その場合は犯罪を行わずに済んだはずであるといえる。そして，その後も行為は業として積み重なるが，それを自覚していのちの願いに生きる可能性は常に開かれているといえる。「犯罪は業である」とした小野の犯罪理論は，このように展開されるべきである。刑罰の本質や行為者の責任も，これを出発点にして論じられなければならない。

4　刑法と国家

(1)　刑法と国家と人間

刑法と国家観　近代以前には，国家以外のもの（封建領主，宗教権力等）が刑罰権を行使することがあった。しかし，近代国家では，刑罰権は国家に集中している。現在の日本でも，刑罰権は国家に独占されている。現在の刑罰は，国家による刑罰である。刑法は，それを規制する法である。それゆえ，刑法のあり方は，刑罰権を行使する国家のあり方によって規定される。刑法のあるべき姿は国家のあるべき姿に規整されるし，現実の刑法の運用は現実の国家の性格に左右される。刑法学は，あるべき刑法の姿を論じるものである。そのためには，あるべき国家の姿，国家観を論じる必要がある。

ビンディングや小野の後期古典派の本質主義刑法学は，権威主義的・国家主義的な国家観に立っていた。また，戦後の平野らの機能主義刑法学は，自由主義的・個人主義的な国家観に立っていた。しかし，本質主義や自由意思論と権威主義的・国家主義的国家観が必然的に結び付くものではないし，機能主義ややわらかな決定論が自由主義的・個人主義的国家観と必然的に結び付くものでもない。方法論，人間観と国家観は，相対的に独立した問題である。権威主義的・国家主義的な機能主義刑法学も，自由主義的・個人主義的な本質主義刑法学も，十分ありうるのである。

従来の多くの刑法学は，その時々の優勢な国家観に無自覚に従っていたようにみえる。戦前は権威主義的・国家主義的国家観が，戦後は自由主義的・個人主義的国家観が優勢であり，最近は権威主義的・国家主義的国家観が復活しようとしているかにもみえる。我々は，このような流れに無批判に流されるのではなく，国家とは何か，国家はいかにあるべきかを自覚的に考えていかなければならない。

主体的人間と国家　国家は，人間の長い歴史の中で形成されてきた歴史的生成物である。人間が国家を形成し，その中で人間が形成されてきた。人間と国家とは，相関している。自由な個人が契約で国家を作ったとする社会契約説は，フィクションにすぎない。現在の国家も，過去の歴史に制約され，我々もその中にいる。我々の先人は，これを「共業（ぐうごう）」と呼んだ。我々は，このような国家と人間の歴史的現実を逃れることはできない。

しかしながら，前述したように，人間は主体的存在である。人間の真の主体は，いのちである。人間がそれを自覚し，自分と国家の歴史的現実（業・共業）を深く自覚したときには，歴史的現実の中にあってそれを超え，全てのものの連帯と共生を求めるいのちの願いに生きる人間となる。そのような主体的人間は，国家にも，連帯と共生を求めるいのちの願いを理念とし，その実現を目指すことを要求する。主体的人間の国家観は，歴史的現実を抱えつつ，全てのものの連帯と共生を理念とし，そのために活動する国家を求める。

(2)　国家刑罰権と権力正当化原理

刑罰権力の本質　国家は一つの権力であり，権力の本質は「言うことをきかせる」ことにある。人に自分の言うことをきかせることができなければ権力ではありえないし，そのような権力をもたなければ国家ではありえない。言うことをきかない者に言うことをきかせるためには，最後には物理的強制力すなわち暴力を使うしかない。それゆえ，物理的強制力＝暴力は，国家を構成する本質的要素である。国家の外にある者に対する物理的強制力＝暴力が軍事力であるとすれば，国家の中にある者に対する物理的強制力＝暴力が警察力であり，その中核が刑罰権力といえよう。この意味で，刑罰権力は国家にもともと備わっている本質的属性ということができる。

しかし，このような国家の暴力性は，いのちの連帯と共生の願いに反するものである。それゆえ，このような暴力性をもった国家は，将来的には揚棄されるべきものである。暴力性をもたない国家，物理的強制力に依存しない国家が，願われねばならない。軍事力をもたない国家，死刑制度をもたない国家は，その理想へ向けての第一歩であるといえよう。しかし，暴力・物理的強制力に一切依存しない国家は，一つの理想ではあるが，人間の現状では不可能であろう。権力が空白になった地域において暴力が横行し，弱い民衆がその犠牲になることは，現在の世界の多くの所でみられるところである。人間の現状は，刑罰を廃止できる段階には至っていない。人間は，いまだ刑罰を離れることができない。その意味で，刑罰は，人類の業である。

国家権力の正当化　国家は，最後の手段（ultima ratio）として物理的強制力＝暴力をもたざるをえないが，言うことをきかせるために常に物理的強制力＝暴力を使うのは非効率であり，それで保たれる支配は不安定である。むき出しの暴力による支配は非効率・不安定であり，国家が支配を効率的・安定的に行うためには，支配を正当化する論理を構築して被支配者を納得させ，自発的な服従が得られるようにしなければならない。それにより，権力は正当化され，効率的・安定的なものとなる。

支配正当化・権力正当化の論理としては，伝統的支配，カリスマ的支配，合法的支配の3つがあるとされる（M.ウェーバー）。現在，先進諸国で一般的に共有されているのは，合法的支配の論理である。この論理は，権力は人間の尊厳および個人の自由と生存の保護のために人民の意思に基づいて合法的に行使されることで正当化されるとするもので，「人間の尊厳および自由と生存の保護」という権力行使の実質的側面に関わる原理と「人民の意思に基づく合法的支配」という権力行使の形式的側面に関わる原理の2つの原理によって，権力を正当化するものである。前者は個人主義・自由主義イデオロギーに基づく権力の実質的正当化原理，後者は民主主義イデオロギーに基づく権力の形式的正当化原理といえよう。

刑罰権の正当化と規整　このような権力正当化の論理は，権力行使の基本原理として権力と被支配者との間で共有され，共通の規範となる。そうすると，権力は，規範となったその原理に反することはできなくなり，これに制約・拘束されることになる。そして，刑罰権の行使も，権力行使の一部として，その原理に制約・拘束されることになる。それゆえ，「人間の尊厳および自由と生存の保護」と「人民の意思に基づく合法的支配」の原理が権力正当化原理とされるところでは，国家権力の一部である刑罰権もこの2つの原理で正当化され，刑罰権の行使はこの原理に制約・拘束されることになる。近代の個人主義・自由主義・民主主義国家において責任主義・法益保護原則や罪刑法定主義が刑法の基本原理として承認されるのは，このためである。

主体性と刑罰権正当化　上述のように，主体的存在としての人間は，国家に対し，いのちの願いを理念として，全ての人間と生きとし生けるものの連帯と共生のために活動することを求める。「連帯と共生」の基礎は，実質的には「苦痛を取り去り安楽をもたらし，いのちを解放する」ことであり，形式的には「参加・討議と共同決定による自治」である。「人間の尊厳および自由と生存の保護」「人民の意思に基づく合法的支配」は，その前提条件となる。それゆえ，主体的人間は，この2つの原理を刑罰権正当化の基本原理としてとりあえずは承認し，これによる刑罰権の制約・拘束を認める。責任主義・法益保護原則や罪刑法定主義は，主体的人間にとっても，当面の刑法の基本原理である。

ただし，主体的人間は，ここにとどまることなく，それを連帯と共生の見地からさらに深めねばならない。それゆえ，「人間の尊厳および自由と生存の保護」は「苦痛を取り去り安楽をもたらし，いのちを解放する」ことへと深められねばならないし，「人民の意思に基づく合法的支配」は「参加・討議と共同決定による自治」へと深められねばならない。

(3) 刑法と憲法

国家刑罰権正当化原理と憲法　前述したように，権力正当化原理は，権力と被支配者との間の共通の規範である。それゆえ，立憲主義の下では，これらの原理，および権力行使に対するこれらの原理に基づく様々な制約・拘束は，憲法に規定されることになる。刑罰権行使に対する制約・拘束もその一部であり，当然，憲法に規定される。日本国憲法も，前文や13条にこれらの原理を規定し，31条にこの原理に基づく刑罰権行使に対する制約・拘束を規定していると解される。この見地からは，憲法31条は，これらの原理に基づいて罪刑法定主義と実体的適正の原則を規定していると解される。同条が単に法定手続の保障を定めるにとどまらず罪刑法定主義と実体的適正（実体的デュープロセス）を規定したものと解されているのは，このためである。憲法32条以下の規定は，さらにこれを具体化した規定なのである。

憲法的刑法・憲法的刑法学　このように考えると，刑罰権は，国家に内在するものであるが，日本国憲法の下では，そこに規定された「人間の尊厳および自由と生存の保護」「人民の意思に基づく合法的支配」の原理と，それに基づく刑罰権規整原理である罪刑法定主義と実体的適正の原則によって規整されなければならないことになる。日本国憲法の下では，刑法は，これらの憲法上の原理・原則を忠実に具体化し，実現するものでなければならない。刑法学も，憲法の理念を具体化し，実現することを目指さなければならない。その意味で，刑法は憲法的刑法でなければならないし，刑法学は憲法的刑法学でなければならない。

さらに，主体的人間は，それにとどまらず，憲法の原理をより深めて，犯罪者・被害者・市民の真の連帯と共生を目指す原理へと展開していかねばならない。そして，それが，刑法・刑法学に浸透させられなければならない。その意味で，憲法的刑法・刑法学は，主体的刑法・刑法学へと深められていかなければならないのである。

II　犯罪と刑罰の考え方

1　はじめに

方法論や人間観・国家観から考えた場合，刑法そして犯罪・刑罰は，基本的にどのように考えられるであろうか。

刑法は，どのような行為が犯罪とされ，それにどのような刑罰が加えられるかを規定した法である。国家刑罰権は，この刑法に従って行使される。逆にみれば，国家刑罰権の行使は，この刑法によって規整される。国家刑罰権の行使を規整するための法が，刑法である。前述のように，国家刑罰権は，憲法上の原理である「人間の尊厳および自由と生存の保護」および「人民の意思に基づく合法的支配」の原理によって規整される。刑法は，憲法の下位法規として，この2つの憲法上の原理に則して国家刑罰権を規整し，その理念を実現するための法にほかならない。刑法の基本的な機能・役割は，ここにある。

刑法は，このような機能・役割を果たすために，一定の行為を犯罪とし，それに対して一定の刑罰を科する。それゆえ，刑法がいかなる行為を犯罪とし，それに対する刑罰をどのように形成するかは，この刑法の基本的な機能・役割から割り出されることになる。

2　刑法の機能

「機能」の意味　刑法の「機能」という言葉には，2つの意味がある。一つは，刑法が事実上もっている作用，働きの意味である。「刑務所帰り」がヤクザの箔付けになるなどということは，社会的にはマイナスでしかない。しかし，事実上の作用という意味では，これも刑法の事実上の一つの機能といえる。もう一つは，刑法が果たすべき作用，働きの意味である。これは，刑法に何を期待するかの問題であり，刑法の役割，任務，目的を意味する。ここで問題にするのは，この意味での刑法の法的な機能である。

刑法の基本的な機能　前述のように，刑法は，犯罪と刑罰を適正に定めることにより，刑罰権の行使を「人間の尊厳および自由と生存の保護」の原理に即して規整する機能・役割を果たす。これを，刑法の個人主義的機能ということができよう。刑法がこのような機能を果たすためには，人間の尊厳および自由と生存を侵害する行為を犯罪とすることでその保護を図るとともに，犯罪とする範囲をこの限度にとどめ，刑罰の内容も人間の尊厳および自由と生存を害しないように定めておく必要がある。その際には，この見地からの刑法の究極の目的は，「苦痛を取り去り安楽をもたらし，いのちとしての人間を解放する」ことにあることが念頭に置かれなければならない。

刑法は，それが人民の意思を反映する民主的な手続で制定され，民主的に運用されることにより，刑罰権の行使を「人民の意思に基づく合法的支配」の原理に即して規整する機能・役割を果たす。これを，刑法の民主主義的機能ということができよう。刑法がこのような機能を十分に果たすためには，単に刑法が唯一の立法機関である国会（憲法41条）で憲法の定める手続（憲法56条・59条等）に従って制定されるだけでなく，その立案から運用に至る全過程で，市民の意思が合理的な議論に基づいて反映されることが必要である。民主主義は，単なる代表民主制や多数決ではなく，「参加・討議と共同決定による自治」すなわち市民自治，合理的な法の支配を意味するからである。司法への市民参加（市民の司法参加）も，この視点からとらえられなければならない。

刑法の「3機能」　刑法の機能については，従来，法益保護機能，保障機能，規制機能の3つの機能が挙げられてきた。

法益保護機能とは，法益を保護する機能を意味する。「法益」とは，法の保護に値する利益のことである。刑法は，法益を侵害または危険にする行為を犯罪として処罰することで法益侵害を防止し，法益を保護する機能をもつのである。上述したように，刑法は，人間の尊厳および自由と生存を侵害する行為を犯罪とすることで，市民の生活利益を保護する機能・役割を果たさなければならない。刑法には，法益保護機能が認められるべきである。もっとも，法益には，個人の法益だけでなく，国家・社会の法益もある。国家・社会の法益の保護が刑法の機能・役割であるかは問題であるが，国家・社会の法益もその構成員である個人の法益の集合と解される限りでは，これも刑法の機能と考えることができる（後述 98 頁・152 頁）。

保障機能とは，人権を保障する機能を意味する。刑罰は，憲法 13 条・29 条が保障する生命・自由・財産等を奪うものであるから，これが恣意的に発動されれば，市民の人権が不当に侵害される。人間の尊厳および自由と生存は，犯罪からだけではなく，不当な刑罰からも保護されなければならない。刑法は，刑罰の発動を規整することにより，市民を不当な刑罰から保護する機能を果たす。これが，刑法の保障機能である。刑法の保障機能は，市民が不当に犯罪者とされないようにするだけではなく，犯罪者が不当に重く処罰されないようにするためのものでもある。この意味で，「刑法は犯罪者のマグナ・カルタである」（リスト）といわれる。

規制機能とは，人々の行動を規制する機能を意味する。刑法は，一定の行為を犯罪として，それに対する否定的評価を示し，その行為をしてはならないという命令・禁止をしているとみることができる。それゆえ，刑法は，このようなことを通して，市民の行動を規制し，統制・コントロールしているといえる。これが，刑法の規制機能といわれるものである。ただ，刑法が規制機能を果たすのは，市民の行動を規制することで法益を保護するためである。その意味で，規制機能は，法益保護機能に包含されると考えるべきである。規制機能を法益保護機能とは独立に認める場合には，規制機能は，現在の体制秩序の維持という意味での「秩序維持機能」や，倫理・道徳の維持という意味での「社会倫理維持機能」を意味することになりかねない。これは，刑法による既存の体制秩序，倫理・道徳の強制を認める考え方であり，自由主義・個人主義の原理からみて妥当でない。また，法益保護機能から規制機能を考える場合も，規制機能を強調するときには，「法益保護のための規制・統制」という管理主義的な考え方になる。このような考え方も，妥当ではない。

刑法の「社会倫理維持機能」　刑法に社会倫理維持機能を認める考え方も，存在する（リーガル・モラリズム）。しかし，上述のように，このような考え方は妥当ではない。

もっとも，刑法が事実上社会倫理を維持する効果をもつことは否定できない。刑法が殺人罪で人の生命を保護し，窃盗罪で人の財産を保護することは，「殺してはならない」「盗んではならない」という社会倫理を維持・強化する効果をもつ。また，例えばクローン人間の作出を罰することは，「クローン人間は作るべきでない」という社会倫理を法的に承認する効果をもつ。刑法は一定の価値観に基づいて一定の行為を犯罪とするのであるから，刑法がその価値観を承認・維持・強化する効果をもつことは否定できない。しかし，それは，刑法が保護機能をもつことの副次的効果であり，刑法の本来的機能・役割ではない。

3 犯罪の考え方

(1) 総 説

犯罪の形式的理解と実質的理解　それでは，刑法の役割・機能を前提にした場合，刑法における「犯罪」は，基本的にどのように考えられるであろうか。

「犯罪とは何か」という問いには，「法律で犯罪とされたものが犯罪である」という回答がありうる。しかし，これは，犯罪を法的見地から定義しただけであり，犯罪の形式的な理解にとどまる。刑法学で問題となるのは，「刑法はどのようなものを犯罪とするべきか」「犯罪とされるものの実質は何か」という「犯罪の実質」である。刑法学では，このような犯罪の実質的理解が重要である。ここでの課題は，刑法の役割・機能から犯罪の実質がどのように考えられるかである。

犯罪の実質の考え方　犯罪の実質については，かつては，犯罪現実説と犯罪徴表説との対立があった。犯罪現実説は，犯罪行為には現実的な意味があり，処罰されるのは行為であるとする，古典派の考え方である。犯罪徴表説は，行為は行為者の危険性の徴表にすぎず，処罰されるべきは行為ではなく行為者であるとする，近代派の考え方である。今日では，犯罪徴表説は支持が失われ，犯罪現実説が一般的な考え方になっている。

問題は，犯罪行為がいかなる現実的意味をもつかである。この点については，規範に違反する行為が犯罪だとする規範違反説と，他人の利益を侵害する行為が犯罪だとする利益侵害説とが対立している。

(2)　規範違反説

規範違反説　規範違反説は，規範すなわち一定の社会的な行為基準に違反する行為が犯罪であるとする。社会的行為基準に違反する行為は，社会的逸脱行動ということができる。それゆえ，規範違反説は，一定の社会的逸脱行動を犯罪と考えるものといえる。

しかし，最近では，憲法の個人主義・自由主義の見地に立って，刑法の役割は国民に「正しい振る舞い方」を教育・強制することにあるのではなく，個人の自由を保障しつつ個人の生活利益を保護することにあるとする考え方が有力になってきている。そのため，規範違反説は支持が減少してきている。

「規範」とは何か　規範違反説で重要なのは「規範」とは何かであるが，その理解は一様ではない。

一つの考え方は，これを刑罰法規が前提としている禁止・命令としての法命題すなわち実定法規範とするものである（ビンディング）。これは，いわゆる法実証主義の考え方であり，「規範」の内容は比較的明確であるが，法律を作れば何でも犯罪にできることになり，「何を犯罪とすべきか」という問いに十分に答えることはできない。また，「悪法も法である」ことになり，恣意的・抑圧的な刑事立法を許容することにもなる。

もう一つの考え方は，実定法の背後に社会の文化や倫理・道徳を形成している文化規範（M. E. マイヤー）や国家道義（小野清一郎）の存在を認め，これを「規範」とするものである。この考え方は，「文化規範」や「国家道義」に反する行為が犯罪であるとすることで，犯罪の実質を説明し，刑事立法の基準を示すことができる。しかし，この考え方では，刑法は倫理・道徳に反する行為を処罰することで現在の倫理・道徳を維持・強化する役割を果たすことになり，刑法の機能・役割を社会倫理機能に置くリーガル・モラリズムになる。

規範違反説と処罰の限界　規範違反説では，一定の行為基準に違反している場合には，処罰が認められることになる。それゆえ，個人の利益を侵害しない「被害者のない犯罪」についても，処罰が可能と考えられることになる。また，解釈論で犯罪の成否を論じる場合も，行った行為が行為基準に違反しているか否かが重視されることになる。それゆえ，この考え方は，犯罪論では，法益侵害ないし危険という「結果」よりも行った「行為」の基準違反を重視する，いわゆる行為無価値論につながる。

(3)　利益侵害説

利益侵害説　利益侵害説は，他人の利益を侵害する行為，すなわち他人の利益に実際に被害を与えあるいは危険を及ぼす行為が犯罪であるとする。いわば，他人に迷惑をかけることが犯罪であると考えるのである。現在では，憲法の個人主義・自由主義の見地に立って，刑法の役割を個人の生命・自由・財産等の生活利益の保護に置く考え方が有力である。この考え方に立てば，刑法は他人のこのような生活利益を侵害する行為を犯罪として処罰することでその役割を果たす，とされることになる。そのため，最近では，利益侵害説が有力である。

利益侵害説では，他人の利益を侵害する行為は刑罰で規制されるのもやむをえないが，他人の利益を侵害しない限りは何をするのも自由（刑罰で規制してはならない）ということになる。いわゆる「侵害原理」の考え方であり，利益侵害説の基礎にはこのような考え方がある。

「法益」の概念　利益侵害説では，「利益」をどのように考えるかが問題になる。

一つの考え方は，これを「権利」ととらえ，他人の権利を侵害することを犯罪とする考え方である（フォイエルバッハの「権利侵害説」）。これは，犯罪の範囲を明確にすることにはなるが，人間の尊厳や自由と生存に関わる利益の中には，飲食・散歩・読書・喫煙など「権利」とまではいい難いものもある。これらの利益も，その侵害を犯罪として，刑法で保護することが必要な場合もある。そこで，現在では，これを法が保護するに値する利益すなわち「法益」とし，法益を侵害する行為を犯罪とする考え方（法益侵害説）が一般的である。

もっとも，法が保護する利益は，様々である。生命・自由のような個人の利益もあるが，国家の存立・活動のような国家的な利益や，社会の安全・信用のような社会的な利益もある。これらの利益を利益侵害説の見地からどのようにとらえるかは，問題である。一つの考え方は，国家・社会は個人を離れた独自の存在であり，固有の利益をもつのであって，刑法はその侵害を犯罪とすることで国家・社会の固有の利益を保護しているとする考え方である。このような考え方は，国家主義・全体主義の強かった戦前には有力であった。しかし，戦後は，憲法の個人主義・自由主義の見地に立って，このような考え方を否定する見解が一般的になっている。現在では，国家・社会は個人によって形成され，個人のために存在するという考え方に基づいて，国家・社会の利益をその構成員である個人の利益の集合体とみる考え方が有力である。この考え方によれば，刑法が保護する国家・社会の利益は，構成員である個人の利益に「還元」されることになる（国家的法益・社会的法益の個人的法益への還元）。そして，個人の利益に還元されるような国家・社会の利益を刑法で保護することは認められるが，個人の利益に還元されないような国家・社会の利益を刑法で保護することは，認められないことになる。

利益侵害説と処罰の限界　刑法は個人の利益を保護するためのものと考える場合は，他の個人の利益を侵害しない行為は，犯罪とすべきではないことになる。それゆえ，利益侵害説では，いわゆる「被害者のない犯罪」は犯罪とされるべきではないことになる。ここから，「被害者のない犯罪」の非犯罪化の問題が生じる。

また，利益侵害説によれば，解釈論で犯罪の成否を論じる場合も，他人の法益を侵害あるいは危険にしたかが重視されるべきことになる。この考え方は，犯罪論において，法益侵害ないしその危険という「結果」を重視する，いわゆる結果無価値論につながる。

(4)　犯罪をどのように考えるか

犯罪現実説　前述（84 頁）のように，人間の本質は「無我」であり，行為は過去・現在の無数の要素が一人の人間に集積して発現したものである。それゆえ，行為者は，仮の存在にすぎない。行為としての犯罪こそが，現実的存在である。否定されるべきは行為であり，行為者ではない。犯罪現実説の考え方に，正しいものがある。

利益侵害説　前述のように，刑法の機能・役割は，人々の生活利益の保護にある。それゆえ，犯罪の考え方としては，利益侵害説が正当である。他者の生活利益を大切にすることは，人間の連帯と共生の前提となる。これを侵害することは，連帯と共生の関係を破壊するものとして，犯罪と考えられてよい。

人間は，基本的に自由な存在であり，他人の利益を侵害しない限りは何をするのも自由なはずである。もちろん，人間は，他人に迷惑さえかけなければ好き勝手な生活をしてよいというものではない。人間は，連帯と共生を求めて生きていく主体的存在として，それに向けた生活を選び取り，創造していかなければならない。しかし，これは，一人一人が自己の自覚に基づいて主体的に行うべきことである。国家が強制し，教え込むべきことではない。刑法が一定の倫理・道徳や行動の仕方を強制することは，個々人が連帯と共生を求めて自らの生活を創造していく妨げとなる。

もっとも，刑法の役割を個人の法益の保護に置く場合も，法益保護のためには，法益侵害があったときに処罰するだけではなく，被害防止に必要な一定の行為準則を想定あるいは規定し，これに違反することも犯罪として処罰する方が効果的だとする考え方もありうる。この考え方では，法益侵害だけでなく，その防止に必要な行為準則に違反することも，犯罪とされることなる。これは，刑法による倫理・道徳の強制を認めるものではないが，行為基準に違反する行為を犯罪とすることを認める点で，規範違反説・行為無価値論に近付く。しかし，このような考え方は，市民生活の安全のために個人の行動を国家が管理しようとする管理主義的な考え方であり，個人の自由を狭め，抑圧的な社会を生み出すおそれがあり，妥当な考え方ではない。

法益のとらえ方　「法益」は，かなり多義的な概念であり，個人的，物理的・物質的なものだけでなく，国家的・社会的法益や規範的・価値的な法益を含めることも可能である。しかし，刑法は個人を守るものと考える場合には，「法益」は，基本的には個人の生活利益としてとらえられなければならない。それゆえ，個人的法益と個人的法益に還元される国家的・社会的法益が，「法益」とされなければならない。また，「法益」は，物理的・物質的なものには限られないにしても，具体的・現実的な生活利益に限られなければならない（法益保護および法益については，後述151頁以下参照）。

4　刑罰の考え方

(1)　総　説

刑罰をめぐっては，応報刑論と目的刑論とが対立してきている。応報刑論は，刑罰は犯罪行為に対する応報として加えられるとする。これに対して，目的刑論は，刑罰は将来の犯罪を予防するために科せられるとする。いわゆる新旧学派の争いの中で最も激しく争われたのは，この点であった。ただし，応報刑論も目的刑論も，その考え方は一様でない。また，両者を折衷した折衷説も一般的である。

(2)　応報刑論

(a)　応報刑論の考え方

応報刑論　応報刑論は，刑罰は行われた犯罪を根拠として行為者に加えられる応報としての苦痛・害悪（法益の剝奪）であるとする考え方である。自由意思の主体としての人間は，犯罪行為に出ることを思いとどまることができる。自由意思によって犯罪行為を選んでいる以上は，そのことを非難することができる。そして，犯罪に対する応報，報いとして非難に相応した苦痛・害悪が加えられることは，正義に合致する。これが，伝統的な応報刑論の考え方である。

悪行には相応の報いがあるべきであるという観念は，古くからある観念である。東洋の因果応報，善因楽果・悪因苦果の思想も，このように観念されることが多い。刑罰の淵源の一つが復讐にあることから，「刑罰は昇華した復讐である」といわれることもある。近年の「相応の報い」（Just Deserts）の考え方も，このような観念に基づいている。

応報刑論と処罰の限界　伝統的な応報刑論では，自由意思で犯罪行為に出た場合は非難が可能であり，行為者に責任があるといえ，これに対して責任・非難に見合った応報を加えることは正当とされる。それゆえ，刑罰を科すためには犯罪行為について行為者を非難できること（非難可能性）が必要であり，精神障がい等の事情で行為者を非難できない場合は，行為者には責任がなく，処罰することはできないとされる（「責任なければ刑罰なし」の原則）。そして，刑罰は責任に見合ったものでなければならないから，犯罪行為に対する刑罰は行為に対する責任と均衡が取れていなければならず，責任の程度を超える刑罰を科すことは許されないとされる。このような原則，とくに「責任なければ刑罰なし」の原則を「責任主義」という。

また，応報刑論では，犯罪行為が実際に行われたことが，責任・非難の対象となり，処罰の根拠とされる。したがって，解釈論で犯罪の成否を論じる場合には，行為者ではなく，発生した結果を含む現実に行われた行為が重視される。このような考え方は，「行為主義」「客観主義」と呼ばれる。

(b)　道義的応報刑論と法的応報刑論

道義的応報刑論　応報刑論の伝統的なものは，後期古典派の応報刑論である。そこでは，応報は人間の道義的（倫理的・道徳的）要求であり，刑罰は犯罪に対する国家的・道義的応報であって，犯罪に対する非難・責任は道義的・倫理的なものとされる。そして，犯罪に対して応報を加えることは正義に合致し，刑罰はこの見地から正当化されるとされる。この考え方は，応報としての刑罰により犯罪に対する非難・責任が解消・清算されると考えるもので，刑罰で罪がつぐなわれる（贖罪（しょく））とする贖罪刑論を採るものといえる。このような応報刑論は，道義的応報刑論といえ，犯罪論では道義的責任論につながる。

道義的応報刑論の中には，犯罪は国家的道義・道徳への違反行為であり，それに対する非難は国家的道義・道徳からの非難だとするものもある。しかし，この考え方に対しては，法と道徳を一体化し，リーガル・モラリズムになるとの批判が強い。そこで，最近の道義的応報刑論には，「道義的・倫理的非難」とは，行うべきでないことを自由意思で行うことは倫理的・道徳的に非難に値するということを意味し，特定の道義・道徳からの非難を意味するものではないとするものが多い。

法的応報刑論　しかしながら，このような道義的応報刑論に対しては，応報を加えることが正義であり刑罰で責任が清算されるというのは形而上学の観念論にすぎない，自由意思の存在は科学的に立証できない，応報が正義なら処罰が犯罪予防に不要・有害な場合も処罰しないと正義に反することになる，国家が道義的非難を加えるというのは国民に対する国家の道徳的優位を認めるものである，応報刑論では犯罪予防という刑事政策の見地から適切な刑罰を加えることができない，などの批判が加えられている。このような批判は，機能主義的な考え方が強まるに伴って，ますます強まっている。

そこで，現在では，応報刑論でも，刑法における応報・非難・責任は道義的・倫理的なものではなく，法の見地からなされる法的なものだとする考え方が有力になってきている。このような考え方は，法的応報刑論ということができ，いわゆる法的責任論につながる。

この考え方は，刑罰の本質が応報であるというのは，刑罰が犯罪に対する法的な反作用であることを意味するにすぎず，それが道徳的・倫理的な報いであることを意味するわけではないとする。また，自由意思に関しては，相対的自由意思論，「やわらかな決定論」，規範的自由意思論などが主張され（86頁参照），応報の考え方を維持することは可能であるとする。そして，応報が正当化されるのは，それが犯罪の予防に役立ち，人々の規範意識・要求に合致するからであるとして，応報を目的刑とも結び付ける。

(c)　絶対的応報刑論と相対的応報刑論

絶対的応報刑論　道義的応報刑論は，上述のように，刑罰は応報であり，正義の見地から正当化されるとする。道義的応報刑論の中には，この点を強調して，刑罰は犯罪予防の見地とは無関係にそれが応報であるということのみによって正当化されるとするものもある。この考え方は，絶対的応報刑論と呼ばれる。

絶対的応報刑論の典型は，カント，ヘーゲルの刑罰論である。カントは，人格の絶対性の見地から人間を他の目的のための手段としてはならないとし，犯罪予防のために刑罰を科すのは人間を犯罪予防という目的のための手段とするもので正当でなく，刑罰は自らが行った行為に対する応報としてのみ科されるべきであるとした。そして，この見地から，行った犯罪と同じ害悪を応報として加えることが行為者を人格として遇することであり，犯罪を行った者は必ず処罰されねばならないという，同害応報論を主張した。また，ヘーゲルは，弁証法哲学に基づいて，犯罪は法の否定であり，刑罰はその否定であるから「法の否定の否定」すなわち法の肯定・確証であり，刑罰は法を確証するものとして正当化されるとした。

しかし，このような議論は一つの観念論であり，応報・苦痛を与えることが人格として扱うことだとか，刑罰で法を確証するなどといわれても，実感し難い。また，罰することが正義だとすれば，情状により処罰を必要としない者も処罰しないと正義に反することになり，無用の処罰を増やす。現在，この考え方を採る者は，ほとんどない。

相対的応報刑論　現在は，応報刑論でも，目的刑論の見地を取り入れた，相対的応報刑論が一般的である。相対的応報刑論は，刑罰の本質は応報であるが，刑罰は応報であるということのみによって正当化されるのではなく，応報を加えることで犯罪が予防されるということを含めて正当化されるとする。

相対的応報刑論は，刑罰は過去の犯罪に非難・応報を加えることによって将来の犯罪を予防するという考え方で，応報刑論と目的刑論の双方の見地を取り入れたものである。しかし，「応報・非難」の見地と「犯罪予防」の見地は，必ずしも一致するものではない。犯罪予防の見地から必要とされる刑罰が応報・非難の程度を超える場合もあるし，応報・非難に見合った刑罰が犯罪予防の見地からは過剰・不必要な場合もある。相対的応報刑論では，応報の見地と犯罪予防の見地をどのようにして調和させるかが，重要な問題となる。そして，現在の相対的応報刑論の多くは，刑罰の本質は応報であるから犯罪に対する責任・非難が刑罰の大枠であり，犯罪予防の必要性はその枠内で考慮するという考え方を採っている。例えば，責任・非難には幅があるとし，その幅の中で一般予防・特別予防に適切な刑罰を科すことで応報と予防の見地を調和させるとするのが，一つの考え方である。また，刑罰は責任の程度を超えてはならないが責任の程度を下回ってもよいとして，責任・非難の程度の範囲内で一般予防・特別予防に適切な刑罰を科せばよいとする考え方もある。

(3)　目的刑論

(a)　目的刑論の考え方

目的刑論　目的刑論は，刑罰は将来行われる可能性のある犯罪を予防するためのものであるとする。そして，刑罰の目的・役割は犯罪予防という公共の福祉を実現することであり，このことが刑罰の存在理由であって，これによって刑罰は正当化されるとする。それゆえ，応報刑論が過去の犯罪に目を向けているのに対して，目的刑論は将来の犯罪に目を向けるものといえる。それで，応報刑論は回顧的であり，目的刑論は展望的であるといわれることもある。目的刑論は，犯罪を行った者の再犯の予防を刑罰の目的とする特別予防論と，一般人が犯罪に陥るのを予防することを刑罰の目的とする一般予防論とに分かれる。

目的刑論は，刑罰を犯罪予防という目的のための手段と解するものであり，この目的の正当性が手段としての刑罰を正当化すると考えるものといえる。そこで，応報刑論からは，目的は手段を正当化するものではない，犯罪予防の手段として人間に刑罰を科すのは人間を目的のための手段とするもので人間を人格として扱うものとはいえない，などの批判が加えられることになる。

目的刑論と処罰の限界　目的刑論では，犯罪を予防するのに必要かつ十分な刑罰が科されれば，刑罰の目的は達成されることになる。そこで，刑罰は，犯罪予防のための必要性の程度に応じて決まることになる。それゆえ，行われた犯罪が重大でも予防の必要性が小さい場合は軽い刑罰が科されることになるし，行われた犯罪が軽微でも予防の必要性が大きい場合には重い刑罰が科されることになる。そこで，目的刑論に対しては，犯罪の程度と刑罰とが不均衡になるという批判が加えられることになる。また，刑罰の犯罪予防効果を明確に測定することは困難であるから，刑罰を決める基準があいまいになり，必要以上に重い刑が科されるおそれを生じるという批判も加えられる。

(b) 特別予防論

特別予防論の考え方　特別予防論は，犯罪を行った者が再び犯罪を行うのを防止するのが刑罰の目的であるとする。刑罰は，犯罪者の再犯予防の手段であり，再犯予防という公共目的実現の手段として正当化され，再犯予防に必要な場合に必要な限度で科されると考えるのである。

特別予防論には，消極的特別予防論と積極的特別予防論とがある。

消極的特別予防論　消極的特別予防論は，犯罪者を刑罰の苦痛によって威嚇(かく)し，あるいは隔離することにより，犯罪者が再び犯罪に陥らないようにすることが刑罰の目的であるとするものである。刑罰が苦痛であり，自由刑が隔離である以上，刑罰がこのような効果をもちうることは否定できない。しかし，刑罰のこのような効果を刑罰の目的とするときには，苦痛・隔離が大きいほど効果も大きいと考えられ，刑罰が過酷になるおそれがある。「懲りない」犯罪者には，刑罰がエスカレートしていくおそれもある。また，この考え方では過料・反則金・懲戒処分のような行政罰・行政処分と刑罰との違いを説明できない，この考え方は猛獣を鞭で調教あるいは檻に隔離するのと同様の考え方で人間の尊厳を認めているとはいえない，などとする批判もある。

積極的特別予防論　積極的特別予防論は，犯罪者に改善・更生のための積極的な処遇を刑罰として施し，それによって犯罪者を遵法的な市民に矯正して社会に復帰させることが刑罰の目的であるとするものである。その処遇の性格をどのようなものと考えるかにより，「改善刑論」「教育刑論」「治療モデル」「社会復帰刑論」などとも呼ばれる。積極的特別予防論の典型は，近代派の考え方である。近代派は，刑罰は危険な犯罪者から社会を防衛するためのものとする「社会防衛論」に立ち，刑罰の目的は犯罪者の危険性を除去し，その再犯を防止することにあるとした。

積極的特別予防論は，犯罪者も生存権（憲法25条）に基づいて遵法的市民に改善・更生して社会に復帰する権利（社会復帰の権利）を有するという考え方に結び付く。これは，犯罪者も一人の市民として尊重し，「市民としての共生」を目指すものといえる。また，刑罰は犯罪者の改善・更生・社会復帰に役立つように構成されるべきことになり，過酷な刑罰は排除されることになる。これは，刑罰の人道化と，受刑者の待遇改善に結び付く。しかし，反面において，犯罪者の改善・更生が量刑の基準となるため，量刑の基準が不明確になるほか，行った犯罪と刑罰とが不均衡になるという問題を生じる。また，刑罰は「教育」「治療」という受刑者にも利益なものと考えられるため，刑罰を科すことが肯定的にみられ，処罰の拡大をもたらすおそれもある。さらに，改善・更生を目的に様々な処遇技術を用いて受刑者の人格の改造・改変が目指される場合には，国家による人間の内面への不当な干渉となり，人間の尊厳の侵害を招くおそれもある。

(c) 一般予防論

一般予防論の考え方　一般予防論は，犯罪を行っていない一般の人々が犯罪を行うのを予防することが刑罰の目的であるとする。刑罰は，一般人の犯罪を防止する手段であり，犯罪防止という公共目的実現の手段として正当化され，それに必要な場合に必要な限度で科されると考えるのである。

一般予防論には，消極的一般予防論と積極的一般予防論とがある。消極的一般予防論は，「抑止刑論」あるいは「威嚇予防論」とも呼ばれる。積極的一般予防論は，「規範的予防論」と呼ばれることもある。

消極的一般予防論　消極的一般予防論は，一般人を刑罰の苦痛で脅して犯罪を防止することが刑罰の目的であるとする。その典型は，フォイエルバッハの心理強制説である。彼は，人間には理性があるから，犯罪による利益を若干上回る苦痛を内容とする刑罰を刑法に規定して人々に告知すれば，人々は利害得失を合理的に判断して犯罪を思いとどまるとしたのである。

刑罰の威嚇によって犯罪を防止するという考え方は，近代以前には一般的な考え方であった。しかし，それは，刑罰執行の「見せしめ」効果（刑罰の執行による一般予防）を目的としたもので，過酷な刑罰制度と結び付いていた。フォイエルバッハの心理強制説は，刑罰予告の心理的効果による犯罪防止（刑罰の予告による一般予防）を主張するもので，罪刑法定主義・罪刑均衡原則と結び付いている点に近代性がある。

刑罰が苦痛・害悪である限り，一般人に対して一定の威嚇力をもつことは否定できないであろう。しかし，犯罪が存在することは，刑罰の威嚇力には限界があることを意味しよう。そこで，威嚇による一般予防を刑罰の目的としたときには，より厳しい刑罰ほど威嚇力があり一般予防効果が高いと考えられ，刑罰が際限なく過酷化する可能性がある。消極的一般予防論が論理必然に罪刑均衡をもたらすものではない。また，ヘーゲルは，心理強制説を，犬に杖を振り上げるのと同じで人間を人格として認めているとはいえないと批判している。

積極的一般予防論　積極的一般予防論は，一般人の規範遵守意識を覚醒・強化して犯罪を行わないようにさせるのが刑罰の目的であるとする。すなわち，一定の規範違反に刑罰を規定することにより当該規範の重要性を公的に確認して一般人の規範遵守意識を覚醒・強化するとともに，規範違反があれば刑罰を科すことで規範が厳存することを確証して一般人の規範秩序への信頼と規範遵守意識を覚醒・維持・強化し，これを通じて一般人が犯罪に陥らないようにすることが刑罰の目的であるとするのである。

刑罰規定の存在と刑罰の宣告・執行が一般人の規範遵守意識を覚醒・強化する社会心理的作用を及ぼしていることは，否定し難いように思われる。その意味で，刑罰は，一般人に対して訓育・教戒の機能をもっているといえよう。しかし，このことは，刑罰が事実としてそのような機能をもっていることを意味するにとどまる。なぜ刑罰がそれを目的・役割とすべきであるのかは，明らかではない。一般人への訓育・教戒を刑罰の目的・役割とすることは，国家を市民の教師・保育者とするもので，国家および刑法・刑罰を権威主義・管理主義的なものにするおそれが強い。また，このような考え方は，一般人の規範意識を高めるために刑罰を積極的に用いるとの考え方をもたらし，刑罰規定や処罰の多用（刑罰インフレ）につながるおそれがある。積極的一般予防論は，応報刑がもつ社会心理学的効果を説明したにすぎず，その実体は応報刑論というべきであろう。

(4) 刑罰をどのように考えるか

刑罰論の多面性　「新旧学派の争い」においては応報刑か目的刑かが激しく争われたが，その後は両者を折衷・統合する見解が有力になっている。現在の日本でも，相対的応報刑論が有力である。

「刑罰とは何か」という問題は，刑罰の本質（概念・実体・内容），正当化根拠，刑罰の目的・役割，処罰の根拠と限界など，相互に関連する多様な問題によって構成されている。このような多面的な問題に二者択一的な回答を与えることは，単純な思考といわねばならない。複数の見地の折衷・統合は，問題の性質上当然のことというべきである。以下では，このような見地から，私見を述べることにする。

刑罰の本質　刑罰は，犯罪に対する反作用として科されるものである。その意味で，刑罰の実体は，犯罪に対する報いである。そして，刑罰は，苦痛・害悪を内容とする。快楽・利益が内容であれば，報賞であって刑罰ではない。それゆえ，刑罰の本質は，苦痛・害悪を内容とする犯罪に対する報い，すなわち応報といわねばならない。この点で，応報刑論には正しいものがある。

しかし，人に苦痛・害悪を加えることは，いのちの連帯と共生の願いに背くものである。応報することが人間の尊厳と人格を承認することだといわれることもあるが，受刑者がそのようにいわれて納得するとは思えない。刑罰は，理念的には悪であり，理想としては否定されるべきであり，将来的には廃止されるべきものである。しかし，人類は，いまだ刑罰を廃棄できる段階にはない。刑事司法制度が空白の地域で暴力が横行し，その最大の被害者が社会的弱者の人々であることは，厳然たる事実である。刑罰は，必要な制度であり，法的には正当化されるべきものである。この意味で，刑罰は，人類の業（ごう）（共業（ぐうごう））である。

刑罰の正当化根拠　　それでは，刑罰が法的に正当なものとされる根拠は，どこにあるのであろうか。

前述（90 頁以下）のように，刑罰権は，国家権力の一部であり，現在の法理念の下では「人間の尊厳および自由と生存の保護」および「人民の意思に基づく合法的支配」の原理に依拠することで正当化される。それゆえ，刑罰は，民主的・合法的に制定・運用されるとともに，一般市民と犯罪を行った者の人間の尊厳および自由と生存を保護する役割を果たすときに正当化されるということができる。

一般市民との関係では，人間の尊厳および自由と生存を侵害する行為を犯罪として刑罰を科すことは，そのような犯罪行為を防止し，一般市民の人間の尊厳および自由と生存の保護に役立つと考えられる。これは，刑罰を正当化する一つの根拠となりうる。この点で，刑罰は犯罪予防のためのものとする目的刑論には，正当なものがある。

犯罪を行った者との関係では，応報それ自体は，刑罰の正当化根拠とはならないと考えられる。刑罰の本質は応報であるが，苦痛・害悪である応報それ自体は人の自由や生存を侵害するものであり，人間の尊厳を積極的に保護するものとはいえない。刑罰の正当化根拠は，応報以外のところに求められなければならない。そして，それは，犯罪を行った者と社会との宥（ゆう）和に求められるべきものと思われる。犯罪を行った者も，刑罰を受けた後は，犯罪に基づく社会への義務を果たしたとして，一人の市民として社会に復帰し，連帯と共生の関係が回復されなければならない。刑罰は，犯罪で損なわれた犯罪行為者と社会との関係を修復・宥和し，その者を社会に再受容（社会復帰）することで，その人間の尊厳および自由と生存を保護する役割を果たす。これは，刑罰を正当化するもう一つの根拠となりうる。

このように，刑罰は，犯罪予防および犯罪者と社会との宥和の見地から正当化される。換言すれば，刑罰は，人間の連帯と共生を破壊する犯罪を予防し，犯罪者と他の市民との連帯と共生を回復するためのものとして正当化されるのである。

刑罰の目的・役割　　このような立場では，刑罰の目的は，犯罪の予防および犯罪者と社会との宥和にあると考えられることになる。

刑罰の目的の一つは，犯罪の予防，すなわち特別予防と一般予防である。ただし，それは，刑罰による威嚇や人格・意識を外から変えることによってではなく，人間としての「自覚」を通して実現すべきものである。前述のように，人間は，常に自覚の可能性をもった存在である。刑罰は，犯罪に対して応報を加えることで，犯罪行為者の自覚に訴えて特別予防を図るとともに，一般人の自覚に訴えて一般予防を図ることを目的としていると考えるべきである。刑事施設・処遇法30条が受刑者の処遇は本人の「自覚に訴え」て行うべきものと規定しているのには，重要な意義がある。

刑罰のもう一つの目的は，犯罪者と社会との宥和である。刑罰は，犯罪者に刑罰を受けさせることで社会がその者を宥恕し，同じ市民として社会に再び受け入れ，社会復帰させることをも目的としていると解すべきである。そして，この社会の犯罪者に対する宥和も，「自覚」を通して実現すべきものである。社会・国家には，歴史的に形成されてきた，犯罪を生み出すような要素・構造がある。犯罪は，社会・国家の産物でもある。社会・国家は，このことを自覚することにより，犯罪者を理解・宥恕・宥和し，それを改める努力をしていかなければならない。

処罰の根拠と限界　　刑罰の本質が応報であるとすると，応報の根拠が問題になる。従来の応報刑論は自由意思を前提とする非難可能性に応報の根拠を置くが，人間の行為は業の所産であり，自由意思論は採りえない。ただし，人間には自覚の可能性が常に開かれている。犯罪の時にも自覚の可能性はあったはずであり，自覚していれば犯罪は行わなかったはずである。自覚の可能性が開かれていたのに自覚しなかったことは，非難されるべきことである。そして，自覚の可能性は常に開かれている以上，その後も自覚に訴えることは可能である。犯罪を非難し，自覚に訴えることが可能であることが，応報の根拠である。

非難は，単なる批判ではなく，怒りを伴う批判である。そして，怒りの中には憎しみがあることが多い。しかし，憎しみは，その相手の憎しみを招き，宥和の妨げになる。怒りの中には，憎しみではなく，行為者が犯罪を行うに至ったことへの悲しみがあるべきである。悲しみをもった怒りを伴う批判は，「悲歎」である。悲歎としての非難が，自覚に訴え，連帯と共生の関係を回復し，宥和をもたらす力となりうる。それゆえ，非難の実質は，悲歎でなければならない。被害者のために涙する者は多い。しかし，我々は，被害者のためだけではなく，犯罪行為者のためにも涙しなければならない。

このように考えると，処罰の限界・程度は，非難の可能性と予防・宥和の必要性の有無・程度によって決定されることになる。それゆえ，処罰の限界・程度は，まず，非難可能性によって画される。非難可能性がなければ処罰できず，処罰の程度は非難可能性の程度で画される。その上で，処罰は，予防・宥和の必要性によって画される。非難可能性があっても，予防・宥和の必要性が低ければ，処罰はその範囲にとどめられる。さらに，刑罰によらなくても行為者の自覚に訴えて予防・宥和を図ることが可能な場合は，刑罰を科す必要はない。いわゆる非刑罰化や修復的司法（後述326頁以下）の理論的根拠は，ここにある。また，現実に苦痛・害悪を加えなくても行為者の自覚に訴えることが可能な場合は，実際に刑罰を執行する必要はない。刑の執行猶予やいわゆる非施設化の理論的根拠は，ここにある。刑罰が本質的に害悪であることを考えると，このような方向が望ましく，その先に刑罰の廃止・廃棄が展望できよう。

III　罪刑法定主義

1　はじめに

刑法の基本原則と憲法　刑法には，罪刑法定主義，責任主義など，重要な原則がある。刑罰は，生命・自由・財産等の個人の人権の制約を内容とする。刑罰権が不当に行使されれば，人権が不当に侵害されることになる。そこで，近代刑法では，刑罰権が不当に行使されるのを防ぐために様々な原則が認められ，個人の人権を保護する役割を果たしている。刑法は，刑罰権が発動される条件をこれらの基本原則に則って定めることで，人権保障機能を果たすのである。

これらの基本原則は，近代において歴史的に確立されてきたものである。そのため，個々の原則について詳しい議論はされても，その全体を統一的・体系的に理解する動きはほとんどなかった。しかし，前述（91 頁以下）のように，刑罰権に対しては，その正当化原理である「人間の尊厳および自由と生存の保護」と「人民の意思に基づく合法的支配」の 2 つの原理による規整があるのであって，その内容は憲法 31 条に具体化されていると考えなければならない。そうだとすれば，これらの基本原則は，憲法 31 条に含まれることになり，31 条に基づいて統一的・体系的に再構成されるべきことになる。

罪刑法定主義と実体的適正の原則　憲法 31 条は，「法律の定める手続によらなければ，（中略）刑罰を科せられない」と規定している。一般的には，この規定は，単に裁判手続が法定されていることだけでなく，その手続が適正なこと（適正手続の保障）や，刑法による罪刑の法定（罪刑法定主義）とその内容の適正（実体的適正の原則，実体的デュープロセスの原則）を含むと解されている。刑法に対して「人間の尊厳および自由と生存の保護」と「人民の意思に基づく合法的支配」の原理による憲法的規整があることを考えれば，憲法 31 条は，この規整を具体化した刑法原則を規定しているはずである。とすれば，罪刑法定主義は刑法の形式的側面に関して，また実体的適正の原則は刑法の実質的側面に関して，この憲法的規整を具体化したものと考えるのが理論的である。刑法の諸原則は，この2つの原則の下に統一的・体系的にとらえられるべきである。

ただし，刑法の原則は，固定的・不変なものではなく，歴史と共に展開する動的・発展的な性格をもっている。それゆえ，今後の歴史の展開の中で，新たな刑法原則が形成されていく可能性もあるのである。

以下では，まず罪刑法定主義について述べ，次のIVにおいて実体的適正の原則について述べることにする。

2　罪刑法定主義の意義・沿革・根拠

罪刑法定主義の意義　罪刑法定主義は，ある行為を犯罪として処罰するためには，それが行われる以前に，法律で，その行為を犯罪と定め，それに対する刑罰の種類と量を規定しておかねばならないという原則である。標語的には，「法律なければ刑罰なし」(nulla poena sine lege) などといわれる。

罪刑法定主義の中心は，犯罪および刑罰を「法律」という法形式で予め規定しておかねばならないという原則（罪刑法律主義）である。ただし，このほかに，罪刑法定主義の「派生原則」として，遡及処罰の禁止，類推処罰の禁止，絶対的不定期刑の禁止，明確性の原則などの原則が認められている。罪刑法定主義とこれらの「派生原則」との理論的関係は必ずしも明らかではないが，罪刑法定主義を刑法の形式的側面に関する憲法的規整として広くとらえるならば，罪刑法定主義には罪刑法律主義とその他の「派生原則」が含まれると解するのが理論的であろう。

罪刑法定主義の沿革　罪刑法定主義は，イギリスのマグナ・カルタの「同一身分者の，国土の法による裁判」の保障に淵源があるとされる。これが，アメリカ合衆国憲法の事後法禁止条項（1条9節3号）・適正手続条項（修正14条）に引き継がれ，さらにフランス人権宣言の罪刑法定主義条項（8条）として明確化され，フォイエルバッハが「法律なければ刑罰なし」などと標語化したことで定着したとされている。日本では，フランス刑法典に倣った旧刑法典が罪刑法定主義を規定（2条）し，明治憲法にも明文の規定（23条）が置かれた。しかし，現行刑法典は，当然の原則であり憲法にも規定されているとの理由で，罪刑法定主義に関する規定を置かなかった。現行憲法には罪刑法定主義を定めた明文の規定はないが，憲法 73 条 6 号（政令による処罰の禁止），39 条（遡及処罰の禁止）などを根拠に，憲法 31 条は罪刑法定主義を当然に含んでいると解されている。

マグナ・カルタは，イギリスのコモン・ローの淵源であり，慣習法・判例法を前提としている。これに対して，罪刑法定主義は，制定法主義を前提とする。それゆえ，マグナ・カルタを罪刑法定主義の淵源とすることには，疑問がないわけではない。しかし，行為前の法に基づかなければ処罰できないとして権力による恣意的処罰を禁じる点では，マグナ・カルタと罪刑法定主義とは共通している。マグナ・カルタを罪刑法定主義の思想的淵源とみることは，必ずしも誤りではないであろう。

罪刑法定主義の根拠　罪刑法定主義の理論的根拠としては，かつては三権分立論や，一般予防論（フォイエルバッハの心理強制説）も主張されていた。しかし，現在では，法的安定性の原理，実質的正義，責任原則，刑法全体の目的・理念などの一般的な法理念や，民主主義・自由主義の理念に理論的根拠を求めるのが一般的になっている。最近では，実体的適正の原則を含めて，実質的人権保障を理論的根拠とする見解も有力である。

前述のように，罪刑法定主義は，「人間の尊厳および自由と生存の保護」と「人民の意思に基づく合法的支配」の原理に基づく刑法に対する形式的側面からの憲法的規整である。これが，罪刑法定主義の理論的根拠である。前者の原理を自由主義・個人主義の原理，後者の原理を民主主義の原理と呼ぶならば，民主主義と自由主義・個人主義が根拠ということもできる。民主主義の原理によれば，何が犯罪であり，それにいかなる刑罰が科されるかは，国民を代表する国会が作る法律で定められなければならない。そうでなければ，刑罰が国民の意思に基づいて合法的に科されることにはならない。また，自由主義・個人主義の原理によれば，犯罪と刑罰は，行為が行われる前に定められ予め国民に知らされなければならない。そうでないと，国家は不都合な者をいつでも犯罪者にして恣意的に処罰できることになるし，国民は自分の行為が犯罪として処罰される可能性があるか否かを予測することができず，自由な行動が阻害され，不意の処罰によって人間の尊厳や自由と生存を不当に侵害されることになる。罪刑法定主義は，憲法の刑法規整原理に基づいて刑罰を科すための原則である。

このように，罪刑法定主義には，民主主義的側面と，自由主義・個人主義的側面とがある。しかし，日本では，従来，行動の自由の保障という罪刑法定主義の自由主義・個人主義的側面が強調され，民主的立法に基づく処罰という民主主義的側面にはあまり目が向けられてこなかった。これは，日本が，戦前の天皇主権の非民主主義的体制の下で，民主主義的側面を没却したフォイエルバッハ流の罪刑法定主義理解を取り入れていたことによる。今後は，罪刑法定主義の民主主義的側面も，重視していく必要がある。

罪刑法定主義の現状と未来　現在，罪刑法定主義は，2つの問題に直面している。

自由主義・個人主義的側面に関しては，いわゆる「危険社会」に対応するなどの理由で多数の刑罰法規が作られている結果，専門家でなければどのような刑罰法規があるかを知ることが困難になっているということがある。そのため，刑罰法規が法律として制定・公布されていても，一般市民はそれを知らず，刑罰の予測ができないことが少なくない。今後は，刑罰法規の限定・削減，刑罰法規に関する知識の普及，「法の不知」「違法性の意識の欠如」の適正な不処罰などが，重要な課題といえよう。

民主主義的側面に関しては，いわゆる「議会制民主主義の機能不全」により，法律を制定するプロセスが真に民主的とはいえない状況にあることが問題となる。罪刑が法律で定められていることは，必ずしもそれが民主的に定められたことを意味するものとはいえない。今後は，法律を制定するプロセスを真に民主的なものにしていく努力が求められよう。

3　罪刑法律主義

(1)　罪刑法律主義の意義

罪刑法定主義の基本は，罪刑が国会の制定する法律で定められなければならないという原則である。これを，「罪刑法律主義」と呼ぶことができる。全国民の代表者により構成される国会の制定する法律で罪刑が定められ，それが公布されることは，罪刑が民主的に決められ，個人の自由が保障される前提条件である。

戦前の大日本帝国憲法は，「日本臣民ハ法律ニ依ルニ非スシテ逮捕監禁審問処罰ヲ受クルコトナシ」(23条) として罪刑法律主義を規定していたが，議会閉会中に緊急の必要がある場合には天皇が法律に代わる勅令 (緊急勅令) を発することが可能 (8条) とされていた。この緊急勅令は，次の会期に議会の承諾を得られなければその後は失効することとされていたが，罪刑法律主義の例外となるものであった。1928 (昭和3) 年の治安維持法の改正 (死刑が導入された) などは，この緊急勅令で行われている。現行憲法では，罪刑法律主義の例外は民主主義の原理に反するので認められないし，緊急勅令のような制度も認められていない (憲法73条6号参照)。

(2) 慣習刑法の禁止

慣習による処罰の禁止　罪刑法律主義は，罪刑を「法律」という法形式で定めなければならないという原則である。それゆえ，一定の行為を犯罪として処罰する慣習があり，それが人々の法的確信・規範意識となっていたとしても，それを適用して処罰することはできない。これを，「慣習刑法の禁止」という。

一般には，ある社会で事実上行われている一定の慣行が，人々の法的確信・規範意識に定着して当然のこととして遵守されている場合は，その慣行は法としての働き (法源性) が認められ，法規範として拘束力をもつ。このような法源性が認められた慣行は，「慣習法」と呼ばれる。「法の適用に関する通則法」3条は，「公の秩序又は善良の風俗に反しない慣習は，法令の規定により認められたもの又は法令に規定されていない事項に関するものに限り，法律と同一の効力を有する」と規定して，慣習が慣習法になる場合があることを認めている。私的自治の原則が認められる私法の領域では，慣習法は重要な役割を果たしている。しかし，権力の発動による人権の剝奪が問題になる刑法の領域では，慣習に法源性を認めて処罰することは許されない。慣習法は，民主的手続を経て確定されたものではないし，その存否や内容も不明確で，罪刑法定主義の民主主義と自由主義・個人主義の理念と相容れないからである。

慣習が意味をもつ場合　もっとも，刑法の領域で慣習法が意味をもつこともないわけではない。例えば，刑罰法規が規定した犯罪に当たるか否かの判断の前提となる事実や法律関係を，慣習法で決定することは許される。例えば，窃盗罪（刑法235条）は「他人の財物」の窃取を罰しているから，所有権が他人にある場合でなければ窃盗罪にはならない。また，水利妨害罪（刑法123条前段）は「水利」の妨害を罰しているから，水利権がある場合でなければ犯罪は成立しない。財物の所有権が誰にあるかや，水利権の存否は，民事法によって決まる。これを慣習法によって決めることは，許される。この場合，慣習法で犯罪を創設しているのではなく，犯罪成立の前提となる民事法的事実の存否を民事慣習法によって判断しているに過ぎないからである。

慣習を根拠に犯罪を認めることは許されないが，慣習を根拠に犯罪を否定することは許される。「お月見泥棒」といって月見に供えた団子を子どもが持ち去る風習のある地域があるが，それが地域の人々の法的確信になっていれば，窃盗罪の成立を否定することも差し支えない。この場合は，慣習を根拠に個人の自由が拡大されるのであり，個人の自由が制限されるわけではないからである。

(3)　行政命令による処罰の禁止

行政命令による処罰の禁止　罪刑は国会の制定する法律で定められなければならないから，行政機関の命令に罰則を設けることはできない。これを行政命令による処罰の禁止という。行政命令には，内閣が制定する政令（憲法73条6号），内閣総理大臣が発する内閣府令（内閣府設置法7条3項），各省大臣が発する省令および各委員会・庁の長官が発する規則・命令（国家行政組織法12条1項・13条1項）がある。これらの行政命令には国民の直接的コントロールが及んでいないので，これで処罰することは民主主義の原理に反するからである。

行政命令への罰則の委任　それゆえ，法律が行政命令に罰則を置くことを個別具体的に委任している場合は，罰則に国民の直接的コントロールが及んでいるので，行政命令に罰則を置くことが許される。憲法73条6号但書が「政令には，特にその法律の委任がある場合を除いては，罰則を設けることができない」と規定し，内閣府設置法（7条4項）・国家行政組織法（12条3項・13条2

項）が「法律の委任がなければ，罰則を設け（中略）ることができない」と規定しているのは，この趣旨である。このように法律が処罰の内容を個別具体的に示して罰則を委任することを，「特定委任」という。法律による罰則の委任は，特定委任でなければならないのである。

それゆえ，行政命令に罰則を置くことを法律で一般的・包括的に委任（包括的委任）することは，許されない。戦前には，明治憲法23条が罪刑法律主義を規定していたが，「命令ノ条項違犯ニ関スル罰則ノ件」（明治23年法律84号）が，「命令ノ条項ニ違犯スル者ハ，各其ノ命令ニ規定スル所ニ従ヒ，二百円以内ノ罰金若ハ一年以下ノ禁錮ニ処ス」として，罰則を命令に包括的に委任していた。そのため，法定刑がこの範囲内であれば行政命令にどのような罰則を置くことも可能であり，警察犯処罰令（明治41年内務省令16号）など多くの罰則が行政命令で定められ，罪刑法律主義はこの限りで空洞化されていた。このような包括的委任は，罰則に対する民主的コントロールを失わせる。現行憲法は，罰則の包括的委任を禁じていると解されている。

白地刑罰法規　刑罰法規の中には，法律で刑罰のみを規定して，犯罪成立要件の具体的内容を行政命令に委ねているものがある。このような法律を，「白地刑罰法規」という。犯罪成立要件を行政命令に白紙委任するような白地刑罰法規は，「罪」を法律で定めているとはいえないから，罪刑法律主義に反する。

この関係で，刑法94条の中立命令違反罪の合憲性が問題になる。同条は「外国が交戦している際に，局外中立に関する命令に違反した者は，3年以下の禁錮又は50万円以下の罰金に処する」と規定しており，どのような行為がこの罪に当たるかは「局外中立に関する命令」に委ねられていて，明文では書かれていないからである。判例にこの規定の合憲性に言及したものはないが，学説では，中立は国際法で確立した制度であり，局外中立命令に規定すべき内容は国際法で決まっているので，犯罪成立要件を行政命令に白紙委任したとはいえず，罪刑法律主義に違反するとまではいえないとする考え方が有力である。しかし，局外中立命令の内容が国際法で自動的に決まるシステムになっているわけではないから，犯罪成立要件が法律で定められているとすることには疑問が残る。

法律が白地刑罰法規で違憲・無効ではないかが問題となったケースとして，猿払事件がある。この事案は，当時は公務員であった郵便局員が衆議院議員選挙において特定候補者のポスターを公営掲示板に掲示したことが公務員の政治的行為を制限した国家公務員法 102 条 1 項に違反するとされ，この違反に罰則を定めた同法 110 条 1 項 19 号の罪で起訴されたものである。しかし，同法 102 条 1 項は「政治的行為」の具体的内容を定めることを人事院規則に委任しているため，この罰則は白地刑罰法規で違憲・無効ではないかが争われたのである。この問題に関して，最高裁大法廷は，「国公法 102 条 1 項が，公務員の政治的中立性を損うおそれのある行動類型に属する政治的行為を具体的に定めることを委任するものであることは，同条項の合理的な解釈により理解しうるところである。（中略）右条項は，それが同法 82 条による懲戒処分及び同法 110 条 1 項 19 号による刑罰の対象となる政治的行為の定めを一様に委任するものであるからといつて，そのことの故に，憲法の許容する委任の限度を超えることになるものではない」（最大判昭和 49・11・6 刑集 28 巻 9 号 393 頁。なお，最判平成 24・12・7〔平成 22 年(あ)957 号〕裁判所判例検索システム登載）と判示して，この規定の合憲性を認めた。しかし，この判決には 4 人の裁判官の反対意見が付されており，「国公法 102 条 1 項は，違反に対する制裁の関連からいえば，公務員につき禁止されるべき政治的行為に関し，懲戒処分を受けるべきものと，犯罪として刑罰を科せられるべきものとを区別することなく，一律一体としてその内容についての定めを人事院規則に委任している。このような立法の委任は，少なくとも後者，すなわち，犯罪の構成要件の規定を委任する部分に関するかぎり，憲法に違反する」と述べていた。これは，懲戒処分とは異なり，刑罰に関しては，より具体的な委任が法律によってなされることが必要とするものと解される。多数意見よりも罪刑法定主義を厳格に理解したものとして，評価に値する。

(4)　条例による処罰

条例への罰則の包括的委任　　憲法 94 条は，「地方公共団体は，（中略）法律の範囲内で条例を制定することができる」として，地方公共団体に条例制定権を認めている。これを承けて，地方自治法 14 条は，1 項で「普通地方公共団体は，法令に違反しない限りにおいて第2条第2項の事務に関し，条例を制定することができる」と規定し，3項で「普通地方公共団体は，法令に特別の定めがあるものを除くほか，その条例中に，条例に違反した者に対し，2年以下の懲役若しくは禁錮，100万円以下の罰金，拘留，科料若しくは没収の刑又は5万円以下の過料を科する旨の規定を設けることができる」と規定している。これは，処罰の対象となる行為を特定せずに無条件で罰則を条例に委任しているので，罰則の包括的委任といわねばならず，罪刑法律主義に反するのではないかが問題となる。

最高裁は，大阪市売春勧誘行為等取締条例違反事件に関する大法廷判決（最大判昭和37・5・30刑集16巻5号577頁）で，地方自治法による罰則の委任について，次のように判示して合憲性を認めている（ただし，地方自治法の規定は，その後大きく変わっている）。「憲法31条はかならずしも刑罰がすべて法律そのもので定められなければならないとするものでなく，法律の授権によつてそれ以下の法令によつて定めることもできると解すべきで，このことは憲法73条6号但書によつても明らかである。ただ，法律の授権が不特定な一般的の白紙委任的なものであつてはならないことは，いうまでもない。ところで，地方自治法2条に規定された事項のうちで，本件に関係のあるのは3項7号及び1号に挙げられた事項であるが，これらの事項は相当に具体的な内容のものであるし，同法14条5項による罰則の範囲も限定されている。しかも，条例は，法律以下の法令といつても，（中略）公選の議員をもつて組織する地方公共団体の議会の議決を経て制定される自治立法であつて，行政府の制定する命令等とは性質を異にし，むしろ国民の公選した議員をもつて組織する国会の議決を経て制定される法律に類するものであるから，条例によつて刑罰を定める場合には，法律の授権が相当な程度に具体的であり，限定されておればたりると解するのが正当である。そうしてみれば，地方自治法2条3項7号及び1号のように相当に具体的な内容の事項につき，同法14条5項のように限定された刑罰の範囲内において，条例をもつて罰則を定めることができるとしたのは，憲法31条の意味において法律の定める手続によつて刑罰を科するものということができる」。

学説でも，地方自治法による罰則の条例への委任を合憲とする見解が，一般的である。その理由としては，憲法は政令への罰則の委任については「特にその法律の委任がある場合」（73条6号但書）に限定して特定委任を必要としているが，条例への委任にはそのような限定は規定されていないこと，条例は自治立法で民主主義原理に則っていることなどが挙げられている。たしかに，条例は，住民の代表が構成する議会が制定し，公布されるものであるから，民主主義と自由主義・個人主義の原理に則したものである。この見地からすれば，地方議会に罰則制定の権限を包括的に認めても，罪刑法定主義に反しないとも考えられる。とはいえ，憲法41条は，国会を「国権の最高機関」かつ「国の唯一の立法機関」としている。これとの関係で，地方議会の罰則制定権の性格をどう考えるかは問題である。地方公共団体は地方権力として固有の立法権を保有している，あるいは憲法94条で罰則を含む独自の立法権が認められている（憲法授権説）と考えられるならば，地方議会が民主的手続で罰則を制定することは，罪刑法定主義の問題を生じないといえよう。しかし，固有の立法権は国会のみにあり，地方公共団体の罰則制定権は地方自治法14条3項によって委任されたものと解する（法律授権説）ならば，その委任は，ある程度具体的な委任でなければならないと解すべきであろう。上記大法廷判決は，地方自治法2条（ただし，改正前のもの）が相当程度具体的に自治体事務を規定しているから授権は具体的だとしている。しかし，この規定を罰則に関する授権の範囲を限定した規定と解しうるかは問題であるし，自治体事務を列挙せずに包括的に規定している現在の地方自治法2条の下で同様のことがいえるかも問題であろう。

法令と条例の関係　条例は，「法律の範囲内」（憲法94条）にあって，「法令に違反しない」（地方自治法14条1項）ものでなければならない。それゆえ，法律を逸脱し，あるいは法令に抵触する罰則を，条例に設けることは許されない。ここで，とくに問題になるのは，法令が処罰している行為を条例で重複して処罰することや，法令の処罰範囲を条例で拡張し，あるいは法令が処罰していない行為を条例で処罰することが許されるかである。法令が一定の行為を処罰しているのは，処罰をその範囲内に限定し，それ以外の行為は放任する趣旨とも考えられるからである。

条例による重複処罰が問題になった事案に，徳島市公安条例事件（最大判昭和50・9・10刑集29巻8号489頁）がある。この事案は，デモ行進の際に参加者にだ行進（いわゆる「ジグザグデモ」）を呼びかけて集団でだ行進をした被告人が，自分もだ行進したことは「だ行進をするなど交通秩序を乱すおそれがある行為をしないこと」という警察署長の道路使用許可条件に違反し，許可条件違反を罰する道路交通法77条3項・119条1項13号に当たるとして，また，だ行進を呼びかけたことは徳島市「集団行進及び集団示威運動に関する条例」3条3号が規定する遵守事項「交通秩序を維持すること」に違反する集団行進のせん動に該当し，3条違反のせん動等を罰する同条例5条に当たるとして，それぞれ起訴されたというものである。そこで，市条例は道交法の規制対象に別個の規制を重複して行うもので，道交法と矛盾抵触するのではないかが問題となった。この事案について，最高裁大法廷は，道交法と市条例とが併存・競合していることを認めつつも，道交法が道路の特別使用に公安委員会・警察署長の地域の状況に応じた裁量を認めていることから推量すると，道交法の規定が「（条例で）道路交通法による規制とは別個に，交通秩序の維持の見地から一定の規制を施すこと自体を排斥する趣旨まで含むものとは考えられず」，「（道交法77条と条例の）両者の内容に矛盾牴触するところがなく，条例における重複規制がそれ自体としての特別の意義と効果を有し，かつ，その合理性が肯定される場合には」条例は道交法に違反しないと判示した。そして，矛盾抵触の有無は両者の対象事項と文言を対比するだけでなく趣旨・目的・効果を比較して決めるべきだとした上で，道交法は道路交通の安全を図っているが徳島市条例は地域の平穏の確保も考慮している点などに相違があり，同条例は道交法と矛盾抵触せず，憲法94条に違反しないとした。

条例による処罰範囲の拡張が問題とされた事案には，福岡県青少年保護育成条例事件（最大判昭和60・10・23刑集39巻6号413頁）がある。この事案は，相手が18歳未満と知りながら女子と性交した被告人が，青少年に対する「淫（いん）行又はわいせつの行為」を禁止した福岡県青少年保護育成条例10条1項に違反し，これを罰する同条例16条1項に該当するとして起訴されたものである。しかし，児童福祉法は「児童に淫（いん）行をさせる行為」のみを禁止・処罰（34条1項6号・60条1項）しているため，条例は法律が処罰の範囲外に置いている行為を処罰するもので，法律の範囲を逸脱しているのではないかが問題とされた。これに対して，最高裁大法廷は，「（児童福祉法の）規定は，18歳未満の青少年との合意に基づく淫行をも条例で規制することを容認しない趣旨ではないと解するのが相当である」として，同条例は憲法94条に違反しないとした。これは，徳島市公安条例事件判決の「趣旨・目的・効果の比較」の見地に立ち，児童福祉法も条例も子どもの健全育成を目的とする点で共通しているが，児童福祉法は第三者と性的行為をさせるという健全育成にとくに有害な行為を取り上げて処罰の対象としたもので，これ以外の有害な性的行為を野放しにする趣旨ではないと解し，行為者自身による一定の有害な性的行為を条例で処罰することは許されるとしたものと理解することができよう。それゆえ，処罰の趣旨・目的・効果が異なれば法令が処罰していないいかなる行為も条例で処罰できる，と解すべきではない。法令がその行為を刑罰から自由なものとする趣旨であるか否かを，慎重に検討する必要がある。

いわゆる「上乗せ条例」が認められるかも，一つの重要な問題である。これは，とくに公害規制に関して問題になったもので，国の法令の基準よりも厳しい排出基準を条例で定め，より厳格な規制を行うことが許されるかという問題である。これは，法令が一定の基準を定めていることが基準以下の汚染物質の排出を自由なものとして許容する趣旨と解されるか否かに関わる。この点を解釈に委ねておくことは公害規制・環境保護に混乱を生じるところから，現在では，法令中に一定範囲で「上乗せ」規制を認める規定が置かれ，立法的解決がされている（大気汚染防止法4条，水質汚濁防止法3条3項以下など）。

4 遡及処罰の禁止

事後法による処罰の禁止　罪刑法定主義は，初めに述べたように，「ある行為を犯罪として処罰するためには，それが行われる以前に，法律で，その行為を犯罪と定め，それに対する刑罰の種類と量を規定しておかねばならない」という原則である。したがって，ある行為が行われた後にその行為を犯罪として処罰する法律を制定し，それを遡及適用して処罰することは，罪刑法定主義に反することになる。そこで，罪刑法定主義は，遡及処罰の禁止の原則を含むことになる。これは，事後法による処罰の禁止ともいわれる。憲法39条が「実行の時に適法であつた行為（中略）については，刑事上の責任を問はれない」と規定しているのは，この趣旨を明らかにしたものと解される。

したがって，憲法 39 条の「適法であつた行為」は，「犯罪とされていなかった行為」の意味に解されなければならない。たとえ実行の時に違法とされていた（例えば，行政法令で禁止されていた）行為であっても，刑事罰が定められていなかったのであれば，行為後に罰則を定めて遡及して処罰することは憲法違反になる。また，憲法 39 条の基本的な考え方からすれば，実行の時に犯罪として処罰されていた場合であっても，刑をより重くし，あるいは処罰範囲を拡大する法律を事後に制定し，これを遡及適用して重く処罰することも，罪刑法定主義違反として許されないと解すべきである。

これに対して，事後の法律により刑が軽くされた場合に新しい法律を遡及適用して軽い刑を科すことは，行為者の自由の制約を増やすものではないから，罪刑法定主義に違反しない。この場合は，新法で示された新しい考え方を生かした方がよい。そうすると，犯罪後の法律で刑が重く変更されたときは軽い旧法を適用し，軽く変更されたときは軽い新法を適用することになる。刑法 6 条が「犯罪後の法律によって刑の変更があったときは，その軽いものによる」と規定しているのは，この趣旨を定めたものである。

憲法 39 条と刑法 6 条の適用範囲　罪刑法定主義は，国家による恣意的な処罰を防止し，市民が自分の行為に対する国家からの刑事的反作用を予測可能にすることで，市民の行動の自由を保障することを目的としている。それゆえ，憲法 39 条は，犯罪実行の後に法令を変更して変更がなければ受けることがなかった刑事上の不利益を受けさせることを，全て禁止していると解すべきである。刑法 6 条も，「法律」は狭義の法律だけでなく一切の法令を意味し，「刑の変更」も刑事的処分に不利益をもたらす変更の全てを意味すると解されなければならない。

したがって，労役場留置，保護観察，保安処分などの刑罰以外の不利益処分を新設し，あるいは処分の条件を行為者の不利益に変更して遡及適用することは，罪刑法定主義に反するというべきである。逆に，これらの処分の条件が利益に変更されたときは，刑法 6 条により新法を適用すべきである。このような刑事的処分は，概念的には刑罰ではない（刑法 9 条参照）とはいっても，刑罰と同様に処分を受ける者の人権を大きく制約するものであるからである。労役場留置については，大審院判例（大判昭和 16・7・17 刑集 20 巻 425 頁）が，刑罰に準ずるものであるとして，重く変更された場合は刑法 6 条の精神に則って軽い旧法を適用すべきであるとしている。保護観察については，1954 年の刑法改正で初度目の執行猶予にも保護観察を付すことができるようにされた際には，改正附則 2 項本文に，この規定は改正前の行為には適用しない旨の規定が置かれた。

これに対して，対象者の強制入院を定めた 2003 年の「心神喪失等の状態で重大な他害行為を行った者の医療及び観察等に関する法律」は，附則 2 条で，同法施行前の行為についても同法を適用するとしている。これは，同法の強制入院は本人の病状の改善，社会復帰の促進という本人の利益のためのものであるとの考えによるものであるが，刑法に触れる行為を行ったことを理由に裁判所の決定により行われる自由剝奪を伴う処分であるから，遡及適用を認めることには疑問がある。また，執行猶予条件の変更についても，判例（最判昭和 23・6・22 刑集 2 巻 7 号 694 頁）は，刑の執行方法の変更で刑の種類または量を変更するものではないとの理由で，刑法 6 条の刑の変更には当たらないとしている。しかし，執行猶予は実質的には自由刑とは別個の刑罰としての機能を営んでおり，期間が経過すれば刑の言渡しの効力は失われる。執行猶予も一種の刑事処分と考え，執行猶予条件の変更にも刑法 6 条の適用を認めるべきである。

非刑罰法規の変更による処罰範囲の変更　刑罰について規定した法令以外の法令（非刑罰法規）が変更されたために処罰範囲が変わった場合は，「刑の変更」に当たるであろうか。

母体保護法の人工妊娠中絶の規定（14 条）のように実質的に違法性阻却事由を定めた規定は刑法 35 条の「法令」に当たるから，その変更は，刑法 35 条を通した「刑の変更」に当たると解される。それゆえ，母体保護法 14 条の中絶適応事由の変更（1996 年の改正で一部の適応事由が削除された）には，憲法 39 条と刑法 6 条の適用があると解されなければならない。

民法などの純然たる非刑罰法規の変更によって処罰範囲が変わる場合は，「刑の変更」に当たるであろうか。最高裁（最判昭和 27・12・25 刑集 6 巻 12 号 1442 頁）は，かつての尊属殺人罪（刑法旧 200 条）について，「刑法 200 条の罪となるべき事実に属するものであるから，その犯罪成立当時における民事法規等によつて判定すべきもの」として，民法 729 条の改正により行為当時は尊属であった被殺害者がその後尊属ではなくなったとしても，「刑の変更」には当たらないとしている。しかし，この場合も，処罰範囲が変わるのであるから，「刑の変更」に当たると解すべきである。この理は，親族規定の改正による犯人蔵匿や親族相盗に関する刑の免除（刑法 105 条・244 条）の範囲の変更，財産法規の改正による財産犯の成立範囲の変更などにも妥当しよう。

刑事訴訟法の規定の変更　刑事訴訟法の改正によって公訴時効の廃止や時効期間の延長，親告罪の非親告罪化，証拠の許容範囲の拡大などがなされ，行為時の法律によれば処罰できない行為が裁判時の法律によれば処罰できるという場合に，憲法 39 条の適用があるであろうか。

手続は裁判時の手続法によるのが原則であり，遡及適用禁止が妥当するのは実体刑法だけであって，訴訟法の変更には憲法 39 条の適用はないという考え方もある。しかし，従前の訴訟法では処罰できない場合に法を改正して処罰するのは，法的安定性を害し，行為者の法的地位を著しく不安定にする。「手続は裁判時の法による」という考え方を，金科玉条とすることはできない。最高裁（最決昭和 42・5・19 刑集 21 巻 4 号 494 頁）も，実体刑法が重く変更されて時効期間が長期化した場合について，時効期間は当該犯罪行為に適用すべき罰条によって定まるとして，軽い旧法に従って時効期間を判断している。

ドイツでは，ナチス犯罪を謀殺罪で処罰するために謀殺罪の時効期間を何度か延長し，最終的には謀殺罪の時効を廃止した。連邦憲法裁判所に対して，時効期間の延長の遡及適用は基本法（憲法）103 条 2 項の遡及処罰の禁止に反するとの訴えがなされたが，連邦憲法裁判所は，遡及処罰の禁止は行為の可罰性評価の変更のみに及び時効期間の変更には及ばないとして，訴えを斥けた。

日本でも，2010 年に刑訴法が改正され，人を死亡させた犯罪について，死刑が規定されているものについては公訴時効が廃止され，懲役・禁錮に当たるものについては時効期間が延長された（刑訴法 250 条）。そして，この改正は，改正法施行前の罪であって施行の際に時効が完成していないものについても遡及適用されるものとされた（改正法附則 3 条参照）。2004 年の刑訴法改正による時効期間延長の際には遡及適用は明文で否定されており（改正法附則 3 条 2 項），2010 年改正の遡及適用と憲法 39 条の関係が重要な問題となる。

前述したように，罪刑法定主義の役割は，国家による恣意的な処罰を防ぎ，市民の自由を保障することにある。それゆえ，憲法39条の遡及処罰の禁止も，行為後に法令を変更して変更がなければ受けなかった不利益を受けさせることを全て禁止していると解されるのである。そうだとすれば，時効の廃止・期間延長を遡及適用して処罰することも，法改正がなければ受けなかった刑罰を受けさせるものとして，憲法39条に抵触すると解すべきであろう。とくに，既に時効が完成している罪を時効の廃止・期間延長を遡及適用して処罰することは，本来は処罰できない犯罪を事後の法改正により処罰するもので，法的安定性を害し，恣意的処罰を許すものとして，憲法39条に違反すると解すべきである。2010年改正でも，時効が完成した罪への遡及適用は否定されている（改正法附則3条）。これに対して，時効が未完成の犯罪について時効を廃止・期間延長するのは，時効完成による不処罰への「期待」を奪うにとどまるのであって，このような「期待」は法的保護に値せず，憲法39条に違反しないとすることも考えられる。2010年改正は，このような考え方を採ったとも考えられる。しかし，この場合も，法改正をしなければ処罰できない犯罪を事後の法改正により処罰する点では，時効完成後の遡及適用と変わりはない。これも，法的安定性を害し，恣意的処罰を許すものとして，憲法39条に違反すると解すべきでなかろうか。2010年改正は，死亡事件の遺族の必罰・厳罰感情を重視した結果，法的安定性，恣意的処罰の禁止という憲法上の重要な利益を疎かにした嫌いがある。2004年改正の際の処理を，妥当とすべきである。ドイツの場合は，戦争犯罪追及のために謀殺罪に限って時効を廃止したもので，事情が異なる。

判例の不利益変更の遡及適用　行為当時の判例では犯罪とならない行為を判例変更して処罰することが憲法39条の遡及処罰の禁止に反しないか，という問題もある。

判例変更の場合は，法令の解釈が変更されるのであって，刑罰法令自体に変更はない。判例は刑法の法源ではなく，判例変更は行為時の刑罰法令の解釈・適用の仕方を正すにすぎないと解するのであれば，この場合は遡及処罰の禁止に反しないことになる（許容説）。岩教組スト事件第2次上告審判決（最判平成8・11・18刑集50巻10号745頁）も，行為当時の最高裁判例の解釈によれば無罪となる行為を判例変更して処罰しても憲法39条に反しないとしている。

しかし，最高裁判例を信頼して処罰されないと信じて行為したところ，起訴され，判例が変更されて処罰されたのでは，行為の結果の予測可能性が失われ，不意打ち処罰がされることになる。これは，罪刑法定主義の基本的考え方に反する。そこで，最近は，判例変更による処罰も遡及処罰の禁止に反するとする考え方も有力である（禁止説）。この立場からは，判例変更が必要な場合は，判例変更の宣言のみ行い，当該事案は旧判例によって裁判し，新判例は判例変更後に行われた行為のみに適用する，という処理方法が提案されている。これに対して，許容説からは，判例を信頼して自己の行為を適法と信じたことに相当な理由がある場合に故意の阻却を認めるという，違法性の錯誤論による解決が提案されている。

5　類推処罰の禁止

類推処罰の禁止　　罪刑法定主義は，類推処罰の禁止を要請すると解されている。類推処罰とは，刑罰法規を類推解釈して処罰すること，すなわち，ある行為を犯罪として処罰することを規定した法律がない場合に，この行為と類似した性質をもつ行為の処罰を規定した法律を推し及ぼして解釈・適用して処罰することをいう。例えば，覚醒剤の販売を罰する法律がない場合に，麻薬の販売と覚醒剤の販売は性質が類似しているとして「麻薬」の販売を罰する法律で覚醒剤の販売を罰するとすれば，これは類推処罰である。かつての律令は，判決には処罰の根拠となる律の条文を引用するものとする一種の罪刑法定主義を定めていたが，該当する条文がない場合には近似の条文を類推して処罰する「援引比附（えんいんひふ）」を認めていた。しかし，罪刑法定主義の下では，このような類推処罰は許されないのである。

罪刑法定主義には，国民の意思に基づく処罰という民主主義的側面がある。法律が処罰対象として規定していない行為を罰する類推処罰は，裁判官が解釈で新たな刑罰法規を作って処罰するに等しく，これに反する。また，罪刑法定主義には，恣意的処罰の防止，処罰の予測可能性の確保という自由主義的側面がある。法律が規定していない行為を罰する類推処罰は，恣意的処罰を許し，また市民が法律を見ても予測不可能であり，これに反する。類推処罰が禁止されるのは，そのためである。

それゆえ，類推解釈による不処罰（類推不処罰）は，罪刑法定主義に反しない。例えば，刑法37条を類推して名誉，プライバシー等に対する現在の危難を避けるための行為に緊急避難を認めることは，許される。このような不処罰の方向での類推解釈は，国民の自由・権利を制約するものではなく，むしろ拡大するものだからである。

拡張解釈と罪刑法定主義　類推処罰とは異なり，刑罰法規を拡張解釈して処罰することは，罪刑法定主義に反しないとされる。拡張解釈とは，法律の言葉をその言葉の日常的な意味よりも拡張して理解する解釈をいう。例えば，刑法129条（過失往来危険罪）の「汽車」という言葉は，本来は「蒸気機関車に牽引された列車」を意味するが，これをガソリンカー（ガソリンエンジンを動力とする気動車）に拡張してガソリンカーに対する行為を同罪で処罰するのは，拡張解釈であり許されるとされる（大判昭和15・8・22刑集19巻540頁）。

法律の制定後，立案作業の限界，社会の変化，科学技術の発展などにより，制定時に想定しなかった事態が生じることは不可避である。その全てに立法で対応するのは，あまりにもわずらわしく，現実には不可能である。言葉は「生き物」であり，柔軟性・伸縮性があり，時代により変遷もする。法律の言葉を柔軟に理解すれば広い意味に理解できる，あるいは法律の言葉が時代の変化によって意味が拡張したと考えられる場合は，法律の言葉の意味をそのように拡げて拡張解釈して，刑罰法規を当初は想定外の事態に適用することが考えられる。この場合は，法律の言葉自体に広い意味が読み取れるのであるから，法律の言葉をその意味の範囲内で解釈していることになる。そうだとすれば，拡張解釈は，刑罰法規に表された国民の処罰意思を超えて処罰を行うものではないし，法文から処罰の可能性を予測することもできることになる。それゆえ，拡張解釈による処罰は，罪刑法定主義に反しないとされるのである。

刑法の解釈の限界としての類推処罰の禁止　このように，類推解釈の禁止は，「刑法の解釈が越えることのできない柵」である。

刑法を具体的な事案に適用するためには，刑法を解釈することが必要である。「人」のように明確で解釈の必要がないように見える文言も，自分自身を含むか（自殺は殺人か。刑法199条），脳死状態を含むか（脳死者からの心臓移植等。刑法

199条），法人を含むか（法人に対する名誉毀損の成否。刑法230条）などの解釈が必要である。日本の法律は日本語で書かれているから，その解釈は，まずは日本語の通常の意味・用法が基本になる。このような，社会における言葉の一般的・辞書的な意味・用法に基づく解釈を，文理解釈という。しかし，法律は，文学作品ではなく，一定の政策目的を達成するための技術的手段である。その用語も，日常語そのものではなく，法技術的な専門語としての法律用語である。法律の言葉は，そのようなものとして解釈されなければならない。政策目的の具体化は，論理一貫性と統一性・体系性がない場合には，場当たり的で不公正なものとなる。そこで，法律の解釈には，文理解釈だけでなく，より広い視野から，論理的整合性を目指した論理解釈や，体系的統一性を目指した体系的解釈が必要となる。さらに，一定の政策目的達成の手段としての法律は，その政策目的を達成するのに効果的なように解釈される必要がある。このような，法律の目的という実質的・政策的な要素を基準に合目的性の視点から行う解釈を，目的論的解釈という。法律において重要なのはその目的や理念・精神であり，法律の解釈は，その上に立った目的論的解釈に主導されなければならない。これを忘れた文理解釈や論理解釈・体系的解釈は，形式的・硬直的で，「血の通わない解釈」「悪しき官僚的解釈」になりやすい。

刑法は，法益の保護を目的としている。それゆえ，刑法の解釈では，法益の適切・妥当な保護を追求した目的論的解釈が目指される。そのため，場合によっては，法律の文言を社会における一般的意味よりも狭く解釈する縮小（限定）解釈や，広く解釈する拡張解釈が必要になる。違法な公務を保護の対象としないために公務執行妨害罪（刑法95条）の「公務」を「適法な公務」と解釈する（大判昭和7・3・24刑集11巻296頁）のは縮小解釈の例であるし，鉄道の安全を守るために過失往来危険罪（刑法129条）の「汽車」にガソリンカーを含めて解釈する（大判昭和15・8・22刑集19巻540頁）のは拡張解釈の例である。

法益保護の目的を達成するためには，類推処罰をするのが効果的な場合もある。例えば，個人の秘密を保護するためには，公認会計士の秘密漏示を刑法134条の「弁護士，弁護人，公証人」の秘密漏示罪を類推適用して処罰するのが効果的であろう。しかし，目的論的解釈が重要だとはいっても，類推処罰は，罪刑法定主義に反するものとして許されない（そのため公認会計士法52条・27条に別に罰則が置かれている)。目的論的解釈は，刑法の法益保護機能に関わる。これに対して，罪刑法定主義は，刑法の保障機能に関わる。刑法の法益保護機能は，保障機能を害してまで追求されてはならないのである。

類推解釈と拡張解釈の区別　このように，刑法では類推解釈は許されないが拡張解釈は許されるとされる。しかし，その区別・限界は必ずしも明白ではない。

理論的には，法文の言葉の意味を広くとらえて問題の場合を包摂できる場合は拡張解釈，法文の言葉に含めることはできないが類似性を認めうる場合が類推解釈である。それゆえ，その解釈が「言葉の可能な意味の範囲内」にあれば拡張解釈，そうでなければ類推解釈ということになる。理論的には，類推解釈と拡張解釈は，その解釈が「言葉の可能な意味の範囲内」にあるか否かで区別される。

しかし，言葉は「生き物」であり，「意味の範囲」も伸縮・変化する。その限界がどこにあるかは，必ずしも明白ではない。法律の言葉は，裁判官が再定義することで，その「意味の範囲」を拡張することもできる。例えば，「物」を「管理可能な財産」と再定義すれば，電気などのエネルギー，債権，企業秘密などの情報も，「物」という「言葉の可能な意味の範囲内」にあることになる。しかし，裁判官が再定義によって言葉の意味の範囲を自由に拡張できるとすれば，「言葉の可能な意味の範囲内」という限定は無意味になる。裁判官による「言葉の意味の範囲」の拡張には，限界があると考えなければならない。法律用語も日本語であり，日本語の日常用語が法律用語化されたものである。また，拡張解釈が罪刑法定主義に反しないとされるのは，一般人がその言葉からそのような意味を読み取ることが可能とされるからである。したがって，拡張解釈も，一般社会における日本語の通常の理解・用法を離れることは許されず，そこに限界があるといわなければならない。それゆえ，「汽車」という言葉は，一般社会でも「機関車」や「列車」の意味で用いられることもあるから，ガソリンカー，ディーゼルカー，リニアモーターカーに拡張解釈することは許されよう。しかし，「物」という言葉が一般社会で「管理可能な財産」の意味で用いられることはないから，これにエネルギー，債権，情報などを含める拡張解釈は疑問といわなければならない。

大審院判例の事例　類推解釈ではないかが問題とされた大審院の判例としては，電気を「物」とした大審院判例（大判明治36・5・21刑録9輯874頁）が有名である。旧刑法366条は「人の所有物の窃取」を窃盗としていたが，この判例は，「物」は有体物（民法85条参照）である必要はなく可動性および管理可能性があればよいとして，勝手に電線を引いて電気を使う盗電を窃盗罪で処罰したのである。

しかし，「物」は，一般社会の通常の理解・用法としては物質的な有体物をいうのであって，電気のようなエネルギーを「物」ということはない。このような言葉の再定義は，拡張解釈を装った類推解釈というべきである。ちなみに，ドイツの判例は，電気は「物」とはいえないとして，盗電の処罰には新たな立法が必要との立場を採った。日本でも，現行刑法は，電気を「財物とみなす」とした規定（245条）を置き，立法的な解決をしている。これに対して，「汽車」（刑法129条）にガソリンカーを含める（大判昭和15・8・22刑集19巻540頁）ことは，言葉の可能な意味の範囲内にある拡張解釈として許されるといえよう。

最高裁判例と類推解釈　近年では，コピーやIT技術の発展に伴い，コピーやプリペイドカード等の電磁データの偽造が「文書」の偽造（刑法155条等）に当たるか，わいせつ画像をアップしたサイトにアクセスさせることが「わいせつ物の陳列」等（刑法175条）に当たるかが，大きな問題になった。従来，「文書」は可視性・可読性のある原本を意味したし，「わいせつ物の陳列」もわいせつに見える物体を展示することを想定している。コピーは原本ではないし，電磁データを目で読むことはできない。わいせつサイトも，サーバにわいせつ画像データがあるだけで，閲覧ソフトを使ってアクセスしないと画像を見ることはできない。それで，これらを従来の文書偽造罪やわいせつ物陳列罪の規定で処罰することは，言葉の可能な意味の範囲内の拡張解釈とはいえず，行為の性質の類似性による類推処罰ではないかが問題となるのである。

これらについて，判例は，コピーの偽造は文書偽造罪に当たる（最判昭和51・4・30刑集30巻3号453頁），自動車登録ファイルの電磁データに虚偽のデータを入力させるのは公正証書原本不実記載罪（刑法157条）に当たる（最決昭和58・11・24刑集37巻9号1538頁），テレホンカードは有価証券でありその磁気データの書換えは有価証券偽造罪（刑法162条）に当たる（最決平成3・4・5刑集45

巻4号171頁)，わいせつ画像データを収蔵したハードディスクはわいせつ物でありその画像にアクセス可能にすることはわいせつ物陳列罪に当たる（最決平成13・7・16刑集55巻5号317頁）などとして，拡張解釈による処罰であって類推処罰ではないとの立場を採っている。しかし，コピーを「文書」とするのはともかく，磁気部分を含むテレホンカードを「有価証券」としたり，わいせつ画像データを収蔵したハードディスクを「わいせつ物」とするのは，言葉の可能な意味の範囲を超えるであろう。これらの新しい形態の犯罪の処罰は，立法によるべきである（これらについては，立法による解決がされたものがある。刑法157条1項，163条の2以下，175条など参照)。

最高裁判例には，火炎瓶は爆発物取締罰則の「爆発物」に当たらない（最大判昭和31・6・27刑集10巻6号921頁。なお，「火炎びんの使用等の処罰に関する法律」参照)，事故でガスを漏出させるのは公害罪法3条1項の「排出」に当たらない（最判昭和62・9・22刑集41巻6号255頁）などとして，罪刑法定主義，類推解釈の禁止を厳格に維持しようとしたものもある。しかし，最高裁は，上述のコピーやIT技術に関する判例のほか，胎児に病変を生じて病変を有する人を出生させるのは刑法209条の「人を傷害した」に当たる（最決昭和63・2・29刑集42巻2号314頁)，鳥獣に向けて矢を射るのは当たらなくても旧鳥獣保護法1条の4第3項の「捕獲」に当たる（最判平成8・2・8刑集50巻2号221頁）などとして，拡張解釈の範囲を広く取って処罰を認める傾向が強い。

立法活動が不活発なときは，立法の遅れで処罰に値する行為が放置されるおそれがあるから，裁判所が拡張解釈の範囲を拡げて処罰することも，理由がないわけではない。しかし，近年，刑事関係の新規立法や法改正は活発に行われている。そのような状況の下では，裁判所は，拡張解釈を厳格に「言葉の可能な意味の範囲内」にとどめ，それを超える行為の処罰は立法に委ねるのが妥当であろう。

6　絶対的不定期刑の禁止

絶対的不定期刑　絶対的不定期刑とは，刑期を全く定めない自由刑をいう。これに対して，刑期の長期と短期を定めて刑期に幅をもたせた自由刑を相対的不定期刑という。また，刑期を定めた自由刑を定期刑という。例えば，「被告人を懲役に処する」などと宣告するのが絶対的不定期刑，「被告人を5年以上8年以下の懲役に処する」などと宣告するのが相対的不定期刑，「被告人を5年の懲役に処する」などと宣告するのが定期刑である。

犯罪者の改善更生を重視する場合には，短期間で改善更生した受刑者はできるだけ早く釈放し，いつまでも改善更生しない受刑者は改善更生するまで刑事施設に収容しておけるのが望ましい。しかし，定期刑では，刑期の制約から，改善更生した受刑者を刑事施設に留め，あるいは改善更生していない受刑者を満期釈放しなければならない場合が生じる。不定期刑では，刑期の制約が緩められ，このような問題を回避しやすくなる。とくに，絶対的不定期刑では，刑期の制約が一切なくなり，受刑者が改善更生したと刑事施設が判断したときを釈放の時期とすることができる。

絶対的不定期刑の禁止　しかし，絶対的不定期刑を規定した刑罰法規は，何が犯罪に当たるかを定めていても，それに科される刑罰を具体的に定めていないから，「刑」を法定しているとはいえない。また，絶対的不定期刑では，釈放時期の決定が刑事施設の自由裁量に委ねられ，施設はいつ釈放するかを恣意的に決めることができるし，受刑者はいつ釈放されるか予測することができない。明日釈放されるか一生出られないかもしれないかはっきりしないというのは，受刑者の将来への予測可能性を奪うもので，受刑者の自由・人権を不当に侵害するものである。それゆえ，絶対的不定期刑は，「罪・刑」を法定して刑罰の予測を可能にすることを求める罪刑法定主義に反するといわなければならない。そこで，罪刑法定主義は，絶対的不定期刑の禁止を含むとされている。

これに対して，相対的不定期刑は，刑期の長期と短期の間に釈放されることが予測できるから，罪刑法定主義に反しないとされる。現行法でも，少年法52条が，少年に刑事処分を科す場合に不定期刑を導入している。もっとも，相対的不定期刑でも，長期と短期の間が大きく離れている場合（例えば「1月以上50年以下」など）は，絶対的不定期刑と実質的に変わらない。このような場合は，相対的不定期刑でも罪刑法定主義に違反するといわなければならない。

なお，法定刑の幅が極端に広い刑罰法規は，裁判所による恣意的量刑を許すことになるし，行為の時点でどの程度の刑罰が科されるか予測が困難であるから，罪刑法定主義の見地から問題がある。現行刑法は，近代派刑法学の影響で，量刑における裁判官の裁量を広く認める見地から法定刑の幅をかなり広く規定している。このような法制は，罪刑法定主義の見地からは問題を含む。とくに，裁判員制度が発足して一般市民が量刑に関わることになったため，裁判員の偏った発想や感覚による量刑がされるおそれが生じたことは，人権保障の見地から大きな問題といわなければならない。今後は，判例や量刑ガイドラインによる量刑基準の明確化，構成要件の細分化と法定刑幅の縮小などが検討される必要があるといえよう。

7　明確性の原則

明確性の原則と罪刑法定主義　　明確性の原則とは，刑罰法規は，何が犯罪とされ，それにどのような刑罰が科されるかを，具体的かつ明確に規定しておかなければならないという原則である。明確性の原則も，罪刑法定主義の内容の一つと解される。

罪刑法定主義は，犯罪と刑罰を法律で定めることにより，人民の意思による合法的支配を具体化し（民主主義的側面），権力による恣意的処罰を防止し，市民の予測可能性と行動の自由を保障する（自由主義的側面）ことを目的としている。そうだとすれば，刑罰法規は，何をすると犯罪とされ，それにどのような刑罰が科されるかを，一般市民が読んで分かるように具体的かつ明確に規定しておく必要がある。なぜならば，刑罰法規の規定内容が漠然としていて不明確・あいまいだと，警察・検察・裁判所等が刑罰法規を好き勝手に解釈・適用して市民を拘束・処罰する「権力による恣意的支配」が行われる可能性があるし，一般市民は何をしたら処罰されるかをそこから読み取れないために処罰の可能性の予測ができず，行動の自由が制約される（いわゆる「萎縮効果」）ことになるからである。明確性の原則が罪刑法定主義の内容の一つと解されるのは，このような理由による。

日本における明確性の原則をめぐる議論は，アメリカ合衆国の「漠然性のゆえに無効の理論」（void-for-vagueness doctrine）の影響の下に展開されてきた。合衆国の「漠然性のゆえに無効の理論」は，後述（141頁以下）の実体的デュープロセスに関わる理論として展開されている。そこで，日本でも，明確性の原則を実体的デュープロセスの原理の内容とする見解がある。しかし，明確性の原則は，罪刑が明確に規定されているかという刑罰法規の形式的側面に関わる原則であり，刑事規制の具体的内容が適正かを実質的に問題にするものではない。それゆえ，明確性の原則は，刑罰法規の形式的側面に関する罪刑法定主義に位置付けられるべきものである。アメリカはコモン・ローの国であり，日本のような制定法主義を前提とした罪刑法定主義はない。そこにおける理論をそのまま日本に持ち込むのは，誤りである。

明確性の判断基準・方法　日本には，法律の条文は短く簡潔に書くべきであり，法文に細々と多くのものを盛り込むのは望ましくないという感覚が強い(小野清一郎はこれを「法の美学」と呼ぶ)。日本の刑罰法規は，一般的に，欧米と比べると短く簡潔である。しかし，短い簡潔な法文は，抽象化・一般化の程度が高くなり，明確性に問題を生じやすい。そこで，刑罰法規の明確性をどのような基準・方法でどのように判断するかが，重要な問題となる。

上述のように，日本における明確性の原則をめぐる議論は，アメリカの「漠然性のゆえに無効の理論」の影響の下に展開されてきた。「漠然性のゆえに無効の理論」は，問題を実体的デュープロセス論の中で憲法上の権利の実質的な保障の問題としてとらえるため，制約される権利の重要性によって明確性の判断基準・方法を区別する。しかし，罪刑法定主義の一部としての明確性の原則は，国民の意思の明示と，恣意的処罰の防止および市民の予測可能性を確保するために刑罰法規に要求される形式的原理である。そこにおける明確性の判断基準・方法は，「漠然性のゆえに無効の理論」とは別個に考えられなければならない。

この見地から，明確性の判断基準は，一般的に「何をしたら処罰されるかを一般の市民が読み取れるか」というところに置かれるべきである。いかなる刑罰法規でも，一般の市民が読んで何をしたら処罰されるかが理解できないようでは，国民の処罰意思が明示されているとはいえないし，恣意的処罰を防げず，処罰についての予測可能性もなく，市民の自由が不当に制約されることになるからである。その上で，表現の自由のような他の権利に優越する権利を制約する刑罰法規については，処罰を危惧(ぐ)することで行動を控える萎縮効果の弊害が重大であるから，その明確性の判断を通常よりも厳格に行うべきである。

判例における明確性の判断基準　刑罰法規の明確性の判断基準に関するリーディングケースは，いわゆる徳島市公安条例事件に関する最高裁大法廷判決（最大判昭和50・9・10刑集29巻8号489頁）である。最高裁は，この判例において，「ある刑罰法規があいまい不明確のゆえに憲法31条に違反するものと認めるべきかどうかは，通常の判断能力を有する一般人の理解において，具体的場合に当該行為がその適用を受けるものかどうかの判断を可能ならしめるような基準が読みとれるかどうかによつてこれを決定すべきである」として，刑罰法規の明確性を判断する基準を示した。

前述のように，明確性の判断は，「何をしたら処罰されるかを一般の市民が読み取れるか」を基準になされるべきである。最高裁の判示した基準は，これと同趣旨であり，一般論としては正当である。ただし，この事案は，デモ行進という表現の自由に関わる事案であった。表現の自由という優越的保護を必要とする人権を制約する刑罰法規については，その明確性の判断はとくに厳格であるべきである。この点が考慮されていないのは，表現の自由への配慮に欠けるというべきである。

判例における明確性の判断方法　次に問題となるのは，明確性を具体的にどのように判断するかである。裁判所は様々な方法を用いて明確性を認める傾向が強く，最高裁が不明確性を理由に刑罰法規を違憲・無効とした例はない。判例が明確性を認める際に用いている論理としては，「文理上明確」「本件に関しては明確」「例示があり明確」「解釈上明確」などの論理がある。

「文理上明確」とする判例は，「それ自体において明白」「文理上その意味は明らか」などとして，刑罰法規を「明確」とする。軽犯罪法1条31号の「他人の業務に対して悪戯などでこれを妨害した者」（最決昭和29・6・17刑集8巻6号881頁），刑法106条の騒乱罪の規定（最判昭和35・12・8刑集14巻13号1818頁），公職選挙法148条の2第3項の「新聞紙又は雑誌に対する編集その他経営上の特殊の地位を利用して」（最判昭和37・3・27刑集16巻3号312頁）等の文言を明確とした判例は，このような論理を示している。しかし，これは，「明確だから明確だ」と言っているに等しく，理由になっていない。

「本件に関しては明確」とする判例は，「本件に適用する限りは明確」などとして，刑罰法規の不明確性を否定する。これは，裁判は具体的事案に対して行われるものであるから，法令の合憲性の審査も具体的事案についてのみ行えばよいのであり，たとえ法文の明確性に疑問があっても，当該事案が法文に該当することが明白である場合は，刑罰法規の不明確性を問題にすることはできないとするものである。しかし，当該事案が法文に該当することが明白であるとしても，不明確な法文は広い範囲で一般市民の行動を制約する。問題は，不明確で萎縮効果のある刑罰法規によって当該事案を処罰することを認めてよいかであり，当該事案が問題の刑罰法規に該当することが明白か否かではない。

「例示があり明確」とする判例は，「法文中の例示により具体化されている」，「例示が該当する行為の基準になる」などとして，不明確性を否定する。旧団体等規正令2条7号の「暴力主義的」の文言を「暗殺その他」という例示があることを理由に明確とした判例（最大判昭和36・12・20刑集15巻11号2017頁），旧「あん摩師，はり師，きゆう師及び柔道整復師法」12条の「医業類似行為」の文言を「あん摩・はり・きゆう・柔道整復」の例示があるとして明確だとした判例（最決昭和39・5・7刑集18巻4号144頁）は，これに当たる。例示は，概念を限定・明確化する効果をもつ。しかし，問題は，例示が問題の概念をどのように限定・明確化しているか，それを一般の市民が読み取れるかである。この点を明らかにせずに「例示があるから明確」といっても，何も説明したことにはならない。

「解釈上明確」とする判例は，「社会通念に従い合理的に解釈すれば何が該当するかを判断できる」などとし，あるいは解釈した定義を示して，不明確性を否定する。通貨及証券模造取締法1条の「紛ハシキ外観ヲ有スルモノ」（最判昭和45・4・24刑集24巻4号153頁），軽犯罪法1条33号の「みだりに」（最大判昭和45・6・17刑集24巻6号280頁）や，地方税法旧12条1項（現21条1項）の「せん動」（最大判昭和37・2・21刑集16巻2号107頁），公職選挙法129条の「選挙運動」（最決昭和38・10・22刑集17巻9号1755頁），国家公務員法110条1項17号の「あおり」行為等（最大判昭和44・4・2刑集23巻5号685頁），北海道迷惑防止条例の「卑わいな言動」（最決平成20・11・10刑集62巻10号2853頁）などに関する判例が，これに当たる。次に述べる，いわゆる「合憲的限定解釈」をした判例も，これに含めることができる。法文は解釈によりその意味内容が決まるのであるから，解釈された意味内容が明確であれば法文は明確といえる。しかし，問題は，その解釈が一般の市民に理解可能かである。たとえ法文の意味内容を明確に示すような解釈が提示されたとしても，それが一般の市民に理解不能であれば，一般の市民は当該法文をそのような意味内容には理解できない。そのような解釈は，解釈の限界を超えるといわなければならない。

合憲的限定解釈　判例が「解釈上明確」とする方法の一つに，「合憲的限定解釈」がある。例えば，前述の徳島市公安条例事件最高裁大法廷判決は，徳島市公安条例が集団行進等の際の遵守事項として「交通秩序を維持すること」を規定し，その違反を処罰していることに関して，「交通秩序を維持すること」という規定は，「その文言だけからすれば，単に抽象的に交通秩序を維持すべきことを命じているだけで，いかなる作為，不作為を命じているのかその義務内容が具体的に明らかにされていない」としながら，この文言を「道路における集団行進等が一般的に秩序正しく平穏に行われる場合にこれに随伴する交通秩序阻害の程度を超えた，殊更な交通秩序の阻害をもたらすような行為を避止すべきこと」を命じたものと解釈し，このように解釈すれば，一般人が具体的場合に自己がしようとする行為がこれに当たるか否かを判断することは困難でなく，明確性に問題は生じないとしている。これは，法令の文言を限定解釈することにより意味内容を限定・明確化し，刑罰法規自体を違憲・無効とすることを回避したものということができる。また，青少年に対する「淫行」を罰した福岡県青少年保護育成条例に関する最高裁大法廷判決（最大判昭和60・10・23刑集39巻6号413頁）も，「淫行」を「広く青少年に対する性行為一般をいうものと解すべきではなく，青少年を誘惑し，威迫し，欺罔し又は困惑させる等その心身の未成熟に乗じた不当な手段により行う性交又は性交類似行為のほか，青少年を単に自己の性的欲望を満足させるための対象として扱つているとしか認められないような性交又は性交類似行為をいう」と限定解釈し，このように解釈すればこの規定が不明確とはいえないとしている。「合憲的限定解釈」は，文言自体としては明確性に欠ける刑罰法規を違憲・無効とするのを回避する判断方法として，判例に定着している。

正当な立法手続により立法された法令を司法が違憲・無効とするのは限定的であるべきだとする立場からは，縮小解釈の解釈方法で文言の意味内容を限定することで明確性を認め，刑罰法規を違憲・無効とするのを回避することは，明確性の一つの判断方法である。しかし，問題は，そのような縮小・限定解釈が一般の市民にとって理解可能か，刑罰法規の文言からそのような縮小・限定解釈が読み取れるかである。上に挙げた２つの大法廷判決は，この点にかなりの疑問がある。はたして，一般の市民が，「交通秩序の維持」「淫行」の文言を見て，最高裁判決の示したような意味に理解するであろうか。おそらく，無理であろう。後者の福岡県青少年保護育成条例事件最高裁大法廷判決には，判決の限定解釈は「通常の判断能力を有する一般人の理解」を超えるもので，解釈の限界を超えており，この規定は不明確のゆえに違憲・無効とせざるをえないとする，伊藤正己・谷口正孝・島谷六郎の３名の裁判官の反対意見が付されている。この少数意見の方が，一般の市民の感覚に合致するであろう。

明確性の原則は，禁じられている行為の内容を明示して，恣意的処罰を防止し，ある行為をしたら罰せられるか否かの予測を可能にして市民の行動の自由を保障することにある。一般の市民の理解を超える合憲的限定解釈は，一般の市民の予測可能性を奪う，罪刑法定主義の精神を没却した解釈といわなければならない。

IV　実体的適正の原則

1　実体的適正の原則

(1)　実体的適正の原則

実体的適正の原則の意義　罪刑法定主義と並ぶ，刑法に関するもう一つの憲法原則が，実体的適正の原則（一般的には「実体的デュープロセスの原則」と呼ばれることが多い）である。憲法31条は，文言上は法定手続の保障を規定しているにとどまる。しかし，そこには，刑法の形式原理である罪刑法定主義と共に，実質的原理としての実体的適正の原則が含まれると解されているのである。

実体的適正の原則は，「刑罰法規は実体的内容が適正でなければならず，実体的内容が適正でない刑罰法規は違憲・無効とされる」という原則である。罪刑法定主義は，犯罪と刑罰を法律で定めることを要求している。しかし，だからといって，法律を作りさえすれば何を犯罪とするのも，どんな刑罰を定めるのも自由というわけではない。刑罰法規は，その規制内容が実質的に適正であること，すなわち犯罪と刑罰が適正に定められている必要があるのである。そして，この原則に反する刑罰法規，すなわち処罰の対象とするのが適正でないものを犯罪とし，あるいは刑罰として適正でない刑罰を定めた刑罰法規は，違憲・無効とされるのである（この限りでは，「悪法は法ではない」）。それゆえ，実体的適正の原則は，立法機関である国会が不適正な刑事立法を行うことに対する歯止めとなる原則ということができる。

刑罰法規の内容の「適正」　ここで，刑罰法規の内容の「適正」は，「合理性」すなわち「刑罰法規の実体的内容が合理的であること」として理解されることが多い。しかし，実体的適正の原則が「刑罰法規の実体的内容の合理性」を意味するとすれば，法原則としてはあまりにも抽象的で，基準としてあいまいにすぎる。「実体的適正」をこのように理解した場合には，裁判所は，「不合理」と判断しさえすれば，国会が制定した法律を違憲・無効にできることになる。そして，裁判所は，国会が合理的な立法をしているかを監視する機関となり，国会の上に立つことにもなりかねない。刑罰法規の「適正」をこのように理解するのは，妥当でない。

実体的適正の原則における「適正」は，「刑罰法規の実体的内容が憲法13条以下の人権規定に適合していること」と解されなければならない。前述（91頁）のように，憲法は「人間の尊厳および自由と生存の保護」を基本理念としており，刑罰法規は，この基本理念に適合するものでなければならない。それゆえ，刑罰法規は，その実体的内容がこの理念に適合していなければならない。これが，実体的適正の原則の理論的根拠である。この憲法の基本理念は，憲法13条以下の人権規定に具体化されている。したがって，この原則における「適正」は，具体的には，「刑罰法規の実体的内容が憲法13条以下の人権規定に適合していること」と解されることになる。このように解することで，実体的適正の原則を，一般的な理解によるよりも具体的な内容を持つ原則としてとらえることが可能になる。

実体的適正の原則不要論　日本の刑法学・憲法学では，実体的適正の原則を憲法31条に基づく憲法原則として認める見解が一般的である。しかし，憲法学の中では，このような憲法原則を認める必要はないとする見解も主張されている。この見解は，実体的適正の原則の問題として論じられていることは憲法13条の問題として議論すれば足りるのであり，憲法31条が独立した憲法原則として「実体的適正の原則」を規定していると解する必要はないとする。これは，実体的適正の原則不要論ということができる。

私見では，「実体的適正」の具体的内容は，憲法13条以下の人権規定から導き出されることになる。それゆえ，憲法31条は，独立の憲法原則として「実体的適正の原則」を規定しているわけではない。この意味では，実体的適正の原則不要論にも正当なものがある。とはいえ，憲法31条が規定する憲法原則として実体的適正の原則を認めることは，無意味ではない。まず，憲法31条が罪刑法定主義と並んで実体的適正の原則を規定しているとすることは，刑罰法規に対して形式・内容（実質）両面からの憲法による規整があることを明確にすることになる。また，実体的適正の原則を認めることは，刑罰法規に対する内容的・実質的側面からの憲法による規整を，個々の人権規定の問題に解体することなく一元的にとらえることを可能にする。そして，行為主義，侵害原理，謙抑主義，責任主義など「刑法の基本原則」とされてきた諸原則を，憲法31条の憲法原則として一体的に憲法に位置付けることができる。さらに，「刑罰法規の実体的内容の適正」は，刑罰法規の憲法適合性の見地からのみ問題となるものではなく，刑罰法規の立法や解釈に際しても基準とされるべきものでもある。

それゆえ，実体的適正の原則は，刑法における実質的人権保障，政策論・立法論，刑法解釈論に関係し，これら相互を架橋する理論ともなりうる。刑事法学の見地からは，実体的適正の原則を認めることには重要な意味があるのである。

判例における実体的適正の原則　判例には，実体的適正の原則に反することを理由に刑罰法規を違憲・無効としたものはない。しかし，猿払事件判決（最大判昭和49・11・6刑集28巻9号393頁）は，憲法31条との関連で，一般論として「刑罰規定が罪刑の均衡その他種々の観点からして著しく不合理なものであつて，とうてい許容し難いものであるときは，違憲の判断を受けなければならない」と判示している。このほか，後述のように，この原則を前提としていると解される判例は少なくない。判例も，実質的に，憲法31条が実体的適正の原則を含むことを認めているとみることができよう（なお，「憲法31条はその規範内容として実体的適正処罰の原則をも含んでいる」とするものとして，最大判昭和60・10・23刑集39巻6号413頁［福岡県青少年保護育成条例事件］における谷口正孝裁判官の少数意見）。

(2)　実体的適正の原則の沿革・根拠・内容

実体的適正の原則の沿革　実体的適正の原則の淵源は，1789年のフランス人権宣言にあるといわれる。人権宣言8条は，「法律は，厳格かつ明白に必要不可欠な刑罰しか規定してはならない」と規定している。これは，刑罰法規が内容的にも「必要不可欠」でなければならないことを規定したものであり，刑罰法規の実体的内容には法的な限界があることを前提とするものといえる。この意味で，人権宣言8条は，実体的適正の原則の淵源とされるのである。

日本における実体的適正の原則は，アメリカ合衆国の「実体的デュープロセス（substantive due process）の理論」に由来する。この理論は，合衆国憲法修正14条のデュープロセス条項が法律の実体的内容の合理性を要求しているとする理論であり，20世紀初頭に連邦最高裁判所の判例に採用され，1930年代に一度否定されたが，1970年代に判例として復活したとされている。そして，日本国憲法31条が合衆国憲法修正14条を母法としていることから，平野龍一・芝原邦爾等によってこの理論が日本に導入され，憲法31条に関する「実体的デュープロセスの理論」として定着するに至ったものである。

実体的適正の原則の根拠　憲法31条が実体的適正の原則を含むと解する根拠としては，①憲法31条は合衆国憲法修正14条に由来し，この修正14条は刑罰法規の実体的適正をも要求していると解されていること，②罪刑法定主義があっても刑罰法規の実体的内容の適正の保障がなければ，法律さえ作れば何をどう処罰するのも自由ということになり，人権保障に欠けること，③人権の制限は人権の内在的制約としてのみ合憲とされるのであり，適正でない刑罰法規は限界を超える人権の制限として違憲と解すべきこと，などが挙げられている。

憲法31条が合衆国憲法修正14条のデュープロセス条項に由来することは，事実である。しかし，合衆国憲法修正14条の解釈を憲法31条の解釈として受け入れるか否かは，日本の主体的決定によるべきことである。また，日本の「実体的デュープロセス論」は，合衆国のそれとは異なるとの指摘もある。単なる条文や理論の沿革的な根拠だけではなく，より実質的な理論的根拠を明らかにする必要がある。

前述したように，国家刑罰権は，それが「人間の尊厳および自由と生存の保護」の理念に従う限りにおいて正当なものとされる。憲法は，13条でこの基本理念を規定し，31条にこの理念に基づく国家刑罰権に対する制約・拘束を規定していると解される。そうだとすると，憲法31条は，国家刑罰権がこの理念に適合すること，すなわち刑罰法規の実体的内容がこの意味において適正であることを要求していると解さざるをえない。実体的適正の原則の理論的根拠は，ここにあるというべきである。

実体的適正の原則の内容　このように考えるならば，実体的適正の原則の具体的内容も，合衆国の実体的デュープロセス論にこだわることなく，この実質的な理論的根拠から導き出されなければならない。そして，憲法31条の実体的適正の原則が憲法13条以下の人権規定を前提とするものと解する立場からは，実体的適正の原則の具体的内容は，憲法13条を中心とするこれらの人権規定を基準にして論じられることになる。

この見地からは，従来「刑法の基本原則」とされてきた行為主義，責任主義，謙抑主義，罪刑均衡原則などは，実体的適正の原則に含まれることになる。なぜならば，これらの主義・原則は，後述のように，「人間の尊厳および自由と生存の保護」のためのものであり，現行憲法の下では13条等に基づいて31条の実体的適正の原則の内容をなすものと考えられるからである。そしてまた，個人法益保護原則・侵害原理や人道的刑罰・社会復帰刑の原則も，この憲法理念に基づくものとして，実体的適正の原則に含まれると解することができる。これらの主義・原則は，「刑法の基本原則」とされながらも，その法的位置付けは必ずしも明確ではなかった。以上のように考えるならば，憲法31条の実体的適正の原則の内容として，これらの主義・原則を憲法体系の中に明確に位置付けることができる。

もっとも，実体的適正の原則の内容は，従来から「刑法の基本原則」とされてきたものに限られない。「刑法の基本原則」に関わらない場合でも，憲法13条に抵触する刑罰規定は，実体的適正を欠くものといわなければならない。その意味で，実体的適正の原則は，いわゆる「刑法の基本原則」を超える広がりを有する一般原則として機能するのである。また，今後，刑法の発展に伴い，ここから新たな「刑法の基本原則」が生まれてくる可能性もある。その意味で，実体的適正の原則は，静的・固定的なものではなく，動的・発展的なものである。

(3) 実体的適正の原則と刑法の立法・解釈

刑事立法と実体的適正の原則　現在の日本では，国会が「国の唯一の立法機関」（憲法41条）であり，国会の衆参両議院は「全国民を代表する選挙された議員でこれを組織する」（憲法43条1項）とされている。したがって，代表民主制が有効に機能し，国会が民意を反映した立法をしているのであれば，罪刑法定主義があれば十分で実体的適正の原則は必要ないようにもみえる。しかし，代表民主制が機能していたとしても，国会が多数国民の利益のために少数者の「人間の尊厳および自由と生存」を侵害するような刑罰法規を制定するおそれはある。また，代表民主制が機能不全を起こしている場合には，国会が刑法の基本原則を無視した刑罰法規を制定することも，予想できることである。全ての市民の「人間の尊厳および自由と生存」を保障するためには，罪刑法定主義と並んで，実体的適正の原則が必要なのである。

罪刑法定主義の見地からは，法律で刑罰法規を設けさえすれば，それが内容的にいかに悪法であっても，問題とはならない。罪刑法定主義に則っていることが，「悪法も法である」として，遵守・服従を要求する根拠にされることもありうる。しかし，実体的適正の原則に反する刑罰法規は，憲法31条に反するものとして違憲・無効である。この限りにおいては，「悪法は法ではない」。ここに，実体的適正の原則の重要性がある。

実体的適正の原則は，刑罰法規の立法に際しては，その基準とされるべきものである。立法府である国会は，実体的に適正な刑罰法規の立法に努めなければならない。市民は，この見地から立法を厳しく監視していく必要がある。それには，マスメディアが，刑事法研究者とも連携して必要な情報を適切に報道し，市民に伝えていくことが必要である。一般市民の間では，実体的適正の原則は，罪刑法定主義ほど知られていないように見受けられる。今後は，実体的適正の原則に対する一般市民の認識を高めていく必要があるといえよう。

刑法解釈・理論刑法と実体的適正の原則　刑法の内容が実体的に適正なものになるためには，刑罰法規が実体的に適正に立法されるだけではなく，立法された刑罰法規の解釈・運用もまた，実体的に適正になされる必要がある。それゆえ，実体的適正の原則は，刑罰法規の解釈の基準ともなる。刑罰法規は，実体的適正の原則に則って，その内容が適正になるように，解釈されなければならないのである。そのため，場合によっては，合憲的限定解釈の解釈方法（前述139頁）を用いることも必要となる。そして，いかに解釈しても実体的適正を欠くと解される刑罰法規は，裁判所が違憲立法審査権を発動して，違憲・無効とされなければならない。

2　行為主義

(1)　行為主義の意義

行為主義　行為主義とは，刑罰の対象となるのは人間の外部に現われた行為に限られるという原則である。

まず，刑罰は，人間を対象とする。死者や動物は刑罰の対象とはならない。また，人間は，一定の肉体的・精神的特性，思想・信条・信仰・意思，性行等を有することを根拠に処罰されてはならず，一定の外部的行為を行った場合でなければ処罰されない。人間は，その「存在」（ある人間で「ある」こと）を理由に処罰されてはならないのであって，処罰されるのは「行為」（何かを「した」こと）に限られる。

行為主義の確立　古代・中世社会では，人間の世界と死者の世界，動物の世界は，はっきりと分かれてはいなかった。そこで，死者や動物が処罰の対象となることもあった。しかし，近代社会は，人間中心主義の社会である。法は，生きている人間のみを対象とする。処罰の対象となるのも，人間に限られる。

また，近代以前には，身体に異常や障がいがあることが「つみ」とされた時代もあった（前述39頁参照）。特定の思想・信条・信仰や悪い心を持っていることが罪とされ，そのような「悪い人間」であることが処罰の対象とされることもあった。西欧では，宗教裁判（ジョルダノ・ブルーノやガリレオ・ガリレイの宗教裁判が著名である）で異端の教義や反キリスト教的信条の持ち主とみなされた者が処罰された。日本でも，「キリシタン」（キリスト教信者で「ある」こと）が厳しく処罰された。

しかし，近代社会では，全ての人間は，人間としての尊厳が認められ，個人として尊重される。日本国憲法も，個人の尊重（13条）を規定して，人間の尊厳を認めている。人間をある種の人間で「ある」ことを根拠に処罰することは，その人間としての存在を否定するものであり，個人の尊重，人間の尊厳に反する。また，近代社会では，人間は，内心に留まる限り，いかなる思想・信条・信仰や反社会的な考えを持つことも自由とされる。日本国憲法も，思想・良心の自由（19条），信教の自由（20条）を保障している。国家が個人の内心に踏み込むことは，個人の尊重，人間の尊厳に反するからである。それゆえ，近代刑法では，「犯罪とされるのは外部に現われた行為に限られる」とされるのである。これが，行為主義の原則である。これに反する刑罰法規は，憲法31条の実体的適正の原則に違反し，違憲とされなければならない。

行為主義と侵害原理の結び付き　　行為主義は，次に述べる侵害原理と結び付く。侵害原理は，刑法・刑罰は個人の生活利益（生命・自由・財産等）を保護するために用いられなければならず，個人の生活利益の侵害・危険がない場合は処罰することは許されないとする原理である。生活利益の侵害・危険は，外部世界における現象である。そのような現象を外部世界に引き起こせるのは，外部に現われた行為である。いかなる邪悪な意思も，内心に留まる限りは，他人の生活利益を侵害あるいは危険にすることはない。それゆえ，侵害原理の下では，処罰されるのは，個人の生活利益の侵害・危険を引き起こすことができるような，外部に現われた行為に限られることになる。

(2)　刑事立法と行為主義

戦前の治安刑法と行為主義　　戦前の日本では，政治体制や政府に批判的な思想・信条をもつ多くの人々が，思想犯として治安維持法などの治安刑法によって処罰された。思想犯処罰規定も，形式的には，行為主義に従って何らかの「行為」を罰する形をとっていた。しかし，これらの規定は，実質的には，一定の思想をもっている者を処罰することを意図したものであった。例えば，治安維持法1条は，「国体ヲ変革スルコトヲ目的」とする「結社ノ目的遂行ノ為ニスル行為ヲ為シタル者」を処罰するものとしていた。これは，形式的には「行為」を罰するものであるが，「結社ノ目的遂行ノ為ニスル行為」は極めて広範（いわば「何でもあり」）であり，処罰される行為を明らかにしたとはいい難い。これは，実質的には内心に「国体変革思想」をもつことを処罰するものであり，行為主義に反するものといわなければならない。

また，戦後削除された刑法旧74条の不敬罪は天皇・皇族に対して「不敬ノ行為」をした者を処罰していたが，大審院判例（大判明治44・3・3刑録17輯258頁）には，日記に不敬の文言を書いたのを不敬罪で処罰したものがある。形式的には日記を書くのも「行為」ではあるが，思想・信条の内密の表出を罰するのは，実質的には内心の思想・信条の処罰である。また，日記は公表を前提とするものではなく，日記の記述が外部に影響を及ぼし，他者の利益を侵害するおそれはない。このような大審院の態度は，行為主義に反するものといわなければならない。

戦後の刑罰規定と行為主義　戦後の刑罰規定にも，行為主義の見地から問題があるものがないわけではない。

例えば，破壊活動防止法は，暴力主義的破壊活動を行った団体等に対して公安審査委員会が解散の指定ができるものとし（7条），この指定が発効した後は，当該団体の役職員・構成員は「当該団体のためにするいかなる行為もしてはならない」（8条）し，「いかなる名義においても，同条（8条）の規定による禁止を免れる行為をしてはならない」（9条）と規定している。その上で，42条に，8条・9条の規定に違反した者を罰する規定を置いている。これも，形式的には「行為」を罰するものであるが，その範囲は極めて広範であり，実質的には「暴力主義的破壊思想」をもっていること，「破壊的団体」の構成員で「ある」ことを根拠に処罰するもので，行為主義に反するのではないかとの疑問がある。

また，旧麻薬取締法（昭和23年法律123号）4条は，本文で「何人も，左に掲げる行為をしてはならない」と規定し，その4号で「麻薬中毒のため自制心を失うこと」を規定した上で，60条にその違反を罰する規定を置いていた。これは，自制心喪失という精神状態に「ある」ことを罰するもので，行為主義に反するのではないかが問題となりうる。この点に関して，最高裁は，「麻薬中毒のため自制心を失うこと」とは「自制心喪失という精神状態ではなく」，「麻薬中毒の結果自制心を失つた行為がなされることを意味する」（最決昭和28・12・24刑集7巻13号2646頁）と判示して，憲法に違反しないとした。その後，この法律は改正され，現在の麻薬及び向精神薬取締法にはこのような規定は置かれていない。

現在も立法の動きが続いている「共謀罪」の立法案（組織的犯罪処罰法改正案）も，行為主義の見地から問題を含んでいる（個人法益保護原則の見地からの問題点については後述160頁）。「共謀罪」の立法案は，組織的犯罪処罰法の6条の2として，一定以上の法定刑が規定されている犯罪について「共謀した者」を処罰する規定を新設しようというものである。しかし，共謀の実質は，「密かな話合い」であり，参加者の内心の思考・意思の表現にすぎない。共謀のみを取り出して罰するのは，内心の思考・意思を処罰するに等しいのではないかという疑問がある。

(3) 刑法解釈・刑法理論学と行為主義

刑法解釈と行為主義　行為主義は，刑罰法規の立法だけでなく，その解釈においても重要な意味をもつ。広く解釈すると行為主義に反する場合が含まれるような刑罰法規は，合憲的限定解釈をして，そのような場合を処罰範囲から除外しなければならない。また，解釈において主観的要素・心情要素を重視しすぎて外部的行為を軽視する場合には，行為主義が没却されるおそれもある。そのような解釈は，避けられなければならない。

刑法理論と行為主義　古典派，近代派の刑法理論の対立も，行為主義と関連する。

近代派の主観主義（行為者主義）刑法理論は，行為者の危険性を処罰の根拠とする。これは，行為者が危険な人間で「ある」ことを処罰するものであり，行為主義との関係で問題を含む。それで，主観主義に立つ者も，罪刑法定主義の見地から（リスト），あるいは行為者の危険性の徴表（牧野）として，処罰には外部的行為が必要であるとする。しかし，そのようにして行為主義との調整を図ったとしても，主観主義刑法理論が理論の核心部分で行為主義との関係で問題を含むことは否定できない。これに対して，古典派の客観主義（行為主義）刑法理論は，処罰されるのは「行為」であるとするものであるから，行為主義と調和する。現在の刑法学において客観主義的な刑法理論が大勢を占めているのは，当然といえる。もっとも，客観主義刑法理論も，主観的要素・心情要素を重視して外部的行為を軽視する場合には，主観主義に近付き，行為主義からは遠ざかる。このことには，注意しておく必要がある。

犯罪論と行為主義　行為主義は，犯罪論（犯罪成立要件論。後述194頁以下参照）にも浸透させられなければならない。

犯罪論において行為主義と最も深く関係するのは，行為論である。犯罪論では，犯罪は，構成要件に該当する，違法かつ有責な「行為」とされる。この「行為」を論じるのが，行為論である。行為主義が正しく反映された行為論を構築することは，犯罪論を行為主義に則したものにする要となる。これは，行為論の重要な課題である。とはいえ，犯罪論の行為論と行為主義とは，一体的なものではない。行為論は，行為主義からのみ論じられるものではない。他方，行為主義は，行為論だけに関わるものではない。行為主義は，犯罪論全体に浸透・反映されなければならない。

3　個人法益保護原則・侵害原理

(1)　法益保護原則と侵害原理

個人法益保護原則　　憲法13条は，「すべて国民は，個人として尊重される。生命，自由及び幸福追求に対する国民の権利については，公共の福祉に反しない限り，立法その他の国政の上で，最大の尊重を必要とする」と規定している。これは，個人主義の理念に基づいて，国民一人一人の人間としての尊厳と，生命・自由・幸福追求等の権利を尊重し保護することを，「立法その他の国政」に求めているものと解される。また，「公共の福祉」に関するいわゆる内在的制約論によれば，「公共の福祉」は，人権と人権が矛盾・衝突する場合の調整原理を意味するとされる。そして，ある正当な人権を保護するために他の人権を制約せざるをえない場合にその人権の制約を許容する根拠が，「公共の福祉」であるとされる。そうだとすると，「公共の福祉」の見地から刑罰によって人権を制約することが許されるのも，それが他の人権を保護するために必要，やむをえない場合に限られることになる。

このことは，刑法の立法・運用が国民一人一人の人間の尊厳と生命・自由・幸福追求等の権利の基礎をなす生活利益の保護を目的にされなければならないこと，すなわち「刑法は個人の生活利益を保護するために使われなければならない」ことを意味しよう。それゆえ，憲法13条によれば，刑法の目的・役割は，個人の生活利益の保護に置かれることになる。法によって保護される利益は，「法益」と呼ばれる（98頁参照）。それゆえ，これを「個人法益保護原則」と呼ぶことができよう。

侵害原理　　刑法によって個人法益を保護するためには，それを現実に侵害し，または危険にする（刑法学では「現実の侵害」と「危険」を合わせた意味で「侵害」という用語が用いられることが多い。本書も通例に従う）行為を犯罪とし，これを処罰しなければならない。個人法益保護原則の下では，犯罪として処罰されるのは，個人法益を侵害する行為ということになる。別の言い方をすれば，たとえ不道徳あるいは社会的逸脱とされる行為であっても，それが個人法益を侵害するものでなければ，処罰すべきではない。そのような行為を処罰しても個人法益の保護には役立たず，かえってその者の行動の自由を不当に制限することになる。個人主義社会では，個人は，他人に害を及ぼさない限り何をするのも自由でなければならない。

それゆえ，個人法益保護原則の下では，刑事罰の対象となるのは個人の法益を侵害する行為に限られ，そうでない行為は刑事罰の対象にはならない。このような原則を，「侵害原理」という。この原理の下では，刑法の目的・役割を倫理・道徳の維持に置き，刑事罰の対象を倫理・道徳に反する行為とする「リーガル・モラリズム」の考え方は，否定されることになる。

国家法益・社会法益の個人法益への還元　ところで，刑法の中には，殺人罪（199条）・窃盗罪（235条）のような個人法益に対する罪だけでなく，内乱罪（77条）・公務執行妨害罪（95条）のような国家法益に対する罪，騒乱罪（106条）・往来危険罪（125条）のような社会法益に対する罪も存在する。これらの規定は，個人の法益ではなく，国家や社会の法益を保護するものであり，個人法益保護原則・侵害原理との関係が問題になる。

現在の国家は，「国政は，国民の厳粛な信託によるものであつて，その権威は国民に由来し，その権力は国民の代表者がこれを行使し，その福利は国民がこれを享受する」という「人類普遍の原理」に立脚している（憲法前文)。それゆえ，国家は，国民と別個に存在するものではなく，「国民の，国民による，国民のための国家」である。したがって，国家の法益も，国民から離れて存在するものではなく，結局は，国家を構成する国民一人一人の法益に帰着する。国家の法益は，国民一人一人の法益の集合であり，最終的には国民一人一人の法益に還元されるのである。そして，国民一人一人の法益に還元できない，国民の法益を超えた国家固有の法益のようなものは，現在の国家においては認められず，刑法による保護にも値しない。この意味で，国家法益は，国民の個人法益に還元される限りにおいて，刑法で保護することが許される。国民の個人法益に還元できないような国家法益を刑法で保護することは，個人法益保護原則・侵害原理の下では許されない。社会も，それを構成する個人を離れて存在するものではない。社会法益についても，国家法益と同様のことが当てはまる。このような考え方を前提にすれば，「個人法益保護原則」は，個人法益に還元される国家法益・社会法益を含めた「法益保護原則」と言い換えることができる。

判例と侵害原理　判例には，侵害原理を憲法上の原則として正面から認めたものは見当たらない（最大判昭和60・10・23刑集39巻6号413頁［福岡県青少年保護育成条例事件］の谷口正孝裁判官の少数意見は，これを正面から認める）。道徳の維持を法の任務とした判例や，法益侵害性が明らかでない行為の処罰を認めた判例もある。しかし，判例の中には，侵害原理を前提としたと解されるものもある。

判例には，わいせつ物頒布罪（刑法175条）の合憲性に関連して，「性道徳に関しても法はその最少限度を維持することを任務とする」「裁判所は良識をそなえた健全な人間の観念である社会通念の規範に従つて，社会を道徳的頽廃から守らなければならない」（最大判昭和32・3・13刑集11巻3号997頁［チャタレー事件］）などとして，リーガル・モラリズムの立場を示したものもある。しかし，その後の判例は，「性生活に関する秩序および健全な風俗を維持するため，これを処罰の対象とすることが国民生活全体の利益に合致する」（最大判昭和44・10・15刑集23巻10号1239頁［『悪徳の栄え』事件］）と判示して，「健全な風俗」の保護が「国民生活全体の利益」であるとの考えを示し，法益保護の考え方に接近している。ここでは「健全な風俗」がいかなる意味で「国民生活全体の利益」につながるのかは明らかでないが，最判昭和58・10・27（刑集37巻8号1294頁）における団藤重光裁判官の補足意見は，法益としての「性風俗」を「精神的社会環境」という個人法益に還元可能なものとして理解している。これは，その当否は別として（後述157頁），法益保護原則・侵害原理に立脚した見解として評価すべきである。

判例の中には，侵害原理に基づいて刑罰規定を限定解釈したと解されるものもある。例えば，最大判昭和35・1・27（刑集14巻1号33頁）は，旧「あん摩師，はり師，きゆう師及び柔道整復師法」（12条・14条）が「医業類似行為を業とすることを禁止処罰するのも人の健康に害を及ぼす虞(おそれ)のある業務行為に限局する趣旨と解しなければならない」とした上で，「原判決は被告人の業とした本件 HS 式無熱高周波療法が人の健康に害を及ぼす虞があるか否かの点についてはなんら判示するところがなく，ただ被告人が本件 HS 式無熱高周波療法を業として行つた事実だけで前記法律 12 条に違反したものと即断した」のは違法だと判示して，被告人を有罪とした原判決を破棄している。また，最決昭和 42・7・20（判時 496 号 68 頁）も，破壊活動防止法 38 条 2 項 2 号が規定する内乱罪を実行させる目的でその実行の正当性・必要性を主張した文書・図画を頒布する罪は，「右文書の頒布により内乱罪の実行されうべき可能性ないし蓋然性が客観的に存在していたことは認められない」事案については成立しないとしている。本判例は，とくに手厚い保護が必要とされている表現の自由の規制に関するものではあるが，法益侵害の「可能性ないし蓋然性が客観的に存在し（たと）認められない」場合を処罰範囲から外す解釈を示したものと解される。

他方，法益侵害性が明らかでない行為の処罰を認めた判例もある。例えば，最判昭和 57・9・28（刑集 36 巻 8 号 787 頁）は，クエン酸またはクエン酸ナトリウムを主成分とする粉末等を「つかれず」等の名称で販売したのは，たとえそれが人体に有益無害だとしても，薬事法の医薬品無許可販売罪（24 条 1 項・84 条 5 号）に当たるとしている（ただし，木戸口久治裁判官の反対意見がある）。また，最判平成元・12・14（刑集 43 巻 13 号 841 頁。どぶろく裁判）も，酒税法 54 条 1 項の無免許酒類製造罪を酒税収入確保のためのものと解しながら，自己消費目的の少量の清酒製造について，それが酒税収入の減少をもたらすか否かを問わずに同罪での処罰を認めている。最判平成 7・4・13（刑集 49 巻 4 号 619 頁）も，個人鑑賞目的でのポルノ輸入が関税法 109 条 1 項の輸入禁制品輸入罪に問われた事案について，社会に害を与えない個人的行為を罰するのは個人領域への不当な干渉で憲法 31 条等に抵触するとして同罪の処罰範囲から除外する限定解釈をした原判決（東京高判平成 4・7・13 判タ 791 号 284 頁）を破棄して，規制の実効性確保を理由に一律処罰を認めている。

このように，侵害原理は，判例に徐々に浸透しつつあるようには見受けられるものの，判例上の確立した法原理にまでは至っていない。侵害原理を確立することは，判例の将来の課題である。

(2)　刑事立法のあり方と侵害原理

法益保護原則と犯罪化　法益保護原則によれば，刑法は，個人の生活利益を保護するために使われなければならない。そして，憲法13条の趣旨に従えば，国には，国民の人間としての尊厳と生命・自由・幸福追求等の権利を保障・保護する義務（基本権保護義務）があると解することもできよう。そのように考えるならば，国には，人間の尊厳とこれらの権利の基礎となる生活利益を保護するのに必要な立法をする責務があり，必要な場合には，そのような法益を侵害する行為を犯罪として処罰する刑事立法（犯罪化）を行う責務もあるといわなければならない。

ここで，刑事立法による保護を必要とする重要な法益であるか否かは，憲法の価値基準によって判断されなければならない。憲法の価値基準において相対的に重要な法益は，平和的生存（9条），生命・身体（13条），自由（13条），人格的利益（13条），平等（14条）などであろう。このうち，生命・身体，自由，名誉等の人格的法益については，現行刑法にも，これを保護するための規定が一定程度置かれている。しかし，現行刑法は，明治憲法の下で制定されたものであるために，平和的生存，思想・信条・信教・表現等に関わる自由，プライバシーや環境等の新しい人格的法益，平等などに十分な保護を加えているかは問題である。これらの法益を侵害する行為の犯罪化は，重要な検討課題といえよう（拙著『刑法各論』〔1995年〕参照）。

もっとも，刑法においては，謙抑主義の原則（後述163頁以下）も重要な原則である。国には個人の生活利益を保護する刑事立法を行う責務があるといっても，個人法益を侵害する行為を手当たり次第に犯罪として処罰するようなことはすべきでない。侵害原理は，「法益を侵害しない行為は処罰すべきでない」という原理であって，「法益を侵害する行為は処罰すべきである」という原理ではない。

侵害原理と非犯罪化　侵害原理の下では，たとえ不道徳あるいは社会的逸脱行為とみられている行為であっても，いかなる他人の利益をも侵害せず，危険も及ぼさない行為は，刑事罰の対象とされてはならない。このような行為を犯罪とする刑罰規定は，侵害原理・実体的適正に反するものとして違憲とされなければならず，そのような刑罰規定がある場合は削除（非犯罪化：decriminalization）されなければならない。

他人に害を及ぼさない行為には，被害者はない。そこで，このような行為は，「被害者のない犯罪」と呼ばれる。もっとも，特定の具体的な被害者のない犯罪の全てが，「被害者のない犯罪」であるわけではない。例えば，賄賂（わいろ）の授受は，特定の誰かに具体的な被害を与えるわけではないが，人々の公務に対する信頼を揺るがせ，結局は国民全体に悪影響を及ぼすことになる。この意味で，賄賂罪が保護する法益は，国民全体の個人的法益に還元される。それゆえ，賄賂罪は，国民全体が被害者といえるのであり，「被害者のない犯罪」ではない。保護法益を個人的法益に還元できる犯罪は，「被害者のない犯罪」ではない。

(3)　侵害原理に関連する刑事立法の諸問題

風俗犯と侵害原理　欧米では，キリスト教の厳しい性倫理・労働倫理・宗教倫理を背景に，同性間性行為，私通，同棲，姦通，売春，ポルノ売買，賭博，宗教団体や教義の冒瀆（とく），教会・礼拝所不敬等が，性・労働・宗教の風俗を害する風俗犯として，広範かつ厳しく処罰されてきた。しかし，戦後，侵害原理の確立に伴い，これらの風俗犯は当事者が自由意思に基づいて密かに行う限りは他人の利益を害しない「被害者のない犯罪」であり，これらを処罰するのは伝統的倫理・道徳を刑法で守ろうとするリーガル・モラリズムであると考えられるようになっていった。そして，1960年代から70年代にかけて，風俗犯を個人の性的自由，財産，思想・信条・宗教的自由を害する犯罪として再構成して，処罰の対象を他人のこれらの利益を侵害する行為に限定し，それ以外のものを非犯罪化する動きが進展した。

日本でも，侵害原理を根拠に風俗犯の再構成と非犯罪化を主張する見解は有力であるが，立法に影響するには至らず，法改正はされていない。その原因の一つには，日本にはキリスト教の伝統がないため，もともと風俗犯の処罰が限定的なことがあるように思われる。現行刑法には，もともと同性間性行為，私通，同棲，宗教団体や教義の冒瀆等を罰する規定はない。姦通罪（刑法旧183条）は，戦後に廃止されている。売春防止法も，売買春それ自体（単純売買春）は罰していない。非犯罪化が問題となる風俗犯は，わいせつ物頒布罪（刑法175

条）など少数のものに限られる。そのため，風俗犯の非犯罪化は，社会的には「ポルノ解禁」の可否として受け止められ，刑法の侵害原理に関わる重要問題としては受け止められなかった。また，判例（最大判昭和32・3・13刑集11巻3号997頁［チャタレー事件］，最大判昭和44・10・15刑集23巻10号1239頁［『悪徳の栄え』事件］など）も，わいせつ物頒布罪等を一貫して合憲と認めてきている。このことも，風俗犯の非犯罪化に消極的に作用しているといえよう。

わいせつ物頒布罪に関しては，上述のように，「精神的社会環境」を保護するものとの見解（最判昭和58・10・27刑集37巻8号1294頁における団藤重光裁判官の補足意見）も主張されている。これは，この罪の保護法益を「環境」という個人法益に還元される法益と解することで，侵害原理との調和を図ろうとするものである。しかし，「精神的社会環境」の実質は極めてあいまいであり，刑罰で保護するのが妥当かは疑問である。

最近では，ポルノグラフィは女性を性的欲望の客体物・商品とするもので，出演女性の性的人格権を侵害し，女性に対する性差別を助長しているとして，一定範囲の刑事規制を含む法規制を主張する見解も現われてきている。これは，ポルノが女性の利益を侵害しているとの見地から，侵害原理に立って一定の刑事規制を主張するものといえる。同様の見地からは，売買春についても，買春の処罰が主張されている。しかし，他方，女性が自由意思でポルノ出演や売春を行い，同意の範囲内で性的行為が行われている限りは，一つの職業（性労働）として認めるべきだとする見解も主張されている。これは，本人の同意がある以上は処罰に値する個人法益の侵害はないとの主張として理解できよう。この問題は，風俗犯の保護法益，被害者の同意，フェミニズムなどにも関連する，困難な問題である。

自損・同意行為と侵害原理　個人が自ら自己の法益を放棄している場合は，その法益を刑罰で保護する必要はない。それゆえ，自ら自己の法益を侵害した場合や，被害者本人の同意を得て侵害した場合は，法益が犠牲になっていても，処罰されるべきではない。

しかし，刑罰法規の中には，自損行為や本人の同意を得た行為を犯罪として処罰するものがある。例えば，薬物関係の法令には，薬物の自己使用を罰する規定（麻薬及び向精神薬取締法12条1項・64条の3第1項，覚せい剤取締法19条・41条の

3第1項1号。なお，大麻取締法3条1項・24条の2第1項）がある。これは，心身の健全に対する自損行為を処罰するものといえよう。また，刑法の自殺幇助罪・同意殺人罪（202条）は自殺の幇助および同意を得て人を殺すことを罰しているし，児童買春・児童ポルノ処罰法4条も児童買春を罰している。これらは，本人の同意の下に，前者は生命を，後者は児童の利益（心身の健康と健全な性的成長）を，それぞれ害する行為を処罰するものといえよう。

これらの刑罰法規は，生命，心身の健康等の法益の重大性にかんがみて，これらの法益は本人の意思に反してでも守るのが本人のためと考えて，自損行為や同意のある行為に刑事罰で臨んでいるものと解される。本人の自己決定が本人のためにならないとみられる場合に，本人の意思を無視して強権的に介入して本人の利益の保護を図る考え方を，「パターナリズム」（家父長的温情主義）という。これらの刑罰法規は，パターナリズムの立場から，自損行為や同意のある行為を罰しているとみることができる。

人間の判断に過誤は避けられないから，パターナリズムの考え方にも，それなりの合理性がある。しかし，「すべて国民は，個人として尊重される」（憲法13条）以上，個人の自律性・自己決定は，原則的に尊重されなければならない。経験・理解力・判断力に乏しい未成年者の場合は，「児童の最善の利益」（児童の権利条約3条1項）を考慮して法が強制的に介入することも，ある程度は認めざるをえないであろう。しかし，成人の場合，その自己決定を否定することは，「個人の尊重」に反するであろう。法がパターナリズムの見地から成人に対して刑事罰で介入することが認められる場合があるとしても，人間存在と自己決定を支えている生命・心身の健全等の根源的な法益に対して回復不能な重大な損害を生じる場合に限定されるべきである。刑法が同意殺人を罰しているのは，この見地から理解できる。

また，欧米の多くの国が，薬物の自己使用や自己使用目的の少量所持を非犯罪化し，あるいは軽い罰金刑で処理する方向に進んでいるのも，理由があることということができる。ただし，薬物の心身への害悪を重大視し，薬物の影響下での他害行為や薬物入手のための犯罪等の社会的悪影響を重視する場合は，自己使用等の刑事規制も正当とされることになる。欧米の動きの背景には，重大犯罪の増加で軽微犯罪に警察力を割く余裕がなくなっているという事情があるとも指摘されている。また，自己使用等の処罰が薬物対策として有効かという，謙抑主義（後述163頁以下）に関わる問題もある。この問題は，これらの見地から多角的に検討されるべき問題である。

危険発生段階の処罰と侵害原理　侵害原理によれば，処罰の対象となるのは，法益を侵害し，または危険にする行為に限られる。そして，処罰されるのは法益を現実に侵害した場合が原則であり，それ以前に法益を危険にした段階で処罰するのは例外的である。また，法益を危険にした場合は，危険の程度が低いほど，実害発生から遠いほど，処罰はさらに例外的になる。これは，法益を被害から守るには法益に実害を生じることを罰すれば通常は足り，法益を危険にした段階で処罰が必要なのは，法益が重要で，実害が生じてから処罰するのでは取り返しがつかないような例外的場合に限られると考えられるからである。

そこで，現行刑法は，法益が現実に侵害された侵害犯の処罰を基本とし，法益侵害の危険を発生させた危険犯の段階で処罰するのは，放火罪（108条～110条等）・往来危険罪（125条）等の公共危険罪など，少数のものに限定されている。公共危険罪が危険犯を罰するのは，多数の人の生命・身体・財産等に重大な被害を生じるのを未然に防止するためにほかならない。また，現行刑法は，法益侵害の結果が現実に発生して既遂に達した既遂犯の処罰を原則とし，実行に着手したが既遂に達していない未遂犯の段階で処罰するのは，特別の規定のある例外的場合としている（44条）。さらに，未遂以前の予備・陰謀を罰するのは，内乱予備・陰謀罪（78条），外患予備・陰謀罪（88条），放火予備罪（113条），殺人予備罪（201条），強盗予備罪（237条）など，少数の重大犯罪に限定されている。現行刑法のこのようなあり方は，侵害原理の見地から，妥当とされるべきものである。

しかしながら，近年では，社会の「危険社会」化や「体感治安の悪化」等を根拠に，市民生活の安全を確保するとの理由で，危険発生段階での処罰，処罰段階の前倒し，処罰の早期化が進行している。例えば，刑法の支払用カード電磁的記録に関する罪（163条の2以下）は，偽造クレジットカードによる詐欺等の予備を罰する性格をもつ。不正指令電磁的記録に関する罪（168条の2以下。「ウィルス作成罪」等）も，電子計算機損壊等業務妨害罪（234条の2）の予備罪的性格を有する。不正アクセス禁止法における不正アクセスの禁止・処罰（3条・8条）等も，種々のコンピュータ犯罪の予備罪の側面をもつ。特殊開錠用具所持禁止法（ピッキング防止法）における特殊開錠用具所持の禁止・処罰（3条・16条）等も，住居侵入等の予備罪的なものである。組織的犯罪処罰法（6条1項2号）は，予備罪処罰を組織的営利目的略取誘拐に拡大している。

これらの刑罰規定は，従来の処罰段階よりも前の時点における危険とみられる行為を新たに犯罪として処罰するもの（「前段階構成要件」と呼ばれる）であり，処罰を前倒しすることで，法益の保護をより早期化し，手厚くしようとするものといえよう。しかし，このような処罰の早期化は，処罰の著しい拡大を招く。そして，それにより，現実の法益被害からは遠いところにある危険性の小さな行為や，法益に危険を及ぼさない行為までが，処罰の対象とされるおそれが生じる。処罰の早期化を進めることは，侵害原理との関係で重大な問題を含んでおり，慎重でなければならない。とくに現在も立法化の動きが続いている「共謀罪」（149頁参照）は，未遂犯すら処罰されていないような多数の犯罪について共謀しただけで処罰をしようとするもので，既遂犯処罰の原則を揺るがすおそれがあり，憲法および刑法の原理・原則と相容れないといわざるをえない。

生命倫理と侵害原理　近年，生殖医学の発展により，人工授精，体外受精，代理出産，遺伝子診断・治療，選別出産，キメラ人間・ハイブリッド人間・クローン人間の作出などが可能になり，または将来可能になりつつある。これらの技術は，人間の生命を人為的に操作するものであるために，人類に利益だけでなく大きな害悪をもたらすことも懸念されている。そのため，これらの技術の利用方法や限界が，「生命倫理」に関わる重要な問題になっている。そして，生命倫理に対する重大な違反とみられる行為については，刑事規制の必要性が主張され，実際に刑事規制がされている例もある。例えば，「ヒトに関するクローン技術等の規制に関する法律」（クローン規制法）は，人クローン胚・ヒト動物交雑胚等の人・動物胎内への移植を禁止し（3条），その違反を罰している（16条）。

生命倫理が重要な問題であることは確かであるが，特定の生命観や価値観に立った生命倫理を刑罰で強制することは，侵害原理との関係で問題がある。具体的な害のない医療技術を生命倫理に反するという理由で処罰するとすれば，侵害原理に反し，一種のリーガル・モラリズムになるおそれがあろう。クローン人間の作出も，具体的にどのような害を生じるかは明らかでない。たとえ違和感・不快感をもつ者が多いとしても，具体的な利益を侵害する危険がなければ，刑事規制は許されないであろう。

もっとも，生命の操作は，将来になって，生まれた子どもや人類全体に不測の害悪を及ぼし，それが顕在化した時点では取り返しがつかないことも考えられなくはない。近年，環境保護や健康保護の領域では，「深刻または不可逆的な被害の恐れがある場合には，被害が科学的に確実なものとして証明されていないことを，規制措置を延期する理由としてはならない」という「予防原則」（予防措置原則）が国際的に認められるようになってきている。2011年3月の原発災害が露わにしたように，科学技術は人間のコントロールが及ばない域に至り，予測を超えた事態を引き起こす危険が増大している。刑法も，人類と地球の未来に重大な被害を引き起こす危険に対しては，予防原則を取り入れることを検討する必要があろう。クローン規制法も，予防原則のような考え方に基づいて刑事罰を用いているとみることもできよう。

自然・動植物の利益と侵害原理　法益保護原則・侵害原理は，刑法が保護するものを「個人の生活利益」に限定する。「個人」とは，要するに人間である。この原則・原理の下では，刑法で保護することが認められるのは人間の利益のみであり，人間以外の利益を法益として刑法で保護することは許されないことになる。

しかし，最近の立法では，自然や動植物等を法律で保護し，その違反に刑事罰で臨むものが増えてきている。例えば，「海洋汚染等及び海上災害の防止に関する法律」は，海域における船舶からの油の排出を禁止し（4条1項），その違反を罰している（55条1項1号）。また，自然環境保全法は，原生自然環境保全地域内における建築物の新築等を禁止し（17条），その違反を処罰している（53条1号）。「絶滅のおそれのある野生動植物の種の保存に関する法律」は，国内希少野生動植物種等の捕獲・採取・殺傷・損傷等を禁止し（9条），その違反を罰している（58条）。「動物の愛護及び管理に関する法律」は，牛・馬・豚・犬・猫等の「愛護動物」を「みだりに殺し，又は傷つけた者」を処罰することとしている（44条1項・4項）。これらの処罰規定は，自然の汚染・破壊，動物・植物の殺害・損傷を処罰するもので，自然や動植物を刑罰で保護するものということができよう。このようなことは，法益保護原則・侵害原理に反しないであろうか。

これらの刑罰規定も，法益保護原則・侵害原理に反しないということも可能である。自然や動植物は，人間のためのもの，人間に有用な環境・資源・情操涵(かん)養物としてとらえることができる。そのように考えるならば，自然破壊や動植物の殺害・損傷を処罰することも，人間の自然環境・資源・情操涵養物に対する侵害行為を罰するもので，その保護法益も最終的には人間の個人法益に還元され，法益保護原則・侵害原理に反しないということができる。

しかし，東洋思想やエコロジーに立って人間と自然・動植物を本質的に区別しない場合には，人間中心の法益保護原則・侵害原理を維持することはできない。このような立場からは，自然・動植物もそれ自体で価値があり，人間にとっての有用性を離れてそれ自体として保護されるべきであり，「自然・動植物の利益・権利」を刑罰規定で保護することも認められるとされることになろう。近年は，「動物の権利」や「自然の権利」を認める主張もあるが，このような考え方は，従来の人間中心の法益保護原則・侵害原理の修正を求めるものということができよう。

(4) 刑法解釈・刑法理論学と侵害原理

刑法解釈論と侵害原理　法益保護原則・侵害原理は，実体刑法の基本原則であるから，刑法の立法および解釈の隅々にまで浸透させられる必要がある。それゆえ，刑罰法規の立法だけではなく，刑罰法規の解釈論も，この上に築かれなければならない。

法益保護原則によれば，刑罰法規は，何らかの法益を保護するためのものと解される。刑罰法規が保護している利益が，保護法益である。それゆえ，刑罰法規の解釈は，保護法益を基準にして，どう解釈すれば保護法益を最も適切・妥当に保護できるかという目的論的見地からされる必要がある。刑罰法規の解釈において保護法益を基準とする目的論的解釈が基本をなすのは，このためである。

犯罪論と侵害原理　法益保護原則・侵害原理は，犯罪論を構築する際も，重要な指導原理の一つとされなければならない。

その際に重要な意味をもつのが，結果無価値・行為無価値（「結果反価値・行為反価値」ともいう）の概念と，結果無価値論・行為無価値論という考え方である。結果無価値とは，法益の侵害・危険をいう。行為無価値とは，行為の社会的行為基準・準則からの逸脱をいう。そして，結果無価値を引き起こすことを違法の実質とみる考え方が結果無価値論であり，行為無価値を違法の実質とみる考え方が行為無価値論である。

法益保護原則・侵害原理は，結果無価値を違法の実質とみる結果無価値論に結び付く。それゆえ，現在の刑法学においては，結果無価値論が優勢である。そして，行為無価値論に対しては，社会の倫理・道徳に外れた行為を罰するもので，リーガル・モラリズムの考え方だとの批判が加えられている。もっとも，日本の行為無価値論は，結果無価値を基本にして，そこに行為無価値を加味して考える結果無価値・行為無価値二元論が大多数である。しかし，結果無価値を基本にしても一定の行為基準を刑法で強制するのは，「他人に害を及ぼさない限り何をするのも自由」という侵害原理の趣旨に反するし，「安全のための管理」による管理社会を招来する。犯罪論は，結果無価値論の上に構築されるべきである。

4　謙抑主義

(1)　謙抑主義の意義・沿革・根拠・判断基準

謙抑主義の意義　謙抑主義とは，「刑罰は，最後の手段（ultima ratio）であり，それを用いることが必要不可欠な場合以外は使用されてはならない」という原則である。

刑罰は，人の自由（懲役・禁錮（こ）・拘留），財産（罰金・科料），場合によっては生命（死刑）をも奪う峻厳な制裁であり，個人の人権に対する重大な制限である。未決拘禁，出廷，防御活動等の裁判手続上の負担や，マスメディア報道，「前科者」のレッテル等による本人・家族への影響など，副次的負担も大きい。刑罰が「副作用の大きい劇薬」といわれるのは，そのためである。刑罰は，いわば必要悪であり，使わないで済むならば，その方がよいものである（前述109頁）。社会的制裁や民事的・行政的制裁で足りる場合は刑罰を用いるべきではなく，どうしても刑罰によるしかない場合に限って刑罰を用いることが許される。これが，謙抑主義の原則である。

謙抑主義の沿革　「謙抑主義」という言葉は，1930年代に宮本英脩が初めて用いたものである。宮本は，刑法は全ての違法行為に刑罰で臨むような不遜な態度を採るものではなく，心身が未成熟で刑罰に適しない者や，ありふれた行為，軽微な行為に刑罰を科すのは社会に好ましくない結果をもたらすと説いた。その後，謙抑主義の考え方は，広く受容され，定着した。

とはいえ，謙抑主義の考え方は，突如生まれたものではなく，その精神は古くから存在する。例えば，ローマ法には，「法官は些事を取り上げず」という法格言がある。東洋には，漢の高祖の「法三章」の故事がある。これは，秦が刑罰を多用したのを改めて，刑法を殺人・傷害・窃盗の3章にとどめ，寛仁の刑政を行ったというものである。このような「寛仁」の思想は，日本にも受け継がれ，謙抑主義の源流となったとみることができる。しかし，これらは，為政者や裁判官に対する道徳的な教訓であり，憲法原理として刑法の謙抑を要求したものではなかった。

近代的憲法原理としての謙抑主義の源流は，罪刑法定主義を宣言したフランス人権宣言8条に求めることができる。この規定は，「法律は，厳格かつ明白に必要な刑罰でなければ定めてはならない」とし，「厳格かつ明白に必要な刑罰」以外は人権侵害となることを宣言している。

謙抑主義の根拠　前述したように，刑罰は，究極のところ，権力としての国家の物理的強制力すなわち暴力であり，個人の人権，法益の剝奪である。そのようなものは廃棄するのが望ましいが，それは人類の現状では不可能である。刑罰は，いわば嫌々ながら使わざるをえない必要悪である。そのようなものは，積極的に多用すべきものではなく，できるだけ少なく，謙抑的に使用しなければならない。

憲法13条は，「生命，自由及び幸福追求に対する国民の権利については，公共の福祉に反しない限り，立法その他の国政の上で，最大の尊重を必要とする」と規定している。それゆえ，犯罪を行った者の権利も「最大の尊重」が必要であり，刑罰でその人権を制約・剝奪できるのは，それが「公共の福祉」に合致する場合に限られる。「公共の福祉」とは，いわゆる内在的制約論の考え方によれば，他の個人の人権を守るために必要な，人権に内在する制約・限界を意味するとされる。すなわち，憲法 13 条は，ある個人の人権を保護するために他の個人の人権を制約することが必要・不可欠な場合に，その限度で個人の人権の制約を認めたものと解されるのである。これを刑罰についていえば，人権の制約としての刑罰は，他の個人の法益を保護するために必要・不可欠な場合に，その限度で認められるということになる。これが，まさに刑罰の謙抑主義にほかならない。

このように，現行憲法においては，13 条の趣旨から謙抑主義が導き出される。そして，憲法 31 条は，刑事法に対する憲法的規整を規定したものと解される。それゆえ，謙抑主義も，31 条の実体的適正の原則の一部を構成する憲法原理であり，これに違反した刑罰規定は違憲無効ということになる。

合憲性の判断基準　　憲法 31 条が謙抑主義を含み，それに違反する刑罰規定は違憲無効だとすると，その合憲性の判断基準をどのようにとらえるかが問題となる。

学説の中には，刑罰の使用が必要・不可欠か否かを一義的に判断するのは困難であるから，立法府が必要と認めて制定した刑罰法規を裁判所が「不必要」として違憲無効とするのはなるべく控えるべきであり，刑罰の必要性については立法者の判断を尊重すべきだとする見解もある。この見解は，立法府が制定した刑罰法規は原則的に合憲と推定し，刑罰の使用が不必要であることが明白な場合以外は合憲と判断すべきだと主張する（合憲性の推定論）。

しかし，謙抑主義が憲法 31 条の要請であり，裁判所が違憲立法審査権を有する以上，その審査権限は刑罰法規の「必要・不可欠性」にも及ぶと解すべきである。たしかに，裁判所が恣意的な判断で立法府が制定した刑罰法規を違憲無効とすることは妥当でない。しかし，最近の憲法学においては，法令の合憲性の判断基準を具体化・明確化する努力がされており，「立法事実論」，「より制限的でない実行可能な他の選ぶべき手段の基準」（LRA のテスト），「二重の基準の理論」，「合憲的限定解釈」など，様々な判断の基準や方法が構築されている。これらの判断枠組みによって裁判所の判断を枠付け，それが恣意的になることを防止することは可能と思われる。また，後述のように，謙抑主義の内容も，さらに細分化される。この細分化されたところに従って刑罰法規の必要・不可欠性を判断することで，判断の客観性は一層高まるといえよう。

謙抑主義の見地からの判断は，刑罰によって保護される人権と，刑罰によって侵害される人権との比較衡量を必要とする。そして，その比較衡量は，憲法の価値基準に従ってなされなければならない。それゆえ，生命・身体には最も重い価値が認められなければならないし，財産は相対的に軽く評価されなければならない（二重の基準）。また，優越的保護を受けるとされる表現の自由を制約する刑罰法規の合憲性は，他の自由を制約する刑罰法規よりも厳格に判断されなければならない。この意味で，表現の自由を刑罰で制約することは，とくに謙抑的である必要がある。

謙抑主義と判例　判例には，謙抑主義を憲法原則として正面から認めたものはない（これを正面から認めたものとして，最大判昭和52・5・4刑集31巻3号182頁［名古屋中郵事件］における団藤重光裁判官の少数意見）。謙抑主義に反することを理由に特定の刑罰規定を違憲無効とした判例も，存在しない。

しかし，実質的には謙抑主義の見地に立って，刑罰規定を限定解釈したとみられる判例は少なくない。とくに著名なのは，いわゆる「一厘事件」に関する大審院判例（大判明治43・10・11刑録16輯1620頁）である。この判例は，煙草耕作人である被告人が1厘相当の葉煙草を国に納付せずに自ら消費したとして煙草専売法違反に問われた事案について，「零細ナル不法行為ヲ不問ニ付スルハ（中略）立法ノ精神ニ適シ解釈法ノ原理ニ合スル」として，無罪を言い渡したものである。謙抑主義の見地から刑罰法規を限定解釈したとみられる判例は，その後も散見される（最判昭和31・12・11刑集10巻12号1605頁［三友炭坑事件］，最判昭和32・3・28刑集11巻3号1275頁［旅館たばこ買置き事件］，最大判昭和41・10・26刑集20巻8号901頁［東京中郵事件］など。ただし，最後の判例は，最大判昭和48・4・25刑集27巻4号547頁［全農林警職法事件］により実質的に変更されている）。福岡県青少年保護育成条例の「淫行」を限定解釈した判例（前出139頁）なども，その例といえよう。

⑵ 謙抑主義の内容

補充性の原則　謙抑主義によれば，刑罰以外の制裁では足りず，刑罰の使用が必要・不可欠な場合でなければ，刑罰の使用は許されない。社会的制裁，民事的制裁，行政的制裁等の刑罰以外の制裁で足りる場合は刑罰を使うことは許されず，これらの制裁が有効でない場合に限り，刑罰の使用が許される。これを，「補充（補完）性の原則」という。補充性の原則は，謙抑主義の中核的な原則であり，両者が同一視される場合もある。

近代社会においては私的自治の原則が妥当し，個人の利益の保全や社会秩序の形成・維持は，基本的には個人の自由な行動に委ねられる。社会的に不都合な行為のコントロールも，基本的には，市民の自由な判断・行動による社会的コントロールに委ねられる。それゆえ，他人の利益を害する行為であっても，社会的コントロール・制裁に委ねれば足りる場合は，刑罰を用いるべきではない。例えば，電車で高齢者に席を譲らない者に刑罰を科すことは過剰・不必要であり，社会的な非難に委ねれば足りよう。

しかし，社会的コントロール・制裁に委ねるのでは不十分な場合は，国家による法的な介入が必要になる。その第一次的手段は損害賠償命令・強制執行等の民事法的手段であり，全ての法的問題領域をカバーする。刑事的手段である刑罰は，民事法的手段では足りず，その使用が必要・不可欠な場合に補充的に用いられる。それゆえ，民事法的手段に対して，補完的な関係に立つ。例えば，民法は全ての債務不履行や不法行為を対象とするが，刑法は，その中の民事法的処理では不十分とみられる一部分を財産犯や経済犯罪として処罰するにすぎない。それゆえ，民法がカバーする領域は全体的・網羅的であるが，刑法がカバーする領域は部分的・断片的である。これを，「刑法の断片性」という。

民事法的手段以外の国家による法的介入が必要な場合も，行政処分等の行政法的手段が妥当・有効である場合には，それを優先し，刑罰の使用は控えられなければならない。何らかの制裁が必要な場合も，過料等の行政罰で足りる場合は，それによるべきである。

当罰性の原則　さらに，刑罰の使用が必要・不可欠というためには，刑罰による保護に値する程度の重大な法益侵害が存在する必要がある。たとえ法益侵害が認められるとしても，それが刑罰に値する（当罰性がある）ものでなければ，刑罰の使用は許されない。これを，「当罰性の原則」ということができよう。

当罰性が認められるためには，まず，侵害された法益が，刑罰による保護を必要とする程度の重要性（刑罰による「要保護性」）を有しなければならない。極めて軽微な法益の保護に刑罰を用いるのは，「鶏を割くに牛刀を用いる」類で，副作用も大きく，行為と制裁が均衡を欠き，妥当でない。

侵害された法益が相当に重大であっても，行為によって他の法益が守られており，全体的にみた場合には侵害された法益を刑罰で保護する必要性がないと考えられる場合も，法益の要保護性が認められず，当罰性はなくなる。また，守られた法益が害された法益を下回るような場合であっても，その差が軽微で，上述の軽微な法益の侵害に対するのと同様に，刑罰を用いるのは妥当でないとみられる場合も，当罰性はないと解すべきである。さらに，行為者が精神的に未熟な少年の場合や，行為者を処罰するに忍びない特殊事情が行為当時あった場合なども，たとえ行為者に全く責任がないとはいえないとしても，刑罰を科すまでの必要はないことが少なくない。このような場合も，当罰性はないと解すべきである。

適応性の原則　補充性の原則と当罰性の原則が満たされる場合であっても，刑罰の使用が著しい弊害をもたらす場合がある。刑罰は，「副作用の大きい劇薬」である。刑罰の効用に比べて副作用が大きすぎるときは，その使用を控えねばならない。この場合は，刑罰の使用が必要なようにみえても，刑罰を使用する適応性（刑罰適応性）がないといわなければならない。これを，「適応性の原則」と呼ぶことができよう。

例えば，捜査・公判を行うことで被害者をさらに傷付ける（これを「二次被害」という）おそれのある場合は，刑罰の使用を控えるべきであろう。また，発覚しにくい，数が多くて一部しか摘発・起訴できないなどで，処罰が「氷山の一角」になるような行為もある。このような行為は，警察・検察による恣意的摘発・起訴のおそれがあるほか，行為者・国民に「処罰されたのは運が悪かっただけ」との意識をもたせて遵法精神を失わせるおそれもある。このような場合も，刑罰適応性を慎重に検討する必要があろう。犯罪とされることにより，行為が地下にもぐり,「裏社会のビジネス」になる場合もある。アメリカのマフィアを肥大させたのは,禁酒法であった。行為者が少年の場合も,刑罰を科すことは,少年の健全な発達を阻害し,その「最善の利益」(児童の権利条約3条)を侵害するおそれが強く,一般的に刑罰適応性を認め難い。

社会には「刑罰万能」的な感覚もあるように感じられる。しかし,刑罰は,副作用の大きい劇薬であり,決して無害な万能薬ではない。刑罰は,「適応症」以外に用いられてはならないのである。

(3) 刑事立法と謙抑主義

刑法典と謙抑主義　刑法典には,謙抑主義を考慮したと解される規定がある。例えば,いわゆる親族相盗(244条)の規定は,親族内の私的自治を尊重して刑罰の発動を控えた謙抑主義に立つ規定と解しうる。強姦罪(177条)や名誉毀損罪(230条)が親告罪とされているのも,二次被害防止のために刑罰の使用を控えるという,謙抑主義の見地によるものといえよう。

他方,刑法典の中には,謙抑主義の見地から問題を含む規定もないわけではない。例えば,堕胎罪(212条以下)に関しては,発覚しにくいため処罰の公平を保ちがたい,中絶の防止には刑罰よりも母子福祉の充実の方が効果的である,処罰は闇の中絶を生み出す等,補充性・適応性に疑問がある。とくに,自己堕胎罪(212条)には,出産を刑罰で強制することになる,経済力のある者は中絶が許される外国で中絶できるので経済力がない者が処罰される等の問題もあり,謙抑主義の見地から疑問が多い。また,自殺幇助罪(202条)には,自殺自体は犯罪ではないこととの関係等で当罰性に問題がある(ドイツ刑法は処罰していない)。業務妨害罪(233条・234条)や背任罪(247条)にも,処罰範囲が広すぎて当罰性の薄いものが含まれるのではないかという問題がある。

特別刑法と謙抑主義　行政法規や民事法規の罰則には,比較的軽微な違反行為に刑罰としての罰金ではなく行政罰としての過料を科している場合が少なくない(住民基本台帳法51条以下,建築基準法105条,不動産登記法164条,会社法976条等)。これは,補充性・当罰性・適応性の見地から,謙抑主義の原則を考慮したものといえよう。しかし,行政法規の罰則には,刑事罰が規定されている場合がむしろ多い。これらの刑事罰が全て必要・不可欠かは,検討の余地が多いように思われる。

道路交通法違反には，以前は全て刑事罰が科されていたが，1968年に交通反則通告制度（道交法125条以下）が実施され，軽いスピード違反・駐車違反等の誰でも犯しうるような軽微な違反については，行政的制裁としての交通反則金を納付すれば刑罰は科されないことになった。これも，裁判所の負担軽減とともに，謙抑主義の見地が考慮されたものである。

さらに，少年法は，罪を犯した少年に刑罰ではなく保護処分を科すのを原則としている（1条）。これは，少年の健全育成という政策的見地に基づくものであるが，謙抑主義の原則にも関わる。厳罰を求めて安易に少年に対する刑罰を拡大するのは，謙抑主義の原則という憲法的見地からも問題を含む。

最近の刑事立法と謙抑主義　近年，市民のいわゆる「体感治安の悪化」や安全要求の高まりを背景に，刑事立法が盛んになり，刑法の改正や特別刑法の制定による刑罰規定の新設が進んでいる。新しい行政法規の制定も盛んで，その罰則として刑事罰が規定されることも多い。謙抑主義の見地からは，このような「刑罰インフレ」ともいうべき状況は，極めて問題である。社会問題の解決を安易に刑罰に求めるのは，非常に危険である。刑事立法の際には，上記の補充性・当罰性・適応性の見地から，刑罰が真に必要不可欠かを慎重に分析することが必要である。現にある刑罰規定についても，常に謙抑主義の見地からの見直しが求められよう。

(4)　刑法の解釈・運用と謙抑主義

刑罰法規の解釈と謙抑主義　謙抑主義は，立法のみならず刑罰法規の解釈・運用においても尊重されなければならない。この見地から，刑罰法規は，できる限り厳格に解釈されなければならない。

刑罰法規の解釈においては，類推解釈は許されないが，拡張解釈は許されるとされる。しかし，謙抑主義に反するような拡張解釈は，実体的適正の見地から許されるべきではない。拡張解釈が問題となる場合は，補充性・当罰性・適応性の見地から慎重な検討が必要である。また，処罰範囲が広すぎる刑罰法規については処罰範囲を妥当な範囲に限定する限定解釈がされなければならず，場合によっては合憲的限定解釈によって処罰範囲を憲法に適合するように限定することが求められる。

犯罪論と謙抑主義　犯罪論は，刑法の基本原則を体現したものでなければならない。それゆえ，謙抑主義は，犯罪論にも反映されなければならない。

犯罪論において謙抑主義を具体化した重要な理論が，可罰的違法性の理論（可罰的違法性論）である。可罰的違法性論は，行為に違法性を認めうる場合であっても，それが刑罰に値する程度のものでなければ処罰すべきでないとして，民事法・行政法上違法でも刑法上違法といえなければ処罰できない，被害が著しく軽微な場合は処罰されないなどとする理論である（166頁の判例は，いずれもこの理論に関わるものである）。これは，謙抑主義に立った日本独自の理論として，注目されるものである。また，謙抑主義の見地からは，行為者に責任を認めうる場合であっても，その責任が処罰に値する程度のものでない場合には，処罰すべきではないと考えられる。犯罪論における期待可能性の理論の基礎には，このような謙抑主義の考え方をみて取ることができる。

刑罰法規の運用と謙抑主義　謙抑主義の原則は，刑罰法規の運用においても尊重されなければならない。したがって，当該行為が形式的には刑罰法規に触れると解しうる場合であっても，補充性・当罰性・適応性がないことが明らかな場合は，謙抑主義の見地から刑事司法的介入を控えるべきである。

従来，財産取引と家庭生活の領域については，私的自治の原則がとくに強く妥当する領域として「民事不介入」や「法律は家庭に入らず」の原則が強調され，警察による刑事司法的介入が控えられてきた。この領域で刑罰を使用することは，補充性・当罰性・適応性の点で問題を含むことが少なくない。従来，この領域での刑事介入が控えられてきたのは，謙抑主義の原則から見て妥当なことであったといえよう。

しかし，社会の変化によって財産取引の当事者の力関係が不平等になり，また自治能力が低下した家庭が増加している現状では，いたずらに「民事不介入」や「法律は家庭に入らず」の原則を強調して刑事司法的介入を控えることは，弱者の救済を放置することになりかねない。消費者基本法，児童虐待防止法，DV防止法等の法律が制定され，刑事司法的介入が期待されるのも，理由のないことではない。しかし，謙抑主義は，刑法の重要な基本原則である。補充性・当罰性・適応性が認められない場合に刑事司法的介入を行うことは，人権を不当に侵害し，刑罰の機能・役割の見地からみても妥当ではない。財産取引・家庭生活の領域においては，刑罰の使用の可否を補充性・当罰性・適応性の見地から慎重に検討することが必要である。刑罰による積極的介入は，かえって問題の解決を困難にする場合もある。被害者保護を急ぐあまり，このことが忘れられてはならない。

5 責任主義

(1) 責任主義の沿革・意義・根拠

責任主義の沿革　責任主義とは，「責任がないことについて処罰されることはない」という原則である。「責任なければ犯罪・刑罰なし」といわれることも多い。

古代の氏族社会においては，異なる氏族間の紛争も，氏族内部のタブー違反も，発生した事態のみが問題であり，それに基づいて復讐や祭祀が行われた。その意味では，結果のみが問題であり，行為者やその責任が問題になることはなかった（結果責任）。タリオ（同害報復）の時代も，生じた「害」に基づく結果責任が支配した。ローマ法では，故意・過失等の行為者の意思・主観が考慮されたが，責任主義の考え方はなかった。中世イタリア法学とそれを継受した近世普通法においては，行為者の意思・主観に基づいて責任が論じられていたが，悪意で行った行為から生じた結果には全て責任が認められる（versari 法理，間接故意の理論等）など，結果責任が残存していた。日本でも，江戸時代までは，縁座・連座の団体責任が存在し，責任主義は確立していなかった。責任主義が確立したのは，個人主義が確立する近代になってからのことである（なお，前述22頁以下参照）。

責任主義の意義　責任主義は，「責任なければ犯罪・刑罰なし」という原則である。これは，責任主義を刑罰限定のための原理とするもので，「消極的責任主義」ともいう。これに対して，責任は刑罰限定原理であるとともに刑罰の根拠でもあるとして，責任主義に「責任あれば犯罪・刑罰あり」という刑罰を積極的に肯定する原理としての側面を認める考え方もある。この考え方は，

「積極的責任主義」と呼ばれる。しかし，憲法原理としての実体的適正の原則は，刑罰権力を憲法的に制約するための原理である。責任主義も，刑罰権を根拠付ける原理ではなく，憲法的に制約するための原理である。責任が認められる場合も，他の見地から処罰を否定することは，責任主義に反するものではない。「責任あれば犯罪・刑罰あり」という考え方は，国家刑罰権に対峙・制約する原理である責任主義を，国家刑罰権を支える原理に変質させるものであり，妥当でない。

責任主義は，まず「個人責任の原則」の意味をもつ。個人は，自分と無関係に行われた他人の行為を理由に処罰されてはならない。処罰が認められるのは，本人の行為に基づき本人に責任を認めうる範囲に限られる。責任主義の下では，連座・縁座・代理処罰等の団体責任は認められない。

次に，責任主義は，「主観的責任の原則」の意味をもつ。個人は，単に本人の行為から一定の結果が発生したという理由だけで処罰されてはならない。処罰が認められるのは，判断力のある者が故意・過失で行為し，本人の意思・主観に責任を帰しうる場合に限られる。これは，少なくとも過失が存在しなければ処罰が許されないことを意味する。そこで，この原則は，「過失責任の原則」ともいわれる。この原則の下では，結果責任や厳格責任（無過失でも処罰を認める考え方）は認められない。

責任主義に「責任と刑罰の均衡の原則」を含める考え方も一般的である。しかし，この考え方を徹底すると，責任が認められる場合は常にそれに均衡した刑罰が加えられなければならないことになり，「責任あれば刑罰あり」という積極的責任主義に陥る。この原則は，「刑罰は責任を超えてはならない」という原則として，消極的責任主義の見地からとらえられなければならない。犯罪予防のために不必要である等の理由で責任を下回る刑罰を科すことは，責任主義に反しないと解すべきである。

責任主義の根拠　責任主義は，近代になって人間の尊厳が認められ，個人主義が確立したことに伴って確立した原則である。現行憲法は，13条で「個人の尊重」を規定し，人間の尊厳と個人主義の原理を承認している。そして，31条は，13条の趣旨に基づいて実体的適正の原則を規定していると解される。それゆえ，責任主義は，憲法13条に根拠を置く，実体的適正の原則を構成する刑法の基本原則と解される。

憲法13条は，全ての国民が「個人として尊重される」とした上で，「生命，自由及び幸福追求に対する国民の権利」の「最大の尊重」を規定している。全ての人間が個人として尊重され，その人権が尊重されるためには，全ての人間が独自の人格を有する独立した個人として認められ，その人格的主体性・自律性が認められなければならない。別人格の他の個人が別個に行ったことについて刑事責任を問うことは，個人の人格的独立性・独自性に反する。刑事責任は，独立した個人として自ら行った行為についてのみ認められなければならない。また，個人の人格的主体性・自律性の範囲外の事柄について刑事責任を問うことは，人間の尊厳に反する。個人は，自己の人格的主体性・自律性に基づくことについてのみ，刑事責任を問われるべきである。ここに，責任主義の根拠がある。

(2)　責任の本質

責任の多義性　　責任主義に関して最も重要かつ困難な問題は，そもそも「責任」とは何かという，責任の本質に関する問題である。

「責任」は，かなり多義的な概念である。「責任」には，法的責任だけではなく，倫理的・道徳的責任，政治的責任，社会的責任などもある。法的責任にも，刑法的責任だけでなく，民事法的責任，行政法的責任，訴訟法的責任などがある。これらにおける「責任」は，「責任」としての共通点はあると考えられるが，それぞれ別個のものであり，その意味するところは個々に論じられなければならない。ここで論じるのは，近代刑法の基本原則としての責任主義における「責任」，「責任なければ犯罪・刑罰なし」といわれる場合の「責任」である。この問題は，犯罪論における責任論の前提となる問題として，古くから議論されてきたところである（なお，前述48頁以下参照）。

道義的責任論と社会的責任論　　近代初期の啓蒙思想は，法と宗教を切り離し，法を神ではなく人間の「理性」によって基礎付けようとした。例えば，カントは，人間は自由意思を有する理性的存在であり，自由意思により自律的に行った犯罪行為には責任があり，それに対して同等の応報が加えられることで責任が清算されて正義が実現されるとした。また，ヘーゲルも，人間の意思は自由であり，犯罪行為が自由な主体的意思の中にあった場合に責任があり，これに対して応報が加えられることでその不法が否定・止揚され，正義が実現されるとしている。

この流れを受けて，19世紀末からの後期古典派刑法学は，自由意思で行った犯罪行為には行為者に責任があり，それに対して応報が加えられることによって責任が解消されて正義が実現されるとした。そこでは，人間は犯罪を行うか否かを自由な意思で選択することができ，自由意思によって犯罪を選択した場合にはその意思決定に対して道義的非難が可能であり，この道義的非難が責任であるとする，いわゆる道義的責任論が展開された。

これに対して，19世紀後半に現われた経験科学としての犯罪学に触発されて発展した近代派刑法学は，意思の自由を否定して意思決定論を採り，犯罪は必然的現象であり，刑法は犯罪を行う危険のある者から社会を防衛するための手段であるとする，社会防衛論を主張した。そこでは，自由意思によって責任を基礎付ける考え方は否定され，犯罪を行う危険のある者はその危険から社会を防衛するための処分を忍受する義務があるとされ，この社会防衛処分を受けるべき地位にあることが刑法における「責任」であるとする，いわゆる社会的責任論が展開された。

新旧両学派の対立と接近　古典派刑法学の道義的責任論は，自由意思の存在を前提に，「責任」を過去の犯罪行為に対する「行為責任」として回顧的にとらえる。これに対して，近代派刑法学の社会的責任論は，自由意思の存在を否定し，「責任」を危険な犯罪者の社会に対する「行為者責任」として展望的にとらえる。そのため，両学派は正面から厳しく対立し，いわゆる「新旧両学派の争い」が激しく展開された。しかし，両者は次第に接近していった。

意思自由論は，意思が様々な内部的・外部的条件によって決定される面があることを認めるようになっていった。そして，意思は決定される部分もあるがなお自由な領域があるのであって，意思は「決定されつつ決定する」とする，相対的自由意思論が大勢を占めていった。この立場は，外部的条件が意思に影響することを認めるので，刑罰に犯罪予防効果を認めることが可能である。そこで，この立場からは，責任を過去の犯罪行為に対する非難としてとらえつつ，刑罰に犯罪予防の見地を取り入れる相対的応報刑論の考え方が主張されていった。

また，人間の「人格」に注目することで古典派の道義的責任論と近代派の社会的責任論を統合しようとする「人格責任論」も，一時有力化した。この見解は，行為・意思を人格の表れとしてとらえ，犯罪行為・意思について人格を非難することで人格に影響を与えて犯罪を予防するとして，両者の統合を図った。この中では，人格形成をも考慮して行為者の責任を論じる「人格形成責任論」も主張された。

他方，意思決定論の側でも，人間には自由や責任の「意識」があることを認め，これを活用して犯罪者の社会復帰と犯罪予防を図ることを主張する「新社会防衛論」や，意思が自由であるか否かは「決定されているか否か」ではなく「何に決定されているか」によるとして，意思が自分の規範意識によって決定されているならばその意思は自由であるとする「やわらかな決定論」等が有力に主張されるようになった。「やわらかな決定論」は，一種の自由意思を認めるから，犯罪行為に対する非難を認めることが可能である。そこで，この立場からは，責任を犯罪予防の観点から展望的にとらえつつ，犯罪行為に対する非難の観念を取り入れる考え方（実質的行為責任論・性格論的責任論）が主張されていった。

責任をめぐる最近の議論　責任をめぐる近年の議論は，かなり錯綜し，複雑な様相を呈している（なお，前述 101 頁以下参照）。

刑法における責任に関する最近の議論では，相対的自由意思論も有力であるものの，自由意思の有無は実証不可能な形而上学的問題であるとして，この問題に関する議論を回避して責任の問題を論じようとする動きが顕著である。この中には，個人の尊厳を根本原理とする現在の法制度は個人の自己決定の「自由」を前提としているとの見地から意思の自由を規範的要請として認める，相対的自由意思論に近い見解（規範的自由意思論）もある。しかし，近年では，責任を自由意思とは無関係に犯罪予防という政策的観点から再構成することを目指し，人間の規範意識の覚醒・強化・動機付けの見地から責任を論じる「実質的責任論」（可罰的責任論）の動きが強い。この見解は，責任を予防の見地から展望的にとらえる点では，近代派の社会的責任論に近いものがある。

他方では，責任を犯罪行為に対する非難・非難可能性と結び付ける傾向も顕著である。実質的責任論においても，この観念を責任から排除する見解は少なく，多くの見解は責任を非難・非難可能性と結び付けてとらえている。この点は，古典派の道義的責任論に近い。もっとも，最近は，刑法における「非難」から倫理的・道徳的要素を排除し，これを倫理的・道徳的非難（道義的非難）ではなく法の立場からの非難（法的非難）としてとらえる考え方が一般的になってきている。このような考え方は，「法的責任論」と呼ばれる。

責任に「予防」と「非難」の2つの観点を持ち込む場合には，両者の関係が問題になる。非難可能性の観点からの責任と予防の観点からの責任（答責性）の二者を統合したものが刑法における「責任」であるとする，「統合責任論」の考え方もある。他方，人々の規範意識・正義感に合致した非難が規範意識を覚醒・強化して犯罪予防効果をもつなどとして，両者の観点を融合させようとする見解も有力である。しかし，「予防」と「非難」という異質なものを無理なく融合させることが可能かには，問題がある。またこの見解に対しては，国民の倫理・道徳観からの非難を責任とするに等しく，道義的責任論と変わらないとの批判が強い。そこで，責任を専ら予防の観点から構成する見解も，主張されている。しかし，責任には予防目的による刑罰の無限定な拡大に対する歯止めとしての役割が求められ，責任と予防の一体化は責任思想を放棄するものだとの批判が強い。

このように，責任をめぐる現在の理論には，哲学の排除と，予防という政策的観点からの再構成という，共通した方向性がみられる。しかし，議論が錯綜し，収束点はみえていない。

「責任」をどう考えるか　哲学と宗教が失われ，人々が功利的思考に浸潤されている現代社会のありようを考えれば，現代における責任のとらえ方にこのような共通の方向性が認められることに不思議はない。しかし，「人間」を問題にせずに犯罪予防の見地から責任を論じるのは，人間を単なる統制・コントロールの対象としてしかみない，支配技術的発想といわなければならない。近年の責任をめぐる議論には，機能主義刑法学の問題性が端的に表われているように思われる。刑法における「責任」は，責任主義に基礎を置くものである。前述のように，責任主義は，人間の尊厳の見地から国家による刑罰の行使を制約するための原理にほかならない。したがって，刑法における責任は，「人間の尊厳」さらには「人間」の探求に基づいて明らかにされなければならない。

前述（108頁以下）のように，刑罰の本質は応報であり，刑罰は応報による自覚への訴えである。そして，応報の根拠は，犯罪行為時に自覚の可能性が開かれていたのに行為者が自覚しなかったことに対する悲歎を実質とする非難である。それゆえ，「責任」は，応報による自覚の訴えに応えるべき行為者の「応答責任」であり，その基礎は行為者に対する非難ないし非難可能性と解すべきである。処罰は，このような責任を超えてはならず，処罰の程度は責任・非難可能性の程度で決まり，非難可能性がなければ責任がなく処罰できない。他方，行為者は，単に刑罰を忍受するだけでなく，自覚の訴えに応答する責任があるのであって，改善更生・社会復帰すなわち社会における連帯と共生の回復に向けての歩みを続ける責任を負うことになる。人間および人間の本質に即した「責任」は，このようなものであるべきである。

(3)　刑法の立法・解釈と責任主義

刑法典と責任主義　刑法38条1項本文は，「罪を犯す意思がない行為は，罰しない」と規定している。これは，主観的責任の原則に則って，故意責任の原則を規定したものということができる。もっとも，その但書は，「ただし，法律に特別の規定がある場合は，この限りでない」と規定している。この規定は，文言上は，特別の規定を設ければ無過失の場合を処罰することができるようにも読める。しかし，責任主義の原則からは，無過失責任・厳格責任は認められない。それゆえ，この但書は，「法律に過失を罰する規定がある場合には過失犯を処罰することができる」との趣旨に解されなければならない。そのように解しなければ，この規定は憲法31条に違反することになる。

この他，刑法典には，錯誤（38条2項・3項），責任能力（39条），責任年齢（41条）など，責任主義を具体化した規定が置かれている。ただし，責任主義を具体化するための規定がこれで十分であるかは，検討の余地がある。ちなみに，改正刑法草案（1974年）は，相当の理由のある法律の錯誤（21条2項），結果的加重犯（22条）などに関する規定を新たに設けるものとしている。

両罰規定と責任主義　現行の刑罰法規の中には，従業者が業務に関して罪を犯した場合に，行為者を罰するほかに事業主である法人・個人をも罰する，いわゆる両罰規定を置くものがある（例えば公害罪法4条）。これは，従業者が行った犯罪を理由に別人格の法人・個人を罰するものであり，責任主義の個人責任の原則に反する違憲の規定でないかが問題になる。

両罰規定については，かつては，従業者の責任が事業主に転嫁されるとする，転嫁責任説（代位責任説）が採られていた。しかし，それでは，事業主は自分の故意・過失によらない他人の犯罪について処罰されることになり，個人責任の原則にも主観的責任の原則にも反する。そこで，事業主は従業者が違法行為を行わないよう監督する義務があり，従業者が違法行為を行った場合，事業主は監督不行届の過失を理由に処罰されるとする過失責任説が，すでに戦前から有力になっていた。そのように解しうるならば，両罰規定は，事業主を自身の過失を理由に処罰するものとなり，責任主義に反しないことになる。

とはいえ，両罰規定は，「従業者が業務に関して罪を犯したときは，行為者を罰するほか，事業主を処罰する」と規定されるのが通常である。ここには，過失は要件として規定されていない。そこで，事業主の過失に関しては，従業者が罪を犯したときは事業主に過失があると擬制されるとする過失擬制説，事業主に過失があると推定されるとする過失推定説，および，事業主に実際に過失があることを要するとする純過失説の，3説が主張されることになった。このうち，過失擬制説は，実際は過失がない場合でも過失があったとして処罰を認めるもので，無過失責任を認めることになり，責任主義に反する。過失推定説は，判例（最大判昭和32・11・27刑集11巻12号3113頁）の立場であり，被告人が過失のないこと（従業者の違反防止に必要な注意を尽くしたこと）を立証すれば処罰を免れる点で責任主義との抵触は少ない。しかし，実際は無過失でも立証に失敗すれば処罰される点で，責任主義および刑事訴訟法の「疑わしきは被告人の利益に」の原則に反する。責任主義の見地からは，事業主が必要な注意を怠った過失が実際にあった（立証された）場合に限り処罰を認める，純過失説が妥当というべきである。

犯罪論と責任主義　責任主義は，刑法の解釈においても貫徹されなければならない。上述の両罰規定に関する解釈論も，過失を「書かれていない構成要件要素」として認めることで責任主義を貫徹しようとする，合憲的限定解釈ということができる。

刑法解釈に責任主義を浸透させる中心となるのは，犯罪論における責任論である。犯罪論において構成要件該当性，違法性と共に有責性が犯罪成立要件とされ，有責性をめぐる詳細な体系的議論が展開されることで，刑法解釈に責任主義を浸透させることができる。もっとも，責任主義は，犯罪論の責任論のみに関わるわけではない。責任主義は，犯罪論の全体において考慮されなければならないし，個々の刑罰法規の解釈においても念頭に置かれなければならない。

6　適正な刑罰の原則

(1)　刑罰適正原則の意義・沿革

刑罰適正原則の意義　犯罪について行為者を処罰することが許される場合であっても，その刑罰は適正なものでなければならない。これが，「適正な刑罰の原則」（刑罰適正原則）である。

刑罰適正原則は，次に述べるように歴史的に発展してきたものであるが，理論的には「人間の尊厳」の理念に基づく。そして，憲法的には，個人の尊重と人権保障を規定した13条を実質的根拠として，31条の実体的適正の原則に含まれるものと解される。

刑罰適正原則の沿革　近代以前の社会では，見せしめや懲らしめのために，非人間的な刑罰が多く用いられていた（なお，前述26頁以下参照）。窃盗等の比較的軽微な犯罪にも死刑が多用され，重い犯罪には，車裂き，磔(はりつけ)刑，晒(さら)し首，石打，火刑等の残酷な執行方法が用いられた。断手，鞭打ち，入れ墨等の身体刑や，晒し等の恥辱刑も存在した。日本でも，「十両盗めば首が飛ぶ」といわれたように死刑が多用され，獄門，釜茹(ゆ)で，鋸(のこぎり)引き，火焙(あぶ)り等の死刑執行方法が用いられた。敲(たた)き，入れ墨，晒し等も，多く用いられた。

しかし，近代になると，「人間の尊厳」の観念が確立し，人道主義の思想が定着して，これらの刑罰は，人間の尊厳や人道に反するものと感じられるようになった。そこで，これらの非人間的な刑罰は刑罰の体系から排除され，懲役・禁錮等の自由刑が刑罰の中心になった。また，軽い犯罪に対して重い刑罰を科すのは過酷と考えられるようになり，犯罪と刑罰の均衡（罪刑均衡原則）が要求されるようになった（なお，前述 48 頁以下参照）。

そのため，死刑は次第に縮小され，主に生命を奪う犯罪に限定されるようになっていった。執行方法も，絞首，銃殺，斬首，ガス殺，電気殺，薬物注射等の苦痛が少ないとみられる方法に限定されていった。死刑を廃止する国も増加して廃止国が多数（アムネスティ・インターナショナルによれば，2012 年には，廃止国 140，存置国 58）となり，1989 年には国連で「死刑廃止条約」（自由権規約第 2 選択議定書）が採択され，2007 年には国連総会で死刑執行停止を求める決議が採択された。先進国で死刑を存置するのは，米国（ただし，約 3 分の 1 の州は廃止）と日本だけになっている。その米国・日本においても，後述（184 頁，284 頁）のように，死刑が人間の尊厳や人道に反する残虐な刑罰ではないか，憲法の刑罰適正原則に反しないかが，厳しく争われている。

刑罰の中心となった自由刑も，人道化が進んだ。刑罰の名で奴隷として搾取すること，心身に苦痛を与えるために重労働や無意味な労働を課すこと，不衛生・不健康な取扱いをすること等は，人権侵害と考えられるようになった。そして，刑罰は，犯罪者を苦しめたり辱めたりするのではなく，その改善更生と社会復帰を目指すべきものと考えられるようになっていった（後述 261 頁以下参照）。

⑵　刑罰適正原則の根拠・内容

憲法の人権規定と刑罰の適正　　憲法 13 条は，「すべて国民は，個人として尊重される」と規定した上で，生命・自由・幸福追求の権利を保障している。全ての国民が個人として尊重されるのは，全ての人間に人間としての尊厳があるからである。それゆえ，人間の尊厳を害する刑罰は，個人の尊重に反し，憲法 13 条に違反する。刑罰は，人間の尊厳を害しないという意味で，適正なものでなければならない。また，「公共の福祉」に関するいわゆる内在的制約論によれば，刑罰は，他の法益の保護すなわち法益侵害の予防に必要，やむをえない限度で，憲法 13 条に適合するといわなければならない。それゆえ，刑罰は，予防に必要な限度を超えないという意味でも，適正なものでなければならない。

憲法 13 条は，個人の幸福追求権を保障している。また，憲法 25 条は，「すべて国民は，健康で文化的な最低限度の生活を営む権利を有する」と規定して，いわゆる生存権を保障している。それゆえ，刑罰も，幸福追求や，健康で文化的な生活を妨げるものであってはならない。また，犯罪を行った者も，刑を終えた後は，社会性をもった一人の市民として社会に復帰して，幸福を追求し，健康で文化的な生活を営む権利すなわち社会復帰の権利が認められなければならない。

憲法31条・36条の趣旨　前述したように，憲法31条は，刑法に対する憲法の要請を包括する規定と解される。それゆえ，憲法31条は，刑罰適正原則をも規定しているものと解されなければならない。適正を欠く刑罰は，憲法31条に違反して違憲と解されなければならない。

憲法32条以下には，刑事法に関するかなり多くの規定が置かれている。ただし，刑罰に関する規定は，36条の「公務員による拷問及び残虐な刑罰は，絶対にこれを禁ずる」とする規定のみである。ところで，憲法31条は刑事法令全体に関して憲法の要請を包括的に規定したものであり，憲法32条以下の諸規定は，この31条を展開して具体的に規定したものと解される。それゆえ，36条も，31条の刑罰適正原則の趣旨を承けて，これを具体化した規定と解されなければならない。それゆえ，36条の「残虐な刑罰」は，火焙り・釜茹で等の前近代的な非人間的刑罰のみを意味するのではなく，31条の刑罰適正原則に反する刑罰を意味するものと解すべきである。したがって，必要な限度を超えた過剰な刑罰，不健康・非文化的な刑罰，社会復帰を阻害する刑罰等も，36条の「残虐な刑罰」に含まれると解さなければならない。このように解しなければ，36条による残虐な刑罰の禁止は，火焙り・釜茹で等の復活が考えられない限り歴史的意味しかないことになり，現代的意味を失うことになる。

(3) 刑罰適正原則の具体的内容

人道的刑罰の原則　上述したところから理解されるように，刑罰は，人間の尊厳を尊重した人道的・人間的なものでなければならない。また，健康的・文化的なものでなければならない。これを，「人道的刑罰の原則」と呼ぶことができる。

ところで，憲法18条は，「犯罪に因る処罰の場合を除いては，その意に反する苦役に服させられない」と規定している。この規定は，「犯罪に因る処罰の場合」には「その意に反する苦役に服させ」ることを許容する趣旨に読める。しかし，刑罰適正原則の趣旨に照らせば，苦役を課すことは，たとえ刑罰としてであっても人道的刑罰の原則に反する。憲法18条と13条・31条との間には，実質的な矛盾がある。「犯罪に因る処罰の場合を除いては」との文言は，13条・31条との関係で意味をもたないと解すべきである。ちなみに，「市民的及び政治的権利に関する国際規約」（自由権規約・1966年）8条は，「何人も，強制労働に服することを要求されない」（3項(a)），「(a)の規定は，（略）刑罰の言渡しにより強制労働をさせることを禁止するものと解してはならない」（同項(b)）として，「強制労働」という文言を用いている。

過剰な刑罰の禁止　また，人権の制約としての刑罰は，法益侵害の予防に必要不可欠な限度で適正なものとされる。それゆえ，刑罰は予防に必要な限度を超えてはならず，それを超える過剰な刑罰は刑罰適正原則に反するといわなければならない。これを，「過剰な刑罰の禁止」と呼ぶことができよう。

従来，「罪刑均衡の原則」が刑法の基本原則の一つとして挙げられてきている。犯罪と刑罰は，釣り合っていなければならないというのである。近代以前には，軽微な窃盗に死刑が科されるなど，犯罪に対して過剰に重い刑罰が科されることが少なくなかった。これに対して「罪刑均衡」を主張することは，意味のあることであった。しかし，実体的適正の見地からは，「罪刑均衡」ではなく，「過剰な刑罰の禁止」を原則として挙げるのが妥当である。

社会復帰刑の原則　さらに，刑罰は，犯罪者の改善更生・再社会化と社会復帰を目指すものでなければならない。この見地から，自由刑も，受刑者の改善更生・再社会化・社会復帰を目的とする処遇が中心とならなければならない。これを，「社会復帰刑の原則」と呼ぶことができよう。

これまでの監獄法に代わって制定された刑事施設・処遇法は，「受刑者の処遇は，その者の資質及び環境に応じ，その自覚に訴え，改善更生の意欲の喚起及び社会生活に適応する能力の育成を図ることを旨として行うものとする」（30条）と規定して，改善更生・再社会化・社会復帰を受刑者処遇の基本理念として明示した。今後の課題は，この理念がどこまで現実のものとなるかである。このようにして，社会復帰刑の原則は，行刑法（後述261頁以下）の問題につながる。

死刑の合憲性　国連において死刑廃止条約や死刑停止決議が成立している背景には，死刑は人間の尊厳を害し，人権を侵害するという考え方が国際的に定着しつつあるという状況がある。そのような中で，日本が死刑を合憲として今後も維持できるかは，大きな問題といわなければならない。

死刑の合憲性に関するリーディングケースは，1948年の最高裁大法廷判決（最大判昭和23・3・12刑集2巻3号191頁）である。ここで，最高裁大法廷は，「生命は尊貴である。一人の生命は，全地球よりも重い」としながらも，憲法13条は「公共の福祉という基本的原則に反する場合には，生命に対する国民の権利といえども立法上制限乃至剝奪されることを当然予想している」，憲法31条には「国民個人の生命の尊貴といえども，法律の定める適理の手続によつて，これを奪う刑罰を科せられることが，明かに定められている」，憲法36条の「残虐な刑罰」とは火焙り，磔，釜茹でのような残虐な執行方法を意味するのであって「刑罰としての死刑そのものが，一般に直ちに同条にいわゆる残虐な刑罰に該当するとは考えられない」などとして，死刑の合憲性を認めている。

しかしながら，人間を抹殺する死刑が憲法13条の「個人の尊重」に反しないかは，かなり疑問である。また，前述したように，「公共の福祉」の見地から人権の剝奪が認められるのは，他の人権の保護のためにそれが必要不可欠な場合に限られる。それゆえ，死刑による生命権の剝奪が認められるためには，殺人による生命侵害を予防するために死刑が必要不可欠であることが示されなければならない。しかし，死刑に無期刑・終身刑とは異なる特別の犯罪抑止力があることは実証されておらず，殺人の予防に死刑が必要不可欠とはいい難い。

また，憲法31条は，上述のように，13条を前提として刑罰適正原則を規定したものである。文言上は死刑を許容しているように読めるが，13条を前提にする限りは，そのような趣旨に理解することは妥当ではない。18条の場合と同様に31条の「生命」という文言と13条とが齟齬していると解するならば，「生命」の文言に意味はないと解することも不可能ではない。

さらに，上述のように，憲法36条の「残虐な刑罰」は，執行方法が残虐な刑罰のみを意味するのではなく，31条の刑罰適正原則に反する刑罰を意味する。死刑は，殺人の予防に必要不可欠といえない以上，過剰な刑罰といわざるをえない。また，死刑は，社会復帰を不可能にする刑罰である。それゆえ，死刑は，刑罰適正原則に反する「残虐な刑罰」といわなければならない。

先進国においては，死刑が人間の尊厳に反する刑罰であるとの認識が確立してきている。この認識を覆すのに十分な論拠は，示されていない。死刑の合憲性は，極めて疑問といわなければならない。

V　刑法とその理論の概要

1　刑法と刑法解釈論・立法論

刑法・判例・理論　ある行為を実際に犯罪として処罰するには，何が犯罪であり，それにどのような刑罰が科されるかを規定した法規範が必要である。これが，刑法（実体刑法）と呼ばれるものである。刑法は，専制国家では皇帝の命令である場合もあるし，コモン・ローや武家法のように慣習法・判例法の場合もある。しかし，罪刑法定主義の下で制定法主義を採る民主主義国家においては，刑法は，国民の代表で構成される国会が制定する法律でなければならない。日本の刑法も，そのようなものである。

法律で実体刑法を定めても，ありとあらゆる事案に疑問の余地なく機械的に当てはめることができるような規定を作ることは不可能である。実際の事件は「小説よりも奇」であって，予想もつかないようなことが起こる。社会の変化や科学技術の高度化によって，全く新しい現象が発生することもある。予想できないことを予想して法律を作ることは，無理である。そこで，法律を具体的な事案に当てはめるときは，「解釈」の作業が不可欠となる。法律を解釈して具体的な事案に当てはめて解決するのは，裁判所である。そして，この解釈と解決は，先例としての意味をもち，同様の事件における法解釈と解決の基準とされる。これが，判例である。それゆえ，判例は，法律の規定に明示されていない部分を補充する重要な役割を負っている。

法律で刑法を作る場合も，裁判所が刑法の解釈をする場合も，国会や裁判所が適当にやればよいというものではない。合理的な根拠に基づくことが必要である。合理的で妥当・適切な立法・解釈のあり方を理論的・体系的に探究して，立法・判例の指針となり，その理論的基礎を提示するのが，立法論・解釈論の理論（刑法理論学）である。その意味で，刑法理論学は，刑法の立法・解釈を底支えする重要な役割を果たしており，市民生活とも密接な関係を有している。

そのような刑法理論学は，長期的展望に立って立法・判例が進むべき方向を指し示し，それをリードするものでなければならない。立法・判例を後付けの論理で合理化・正当化することは，刑法理論学の役割ではない。

刑法・判例・理論と憲法　刑法に関しては，前述したような基本的な考え方や原理・原則がある。刑法は，ここに立脚する必要がある。これらの基本的な考え方や原理・原則は，憲法に基礎を置いている。それゆえ，刑法の根底には，憲法が置かれねばならない。本来，刑法は，憲法の下位法規であり，憲法の規定と理念を受けてこれを実現する役割をもっている。その意味で，刑法は，「憲法施行法」であり，「憲法的刑法」でなければならない。

裁判所による刑法解釈も，同じく憲法の理念と原理・原則に従い，それを具体的事案において実現するようなものでなければならない。「憲法及び法律にのみ拘束される」(憲法76条3項) 裁判官には，憲法の理念と原理・原則を十分に実現する努力が求められるであろう。

さらに，刑法の立法・解釈の指針・基礎となるべき刑法理論学も，憲法の理念と原理・原則を具体化する理論としての立法論・解釈論を目指さなければならない。この意味で，刑法理論学は，「憲法的刑法学」でなければならない。

刑法・判例・理論と市民　民主主義国家においては，主権者は，一人一人の市民である。それゆえ，刑法も，主権者である市民のためのものである。判例や刑法理論学も，市民のためのものでなければならない。

市民のための刑法は，市民に分かりやすいものでなければならない。刑法典が1995年に漢文調の難解な文章から現在の現代用語の文章に改められたのは，このためである。しかし，現在の刑法や他の刑罰法規の文章が分かりやすいかといえば，決してそうではないであろう。法的厳密さや法技術的問題を考えると「分かりやすさ」にも限界はあるが，できる限り分かりやすい法文にする努力が必要であろう。同様に，裁判所の判決文も，市民にとって理解しやすいものである必要があろう。最近は，裁判所も努力しているように見受けられるが，引き続き努力が求められよう。刑法理論学も，専門家がかろうじて理解できるような難解・複雑な理論ではなく，基礎から丁寧に説明すれば一般市民にも理解できるような理論が目指されるべきであろう。とくに，市民が裁判員として刑事裁判に参加するようになっていることを考えると，刑法・判例・刑法理論学が分かりやすいことは，重要であろう。

2　刑法の概要

(1)　刑法典の概要

刑法典の構成　実体刑法の中心となるのは，刑法典である。刑法典は，1907（明治40）年に制定されたものであるが，1995年の改正で，漢字・カタカナの漢文調の文章から現在の現代用語に改められた。従来は，1947年の憲法改正に伴う改正以外に実質的改正はあまりなかったが，近年は，かなり多くの改正が加えられている。

刑法典は，前半の総則（第1編　総則）と後半の各則（第2編　罪）とに分かれている。総則の規定は，全ての犯罪に共通して適用される規定であり，個別に特別の規定がない限り刑法典以外の法令の罪についても適用される（刑法8条）。各則の規定は，殺人罪，窃盗罪等の個別の罪に関する規定である。

刑法典と憲法　前述したように，刑法は，憲法の理念と原理・原則を具体化するものでなければならない。しかし，現行刑法典は，明治憲法時代に制定されたもので，現行憲法の理念と原理・原則を顧慮したものではない。また，現行刑法典は，抽象的・簡潔な規定が多く，犯罪成立の一般的要件に関する規定も少ない。そのため，判例による解釈がそれを補い，判例が裁判の基準になっている場合が少なくない。そのような場合には，法律を見ただけでは具体的な事案における犯罪の成否が分からず，判例を知っている専門家でないとその判断がつかないことになる。これは，罪刑法定主義との関係で問題を含む。現行憲法制定からすでに60年以上を経過した現在，現行憲法の理念と原理・原則に則した刑法の全面改正が，早急に行われることが期待される。

刑法総則の概要　刑法総則の規定は，①刑法の適用範囲に関する規定，②犯罪の成立要件に関する規定，③刑罰とその適用・量定・執行等に関する規定の，3つに大別される。ただし，それらの規定は，この区別に従って順序よく配列されているわけではない。②に関する規定と③に関する規定が部分的に前後するなど，規定が理論的に十分整理されて配列されているとはいい難い。

刑法の適用範囲に関する規定は，第1章「通則」の規定であり，犯罪の行われた場所についての場所的適用範囲（1条～5条），犯罪後に刑の変更があった場合の時間的適用範囲（6条），および刑法総則の規定の刑法典以外の法令の罪への適用についての事項的適用範囲（8条）が規定されている。場所的適用範囲は，行為者・被害者の属性や犯罪の種類などによって，国内の犯罪（国内犯）に適用される場合と，国外の犯罪（国外犯）にも適用される場合とが認められている。

犯罪の成立要件に関する規定は，第7章「犯罪の不成立及び刑の減免」，第8章「未遂罪」，第9章「併合罪」，および第11章「共犯」の規定である。犯罪の基本的な成立要件に関する規定は，第7章に置かれており，正当行為（35条），正当防衛（36条），緊急避難（37条），故意（38条），責任能力（39条），責任年齢（41条）等に関する規定がある。第8章には未遂に関する規定（43条・44条）が置かれ，第11章に共犯（共同正犯・教唆犯・幇助犯）に関する規定（60条～65条）が置かれている。第9章に，罪数（犯罪の個数）に関する規定（45条～54条）が置かれている。

刑罰とその量定・執行等に関する規定は，第2章「刑」，第3章「期間計算」，第4章「刑の執行猶予」，第5章「仮釈放」，第6章「刑の時効及び刑の消滅」，第10章「累犯」，第12章「酌量減軽」，および第13章「加重減軽の方法」の規定である。第2章には刑の種類・軽重・内容等に関する規定（9条～21条）が置かれ，第3章には刑期の計算等に関する規定（22条～24条）が置かれている。そして，第10章・第12章・第13章には刑の適用・量定に関する規定（56条～59条，66条～72条）が，第4章には執行猶予の要件・取消し等に関する規定（25条～27条）が，第5章には仮釈放の要件・取消し等に関する規定（28条～30条）が，それぞれ置かれている。第6章には，刑の時効・消滅に関する規定（31条～34条の2）が置かれている。

刑法各則の概要　各則は，第1章「皇室に対する罪」が現行憲法制定に伴う改正で削除され，2001年に第18章の2「支払用カード電磁的記録に関する罪」が追加され，さらに2011年に第19章の2「不正指令電磁的記録に関する罪」が追加されて，第2章から第40章までの41章で構成されている。これらは，①国家の法益に対する罪，②社会の法益に対する罪，③個人の法益に対する罪の，3つに大別される。ほぼこの順序で規定が配列されているが，③の規定と解されるものが②の中に置かれている例などもあり，理論的に整然と配列されているとはいい難い。また，国家の法益を先にし，個人の法益を後にしているのは，明治憲法の価値観（冒頭は「皇室に対する罪」であった）に基づくものであり，現行憲法の個人主義の理念とは整合しない。現行憲法が重視している個人の法益を適切に保護する内容になっているかも疑問であり，立法論的には抜本的な再検討が必要である。

第2章から第7章には，内乱の罪（第2章），外患に関する罪（第3章），国交に関する罪（第4章），公務の執行を妨害する罪（第5章），逃走の罪（第6章），犯人蔵匿・証拠隠滅の罪（第7章）の，国家の法益に対する罪とみられる規定が置かれている。

第8章から第25章までは，騒乱の罪（第8章），放火・失火の罪（第9章），出水・水利に関する罪（第10章），往来を妨害する罪（第11章），あへん煙に関する罪（第14章），飲料水に関する罪（第15章），通貨偽造の罪（第16章），文書偽造の罪（第17章），有価証券偽造の罪（第18章），支払用カード電磁的記録に関する罪（第18章の2），印章偽造の罪（第19章），不正指令電磁的記録に関する罪（第19章の2），わいせつ・姦淫・重婚の罪（第22章），賭博・富くじに関する罪（第23章）等の社会の法益に対する罪とみられる規定が置かれている。ただし，これらの中には，強姦罪（177条）など，個人の法益に対する罪とみられる規定も混在している。また，住居を侵す罪（第12章），秘密を侵す罪（第13章），虚偽告訴の罪（第21章）は個人の法益に対する罪と解され，偽証の罪（第20章）は国家の法益に対する罪と解される。汚職の罪（第25章）には，個人の法益に対する罪（193条の公務員職権濫用罪など）と国家の法益に対する罪（197条以下の賄賂罪）が含まれると解される。

26章以下は，個人の法益に対する罪と解される。ここには，殺人の罪（第26章），傷害の罪（第27章），過失傷害の罪（第28章），堕胎の罪（第29章），遺棄の罪（第30章）の生命・身体に対する罪と，逮捕・監禁の罪（第31章），脅迫の罪（第32章），略取・誘拐・人身売買の罪（第33章）の自由に対する罪，名誉に対する罪（第34章），信用・業務に対する罪（第35章）の名誉・業務に対する罪，窃盗・強盗の罪（第36章），詐欺・恐喝の罪（第37章），横領の罪（第38章），盗品等に関する罪（第39章），毀棄・隠匿の罪（第40章）の財産に対する罪（財産罪）が，規定されている。

(2)　特別刑法・行政刑法の概要

特別刑法の概要　　特別刑法は，犯罪と刑罰について規定した刑法典に準ずる内容をもつ法律で，「六法」と呼ばれる法令集では刑法典に続いて配列されるのが通常である。中には刑法典の罪と同質的なものもあるが，行為の特殊性や技術的な理由から，刑法典とは別の法律にされているものである。

戦前からの特別刑法としては，爆発物取締罰則（1884年），暴力行為等処罰ニ関スル法律（1926年），盗犯等ノ防止及処分ニ関スル法律（1930年）などがある。これらは，当時の社会情勢を色濃く反映した法律であるが，現在でも広く適用されている。なお，爆発物取締罰則の罪は，死刑を含む極めて重いものである。

戦後の特別刑法としては，軽犯罪法（1948年），公害罪法（1970年），ハイジャック処罰法（1970年），人質強要行為等処罰法（1978年），組織的犯罪処罰法（1999年），不正アクセス禁止法（1999年），児童買春・児童ポルノ処罰法（1999年）などがある。とくに重要なのは，組織的犯罪処罰法であり，組織的に行われた殺人等の重罰，犯罪収益の没収・追徴，マネーローンダリングの処罰等を規定している。ただし，これらの法律中には，刑法の原理・原則との関係やその必要性について問題を含む規定も少なくない。

行政刑法の概要　　行政法規や民事法規の中にも，処罰規定（罰則）を置くものが少なくない。これらの処罰規定が，行政刑法である。行政刑法は極めて数が多く，必要性に疑問があるものや，刑法の謙抑性の見地から問題があるものも少なくない。

行政刑法の中には，罰則が重要な意味をもつものや，犯罪被害の防止に密接に関連するものもある。身近なものは道路交通法であり，「暴力団員による不当な行為の防止等に関する法律」，ストーカー規制法，DV防止法，児童虐待防止法などもある。

労働基準法等の労働法規，生活保護法，児童福祉法等の社会福祉法規などにも罰則が置かれている。また，独占禁止法，不正競争防止法，著作権法，金融商品取引法，貸金業法等の経済法規や，会社法，民事執行法等の民事法規にも多数の罰則が置かれ，「経済刑法」の一領域を形成している。

3　刑法理論学の概要

(1)　刑法理論学の領域と考え方

刑法理論学の領域　　前述したように，刑法理論学は，刑法を対象として，その合理的で妥当・適切な立法・解釈を理論的・体系的に探究する学問である。それゆえ，刑法理論学には，立法論と解釈論の2つの領域が含まれる。立法論は新規立法や法改正のあり方を探究する学問領域であり，解釈論は法令解釈のあり方を探究する学問領域である。従来の刑法学では，解釈論に大きなウエイトが置かれ，立法論は必ずしも盛んではなかった。これは，立法が一部の政治家・官僚に専決されていた時代の名残であろう。民主主義の下では，立法は，主権者たる国民の意思に基づいて行われなければならない。そこでは，国民に立法に関する判断材料を提供する立法論の役割は重要である。立法論の軽視は，この役割を怠るものであろう。

前述したように，刑法には，全ての犯罪に共通して適用される規定と，個別の罪に関して適用される規定とがある。前者は原則として刑法総則に置かれ，後者は刑法各則と特別刑法・行政刑法に置かれている。そこで，刑法理論学も，その対象によって，前者を対象とする「刑法総論」と，後者を対象とする「刑法各論」とに分かれる。従来の刑法学では総論が重視され，刑法総論こそが刑法学であるかのような意識があったが，最近は各論の重要性も認識されてきている。刑法各則や特別刑法・行政刑法が国民生活と重要な関わりを有することを考えると，刑法各論が重視されてきていることは，好ましい傾向というべきである。

なお，刑法に関する学問については，「刑法学」「刑法理論」「理論刑法学」などの言葉も使われている。「刑法学」は，刑法の立法論・解釈論に限らず，本書が扱っているような基礎研究を含めて，刑法に関する全ての学問的研究を意味する言葉として使用されるのが一般的である。「刑法理論」は，伝統的には，古典派・近代派の学派の争いにみられるような，立法論・解釈論の前提としての，犯罪・刑罰本質論を意味する言葉として使われてきている。「理論刑法学」は，ドイツ語の「Strafrechtsdogmatik」の訳語として用いられ，とくに刑法総論の理論の意味で使用される場合が多い。そこで，本書では，刑法の立法論・解釈論を示す言葉として，「刑法理論学」を用いている。

刑法理論学の考え方　刑法理論学は，刑法の合理的で妥当・適切な立法・解釈を理論的・体系的に探究する学問である。それゆえ，刑法理論学は，一つの「理論」でなければならない。ただし，前述したように，刑法理論学は，憲法の理念と原理・原則を具体化する理論としての「憲法的刑法学」でなければならない。したがって，刑法理論学の「理論」は，憲法の理念と原理・原則を具体化する理論でなければならない。そして，そのような理論を探究するためには，憲法の理念と原理・原則の根底に置くべき「思想」を探究することが必要となる。人間と国家に関する思想の上に，憲法の理念と原理・原則に基づく理論を構築するのが，刑法理論学の役割である。その意味では，刑法理論学は，思想を踏まえた理論でなければならない。思想のない理論は，単なる技術に堕するおそれがある。

また，前述したように，刑法理論学は，市民のためのものでなければならない。そして，その市民は，統治の客体（被統治者）ではなく，自治の主体としての市民，すなわち主権者としての権利・義務を自覚して主体的に行動する市民でなければならない。刑法理論学には，このような市民の活動と協働しつつ，問題を考え判断するための知識・情報を市民に提供する役割がある。その役割を果たすためには，時流に流されることなく，将来の社会の進路の指針となるような立法論・解釈論を提示していくことが必要である。

刑法理論学は，立法・判例の実務と密接に関係する。そこで，理論と実務との関係が問題とされ，「実践の法理と法理の実践」（団藤重光）が説かれる。理論は，机上の空論であってはならず，実務・実践につながるものでなければならない。ただし，刑法理論学の実務に対する役割は，実務を行う際の指針や理論的基礎を提示することにあるのであって，実務が行っていることを後付けの理論で正当化することではない。そして，実務が時流に動かされることがあっても，刑法理論学はそれに流されてはならない。

本来，刑法理論学の「実践」は，市民の立場に立った実践を意味しなければならない。問題を考え判断するための知識・情報を市民に提供し，市民の活動と協働して理論に基づく立法・判例の実現を目指すことが「法理の実践」であるべきである。そのための理論が，「実践の法理」であろう。その意味では，刑法理論学は，市民の立場からの実務に対する批判であるべきであろう。

(2)　刑法総論の概要

刑法総論の考え方　　刑法総論は，全ての犯罪に共通に適用される規定の立法・解釈に関する法理論である。そのような規定は，刑法の適用範囲に関するもの，犯罪の成立要件に関するもの，および刑罰に関するものに区別される。刑法理論学の見地からとくに重要なのは後の 2 者であり，犯罪の成立要件に関する法理論は「犯罪論」と呼ばれ，刑罰に関する法理論は「刑罰論」と呼ばれる。その中でも重視されるのが犯罪論であり，刑法理論学の中核となっている。

刑法総論は，犯罪成立要件および刑罰のあり方について探究された法理論に基づいて，現行刑法の総則の解釈論として体系的に展開される。そして，刑法総則の規定が限定的・抽象的・簡潔で幅広い解釈論を許容することもあって，刑法総論とくに犯罪論は，法理論としての犯罪成立要件論がそのまま解釈論として展開されるのが通常である。そのため，犯罪論では，法理論・立法論・解釈論の違いはあまり意識されていない。しかし，厳密にいえば，3 者は別のものである。

犯罪論は，各種の犯罪成立要件を一定の理論的基礎から論理的に演繹して体系的に構築される。これは，刑罰権行使の基礎に置かれるべき考え方を解釈論の隅々にまで行き渡らせるとともに，それによって刑事司法担当者の判断を拘束して恣意的扱いを防止し，処罰の一貫性と公平性を保つのに役立っている。しかし，このような犯罪論は，理論的一貫性や体系的整合性ばかりを追求するようになると，非現実的な結論をもたらしかねない。そこで，機能主義的な考え方が広がるに従って，「体系的考察から問題解決的考察へ」との標語の下に，論理一貫性・体系整合性よりも結論の具体的妥当性を重視する考え方が強く主張されるようになった。しかし，問題解決的考察は，逆に場当たり的処理を許し，処罰の一貫性と公平性を失わせるおそれがある。形式論的な論理一貫性・体系整合性のみを追求することは理論の硬直化を招くが，刑罰権行使の理念と原理・原則から犯罪論を論理的・体系的に構築することは，具体的に妥当な処罰を実現するためにも有益である。体系的考察は，処罰の一貫性・公平性の見地のみならず，具体的妥当性の見地からも必要といわなければならない。その意味では，体系的考察と問題解決的考察は対立するものではない。

従来の犯罪論では，体系的考察に立って，犯罪成立要件を一定の理論的前提とくに後述の構成要件の理論に基づいて理論的・体系的に展開する考え方が有力であった（「形式的犯罪論」とも呼ばれる）。これに対して，最近の犯罪論では，処罰に値するか否かという実質的見地に立って，犯罪成立要件を処罰の必要性・妥当性の実質的判断に基づいて構築する「犯罪論の実質化」の傾向がみられる。犯罪論は，刑罰権行使の理念と原理・原則からみて処罰に値する行為を選別するための理論である。それゆえ，犯罪論が「処罰に値するか否か」の実質的判断に依拠することは当然である。ただし，その「処罰に値するか否か」の実質的判断の基準は，社会常識や国民意識ではなく，憲法における刑罰権行使の理念と原理・原則でなければならない。社会常識や国民意識を処罰の判断基準とするならば，刑法が時流に流され，少数者の人権が多数者によって制約されることにもなりかねない。そして，憲法の理念と原理・原則を実質的判断の基準とするときには，罪刑法定主義機能を有する構成要件を重視して犯罪成立要件を構築することも，理由のあることである。それゆえ，犯罪論は，形式的であると同時に実質的でなければならない。

犯罪論の体系　現在の犯罪論では，犯罪成立要件を「構成要件該当性」「違法性」「有責性」（責任）の3つに分けて論じる「3分体系」が一般的である。「行為」を構成要件該当性の前に置く4分体系もあるが，これを構成要件該当性に含めるのが一般的な考え方である。

犯罪の成立を認めるための第1の要件は，「構成要件該当性」とされている。「構成要件該当性」とは，行った行為が構成要件（刑罰規定に処罰の対象として規定された行為の類型ないし定型）に該当する（当てはまる）ことをいう。刑法が刑罰規定によって構成要件を明示し，それに該当しない限り処罰されないとすることによって，罪刑法定主義が守られる。構成要件該当性は，ある行為を犯罪として処罰するための基本的要件である。

犯罪の成立を認めるための第2の要件は，「違法性」である。「違法性」とは，行為が法に反すること，行為が法の見地から許されないことをいう。ある行為が構成要件に該当したとしても，行為が法に反していなければ（例えば正当防衛），犯罪とすべきではない。ただし，行為の違法性を何によって実質的に判断するかについては，結果無価値論と行為無価値論の対立がある。前者は，「法益を侵害したか，危険にしたこと」が違法性の実質的内容であると考える。後者は，「行為が社会的に要求される行為基準を逸脱していること」が違法性の実質的内容であると考える。前者は犯罪を「法益侵害」ととらえる法益侵害説に結び付き，後者は犯罪を「規範違反」ととらえる規範違反説と結び付く。現在の日本では，法益侵害説が有力であり，違法論では結果無価値論が主流である。行為無価値論も，結果無価値論に行為無価値論を併用する「二元論」が大多数である。

犯罪の成立を認めるための第3の要件は，「有責性」（責任）である。「有責性」とは，構成要件に該当する違法な行為を行為者に帰責できることをいう。構成要件該当性と違法性が認められても，行為者に責任を帰すことができなければ，処罰することはできない。これは，憲法の責任主義の要請である。それゆえ，いかなる場合に有責性（責任）を認めることができるかは，責任主義ないし責任をどのように考えるか（前述172頁以下）による。現在は，これを「非難可能性」（非難できること）と解する考え方が一般的である。

通常の犯罪論の体系では，この後に，「構成要件の修正形式」としての未遂犯・共犯を扱う「未遂犯論」，「共犯論」，および「罪数論」が位置する。未遂犯論では未遂犯や中止犯の成立要件が論じられ，共犯論では正犯と共犯の区別や共同正犯・教唆犯・幇助犯の成立要件が論じられ，罪数論では犯罪の個数の問題が論じられる。

刑罰論の体系　　刑罰論に関しては，従来は，刑罰の本質・目的等に関する刑罰本質論は盛んであったが，刑罰の種類・内容・体系，刑罰の適用・量定，刑罰の執行・執行猶予等に関しては，これらに関する比較的詳しい規定が刑法典にあることもあって，議論は盛んではなかった。しかし，近年では，法改正や厳罰化の動きとの関連で，罰金・没収・追徴に関する議論，量刑理論，自由刑に関する議論などが活発化している。量刑理論は犯罪論につながり，自由刑論は行刑論（後述261頁以下）等につながるものである。

⑶　刑法各論の概要

刑法各論の考え方　刑法各論は，刑法各則と特別刑法・行政刑法に規定された個別の罪に関して適用される処罰規定の立法・解釈に関する法理論である。

伝統的な刑法各論は，これらの処罰規定とくに刑法各則の規定の理論的・体系的な解釈論が主で，立法論は付随的なものにとどまっていた。そのため，刑法各論の体系は，刑法各則に規定された犯罪を保護法益の種類によって分類・体系化し，その順序に従って解釈論を展開するというものであった。これは，法益による分類・体系化はあるものの，実質的には刑法各則の注釈と異ならない。

前述したように，刑法理論学は，主権者としての市民のためのものでなければならない。また，刑法理論学は，憲法的刑法学でなければならない。それゆえ，刑法各論も，主権者としての市民のための憲法的刑法各論すなわち「市民的・憲法的刑法各論」でなければならない。今日，刑罰法規は「刑罰インフレ」といわれるほど多数にのぼり，我々の生活に大きな影響を及ぼしている。刑罰法規は，我々の生活の安全を守る有力な手段となりうると同時に，我々の自由を強く制約するおそれのある諸刃の剣である。そして，そのあり方を決めるのは，最終的には主権者としての市民である。刑法各論は，主権者としての市民が刑罰法規について考え，議論し，判断するのに必要な知識・情報を提供するものでなければならない。そのような刑法各論は，解釈論だけでなく立法論も含むものでなければならない。むしろ，立法論に重点があるといってもよい。

そのような刑法各論は，憲法の罪刑法定主義や実体的適正の原則を守りつつ，「人間の尊厳および自由と生存の保護」の理念に基づき，憲法が重要な価値を認めている個人の生活利益の刑事罰による保護のあり方を立法論・解釈論の両面から論じるものでなければならない。そして，その議論の対象は，刑法各則の処罰規定だけでなく，特別刑法・行政刑法の処罰規定にも及ぶ必要がある。

刑法各論の体系　従来の刑法各論の体系は，その順序に違いはあっても，刑法各則に規定された犯罪をその保護法益の種類によって「個人的法益に対する罪」「社会的法益に対する罪」「国家的法益に対する罪」の３つに分け，それぞれのカテゴリーごとに解釈論を展開するというものであった。これは，法益による「3分体系」の刑法各論体系ということができる。

しかし，立法論をも含む「市民的・憲法的刑法各論」は，既存の刑法各則の犯罪の保護法益を体系の基礎に置くことはできない。そこで基礎に置かれなければならないのは，憲法が重要な価値を認めている個人の生活利益である。従来，社会的法益・国家的法益としてとらえられていた法益も，多数人の個人的法益の集合体として，個人の生活利益に「還元」してとらえられる。そして，憲法の価値体系に従って，重要な個人の生活利益について，その刑事罰による保護のあり方が，立法論・解釈論の両面に渡って体系的に論じられなければならない。そこでは，それぞれの個人的生活利益の刑法による保護について，現在の刑罰規定が適切か，過剰か，不十分かが論じられ，現在ある刑罰規定の妥当な解釈が論じられることになる（なお，拙著『刑法各論』〔1995年〕参照）。

したがって，「市民的・憲法的刑法各論」の体系は，憲法の規定に従って，「平和的生存の刑法的保護」（9条関係），「生命・身体の刑法的保護」（13条関係），「自由の刑法的保護」（13条関係），「人格的利益の刑法的保護」（13条関係），「平等の刑法的保護」（14条関係），「婚姻・家庭の刑法的保護」（24条関係），「人間に値する生活の刑法的保護」（25条～28条関係），「財産・経済生活の刑法的保護」（29条関係），「民主的統治の刑法的保護」（1条・15条等関係），「国際関係の刑法的保護」（98条2項関係）に分けられることになる。このような体系では，従来は刑法各論の領域に入ってこなかった，平和的生存や平等などの生活利益・法益が，刑法各論の体系に含まれることになる。これらは，主に立法論として論じられる部分であり，今後の立法論の積極的な展開が期待される。とくに，平和的生存の保護に関する戦争犯罪の犯罪化の問題は，国際刑事裁判所規程への加入に伴う重要な課題といわなければならない。平等の保護に関する差別行為の犯罪化の問題も，国内人権機関設立の問題と関連して，検討を要する重要な課題といえよう。なお，「平和的生存」や「国際関係」の利益は，国際的な多くの人々の利益の集合体であり，従来の法益の分類との関係で考えれば，「国際的法益」としてとらえるのが妥当な法益である。このような見地からは，法益のカテゴリーとしては，従来の「個人的法益」「社会的法益」「国家的法益」に「国際的法益」を加えた4種類のカテゴリーを認めるのが妥当ということになる。

第3部
刑事訴訟法・行刑法・少年法・犯罪被害者法を考える

I　刑事訴訟法の考え方

1　刑事手続の歴史的展開

(1)　糺（きゅう）問手続から訴訟手続への展開

糺問手続から訴訟手続へ　前述（24頁以下）したように，原始社会では，復讐や，シャーマニズムに基づく祭祀が，現在の刑事裁判の機能を果たしていた。しかし，権力者が現われ，王権が確立して王国が成立すると，権力者による統治手段としての糺問的な刑事裁判が発生した。そして，その後は，陪審裁判が成立したイギリスなどを除いて，近代に至るまでの長期間に渡って糺問手続が世界の刑事手続の主流となり，高度の発展を遂げた。

しかし，西欧では，18世紀の半ば頃から啓蒙思想が興隆し，糺問手続に対しては，非人間的・非人道的という厳しい非難が浴びせられるようになった。そして，人道主義・合理主義に基づく糺問手続の変革が求められた。そこでモデルとされたのは，イギリスの陪審裁判であった。1789年のフランス革命は，糺問手続を廃止し，代わりにイギリスの陪審裁判を全面的に導入した。しかし，これは定着せず，刑事手続は揺れ動いた。その後，1808年のナポレオン治罪法によって，糺問手続を近代的刑事手続に変革した「改革された刑事訴訟法」と呼ばれる手続が確立され，その後，これが大陸法諸国の刑事手続の標準となっていった。

糺問手続　糺問手続は，権力者に任命された裁判官が警察・検察を兼ねる強力な権力をもって秘密裏に事件を詮議し，犯人を罰するための手続である。そのため，裁判官は，嫌疑を抱いたときは訴えを待たずに手続を始め（職権開始主義），被告人を厳しく問い糺（ただ）していく。また，自白が重視され，原則として自白がなければ有罪にできず（法定証拠主義），自白を得るための拷問が認められた。そして，供述を記録した調書が絶対的価値をもち（書面主義），後で否定しても無意味であった。有罪にできず釈放した場合も，いつでも何度でも事件を蒸し返して手続をやり直すことができた（仮放免）。「疑わしい」ことを理由に，有罪の場合より軽い刑（嫌疑刑）を科す場合もあった。

西欧の糺問主義は，王権神授説と結び付いている。王権神授説では，皇帝・国王は，神から地上の支配権を与えられたとされる。裁判官は，その代理人として，真実を見極め，罪を犯した者には罪を告白・懺悔（ざんげ）させ，罰を加えて罪を贖（あがな）わせて，神の正義を実現する義務がある。そのような絶対的な権力の下では，個人の価値は無視される。それゆえ，糺問手続においては，被告人は人間としての尊厳が認められず，非人間的な扱いを受けていたのである。

訴訟手続　これに対して，西欧で成立した近代的刑事手続では，刑事事件も民事事件と同様に訴訟形式で手続が行われる（訴訟主義）。訴訟とは，対立する当事者が事件を裁判所へ訴え，それを裁判所が公平な立場で裁断する手続の形式である。刑事訴訟では，検察官が原告として公訴を提起（起訴）して被告人を裁判所に訴え，裁判が開始される（弾劾主義）。公訴提起がない限り裁判所は事件を審理できず（不告不理の原則），裁判官が一存で事件を取り上げることはできない。訴訟手続では，公訴提起の前後で担当者が分離されるため，事前の思い込みに基づく不公正な裁判が避けられ，公平な裁判が実現される。裁判は公開で行われ，国民の監視の下に置かれる。拷問は禁止され，自白重視の法定証拠主義は否定されて，裁判官が全ての証拠を合理的に判断して事実を認定する「自由心証主義」が採られる。書面主義も改められ，裁判官が法廷で直接見聞した証拠・供述に基づいて判断する「直接口頭主義」が採られる。そして，「疑わしきは被告人の利益に」の原則が確立され，一度裁判された事件を蒸し返して被告人に不利益に変更することを禁止する「一事不再理の原則」，「不利益変更の禁止の原則」が認められる。

糺問手続では，被告人は，裁判官による糺問，取調べの客体でしかなく，手続の主体としての地位は認められない。その意味で，糺問手続は，「裁判官──→被告人」の２面構造をもつ（5頁の図を参照）。糺問手続の被告人は，「まな板の上の鯉」のようなものであり，一方的に裁かれる対象であり，人間としての尊厳や権利を認められる主体的存在ではない。これに対して，近代的刑事訴訟手続では，被告人は，検察官と対立する当事者であり，権利をもった訴訟主体としての地位が認められる。この手続は，いわば三角形の頂点に裁判所があり，底辺の両端に検察官と被告人が位置する，3面構造の手続ということができる。そして，近代的刑事訴訟手続では，被告人の人権保障のために，様々な原則と手続的な仕組みが設けられている。ここでは，被告人は，人間としての尊厳が認められ，手続的権利をもった主体的存在とされているのである。

アンシャン・レジュームにおいては，国王・皇帝の下に一元化された権力が，被告人を断罪し，処罰する。その手続が糺問手続であり，裁判所が裁くのは被告人である。これに対して，近代国家における三権分立体制の下では，国の刑罰権の行使は刑事政策の実施の一部として行政権に属することになる。そして，刑罰権力を代表する検察官が被告人を処罰する具体的権利の存否をめぐって被告人と争い，裁判所が処罰権の存在を認めた場合に限り，処罰が認められる。これが，訴訟手続の本質である。それゆえ，訴訟手続は，行政権による刑罰権行使を司法権がチェックするシステムといわなければならない。その意味で，裁判所が裁くのは，被告人ではなく，検察官と被告人の間の刑罰権をめぐる「法的争い」「争訟」であり，さらにいえば検察官の主張である。

(2)　日本の刑事手続の展開

日本の刑事手続の近代化　　前述（39頁以下）したように，日本でも，糺問手続は明治の近代化に至るまで長期間に渡って続いた。

明治維新では，江戸幕府の糺問手続は廃止されたが，律令の糺問手続が復活された。しかし，不平等条約を改正して領事裁判権を撤廃するには，刑事手続を西欧化・近代化することが不可欠であった。そのため，明治初年に，検事制度の導入，自白法定証拠主義の廃止，拷問の廃止，裁判の公開などが，欧米に倣って行われた。そして，1880（明治13）年には，ボアソナードがフランスの治罪法に倣って立案した治罪法が制定された。これによって，古代から続いた糺問手続は終末を迎え，西欧的な近代的刑事訴訟手続が成立した。

しかし，治罪法は，西欧のように糺問手続による人権侵害への批判から生まれたものではなく，条約改正による国威回復という国権主義的な動機から生まれたものであった。それゆえ，治罪法は，必ずしもその理念に添った運用がされたわけではないし，日本の実情・伝統に合わないとする批判も強かった。また，ボアソナードの草案にあった陪審制も，採用されなかった。

旧刑事訴訟法の成立　そのような中で，日本の法制モデルはフランスからドイツへと移行し，刑事手続のモデルも，より権威主義的・国家主義的なドイツ刑事訴訟法へと転換していった。そして，刑事手続法の名称もフランス的な「治罪法」からドイツ的な「刑事訴訟法」に転換し，1890（明治23）年の刑事訴訟法（旧々刑事訴訟法）を経て，1922（大正11）年にドイツ的な刑事訴訟法（旧刑事訴訟法・旧刑訴法）が制定された。

旧刑事訴訟法が制定されたのはいわゆる大正デモクラシーの時期であり，翌年には陪審制を取り入れた陪審法も制定されている。そのため，旧刑事訴訟法は，表面的にはさほど権力主義的であるようにはみえない。旧刑事訴訟法は，表面的には，裁判官の権限を縮小する半面で，検察官の権限と被疑者・被告人の権利を拡大しており，裁判官よりも当事者を重視しているようにみえるのである。しかし，子細にみると，検察官の権限強化とくに強制処分権限の強化は実質的意味が大きいのに対して，被疑者・被告人の権利保障は，それを実質的に担保する制度的条件に欠けるものが多い。それゆえ，実質的にみれば，旧刑事訴訟法は，裁判官の権限を削減して，検察官の権限を強化したものといえる。旧刑事訴訟法は，治安維持の中心的役割を，大津事件以来政府からの独立を強めた裁判官から行政官である検察官に移し替え，そこに強力な権限を与えたものということができる。旧刑事訴訟法は，19世紀末から活発化した労働・社会運動を抑圧するための天皇制国家の統治手段としての性格をもつ，国家主義・権威主義的色彩の濃い刑事訴訟法であったのである。

旧刑事訴訟法の下では，検察官と警察官が一体となって強力な権限を恣（し）意的に行使し，極めて権力的・糺問的な手続が行われた。捜査段階では任意同行や任意留置が濫用され，行政執行法による検束や治安維持法による予防拘禁も濫用され，人身の自由の保障はなきに等しかった。拷問も後を絶たず，獄死する者もあった。公判でも，裁判官は検察官の影響下に置かれ，「検察司法」が現出し，「検察ファッショ」とも呼ばれた。戦時下には，1942（昭和17）年の戦時刑事特別法によって，被疑者・被告人の権利はさらに限定された。翌年には，陪審法も停止された。

現行刑事訴訟法の成立　敗戦により天皇制絶対主義体制は崩壊し，1946

年に現行憲法が制定された。現行憲法は，戦前の人権状況に対する反省から，アメリカ合衆国憲法修正諸条項に倣って，刑事司法に関連して31条以下に適正手続（デュープロセス）の保障を初めとする人権保障条項を多数規定した。そのため，旧刑事訴訟法は，そのまま放置すれば憲法違反となる状況になった。しかし，憲法施行までには旧刑事訴訟法の本格的改正が間に合わず，刑事訴訟法応急措置法を制定して旧刑事訴訟法を部分修正し，違憲の事態の発生を回避した。

その後，連合国軍総司令部（GHQ）の影響下で刑事訴訟法の改正作業が続けられたが，アメリカ型の刑事手続の全面的な導入を求めるGHQ側と，ドイツ型の刑事手続を基にした旧刑事訴訟法の主要部分を維持しようとする日本側当局者とが，鋭く対立した。そして，集中的な意見交換の結果，旧刑事訴訟法の編別・章別を基本的に踏襲し，旧刑事訴訟法的要素も残しながら，憲法との関連でアメリカ法的要素を大幅に取り入れた現在の刑事訴訟法が，1948年に成立した。現行刑事訴訟法が旧刑事訴訟法と大きく異なる点は，捜査機関の強制処分に対する令状主義による裁判所のコントロール（司法的抑制）の強化，弁護人の権限の拡大，予審の廃止による公判中心主義の強化，いわゆる起訴状一本主義による裁判官の予断の排除，訴因制度の導入，証拠法則による証拠能力の制限等と当事者による交互尋問の採用，附帯私訴（刑事手続に乗せて民事損害賠償手続を行う制度）の廃止等である。ただし，陪審制度は，復活しなかった。

これと共に，刑事司法の担い手にも，大きな変更が加えられた。裁判所に関しては，裁判官の独立（憲法76条3項）や身分保障（憲法78条）が認められ，最高裁の規則制定権（憲法77条），違憲立法審査権（憲法81条）が認められるなど，裁判官・裁判所の地位が強化された。また，弁護人である弁護士についても，資格・養成課程が裁判官・検察官と全く同一になり，懲戒権が裁判所から弁護士会に移されるなど，その地位が強化された。これに対して，検察官の地位は，裁判所に附置されていた検事局が法務省に属する検察庁になり，令状主義による司法的抑制が強化されるなど，裁判官と並ぶ地位から弁護人と並ぶ地位へと移行した。これを反映して，法廷における検察官席も，壇上の裁判官の脇から弁護人の反対側へ移った。

その後の展開　現行刑事訴訟法は，早い時期に保釈の例外の拡大など被疑者・被告人の権利を縮小する方向での部分的改正がなされたが，最近までは大きな改正を受けることはなかった。しかし，近年は，麻薬特例法（1991年）によるコントロールド・デリバリー（「監視付移転」「泳がせ捜査」）の導入，通信傍受法（1999年）による盗聴の導入等が行われたほか，2000年以後の刑事訴訟法改正により，被疑者国選弁護制度，犯罪被害者等の証人保護制度，公判前整理手続，被害者参加人制度，即決裁判手続等が導入された。また，2004年には裁判員法が制定され，2009年5月21日から裁判員が参加した裁判が行われている。

他方で，近年は，足利事件・布川事件等の再審無罪や志布志選挙違反事件・厚生労働省元局長事件等の冤罪事件の発生，いわゆる小沢事件などに関する「国策捜査」との批判等により，警察・検察による違法・不当な取調べや調書・証拠の偽造・変造，恣意的な起訴等が大きな社会問題となり，刑事司法のあり方が社会から厳しく問われている。そして，裁判員裁判の開始による市民の刑事司法への関心の増大もあって，取調べの録画・録音による可視化，捜査・公判の改革，検察制度・組織の改革などの刑事司法制度の抜本的改革が，検討課題として浮上している。厚生労働省元局長事件における検察官の証拠隠滅・犯人隠避を契機に設置された「検察の在り方検討会議」が2011年に法務大臣に提出した提言でも，捜査における取調べによる供述の獲得のウエイトを下げ，それを新たな捜査手法で代替する方向が示されている。そして，この流れを承けて，今後の刑事司法のあり方全体が，法制審議会の「新時代の刑事司法制度特別部会」で検討されている。とはいえ，そこで新しい時代を開く刑事司法の理念と形が提示されるかは，心もとない。今後の成り行きは楽観できないが，日本の刑事手続は，大きく変わりつつある。

2　刑事手続の基本原則

(1)　旧刑事訴訟法の理念と実態

旧刑事訴訟法の理念　前述したように，現行刑事訴訟法は，ドイツ法を受け継いだ旧刑事訴訟法を，アメリカ法的要素を大幅に取り入れて全面改正したものであり，比較法的には特異なものである。そこで，現行刑事訴訟法がいかなる原理に立つかを考えるには，その前提として，旧刑事訴訟法の手続理念とその実態をみておく必要がある。

旧刑事訴訟法では，真実を発見して信賞必罰を実現することが，刑事手続の本質と考えられていた。このような考え方を，「実体的真実主義」という。実体的真実主義の考え方では，刑事手続の本質は，現実にあった事実（実体的真実）を追求・解明し，被告人が実際に罪を犯していればそれに見合った刑罰を科し（必罰・積極的実体的真実主義），無実であれば無罪にする（無辜（むこ）の不処罰・消極的実体的真実主義）ところにあるとされる。

そして，旧刑事訴訟法は，実体的真実を追求・解明するためには，裁判所が，客観的立場から，当事者の主張にとらわれることなく，事実を取り調べていくことが必要との考え方を採っている。そこで，旧刑事訴訟法では，裁判官は，警察・検察による捜査結果を整理した一件記録を受け取り，公判前にそれを精査し，公判廷で疑問点を質すなどして事実を究明し，それによって解明された事実に基づいて判決を言い渡すという手続になっている。これは，民事裁判のように裁判所が当事者の主張に拘束されるとすれば真実の解明は不可能であり，真実の解明のためには客観的立場に立つ裁判官が主導して実体的真実を究明していかねばならないとする考え方に基づくものである。このような，事実の解明を裁判官の主導に委ねる考え方を，「職権主義」という。

このような実体的真実主義・職権主義は，ドイツ刑事訴訟法から受け継いだものである。ドイツでは，正義の実現が刑事裁判の目的であり，裁判官が実体的真実を発見して刑法を実現することで正義が実現されるとするのが，伝統的な考え方である。実体的真実主義・職権主義は，その理論的表現である。このような考え方は，真実と正義を重視するキリスト教的な考え方を背景とし，糺問手続の考え方とも連続しているところがある。

旧刑事訴訟法の手続の実態　旧刑事訴訟法を生み出したのは，天皇制絶対主義国家であった。それを権威付けていた神権天皇思想は，近代的国家思想というよりは，糺問手続につながる王権神授説に近い。その宗教的基礎である国家神道も，キリスト教的な真実と正義よりは，天皇中心の秩序や共同体の「和」を重視する。憲法による人権保障も，極めて弱体であった。

そのため，旧刑事訴訟法の実体的真実主義・職権主義の実態は，糺問的なものになった。実体的真実主義は，「犯罪者を逃さない」ための犯罪事実の徹底的な追及に傾き，必罰主義，積極的実体的真実主義に流れた。その半面で，「無実の者を必ず発見して罰しない」という，無辜の不処罰，消極的実体的真実主義は，軽視された。職権主義の実態も，裁判官が検察官の抱いた嫌疑を受け継ぎ，検察官の足りない点を補うという，検察官と裁判官の連続性・一体性が強いものになった。実体的真実主義・職権主義は，神である天皇の名において行われる裁判（明治憲法57条）の中で，天皇の官吏である捜査官・裁判官への自白・謝罪の追求と必罰による天皇の秩序の維持のために，糺問的な手続実態を生み出したといえよう。

実体的真実主義・職権主義の性質　実体的真実主義・職権主義の下では，裁判官が検察官を基本的に信頼し，その嫌疑を引き継いで公判に臨む限り，裁判官は被告人に有罪の予断を抱き，被告人に対して糺問的に相対することは避けられない。裁判官が常に検察官に批判の目を向け，主張が誤りでないかを厳しくチェックし続けない限り，無辜の不処罰，消極的実体的真実主義は実現しない。実体的真実主義・職権主義には，必罰主義，積極的実体的真実主義，そして糺問主義に流れやすい性質が内在している。このようなことから，実体的真実主義・職権主義の刑事手続は，有罪判決へのベルトコンベアと批判され，英米法の側からは糺問手続と論評されている。

(2)　現行刑事訴訟法の基本原則

現行刑事訴訟法1条の目的規定　現行刑事訴訟法1条は，「この法律は，刑事事件につき，公共の福祉の維持と個人の基本的人権の保障とを全うしつつ，事案の真相を明らかにし，刑罰法令を適正且つ迅速に適用実現することを目的とする」と規定している。これは，①公共の安全の維持，②人権保障，③真相の解明，および④刑罰法令の適正・迅速な適用実現を，刑事手続の目的として併記したものといえる。

このうち，①③④は，実体的真実主義の真実追求・必罰の考え方と重なるものであり，旧刑事訴訟法とも連続するものである。これに対して，②の人権保障は，旧刑事訴訟法の下では軽視され，現行刑事訴訟法がアメリカ法に倣ってとくに重視したものである。しかし，②の人権保障は，①③④と常に両立するとは限らず，ときに両者は矛盾・対立する。そこで，現行刑事訴訟法は人権保障と真実の追求のどちらを優先させているのか，どのようにして両者を調和させているのかが，極めて重要な問題となる。しかし，現行刑事訴訟法1条は，4つの目的を併記するだけで，その相互関係については何も規定していない。それゆえ，この問題は，刑事訴訟法の上にある，最高法規（憲法98条）としての憲法の規定に基づいて解決が図られなければならない。

憲法による適正手続の保障　憲法は，31条以下に刑事手続に関する多数の規定を置いている。刑事手続は，憲法のこれらの規定を具体化し展開する形で構築されなければならない。その意味で，刑事訴訟法は，「憲法的刑事訴訟法」でなければならない。刑事訴訟法の理念・原理の理解やその条項の解釈も，常に憲法の規定・趣旨が基準とされなければならない。刑事訴訟法学が「応用憲法学」だといわれるのは，このためである。

憲法31条は，「法律の定める手続によらなければ（中略）刑罰を科せられない」と定めている。これは，文言上は単に「手続を法律で定めること」を規定しているにとどまるが，その手続が適正であること，すなわち「適正手続（デュープロセス）の保障」をも含むものとして理解されている。憲法31条は，合衆国憲法修正5条・14条の「法の適正な手続（due process of law）によらないで，何人からも生命，自由又は財産を奪ってはならない」という規定を受け継いだもので，そこには「適正手続の保障」の趣旨も当然に受け継がれていると解されるのである。「適正手続」とは，被疑者・被告人の人権が保障された手続を意味する。憲法31条は，適正手続の保障を刑事手続の基本原則として規定した，刑事手続に関する原則規定とみることができる。この見地からは，裁判を受ける権利，令状主義，弁護人選任権，不利益供述強要の禁止等を定めた憲法32条以下の規定は，被疑者・被告人に保障される権利を具体的に規定して，31条が保障する適正手続の内容をより具体化したものということになる。憲法は，31条で刑事手続に関する基本原則として適正手続の保障（適正手続原則）を定め，32条以下にそれを具体化した規定を置いているとみることができる。

適正手続の保障と当事者主義　このようにみるならば，現行刑事訴訟法は，適正手続の保障を基本原則にしていると解されなければならない。適正手続の原則の下では，刑事手続に被疑者・被告人の人権を保障するための様々な仕組みが設けられ，その制約を受けながらも有罪の結論に到達した者だけに有罪が宣告される。このような刑事手続は，全てのハードルを越えた者だけが処罰されるという意味で，障害物競走にたとえられる。

適正手続を保障するためには，被疑者・被告人の手続に関する権利を広く認めるとともに，裁判官を検察官からも被告人からも等距離の中立・公平な立場に置くことが必要である（憲法37条1項は「公平な裁判所」を保障している）。裁判官を中立・公平な立場に置くためには，裁判官が検察官の嫌疑を引き継いで手続の進行を主導していく職権主義の手続は，妥当ではない。それよりも，当事者として攻撃・防御活動を行う検察官と被告人・弁護人に刑事裁判を主導させ，裁判官は中立・公平な第三者として両者の攻防に対する判断者・アンパイアの立場に立つ，当事者主義の手続の方が適切である。被告人の主体的活動の尊重は，憲法の個人主義・人権尊重の原理とも調和する。そして，現行刑事訴訟法は，起訴状一本主義によって裁判官を検察官の嫌疑から遮断し，公判の進行を当事者の主導に委ねている。これは，現行刑事訴訟法が当事者主義に立つことを意味している。

このように，現行刑事訴訟法は，旧刑事訴訟法のドイツ的な実体的真実主義・職権主義からアメリカ的な適正手続原則・当事者主義へと，その理念・原則を大きく転換したものということができる。

(3) 適正手続の原則

(a) 総　説

適正手続原則の意義・沿革　　適正手続の原則は，「法の定める適正な手続によらなければ処罰されない」という原則である。

この原則の淵源は，「同輩たちの合法的判決あるいは国土の法によらなければ」逮捕・監禁・法外放逐・侵害されないことを認めたマグナ・カルタ（1215年）にあるとされている。これが適正手続を保障したものと理解され，権利請願（1628年）において，「法の適正な手続によって答弁を行うことができずに」逮捕・監禁・処刑等をされない旨が確認されるに至った。そして，これが合衆国憲法修正5条（1791年）・14条（1868年）の「法の適正な手続（due process of law）によらないで，何人からも生命，自由又は財産を奪ってはならない」という規定に引き継がれ，これが日本国憲法31条へと引き継がれたのである。

合衆国では，1960年代に連邦最高裁が適正手続原則を大きく展開する判例を次々と打ち出し，「刑事訴訟法の革命」といわれた。この合衆国における適正手続原則の展開は，日本にも大きな影響を与えている。

適正手続原則の根拠　適正手続の原則は，「公正な裁判」（fair trial）ないし「手続の公正・合理性」に根拠があるとされている。しかし，より根本的には，国家刑罰権の正当化根拠である「人間の尊厳および自由と生存の保護」と「人民の意思に基づく合法的支配」に根拠があると考えられる。近代社会においては，国家刑罰権の発動は，民主主義と個人主義の原理に基づいて，国民の意思に基づいて合法的に行われなければならないし，人間の尊厳と自由・生存を不当に侵害するものであってはならない。そうだとすれば，国民が制定する合法・適正な法律による，人権を不当に侵害しない手続によらなければ，国家刑罰権の発動は許されないことになる。適正手続の原則の根拠は，ここに求められるべきである。

全ての人間には，人間としての尊厳が認められる。「すべて国民は，個人として尊重される」（憲法13条）のは，そのためである。人間としての尊厳は，能力・人格に優れた社会的地位の高い人だけに認められるものではない。煩悩にまみれた凡夫にも，人間としての尊厳はある。むしろ，凡人さらには差別的にみられているような人々の人間としての尊厳こそが，重要とされなければならない。社会的地位の高い人は，ことさらに人権を持ち出さなくても尊重される。しかし，凡人や社会の底辺に置かれた人は，貶められ，疎かにされやすい。「人権」は，そのような人々の人間としての尊厳を守るための手段である。それゆえ，重大事件の被疑者・被告人を指して「凶悪犯には人権はない」などと言うことは，二重の意味で誤りである。刑事手続は，被疑者・被告人が犯人であるか否かを決めるための手続である。まだ有罪と決まったわけではない被疑者・被告人を「凶悪犯」と決め付けるのは，誤りである。また，たとえ重大な罪を犯したとしても，人間は人間である。人間であるから，罪を犯すのである。罪を犯す弱点があるような人間にこそ，人間の尊厳と人権が保障されなければならない。このことを見失うと，刑事手続は，自分は罪を犯さないと考えている「善人」が罪を犯した「悪人」を社会から排除する場に堕する。適正手続の原則は，単なる制度的仕組みではなく，人間の本質に由来するものである。

適正手続原則と真実の発見　適正手続原則・当事者主義は，適正な手続を踏むことと手続を当事者の主導に委ねることを重視するが，真実追求を無視するものではないし，全てを当事者の処理に委ねるものでもない。民事訴訟では，当事者間に争いのない事実は真実とみなされ（当事者処分権主義），手続の中で真実とされたことを真実として裁判すればよい（形式的真実主義）とされる。しかし，刑事手続では，たとえ当事者間に争いがなくても，明らかに事実に反することを事実として裁判することは，許されるべきではない。ある者が罪を犯したとして起訴され，その者が罪を認めているとしても，その者が誰かの身代わりになろうとしている場合には，有罪とされてはならない。

適正手続原則の下の刑事手続も，真実解明に向けて進むように作られている。手続の適正を守りつつ手続を進めることで，事実が明らかになってくる。それが，適正手続による真実である。究極の真実の解明は，科学調査さらには神の領域に属する。それは，刑事手続の役割ではない。刑事手続の役割は，検察官の主張の当否の判断に必要な限りで事実を解明することにある。そこで確認された事実が，「真実」とみなされるのである。その意味で，刑事手続における真実は，絶対的な「実体的真実」ではない。それは，民事訴訟でいうような「形式的真実」ではないが，一定の手続の下での「相対的真実」である。

ところで，適正手続には，真実の発見と矛盾しないものと，矛盾するものとがある。偏った裁判をするおそれのある裁判官を排除（刑訴法20条参照）して公平な裁判所を構成することなどは，真実の発見と矛盾せず，むしろ真実の発見に役立つ。これに対して，拷問の禁止（憲法36条）や黙秘権（憲法38条，刑訴法291条3項）の承認は，虚偽の自白による誤判防止という真実発見に役立つ側面もあるが，犯人の口から真実を聞く機会を失わせ，真実の発見と矛盾する側面もある。しかし，被告人の人間としての尊厳を守るためには，たとえ真実の発見と矛盾する場合があるとしても，このような権利を保障しなければならない。ここでは，人間の尊厳・人権が，真実の発見に優越するのである。そして，適正手続原則が強調されなければならないのは，むしろこの場合である。一般の人々は，刑事手続に「真相の解明」や「犯人の厳罰」を求めがちである。そのため，真実の発見と矛盾する適正手続は，理解を得ることが難しい。しかし，被告人の人権と人間の尊厳を否定することは，我々一般市民の人権と人間の尊厳を否定することにつながる。我々は，真実の発見と矛盾する適正手続こそを重視していかなければならない。

適正手続原則の歴史的性格　適正手続の原則は，罪刑法定主義や実体的適正の原則と同様に，歴史的に形成・確立されてきたものである。それゆえ，適正手続原則には，初めから不変の固定的な内容があるわけではない。その具体的内容は，時々の歴史的・社会的状況の中で刑事手続における人間の尊厳を守るための努力を通して，動的・発展的に形成・確立されてきたものである。そして，今後も，そのような努力を通して，発展・展開されていくべきものである。

現在の適正手続原則の具体的内容は，このような努力による発展・形成の現時点における到達点ということができる。その中心にあるのが，「人類の多年にわたる自由獲得の努力の成果」（憲法97条）であり，「国民の不断の努力によつて，これを保持しなければならない」（憲法12条），憲法31条以下の被疑者・被告人の手続的権利である。そして，刑事訴訟法の規定や判例によって，これがさらに補充・拡大されている。以下においては，その主要なものを，個別にみていくことにする。

(b)　法定手続の保障

手続法定原則の沿革・趣旨　憲法31条は，「何人も，法律の定める手続によらなければ，（中略）刑罰を科せられない」と規定している。「刑罰を科す手続を法律で定めること」すなわち法定手続の保障は，適正手続の保障の出発点である。憲法31条は合衆国憲法修正5条・14条を母法とするものであるが，1789年のフランス人権宣言も「何人も，法律が定めた場合で，かつ，法律が定めた形式によらなければ，訴追され，逮捕され，または拘禁されない」（7条）と規定していたし，明治憲法にも「日本臣民ハ法律ニ依ルニ非スシテ逮捕監禁審問処罰ヲ受クルコトナシ」（23条）との規定があった。

法定手続の保障は，「手続を法律で定めること」すなわち国会が制定する

「法律」という形式で刑事手続を定めることを保障したものである。これは，刑事手続が市民の人権に深く関わることから，「人民の意思に基づく合法的支配」の理念に基づき，国民を代表する議員で構成される国会が制定する法律で刑事手続を定めることを保障したものと解されよう。

裁判所の規則制定権　もっとも，憲法は，最高裁判所が「訴訟に関する手続，弁護士，裁判所の内部規律及び司法事務処理に関する事項」(77条1項）について規則を定める権限を認めている。これは，アメリカ合衆国の法制に倣ったものであるが，権力分立の見地から裁判所の自主性を確保し，司法部内における最高裁の統制・監督権を強化するとともに，実務を知悉（ちしつ）した裁判所の専門的判断を尊重することを意図したものである。法律と裁判所規則との関係は憲法の規定からは明らかではないが，法定手続の保障が「人民の意思に基づく合法的支配」の理念に基づく重要原則であることを考えると，刑事手続の基本や被疑者・被告人の重要な利益に関する事項は法律によらねばならず，裁判所規則は手続の技術的・細目的事項を規定することが認められるにとどまると解すべきであろう。また，法律と裁判所規則とが矛盾する場合にも，法律の規定が優位すると解すべきであろう。

(c)　無罪の推定

無罪推定の沿革・趣旨　「無罪の推定」すなわち「何人も，裁判によって有罪が確定するまでは無罪と推定される」という原則は，近代刑事訴訟法の確立した基本原則である。フランス人権宣言は「何人も，有罪と宣告されるまでは無罪と推定される」(9条）と規定していたし，自由権規約も，「刑事上の罪に問われているすべての者は，法律に基づいて有罪とされるまでは，無罪と推定される権利を有する」(14条2項）と規定している。憲法は「無罪の推定」を明文で規定していないが，刑事訴訟法の基本原則として当然に憲法31条の適正手続の保障に含まれると解される。

被告人は無罪と推定されるから，検察官が被告人の有罪を合理的な疑いを容れる余地のない程度に立証して無罪推定を打ち破らない限り，被告人を有罪にすることはできない。それゆえ，被告人の有罪に合理的な疑いが残る限りは，被告人を有罪にすることはできない。これは，「疑わしきは被告人の利益に」

(in dubio pro reo.「疑わしきは罰せず」との表現は不正確である）の原則と呼ばれる。刑事訴訟法336条が「被告事件が罪とならないとき，又は被告事件について犯罪の証明がないときは，判決で無罪の言渡をしなければならない」と規定しているのは，この趣旨を明らかにしたものである。このことは，検察官が有罪の挙証責任（実質的挙証責任）を負うことを意味する。被告人は，自分が無罪であることを立証して裁判官に納得してもらう必要はない。検察官が有罪を立証して裁判官を納得させない限り，被告人は無罪とされるのである。このような原則があるのは，証拠収集力や法的知識において被告人が検察に対して圧倒的に劣弱な立場にあるからである。ただし，有罪率が約99.9％という裁判の現状などをみると，この原則が厳格に守られているかは，かなり疑問に思われる。

無罪推定と自由の尊重　被疑者・被告人は無罪と推定されるから，その自由はできる限り尊重されなければならない。これは，被疑者・被告人が自由に防御活動をできるようにするためにも，重要なことである。それゆえ，被疑者・被告人の身柄の拘束は，できる限り避けられなければならない。やむをえず身柄を拘束する場合も，必要最小限にとどめられなければならない。身柄拘束中の自由制限も，必要最小限のものでなければならない。未決拘禁の期間や処遇が刑罰に等しいようなものであれば，実質的にはかつての嫌疑刑と変わらないことになる。フランス人権宣言が無罪の推定に続いて「ゆえに，逮捕が不可欠と判断された場合でも，その身柄の確保にとって不必要に厳しい強制は，全て，法律によって厳重に抑止されなければならない」(9条）と規定していたのは，この趣旨である。現行刑事訴訟法も，逮捕・勾留には種々の制限を設け，勾留されている被告人について保釈の請求があれば原則として保釈するものとしている（刑訴法89条)。また，刑事施設・処遇法は，未決拘禁者の処遇については「未決の者としての地位を考慮し，(中略）その防御権の尊重に特に留意しなければならない」(31条）として，受刑者の処遇の原則（30条）とは区別している。ただし，後述のように「人質司法」との批判もある未決拘禁の現状をみると，これらの原則が十分に守られているかは，疑問といわざるをえない。

(d)　公平な裁判を受ける権利

公平な裁判を受ける権利　憲法は，「何人も，裁判所において裁判を受ける権利を奪はれない」(32条),「すべて刑事事件においては，被告人は，公平な裁判所の迅速な公開裁判を受ける権利を有する」(37条1項) などと規定している。

三権分立の下では，国の刑罰権の行使は，刑事政策の実施の一部として行政権に属する。刑罰は検察官が指揮して執行（刑訴法472条）し，刑の執行その他の矯正に関する事項が法務省の所管とされ（法務省設置法4条12号），死刑が法務大臣の命令によって執行される（刑訴法475条）のは，刑罰権が行政権に属するからである。しかし，近代社会では，行政権による刑罰権の行使には，司法権によるコントロールが加えられる。これが，立法・行政・司法が一体であったそれ以前の社会とは異なるところである。刑事裁判の意義は，裁判所が行政権による刑罰権の行使を法の見地から控制することにある。この意味で，治安維持の責任は，検察官にある。裁判官は，治安維持の責任者ではなく，刑罰権行使に対する人権保障・適正手続の見地からの監督者である。

このような役割を果たすためには，裁判所は，検察官からは距離を置き，検察官からも被告人からも等距離の，中立的で客観的・公平な立場に立たなければならない。「公平な裁判所」が求められるのは，このためである。それゆえ，この「公平」は，「裁判結果の公平性」ではなく「裁判所の公平性」を意味する。結果的に裁判が公平なものであればよいのではなく，公平な裁判が可能なことが制度的に保障された裁判所を構成することが求められるのである（最大判昭和23・5・5刑集2巻5号447頁は，「公平な裁判所」とは「構成其他において偏頗(へんぱ)の惧(おそれ)なき裁判所」を意味するとしている)。当事者主義は，両当事者から等距離の公平な裁判所を実現するのに適したものとして採用されている訴訟構造である。また，刑事訴訟法は，裁判官の除斥・忌避・回避の制度等（20条以下，377条）を設けて，公平でない裁判を行うおそれのある裁判官を裁判から外すこととしている。

裁判所が検察官からも被告人からも等距離の中立的で客観的・公平な立場に立たねばならないということは，検察官と連続・一体化せずに距離を置くことを意味するのであって，被告人を突き放すことを意味するのではない。刑事裁判には「疑わしきは被告人の利益に」の原則があり，適正手続の保障は被告人の人権保障を重視することを要請する。裁判官の役割は，治安を確保することではなく，検察官を適正手続・人権保障の見地からチェックすることにある。

その意味では，裁判所は，被告人の正当な利益の保護者でなければならない。

司法の独立　　裁判所が公平・公正であるためには，裁判所が外部からの干渉・圧力を受けずに独立して裁判を行うことが必要である。司法権の立法権・行政権からの独立（司法権の独立）が近代立憲主義の大原則とされているのは，このためである。とくに，裁判所が検察官から距離を置いて公平・公正な立場に立つためには，司法権（司法府）が行政権（行政府）からの影響を受けないことが重要である。日本では，1891（明治24）年の大津事件の際に児島惟謙大審院長が裁判に対する政府の干渉をはね除け，司法権の独立が確立されたとされている。憲法76条1項が「すべて司法権は，最高裁判所及び法律の定めるところにより設置する下級裁判所に属する」と規定しているのは，この趣旨に基づくものである。

裁判が公平・公正に行われるためには，司法府が行政府から独立しているだけでなく，個々の裁判官が他からの干渉・圧力を受けることなく独立して裁判を行えることが必要である。この見地からは，裁判官は，他の裁判官からも干渉・圧力を受けることなく，独立していなければならない。この意味で，司法権の独立は，個々の裁判官の独立を含む「司法の独立」でなければならない。憲法76条3項が「すべて裁判官は，その良心に従ひ独立してその職権を行ひ，この憲法及び法律にのみ拘束される」としているのは，この「裁判官の独立」を規定したものである。その上で，憲法78条は裁判官の身分保障を規定し，憲法79条6項・80条2項は裁判官の報酬が在任中減額されない旨を規定している。

もっとも，最高裁判所の裁判官は，内閣が任命する（憲法79条1項）。最高裁の裁判官を国民の投票で罷免する国民審査の制度（同条2項・3項）はあるが，すでに職務を行っている裁判官を国民の多数が「罷免すべき」とするのは極端な場合しか考えられず，過去に国民審査で罷免された例はない。そうすると，一党が長期間政権に就いて官僚とも一体化している場合には，最高裁の裁判官が特定政党や官僚に近い考えを持つ者によって占められるようになることは，自然である。最高裁の裁判に対しては，政府寄りである，検察・警察への配慮が目立つ等の批判が強いが，当然の流れといえよう。これを変えるには，基本的な政治方針や政治姿勢を異にする政党間の定期的な政権交代か，最高裁裁判官の任免方法の変更を実現するしかないであろう。

下級裁判所の裁判官は，10年の任期が定められ（再任は可能），最高裁の指名に基づいて内閣が任命する（憲法80条）。本人の意思に反して免官・転官・転所・職務停止・報酬減額をされることはない（裁判所法48条）が，人事権は最高裁にある（同法37条）。したがって，下級裁判所の裁判官は，再任・昇進・転任等を期待する限り，最高裁の目を意識することになる。従来，最高裁の意向を見上げて裁判を行う「ヒラメ裁判官」が多いとの批判が強いが，現在の人事制度のもたらす自然の結果といえよう。これを変えるには，裁判官の人事を国民の前に透明なものにすることが必要であろう。

(e) 公開裁判を受ける権利

裁判の公開原則　憲法は，37条1項で被告人に「公開裁判を受ける権利」を保障し，82条1項では「裁判の対審及び判決は，公開法廷でこれを行ふ」と規定している。裁判が密室で行われるのでは，そこに人権侵害や不公平・不公正な裁判があっても，誰も知ることができず，放置されることになる。これを防ぐには，裁判の基幹的な部分を市民の監視にさらし，その民主的なコントロールの下に置く必要がある。公開裁判が被告人の権利として保障され，対審・判決が公開されるのは，このためである。

ただし，憲法82条2項本文は，「裁判所が，裁判官の全員一致で，公の秩序又は善良の風俗を害する虞（おそれ）があると決した場合には，対審は，公開しないでこれを行ふことができる」と規定している。これは，裁判の公開は絶対的なものではなく，他の正当な利益との関係で制約・限界があることを認めたものといえる。これに対して，同項但書は，「政治犯罪，出版に関する犯罪又はこの憲法第三章で保障する国民の権利が問題となつてゐる事件の対審は，常にこれを公開しなければならない」と規定している。これは，裁判の公開が司法の民主的コントロールのためのものであることから，それがとくに必要と考えられる基本的人権に関わる事件について，絶対的公開を規定したものと解することができよう。

市民の傍聴権の有無　裁判公開の原則が市民に傍聴の権利を認めたものであるかは，問題である。

公開原則を専ら被告人の権利としてとらえるならば，これを否定することになろう。しかし，公開原則には，被告人側に不当に偏った裁判（権力犯罪等にはそのおそれがある）を監視する役割もあるというべきである。また，市民は，憲法21条に基づいて裁判について知る権利を有し，そのために法廷にアクセスする権利があると解すべきである。それゆえ，公開原則に司法の市民的コントロールのための市民参加制度としての側面を認め，司法における民主主義を支えるものとして，市民の傍聴の権利を肯定すべきものと思われる（ただし，最大判平成元・3・8民集43巻2号89頁［法廷メモ事件］は，裁判の公開は「各人が裁判所に対して傍聴することを権利として要求できることまでを認めたものではない」と判示している)。もっとも，市民の傍聴権は，司法の民主的コントロールのためのものであり，法廷で開示される被告人，被害者等の関係者のプライバシー等を知るためのものではない。憲法37条が裁判の公開を被告人の権利として規定していることを考えれば，市民の傍聴権は絶対的なものではなく，被告人の権利・利益との調整は必要かつ許されるものと解すべきであろう。また，傍聴席の広さ等の物理的制約から，合理的制限（抽選による等）があることも否定できない。

裁判の報道・撮影・メモ等の自由　裁判公開の原則が，裁判の報道の自由や，写真撮影・録画・録音，メモ，スケッチ等の自由を含むかは問題である。

法廷までのアクセス，時間的制約，法廷の物理的制約等から，市民が現実に法廷に赴いて傍聴することは困難が多い。傍聴が事実上不可能な者にとって，マスメディア報道は傍聴に代わる意味がある。憲法21条が報道の自由の保障を含むことも考えれば，裁判公開の原則は報道の自由を含むと解すべきである。もっとも，報道の自由も無制限ではありえず，被告人の正当な権利・利益を侵害しない限りにおいて認められるものといわなければならない。

なお，刑事公判廷における写真撮影・録音・放送は，裁判所の許可を得なければ行うことができないとされている（刑事訴訟規則215条)。判例（最大決昭和33・2・17刑集12巻2号253頁）は，法廷の秩序維持と被告人等の利益保護のために必要と解して，これを合憲としている。メモに関しても，判例（上記法廷メモ事件判決）は，裁判公開の原則は「傍聴人に対して法廷においてメモを取ることを権利として保障しているものでない」として，裁判所の許可なくメモを取ることを禁止することを認めている。ただし，その後の実務では，メモを取ることは原則として許容されている。

(f) 迅速な裁判を受ける権利

迅速な裁判の保障　憲法は，37条1項で，被告人に「迅速な裁判を受ける権利」を保障している。

西欧には「裁判は早いほど芳しい」「裁判の遅延は裁判の拒否に等しい」という言葉もあるように，不当に遅い裁判は，社会にとっても被告人にとっても利益にならない。当事者・関係者が死に絶えるまで裁判を引き延ばせば，裁判は霧消する。そうでなくとも，事件が人々の記憶から消え去ったり，歴史の一部になった頃に判決が出ても，人々に対する感銘力はない。被告人にとっては，長期に渡り被告人という不安定な地位に置かれることは，社会生活上も障害が多く，精神的にも苦痛である。とくに，身柄が拘束されている場合は，未決拘禁の期間が長期化することになり，生活への悪影響と精神的苦痛は著しい。これは，大きな人権侵害である。「迅速な裁判を受ける権利」は，このような人権侵害を受けない権利である。憲法が迅速な裁判を「被告人の権利」として保障しているのは，このような事情に基づく。

迅速な裁判を受ける権利の保障を実効性のあるものにするには，裁判が不当に遅延した場合に被告人を救済するための方策が必要である。かつての判例は，裁判の遅延を理由に破棄差戻しをすれば裁判は一層遅れるとして，裁判の遅延は原判決破棄の理由にならないとしていた。それでは，迅速な裁判を受ける権利は絵に描いた餅である。そこで，最高裁は，高田事件判決（最大判昭和47・12・20刑集26巻10号631頁。他の事件の審理との関係で約15年間審理が中断していた事案）において，審理が著しく遅延した結果，被告人の権利が害されたと認められる異常な事態が生じた場合には，これに対処すべき具体的規定がなくとも，憲法37条によって審理を打ち切るという非常救済手段が許されるとして，免訴を言い渡して裁判を打ち切った。しかし，その後は，審理に10年近くが空費された事案も含めて，審理の遅延を理由に裁判を打ち切った事例は現われていない。

迅速な裁判と防御権の保障　迅速な裁判は，「拙速な裁判」と同義ではない。迅速処理を急ぐあまり，刑事訴訟法の目的である被告人の人権保障や事案の真相の解明（刑訴法1条）がおろそかにされたのでは，本末転倒である。とくに，憲法が迅速な裁判を被告人の権利として保障していることを考えれば，被告人の十分な防御活動や，被告人が納得できる慎重・丁寧な審理を軽視して審理の迅速を図ることは，憲法による迅速な裁判の保障の趣旨にかえって反するものといわなければならない。

近年，いわゆる「オウム事件」等の重大事件の審理の長期化がマスメディアで問題にされ，裁判員裁判が始まっていることも相まって，審理の迅速・短期化を推進する動きが急である。2003年には「裁判の迅速化に関する法律」が制定され，第1審の手続を2年以内に，その他の手続もできるだけ短い期間に終局させることが目標とされた。また2005年には，公判審理を継続的・計画的・迅速に行うための手続として，公判前整理手続（刑訴法316条の2以下）も開始された。

しかし，大多数の刑事第1審手続は1年以内で終わっており，2年以上かかるのは，複雑で争点が多い一部少数の事件に限られている。人間の認識能力には限りがあるから複雑な事件の審理に時間がかかるのはやむをえないし，ある程度の年月が経たないと現われてこない事実もある。「時が真実を明らかにする」側面も，否定できない。また，審理に意外性は付きものであり，必ずしもスケジュールやシナリオ通りに進められるものではない。近年の「裁判の迅速化」は，被告人のためというよりは，「迅速な処罰」や裁判員の負担軽減を求める国民の声に応えるためのもののように見受けられる（「裁判の迅速化に関する法律」1条は司法の役割と「国民の要請」を迅速化の理由としている）。しかし，被告人の防御活動や事実の発見を犠牲にした「拙速な裁判」は，裁判の否定といわねばならない。

被告人の十分な防御活動と充実した審理を保障しながら迅速な裁判を実現するためには，弁護人が間欠的に短時間の弁護活動を重ねるのではなく，一定期間に集中した効果的な弁護活動を行う必要がある。あるべき迅速な裁判の実現には，このような弁護人の努力と，それを可能にする弁護体制・弁護士業務体制の確立が不可欠である。

公訴時効と迅速な裁判　迅速な裁判の保障は，さらに公訴時効の制度につながる。迅速な裁判の保障は，裁判の期間を長期化させないことで，長期に渡って被告人の地位に置かれることによる人権侵害を防止するためのものである。これに対して，公訴時効制度は，公訴提起までの期間を制限することで，国民が長期に渡って被疑者の地位に置かれることによる人権侵害を防止する役割を果たす。この意味で，公訴時効制度は，迅速な裁判の保障を補完する制度であり，憲法31条の適正手続の保障に関わる重要な制度といわなければならない。

市民にとっては，捜査機関に嫌疑を持たれ，被疑者の立場に置かれ，捜査の対象となることも，大きな苦痛である。警察に出頭を求められ，自宅や職場に捜査官の訪問を受け，周囲から疑惑の目で見られ，逮捕・起訴に怯えながら暮らすのは，大変な苦痛である。このような状態が延々と続けば，正常な生活は成り立たない。また，何十年も昔の事件でいきなり逮捕，起訴され，それまで築いてきた生活が壊されるのも，大きな苦痛である。このようなことは，無実の者にも（その意味では国民の誰にでも）起こりうるのであって，その苦痛は計り知れない。公訴時効制度は，事件後一定期間で，このような苦痛ないし危険から国民を解放する制度である。公訴時効に関しては，時間の経過による社会的影響や処罰感情の希薄化，証拠の散逸等の理論的根拠が挙げられてきた。しかし，公訴時効の最も重要な根拠は，上述のような人権保障という政策的理由にあるというべきである。その意味で，公訴時効制度は，迅速な裁判の保障の延長線上にある，人権保障のための制度である。

このようにみるならば，公訴時効制度の撤廃や時効期間の極端な長期化は，憲法31条の適正手続の保障との関係で，大きな問題を含む。2010年の刑訴法改正が広く死亡事件について公訴時効の一部を撤廃し，時効期間を大幅に延長したことには，その遡及適用を認めたこと（前出126頁）とは別に，憲法との関係で重大な疑義がある。遺族が必罰・重罰感情を持つことは理解できるが，警察・検察が常に正しい判断をするとは限らない。刑事司法を考える場合には，恣意的・独善的な捜査・起訴によって一般国民の人権が侵害される危険があり，それゆえに適正手続の保障があることを忘れてはならない。

(g)　逮捕に対する権利

逮捕と令状主義　憲法33条は，「何人も，現行犯として逮捕される場合を除いては，権限を有する司法官憲が発し，且つ理由となつてゐる犯罪を明示する令状によらなければ，逮捕されない」と規定している。

この規定は，捜査機関による逮捕を司法部が令状の発布によってコントロールするという，「司法的抑制」を定めた規定である。したがって，この「司法官憲」は，裁判官を意味する。このように裁判官が令状を通して捜査機関の活動をコントロールすることを，「令状主義」という。憲法33条は，令状主義によって捜査機関による逮捕を規制し，市民の人身の自由が不当に奪われることのないようにしたものである。

令状逮捕・緊急逮捕・現行犯逮捕　逮捕に関して，刑事訴訟法は，令状逮捕（199条）・緊急逮捕（210条）・現行犯逮捕（212条）の3つを規定している。

令状逮捕は，裁判官が発した逮捕状によって逮捕するものであり，令状主義に基づく逮捕である。

現行犯逮捕は，「現に罪を行い，又は現に罪を行い終つた者」（刑訴法212条1項）を令状なしに逮捕する（刑訴法213条）もので，憲法33条が令状主義の例外として規定しているものである。もっとも，刑事訴訟法212条2項は，この他に，一定の条件に当たる者が「罪を行い終つてから間がないと明らかに認められるとき」も令状なしの逮捕を認める，「準現行犯逮捕」を規定している。これが憲法の規定する「現行犯」に含まれるかは問題となるが，憲法の「現行犯」はこのような場合も含むと解するのが一般的である。

緊急逮捕は，一定の重い「罪を犯したことを疑うに足りる充分な理由がある場合で，急速を要し，裁判官の逮捕状を求めることができないとき」に，「その理由を告げて被疑者を逮捕すること」を認めるものである。この場合は，直ちに裁判官の逮捕状を求める手続を行い，逮捕状が発せられないときは直ちに被疑者を釈放しなければならない。緊急逮捕は，逮捕の時点では令状が存在しないために，令状主義の例外として現行犯逮捕のみを認める憲法33条に反しないかが問題となる。学説では，緊急逮捕を違憲とするものもあるが，実際上必要な合理性のある逮捕であることや，事後の令状の発布が予定されていること等を理由に合憲とするのが多数である。判例（最大判昭和30・12・14刑集9巻13号2760頁）も，これを合憲としている。

令状逮捕の現状　令状主義は，捜査機関の逮捕に対する司法的抑制のための制度である。それゆえ，裁判官が捜査機関の令状請求に対して安易に令状を発布したのでは，令状主義の目的を達成することができない。裁判官は，逮捕状発布の要件の有無を，慎重・厳格に判断しなければならない。請求の99％以上に対して逮捕状が発布されている現状は，裁判官による司法的抑制が慎重・厳格に行われているかについて疑念を生じさせるものといえよう。

(h)　抑留・拘禁に対する権利

抑留・拘禁に対する権利　憲法34条は，「何人も，理由を直ちに告げられ，且つ，直ちに弁護人に依頼する権利を与へられなければ，抑留又は拘禁されない。又，何人も，正当な理由がなければ，拘禁されず，要求があれば，その理由は，直ちに本人及びその弁護人の出席する公開の法廷で示されなければならない」と規定している。この規定も，抑留・拘禁に対する権利を規定することで，市民の人身の自由の保障を図ったものである。抑留は一時的な身体の拘束を，拘禁は継続的な身体の拘束を意味すると解されている。それゆえ，刑事訴訟法では，逮捕・勾引後の留置（203条・204条，75条）が抑留に当たり，勾留（60条以下）・鑑定留置（167条）が拘禁に当たることになる。

憲法34条は，抑留・拘禁に関して理由の告知と弁護人依頼権を規定し，拘禁に関して正当な理由の存在とその公開法廷での開示を規定している。これを承けて，刑事訴訟法は，被疑者を逮捕したときには，直ちに犯罪事実の要旨と弁護人を選任できる旨を告げた上で弁解の機会を与えるものとし（203条1項，204条1項，211条，216条），被告人を勾引したときには，公訴事実の要旨と弁護人を選任できる旨を告げるものとしている（76条）。また，勾留については，被疑者・被告人が罪を犯したことを疑うに足りる相当な理由がある場合でなければ勾留できない（60条1項，207条1項・4項）とした上で，勾留するときには被疑・被告事件を告げてこれに関する陳述を聞き（61条，207条1項），弁護人を選任できる旨を告知するもの（77条1項，207条1項・2項）とし，さらに，請求（勾留理由開示請求）があったときは公開法廷で勾留の理由を開示するものとしている（82条以下）。刑事訴訟法は，逮捕・勾留に関しては，理由の告知とともに，弁解・陳述の聴聞をも規定している。これは，憲法の明文規定による保障を拡充したものといえる。

権利の実質的保障　理由の告知と弁解の聴聞（告知聴聞）は，不当な抑留・

拘禁を防止するためのものである。したがって，形式的に告知し聞いておけばよいというものではない。理由を具体的に告げて，弁解によって留置の必要がないことが判明したときは釈放する等しなければならない（刑訴法61条，203条1項，204条1項）。弁護人選任権に関しても，告知するだけではなく，実際に選任して実質的な弁護が受けられるような手続を設けることが必要である。勾留理由の開示も，単に形式的に勾留の理由を示すだけであってはならない。被疑者・被告人にとっては，その場で勾留の理由や必要性の有無が実質的に審理され，それがないと判断された場合には勾留が取り消される（刑訴法87条）のでなければ，意味がない。抽象的に理由が述べられるにとどまり，勾留の取消しにつながることがほとんどない勾留理由開示手続の現状に対しては，手続の形骸化との批判が強い。もっとも，裁判官が勾留した理由を説明する手続形式は，勾留の当否を実質的に審理するのには必ずしも適していない。手続自体の改変が必要といえよう。

(i)　捜索・押収に対する権利

捜索・押収と令状主義　　憲法35条は，1項で「何人も，その住居，書類及び所持品について，侵入，捜索及び押収を受けることのない権利は，第33条の場合を除いては，正当な理由に基いて発せられ，且つ捜索する場所及び押収する物を明示する令状がなければ，侵されない」と規定し，2項で「捜索又は押収は，権限を有する司法官憲が発する各別の令状により，これを行ふ」と規定している。

個人の住居や書類・所持品は，その私的領域に属するものである。個人は，国家がこれらに対してみだりに干渉することを拒否する権利を有すると解される。このような権利は，一種のプライバシー権として，憲法13条が保障する幸福追求権に含まれるとも解されよう。憲法35条は，個人の住居や書類・所持品に対する権利を保障しつつ，令状主義によって，これと証拠収集という捜査の必要性との調整を図った規定である。逮捕する場合は，令状主義の例外として，令状なしの捜索・押収が許される。その理由には，被逮捕者による抵抗・証拠破壊・逃亡を防止するための必要性や，逮捕の際に存在する証拠を収集する手段としての合理性が挙げられている。

刑事訴訟法は，物の収集のための強制処分（対物的強制処分）として，捜索・差押え・検証（身体検査を含む）（218条・220条），領置（221条），鑑定処分（225条）を規定している。これらの処分は，任意的な態様で行われる領置を除き，憲法35条の「侵入・捜索・押収」に当たるものとして，令状主義の原則に服することになる。そこで，刑事訴訟法は，捜索・差押え・検証については，逮捕の場合を除いて，被疑者・被告人の氏名，罪名，差し押さえるべき物，捜索すべき場所等を記載した裁判官の令状によって行うこととしている（218条・219条）。また，とくにプライバシー侵害の程度が高い身体検査・鑑定処分については，特別の身体検査令状・鑑定許可状を必要とし（218条・225条），その実施にも特別の配慮を規定している（222条1項・225条4項・168条6項・131条）。

近年の社会の情報化の進展から，捜索・押収の範囲は，物から情報へと拡大している。当初は従来の物の捜索・押収に関する規定を適用・準用して対応が図られていたが，物の捜索・押収とは事情が異なる点も多いため，徐々に立法による解決が進んできている。1999年には，刑訴法改正による222条の2の追加と「犯罪捜査のための通信傍受に関する法律」（通信傍受法，盗聴法）の制定により，裁判官の傍受令状による電話等の電子通信の傍受（盗聴）が法制化された。また，2011年には，サイバー犯罪に対応するための刑訴法改正として，電気通信回線で接続している記録媒体からの複写の制度の導入（99条2項，218条2項），記録命令付差押えの新設（99条の2，218条1項），電磁的記録に係る記録媒体の差押えの執行方法の整備（110条の2，222条1項），保全要請に関する規定の整備（197条3項～5項）などが行われた。ただし，情報の捜索・押収は，「検閲は，これをしてはならない。通信の秘密は，これを侵してはならない」という憲法21条2項との関係で問題を含むほか，技術的な問題も多い。現行法制が妥当かは，かなり問題である。

令状主義は，司法的抑制によって，無差別・無限定な侵入・捜索・押収から個人の私的領域を保護するためのものである。それゆえ，令状の記載は，捜索・押収の現場で執行者が見て対象を誤りなく識別できる程度に明確でなければならない。しかし，事前に押収の対象が個別・具体的に判明していない場合もあるから，ある程度概括的な記載も許さざるをえない。判例（最大決昭和33・7・29刑集12巻12号2776頁）は，いくつかの物件を例示した後「その他本件に関係ある一切の物件」のように記載した令状を，例示された物に準ずるものを指すことは明らかだとして，合憲としている。このような令状は実務では一般的にみられるが，例示が限定の意味をもたないような場合は違憲と解すべきであろう。対象が情報である場合には，その個別化・具体化や識別には，より多くの困難がある。

令状による捜索・押収の限界　憲法35条が個人のプライバシー権と捜査の必要性との調整を図った規定であるとするならば，プライバシー侵害の程度が極めて高い場合には，令状によっても侵入・捜索・押収は許されないのではないかが問題となる。

例えば，尿道から膀胱(ぼうこう)にカテーテルを挿入して覚醒剤の使用の有無を検査・判定する試料として尿を採取する強制採尿は，被疑者に強い屈辱感・羞恥心を抱かせるもので，令状によっても許されないのではないかが問題となる。最高裁は，捜索差押令状により身体検査令状に関する刑事訴訟法218条5項を準用して実施されるならば適法と解している（最決昭和55・10・23刑集34巻5号300頁）が，このような処分を強制することが人間の尊厳に反しないかは問題であろう。

通信傍受も，被疑者に令状を提示することなく密かに通信を盗聴するもので，プライバシーや通信の秘密（憲法21条2項）を不当に侵害するものとして憲法上許されないのではないかが問題となる。ただし，最高裁は，通信傍受についても，一定の要件の下で令状によって行うならば合憲としている（最決平成11・12・16刑集53巻9号1327頁。通信傍受法制定前に検証許可状を得て実施した事案）。

所持品検査　警察官が職務質問（警察官職務執行法2条）の際に所持品検査をすることは少なくない。所持品検査は，職務質問の効果を上げるのに有効であり，犯罪の予防・鎮圧に役立つ行政警察活動であるが，職務質問の現場で令状なしに相手の所持品を検査するものである。そこで，相手の同意を得ずにこれを行うことは，憲法35条に違反するのではないかが問題となる。学説には，純粋に任意で行われた場合以外は所持品検査は許されないとする見解や，警察官の安全のための凶器等の捜検に限定して許容する見解もある。判例（最判昭和53・6・20刑集32巻4号670頁）は，所持品検査の必要性・緊急性がある場合には，相手の承諾がなくても，具体的状況の下で相当と認められる限度で職務質問の付随行為として許容されるとしている。しかし，具体的要件を規定した個別の根拠規定なしに職務質問の付随行為として所持品検査を認めるのは，立法によらない新制度の創設であり，法解釈の限界を超えるように思われる。

違法収集証拠の排除　憲法が令状主義を定めていても，それに違反して捜索・押収された物を証拠として有罪にすることが許されるのであれば，憲法違反の捜索・押収は「やり得」になる。それでは，憲法違反の捜索・押収は後を絶たない。憲法違反をさせないためには，憲法の趣旨に違反して違法に収集された証拠の証拠としての資格（証拠能力）を否定して，これを証拠から排除することが必要である（違法収集証拠の排除）。最高裁は，収集手続に違法があっても物自体の性質・形状が変わるわけではないため，初めは違法収集証拠の排除に消極的であった。しかし，最高裁は，その後，「令状主義の精神を没却するような重大な違法があり，これを証拠として許容することが，将来における違法な捜査の抑制の見地からして相当でないと認められる場合においては，その証拠能力は否定される」（最判昭和53・9・7刑集32巻6号1672頁）と判示して，この法理を認めるに至った。この法理に基づいて実際に証拠能力を否定した判例は，下級審には散見され，近年は最高裁にも現われてきている（最判平成15・2・14刑集57巻2号121頁）。

(j)　弁護人の弁護を受ける権利

弁護人依頼権の保障　上述のように，憲法34条は，抑留・拘禁される者に弁護人依頼権を認めている。さらに，憲法37条3項は，「刑事被告人は，いかなる場合にも，資格を有する弁護人を依頼することができる。被告人が自らこれを依頼することができないときは，国でこれを附する」と規定している。憲法は，被告人に限らず被抑留・拘禁者に弁護人依頼権を認め，被告人に弁護人依頼権と国選弁護人による弁護を保障しているということができる。

刑事手続において，検察官・警察官は巨大な組織力をもつ「刑事法のプロ」であるのに対して，被疑者・被告人は通常は孤立した「刑事法の素人」である。手続における対立当事者として両者が相対した場合，その間には大きな力の差がある。これを放置すれば，被疑者・被告人は検察官・警察官の誤りをどうすることもできず，冤（えん）罪や不当な重罰を招くことにもなる。弁護人は，被疑者・

被告人と検察官・警察官の間の力の不均衡を是正して両者を対等な関係にし，刑事手続における公平を実現するために必須である。犯罪者といえども，「問答無用」に処断してよいというものではない。手続の中で弁解を法的論理として展開できるようにすることは，公平・公正な裁判の実現にとっても重要である。「凶悪犯人」にも弁護人が必要なのは，このような理由による。とはいえ，自分で弁護人（私選弁護人）を依頼することは，経済的に重い負担となる。多くの被疑者・被告人には，その負担に耐えられるだけの経済的余裕はない。国が弁護人を附する国選弁護人制度は，弁護人依頼権を実質的に保障して「絵に描いた餅」にしないための重要な制度である。

刑事訴訟法は，憲法の明文による保障の範囲をやや拡大して，全ての被疑者・被告人に私選弁護人を選任する権利を保障している（30条）。その上で，貧困等の理由で弁護人を選任できない被告人に関しては，弁護人の選任を請求した全ての被告人に，国選弁護人を附するものとしている（36条）。さらに，刑事訴訟法は，請求がない場合であっても，未成年，70歳以上，聴覚障がい，心神喪失の疑い等の事情がある被告人については，職権で国選弁護人を附することができるとしている（37条）。また，刑事訴訟法は，公訴が提起された被告人には裁判所が弁護人選任権・国選弁護人選任請求権を告知するものとし（272条1項），死刑または無期もしくは長期3年を超える懲役・禁錮（こ）に当たる事件（必要的弁護事件）を審理する際には弁護人がなければ開廷できないとしている（289条1項）。

被疑者国選弁護　刑事手続では公訴提起前の捜査段階が極めて重要であり，捜査段階で捜査機関側に有利な供述調書が作成され，それに沿った証拠収集がされると，それを公判段階で覆すのは非常に困難である。冤罪事件も，捜査段階における強要による虚偽の自白や誤った見込み捜査から生じてくる場合がほとんどである。それゆえ，捜査段階における弁護人の存在は，被疑者にとって決定的ともいえるほど重要である。

しかしながら，従来は，憲法37条3項が「被告人」と規定しているため，国選弁護人が選任されるのは上記の起訴後の被告人についてのみであって，捜査段階の被疑者には国選弁護人の制度は存在しなかった。そのため，1990年代の初めから弁護士会が当番弁護士制度（待機している弁護士が被疑者等の依頼により警察署等へ出向いて面会・助言・援助する。1回目は無料）を実施していたが，それだけでは不十分であり，被疑者に対する国選弁護制度の実現が弁護士会や学界から強く求められていた。その結果，2004年の刑事訴訟法改正により，被疑者に対する国選弁護制度（被疑者国選弁護制度）がようやく実現した。当初は，死刑または無期もしくは短期1年以上の懲役・禁錮に当たる事件について勾留状が発せられている被疑者が対象であったが，2009年5月からは，長期3年を超える懲役・禁錮に当たる事件（対象事件。必要的弁護事件と同一）の被疑者にまで被疑者国選弁護の範囲が拡大されている（刑訴法37条の2第1項）。裁判官は，被疑者国選弁護制度の対象となる被疑者が貧困等の理由で弁護人を選任できないときは，その請求があれば，被疑者のため弁護人を付さなければならない。さらに，被疑者国選弁護制度の対象となる被疑者については，精神上の障がい等の理由で弁護人の要否の判断が困難である疑いがある者について必要と認められる場合は，裁判官は，その請求がなくても職権で弁護人を付することができるものとされている（刑訴法37条の4）。

弁護の実質的保障　被疑者・被告人にとって，弁護人は，私選・国選を問わず，単にいればよいというものではない。重要なことは，弁護人から実質的で効果的な弁護を受けられるということである。しかしながら，弁護士は民事事件を業務の中心にしており，刑事弁護に習熟した弁護士は必ずしも多くないのが実情である。刑事事件の専門家である検察官を相手に十分な弁護活動をするためには，刑事事件を業務の中心とする弁護士の育成や，刑事弁護に関するスキルアップが必要である。裁判員裁判が実施されている現在は，とくに裁判員に理解されやすい弁護技術のスキルアップが求められる。弁護士会を中心に，そのための取り組みがさらに進められることが期待される。

国選弁護人については，被疑者・被告人が自ら選んで依頼するのではないため，実質的・効果的な弁護ができる弁護士を質・量共に確保することが重要な課題となる。現在は，総合法律支援法によって設立された日本司法支援センター（通称「法テラス」）が中心となって，法テラスと国選弁護を担当する旨の契約をした弁護士が，法テラスの指名に基づいて裁判所から選任されるシステムになっている。しかし，法テラスの管理・運営には法務大臣の権限が及ぶ（総合法律支援法20条以下・22条以下・40条以下）ため，従来は弁護士会を通して国選弁護人に選任されてきた刑事弁護に習熟した弁護士が，法テラスとの国選弁護契約を拒否する例が少なくない。国選弁護の充実には，市民的視点に立って，法テラスの管理・運営体制や弁護士業務のあり方を改革・改善していくことが必要であろう。

(k)　取調べに対する権利

拷問の禁止　　憲法36条は，「公務員による拷問及び残虐な刑罰は，絶対にこれを禁ずる」と規定している。

拷問とは，肉体的・精神的苦痛を与えて，自白を強制することをいう。拷問は，人間の尊厳を無視するものであり，自由権規約等の国際条約で国際的に禁止されている。現行憲法が拷問を厳しく禁止しているのは，戦前・戦中に拷問が横行し，思想犯を含む多くの人々がその犠牲になったことを考慮したからである。

拷問による暴行・陵虐・加虐は，特別公務員暴行陵虐罪・同致死傷罪（刑法195条・196条）に当たる犯罪として処罰の対象となる。検察官が公訴を提起しない場合には，被害を受けた者等は，裁判所に事件を審判に付することを請求できる（刑訴法262条以下。付審判請求）。

自己負罪拒否特権・黙秘権　　さらに，憲法38条1項は，「何人も，自己に不利益な供述を強要されない」と規定している。これは，自分が刑罰（または，より重い刑罰）を科される根拠となりうる供述を拒否する権利を認めたもので，「自己負罪拒否特権」と呼ばれる。これを承けて，刑事訴訟法は，証人について「何人も，自己が刑事訴追を受け，又は有罪判決を受ける虞のある証言を拒むことができる」（146条）と規定し，被疑者については「自己の意思に反して供述をする必要がない」（198条2項）と，また被告人については「終始沈黙し，又は個々の質問に対し陳述を拒むことができる」（291条3項）と規定している。刑事訴訟法は，被疑者・被告人については自分に有利・不利を問わず一切の供述を拒否する権利を認めており，このような権利は「黙秘権」と呼ばれる。

近代以前の社会では，罪を犯した者が正直にそれを自白するのは道徳的に当然のことであり，自分の罪を告白・懺悔することが贖（しょく）罪になると考えられていた。逆にいえば，自分の罪を隠すのは不道徳であり，救われないと考えられたのである。そこで，近代以前には，自己負罪拒否特権や黙秘権は認められず，自白は義務とされていた。しかし，その結果，刑事手続は被疑者・被告人の意思を無視した厳しい糺問手続となり，自白しない場合には拷問によって自白させるのが当然とされた。このような手続は，無理矢理に人の内心に入り込み，暴力的にその記憶や心情を開示させるもので，人格を無視し，人間としての尊厳を否定するものといわなければならない。また，このようにして得られた自白は虚偽である場合も多く，冤罪の温床となった。そのような歴史的反省に立って，近代刑事法は，人間の尊厳の見地から，いわば従来の常識を逆転して，自己負罪拒否特権・黙秘権を保障する方向に転換したのである。

自白法則　その上で，憲法は，「強制，拷問若しくは脅迫による自白又は不当に長く抑留若しくは拘禁された後の自白は，これを証拠とすることができない」(38条2項) とし，また「何人も，自己に不利益な唯一の証拠が本人の自白である場合には，有罪とされ，又は刑罰を科せられない」(38条3項) と規定している。これを承けて，刑事訴訟法は，「強制，拷問又は脅迫による自白，不当に長く抑留又は拘禁された後の自白その他任意にされたものでない疑のある自白は，これを証拠とすることができない」(319条1項)，「被告人は，公判廷における自白であると否とを問わず，その自白が自己に不利益な唯一の証拠である場合には，有罪とされない」(同条2項)，「前二項の自白には，起訴された犯罪について有罪であることを自認する場合を含む」(同条3項) と規定している。

自白とは，自己の犯罪事実の主要部分を認める供述を意味する。事実を認める供述であり，有罪である旨の陳述である「自認」とは区別される。それゆえ，殺傷の事実を認めつつ正当防衛による無罪を主張する場合も，自白に当たる。

近代以前には，「自白は証拠の王」とされ，証拠として決定的な意味が認められた。それは，科学的な捜査能力が低かった時代には，事実は人とくに被告人の口から聞き出すのが簡便であり，被告人が刑罰を受ける可能性のあるような嘘を言うことはないと考えられたからである。そして，現在でも，自白は証拠としての価値が認められ，自白が重視される傾向は強い。しかし，刑事手続の自白への依存は，自白の強要や拷問，そして人間の尊厳の侵害につながる。また，自白の強要が虚偽の自白そして冤罪をもたらすことも，過去の経験が明らかにしているところである。憲法38条2項・3項は，不当・違法な手段で得られた自白の証拠能力を否定して証拠から排除（証拠排除）するとともに，自白以外の証拠（補強証拠）がなければ自白のみで有罪にできないとすることで，自白の強要・偏重の抑制と誤判の防止を図ったものということができる。

このようにみるならば，刑事訴訟法319条は「任意にされたものでない疑のある自白」を証拠から排除するものとしているが，これに限らず，自白を得る手段が不当・違法であった場合は，自白の証拠能力が否定されると解すべきである。また，補強証拠も，自白が虚偽でないことを示す何らかの証拠があればよいというものではなく，自白依存を減殺するだけの重要性がある実質的な証拠が必要と解されなければならない。

取調べの現状と課題　捜査機関は，犯罪捜査について必要なときは，被疑者の出頭を求めて，取り調べることができる（刑訴法198条1項本文）。この取調べは被疑者の同意を得て行う任意捜査であり，被疑者がこれに応じるか否かは自由で，出頭を拒否してもよいし，出頭後いつでも退去してよい（同項但書）。もっとも，実際上は，捜査官が来て任意同行を強く求める場合にこれを拒否するのは容易ではないし，出頭して取調べに応じた後に一方的に退去することも容易ではない。

逮捕・勾留されている被疑者に取調べに応じる義務（取調受忍義務）があるかは，重要な問題である。捜査実務では，逮捕・勾留は取調べのためのものと意識され，刑事訴訟法198条1項但書が「逮捕又は勾留されている場合を除いては」出頭拒否・退去できると規定していることを根拠に，これを肯定する考え方が採られている。しかし，取調受忍義務を正面から認めた判例は存在せず，学説ではこれを否定する見解が有力である。取調受忍義務が認められると，被疑者は執拗な取調べにも対応が義務付けられ，実質的には自白の強要を認めるのと同じことになり，黙秘権の保障は無意味になる。自己負罪拒否特権・黙秘権の保障は，取調受忍義務の否定を含むものと解すべきである。

とはいえ，捜査機関は，取調受忍義務を肯定する立場から，多くの被疑者を逮捕・勾留して警察にある留置場（いわゆる「代用監獄」）に収容し（刑事施設・処遇法14条以下参照），否認する被疑者に対しては自白を求めて長時間かつ厳しい取調べを行っているのが実情である。そして，その結果なされた被疑者の供述は調書に録取され（刑訴法198条3項），一定範囲で証拠として認められ（刑訴法322条），有罪判決がされている（「調書裁判」と批判される）。このような「自白追求型」の捜査のあり方に対しては，自白を強要し，黙秘権を侵害するものとの批判が強い。そして，これを可能にしている代用監獄に対しては，国際社会からも，人権侵害と冤罪の温床だとする厳しい批判が加えられている。

自白の強要や拷問は，憲法が禁止すればなくなるというものではない。捜査機関が被疑者を自己の支配下に置いて密室で長時間取り調べることが可能である限り，自白強要・拷問をしても露見の可能性は低く，その誘惑はなくならない。自白強要・拷問を不可能にするためには，第1に，警察が管理する代用監獄を廃止して，被疑者を法務省矯正局が管理する拘置所に収容することが必要である。第2には，被疑者が取調べに弁護人の立会いを求める権利を認め，これを侵害して得られた供述の証拠能力を否定することが必要である（合衆国連邦最高裁がミランダ事件で定立した原則で「ミランダ・ルール」と呼ばれる）。取調べの全過程の録音・録画等による取調べの可視化は，取調べの密室性の解消に有効ではあるが，次善の策というべきである。そして，さらには，捜査のあり方を自白中心から物証中心の科学的捜査へ転換するとともに，公判中心主義に則り，公判が警察・検察の取調べの点検・確認の場にならないようにして，これを実質的な事実認定の場として徹底させることが必要である。これらが実現しない限り，日本の取調べから人権侵害と冤罪の影が消えることはないであろう。

日本における被疑者の取調べを中心とした「自白追求型捜査」や「調書裁判」に対する批判は専門家の間では以前から強かったが，ようやく最近になって，社会的にも問題視されるようになってきている。前述（206頁）のように，近年，多くの冤罪事件が表面化し，そこにおける取調べや調書作成のあり方，調書の偽造・変造等が社会問題となった。そして，取調べと調書作成の適正化のために取調べの録音・録画の導入を求める意見が，一般市民の間でも強くなってきている。他方，裁判員裁判が開始されたことで，公判廷における裁判員の面前での供述の重要性が高まり，調書の証拠としてのウエイトが低減してきている。また，裁判員経験者からは，調書の信用性を判断する資料として取調べ状況の録音・録画が必要だとする意見も多く出されている。このような中で，「検察の在り方検討会議」も，取調べによる供述獲得のウエイトを下げて新たな捜査手法で代替する方向を提言し，取調べの録音・録画を含む刑事司法制度改革へ向けての議論が法制審議会の「新時代の刑事司法制度特別部会」で進められている。

これに対して，検察庁は取調べの録音・録画を徐々に広げる方向にあるが，警察は取調べの録音・録画には極めて消極的であり，内部規律の充実で取調べの適正化を図ろうとしている。しかし，取調べの適正化には，取調べの密室性を解消するための「外部の目」の導入が必要である。それには弁護人の立会いが最善であるが，それがない取調べには，全過程について録音・録画という「外部の目」がなければならない。それゆえ，この問題は内部規律で対応すべき問題ではないし，取調べの一部の録音・録画では意味がない。なお，取調べに代わる新たな捜査手法をめぐる議論の中では，室内盗聴，おとり捜査，潜入捜査，刑事免責，司法取引，有罪答弁等の制度の導入を図る動きもあるが，これらの制度も人権との関係で大きな問題を含むものであり，取調べの録音・録画導入の代償とすべきものではない。

(1)　その他の刑事手続上の権利

証人審問権・喚問権の保障　憲法37条2項は，「刑事被告人は，すべての証人に対して審問する機会を充分に与へられ，又，公費で自己のために強制的手続により証人を求める権利を有する」と規定している。前段は証人審問権を保障し，後段は証人喚問権を保障したものである。

証人の「審問」とは，証人と対決して供述内容の信用性を吟味・弾劾する反対尋問を行うことを意味する。事実認定をする裁判所の面前において自己に不利益な供述をする者と直接対決し，その供述内容の信用性を吟味・弾劾する機会を与えることは，信用性の乏しい供述による処罰を防ぎ，正確な事実認定につながる。刑事訴訟法は，被告人の証人尋問への立会いを認めるとともに立ち会った被告人が証人を尋問することを認め（157条1項・3項），公判廷における証人等の尋問についても被告人による尋問を認めている（304条2項）。

近年，証人保護の見地から，証人の供述中の一時退廷（刑訴法304条の2），証人の被告人からの遮へい（刑訴法157条の3），ビデオリンク方式による証人尋問（刑訴法157条の4）等の新しい制度が設けられている。これらは，とくに被害者である証人が被告人と直接対決することで自由な供述が妨げられたり精神的に傷付く等の二次被害を受けることを防止するために導入された制度である。しかし，これによって，被告人は，証人と直接対決して反対尋問を行うことが制約されることになる。そこで，これらの制度が立案された際には，その憲法適合性が問題とされた。ただし，制度発足後の判例は，これを合憲としている（遮へい・ビデオリンクにつき，最判平成17・4・14刑集59巻3号259頁）。

被告人の反対尋問を経ていない供述証拠を証拠とすることは，被告人の証人審問権を侵害するものであり，認めるべきではない。伝聞証拠の証拠能力を原則として否定する「伝聞法則」（刑訴法320条以下）は，この趣旨に基づくものと解されている。ただし，伝聞法則には例外が多く規定され，その運用もゆるやかで，「調書裁判」を許す要因となっている。

二重の危険の禁止　憲法39条は，「既に無罪とされた行為については，刑事上の責任を問はれない。又，同一の犯罪について，重ねて刑事上の責任を問はれない」と規定している。

この規定は，合衆国憲法修正5条の「同一の犯罪について重ねて生命または身体の危険にさらされることはない」という規定に倣って，「二重の危険」（double jeopardy）の禁止を定めたものと解されている。大陸法にも「一事不再理」の法理があり，二重の危険の禁止の法理と一事不再理の法理で結論に大きな相違があるわけではない。ただし，一事不再理の法理が事柄を裁判の既判力の効果として裁判所の視点からとらえるものであるのに対して，二重の危険の禁止の法理は，事柄を被告人の手続上の負担という被告人の人権保障の視点からとらえるものである。この点に，二重の危険の禁止の法理の特長があるといえる。

英米法では，「危険」を審級ごとにとらえて，下級審の無罪または有罪の判決に対して検察官が有罪またはより重い刑を求めて上訴することは，二重の危険の禁止に反して許されないとされている。学説では，憲法39条の二重の危険の禁止を同様に理解して，下級審の裁判に対する検察官上訴は許されないとする見解も有力である。これに対して，一事不再理の法理では，裁判が確定することで既判力が生じるから，未確定の判決に対する検察官上訴も許される。ただし，二重の危険の禁止が及ぶ範囲は，一事不再理が及ぶ範囲よりは狭く解されている。判例（最大判昭和25・9・27刑集4巻9号1805頁）は，「危険」を手続開始から終末に至るまでの一つの継続的状態とみて，検察官上訴も被告人を二重の危険にさらすものではなく，憲法39条に違反しないとしている。とはいえ，裁判員裁判で市民が関与して出された無罪判決を検察官が上訴し，裁判官のみの上級審が破棄することを許容することには問題が多い。現在では，検察官上訴の禁止を真剣に検討する必要があるように思われる。

刑事補償を受ける権利　憲法40条は，「何人も，抑留又は拘禁された後，無罪の裁判を受けたときは，法律の定めるところにより，国にその補償を求めることができる」と規定している。

これは，無罪の者の人身の自由を侵害したことに対する国家補償制度を規定したものである。これを承けて，刑事補償法が，補償の要件・手続等の具体的内容を定めている。もっとも，冤罪で長期間拘禁されて再審で無罪になったような場合は，刑事補償では不十分なことが多い。そこで，刑事補償以外の補償を得るためには，国家賠償請求訴訟を提起することになる。しかし，国家賠償請求訴訟では，公務員が故意・過失によって違法に損害を加えたことを立証する必要があり，請求が認められるのは非常に困難なのが実情である。

3 刑事司法の担い手

(1) 裁判官

裁判官と裁判所　裁判官は，裁判所を構成して裁判を行うほか，令状の発布を通じて捜査機関の活動をコントロールするなど，刑事司法の要ともいうべき重要な職責の担い手である。

裁判所には，最高裁判所と，高等裁判所・地方裁判所・家庭裁判所・簡易裁判所の4種類の下級裁判所がある（裁判所法1条・2条）。裁判官には，最高裁判所長官，最高裁判所判事，高等裁判所長官，判事，判事補，簡易裁判所判事の6種類がある（同法5条）。最高裁判所には長官と14名の最高裁判所判事が所属し，憲法判断や判例変更をする場合は15名全員の裁判官で構成する大法廷で裁判が行われ，それ以外の場合は5名の裁判官で構成する小法廷で裁判が行われる（同法5条3項・9条・10条）。高等裁判所の裁判は原則として3名の裁判官による合議制で行われ（同法18条），地方裁判所の裁判は事件の重要性に応じて3名の裁判官による合議制または1名の裁判官による単独制で行われる（同法26条）。家庭裁判所の裁判は，原則として1名の裁判官による単独制で行われるが，合議制による場合もある（同法31条の4）。簡易裁判所の裁判は，1名の裁判官による単独制で行われる（同法35条）。

裁判官の任免　裁判官は，刑事司法の要となる重要な職であるから，その任免に関しては，資格要件が厳格に定められている半面で，厚い身分保障が与えられている。

裁判官の任命については，最高裁判所長官は，内閣の指名に基づいて天皇が任命する（憲法6条2項）。最高裁判所判事は，内閣が任命する（憲法79条1項）。下級裁判所の裁判官は，10年の任期が定められ（再任は可能），最高裁の指名に基づいて内閣が任命する（憲法80条）。

裁判官になる原則的な資格要件は，司法試験に合格して司法修習を修了したことである。司法修習を修了した者は，判事補に任命される資格を有する（裁判所法43条）。そして，一定期間を経た後に，判事に昇任し，一部の者は高等裁判所長官，最高裁判所判事へと昇任していく。検察官や弁護士なども裁判官に任命される資格を有するが，検察官・弁護士から裁判官に転じる例は少ない。ただし，最高裁の裁判官は，「識見の高い，法律の素養のある」者であれば，このような法曹資格を有していなくても任命することができる（同法41条）。最高裁は違憲立法審査権を有する終審裁判所であるため，広い視野をもった大所高所からの裁判がされるよう，裁判官の資格が柔軟に認められているのである。また，比較的身近で軽微な事件を取り扱う簡易裁判所判事も，裁判所事務官（同法44条）や簡易裁判所判事選考委員会の選考を経た者（同法45条）から，任命することができる。このように，日本の裁判官は，基本的には，判事補から次第にキャリア・アップしていくキャリア・システムが採られている。ただし，外国には，弁護士の中で識見・声望の高い者を裁判官に任命する「法曹一元」制を採用している国もある。

他方，裁判官には，厚い身分保障が与えられている。裁判官は，裁判によって心身の故障のために職務を執ることができないと決定された場合（憲法78条前段），公の弾劾による場合（同），および最高裁判所裁判官国民審査による場合（憲法79条）でなければ，罷免されない。また，裁判官の懲戒処分は，行政機関が行うことはできず（憲法78条後段），裁判官分限法の定める裁判によらなければならない。また，裁判官の報酬を在任中に減額することはできず（憲法79条6項・80条2項），下級裁判所の裁判官を本人の意思に反して免官・転官・転所・職務停止・報酬減額することもできない（裁判所法48条）。もっとも，このような身分保障があっても，下級裁判所の裁判官の人事権は最高裁にあるため，下級裁判所の裁判官は最高裁の目を意識することになりやすい（前述218頁参照）。

(2)　裁 判 員

裁判員制度の発足　2004年に「裁判員の参加する刑事裁判に関する法律」（裁判員法）が成立し，2009年5月から裁判員制度が実施されている。この制度は，選挙権のある国民からくじで選ばれた裁判員が裁判官と一緒になって一定の重大な刑事事件の審理に関与する制度である。裁判員制度の発足により，裁判員である一般市民が，刑事司法の重要な担い手としての責務を負うことになった。

従来，国の立法・行政・司法の三権のうち，立法には選挙や公聴会の制度が，行政には住民団体・NPOとの協働や公聴会・パブリックコメントの制度などがあって，市民が直接参加するルートが作られていた。しかし，司法に関しては，最高裁裁判官の国民審査制度（憲法79条）と，検察官による公訴不提起処分を一般市民がチェックする検察審査会制度（後述248頁）があったのみで，裁判に一般市民が直接参加する制度は存在しなかった。裁判員制度は，司法へ一般市民が直接参加する制度を新設したもので，重要な意味がある。

民主主義は，市民による自己統治，市民自治を意味する。したがって，民主主義国家では，主権者たる市民が国政の場である立法・行政・司法のそれぞれに参加して，国権の発動をコントロールし，自己統治・市民自治の実をあげることは当然とされる。それゆえ，近代的民主主義国家は，司法へ一般市民が直接参加する制度を持つのが通例である。そのような制度を持たなかった日本は，近代的民主主義国家を名乗る国としては例外的であった。

陪審制と参審制　司法への市民参加の制度としては，陪審制（Jury System）と参審制（Schöffengericht）が主なものである。

陪審制（なお，31頁以下）は，主に英米法系の国々で採用されている制度である。陪審制は，イギリスのマグナ・カルタに淵源を有し，大陪審と小陪審の2つの陪審がある。いずれも，一般市民から無作為に選ばれた陪審員で構成される。大陪審は，起訴陪審とも呼ばれ，検察官による公訴提起をチェックする役割を果たす。大陪審が起訴不当と判断すれば起訴できず，起訴相当と判断したときは事件が審判に付される。大陪審は，イギリスでは廃止されたが，合衆国ではなお活動している。小陪審は審理陪審とも呼ばれ，事件ごとに選ばれた12名の陪審員が公判に提出された証拠に基づいて起訴事実の有無を陪審員のみで評議し，その認定した事実に裁判官が説示した法令・解釈を当てはめて有罪・無罪の結論を評決する。評決は全員一致が原則であったが，現在は10対2の多数決を認める法制が多くなっている。評決が決まると，理由を付さずに有罪・無罪の結論のみを法廷に報告する。それゆえ，陪審員は，例えば，裁判官が説示した法令・解釈に従って被告人を処罰することは不当と考えるときは，それに従わず，自らの価値観に基づいて無罪の評決をすることも事実上可能である（「陪審の法適用拒否」という）。この点で，陪審制度には，国家権力による人権侵害にさらされた市民を同じ市民が守るという，人権保障制度としての側面がある。アメリカ合衆国憲法は，大陪審の告発・起訴に基づく処罰（修正5条）と，小陪審による裁判（修正6条）を，被告人の権利として保障している。

これに対して，参審制（なお，29頁）は，主に大陸法系の国々で採用されている制度である。大陸法系諸国は，フランス革命以後，裁判の民主化や人権保障のためにイギリスから陪審制を導入した。しかし，大陸法系諸国では，陪審制は徐々に衰退していった。そして，それに代わる制度として，市民の中から選ばれた参審員が職業裁判官と合議体を構成し，事実認定と有罪・無罪の判断および量刑判断を協働して行う参審制が，一般化していった。ドイツの場合を例にすると，第1審の参審裁判所は，1名の職業裁判官と2名の参審員，あるいは3名（または2名）の職業裁判官と2名の参審員で構成される。控訴審の参審裁判所は，1名（または2名）の職業裁判官と2名の参審員で構成される。参審員は，地方議会の政党や地域団体等からの推薦，立候補，無作為抽選等により作成された候補者名簿に基づき，裁判所内に設置された選任委員会（委員の多くは地方議会が選出）が選任する。参審員には4年の任期があり，任期中は次々と複数の事件を担当する。ドイツは職権主義の手続のため，職業裁判官は，予め一件記録を読んで公判廷で証人・被告人を尋問するなど，手続を主導する。参審員は，公判審理に関与し，判決の評議に加わる。評議は多数決で決定され，有罪にするには，3名の参審裁判所では2名の，5名の参審裁判所では4名の賛成が必要とされる。参審制の場合は，職業裁判官が主導権を握る傾向が強いといわれている。

戦前の日本の陪審制度　日本にも，かつては陪審制度が存在していたことがあった。

日本では，大正デモクラシーの空気の中で，1923（大正12）年に陪審法が制定され，1928（昭和3）年から施行された。この制度は，①死刑・無期に当たる事件は必ず陪審で審理し（法定陪審），長期3年以上の刑に当たる事件は被告人が請求したときに陪審で審理する（選択陪審），②一定額以上の納税をした30歳以上の男子に陪審員資格を認める，③陪審員は「事実」について判断し，裁判官が量刑をする，④12名の陪審員の多数決で有罪・無罪を決定する，⑤裁判官は陪審の答申を不当とするときは他の陪審の評議に付すことができる，⑥陪審裁判には控訴ができない，などの特徴を持っていた。

ここには，陪審員資格が限定されている，裁判官が陪審の判断を拒否できる，量刑も含めて被告人が控訴できない等の限界・欠陥を認めることができる。とはいえ，陪審員に選ばれた者は熱心・真剣に審理に参加し，無罪率は17%弱と高率であった（現在の通常第1審の無罪率は0.1%程度。裁判員裁判の無罪率は0.46%）。しかし，制度の限界・欠陥，当時の官尊民卑の意識などから，被告人が陪審を選択する数は次第に減少し，制度開始の数年後には年間数件にまで落ち込んだ。そのような中で，陪審法は，1943（昭和18）年に，戦時を理由に施行が停止された。

裁判員制度の経緯　陪審法は，「廃止」されたのではなく，戦争終結後の再開を予定して「停止」されたものであった。しかし，陪審法には限界・欠陥があったこともあって，戦後になっても陪審法が復活することはなかった。とはいえ，現行憲法が民主主義の理念に立脚していることや，戦前にも陪審制があったことから，司法への市民参加の制度として陪審制を求める意見は，戦後一貫して存在していた。裁判所法も，「この法律の規定は，刑事について，別に法律で陪審の制度を設けることを妨げない」（3条3項）として，陪審制の再導入を予定していた。職業裁判官による冤罪の防止や，警察・検察調書への依存による刑事裁判の形骸化を防止する手段として市民による陪審制を求める意見も，研究者や弁護士の中には強く存在した。しかし，裁判所・法務省の中には陪審制度に対する抵抗感が強く存在し，陪審制復活の議論は進まなかった。

司法への市民参加が政治課題として現実化し，裁判員制度の導入へと動いていったのは，1990年代の末に始まる司法制度改革の論議の中においてであった。1999年に内閣の下に設置された司法制度改革審議会は，21世紀における日本の司法のあり方を調査審議することを目的とし，国民が自律的で社会的責任を負った統治主体・主権者として司法に参画すべきとの見地から，「国民の司法参加」を重要な検討課題としていた。司法制度改革審議会の議論の過程で，日本弁護士連合会や多数の研究者・市民が，陪審制の導入を主張した。しかし，最高裁・法務省は，従来の職業裁判官のみによる裁判に固執する雰囲気が強く，国民の司法参加自体に極めて消極的であり，陪審員のみで有罪・無罪を決定する陪審制には強い抵抗感を示した。しかし，国民の司法参加自体を否定することは民主主義・国民主権の原理と矛盾するため，最高裁・法務省は，裁判官と参審員が協働して審理する参審制が国民の司法参加の方式として望ましいとの立場を採った。そして，このように陪審制論と参審制論とが厳しく対立する中から，いわば妥協の産物として，陪審制と参審制とを参考にした日本独自の制度としての「裁判員制度」が立ち現われた。そして，2001年の司法制度改革審議会の最終意見書で，具体的事件ごとに無作為に選ばれる国民が裁判員として裁判官と協働して重大事件について有罪・無罪の決定と量刑を行うという，「裁判員制度」が提言された。

この意見書を受けて，同年に司法制度改革推進法が制定され，内閣に司法制度改革推進本部が設置され，その事務局に「裁判員制度・刑事検討会」が設置されて，この検討会を中心に裁判員制度の具体的な制度設計が検討された。そして，これを踏まえて，政府が「裁判員の参加する刑事裁判に関する法律案」を作成して国会に提出し，2004年5月に可決成立した。

裁判員制度は，2009年5月から実施され，2012年5月までに2万1944名の裁判員と7630名の補充裁判員が任命され，3595件の裁判員裁判が行われている。

裁判員制度の概要　裁判員制度の概要は，次のようなものである。

裁判員が審理・裁判に参加するのは，死刑または無期の懲役・禁錮に当たる罪，および故意の犯罪行為により被害者を死亡させた罪に関する事件で，原則として3名の裁判官と6名の裁判員で構成される合議体で審理・裁判する（裁判員法2条）。裁判員は，衆議院議員選挙の有権者からくじで選ばれた裁判員候補者の中から，事件ごとに選任される（同法13条・21条・26条）。国会議員・国務大臣，中央官庁の幹部，知事・市町村長，自衛官・警察官，法曹，司法書士・公証人，大学の法律学の教授・准教授等は，裁判員になれない（同法15条）。70歳以上の者，学校の学生・生徒等は，裁判員を辞退できる（同法16条1号～7号）。病人，同居の親族の介護・養育を行う必要がある者，事業に著しい損害が生じるおそれがある者，父母の葬式等の重要な用務のある者，その他政令で定めるやむをえない事情がある者も，裁判員の職務を行うことや裁判所への出頭が困難な場合には，裁判員を辞退できる（同法16条8号）。裁判員候補者が呼出しを受けたときは，出頭しなければならない（同法29条）。裁判所は，裁判員になれない者や辞退を認めた者を除いた裁判員候補者の中から，無作為抽出により裁判員を選任する（同法37条）。

裁判員裁判では，裁判員の負担を軽減するために審理を迅速・効率的に行う見地から，予め公判前整理手続（後述255頁）が行われる（裁判員法49条）。裁判員は，公判廷に裁判官と並んで列席し（同法54条），裁判長に告げれば証人・被告人等に質問することもできる（同法56条・58条・59条）。裁判員裁判では，法令の解釈や訴訟手続に関する判断等は裁判官が行うが，事実の認定，法令の適用および刑の量定は，裁判官と裁判員で構成される合議体の合議で行う（同法6条）。裁判員は，合議体の判断のための評議に出席し，意見を述べなければならない（同法66条）。評決は，裁判官・裁判員双方の意見を含む合議体の員数の過半数で行う（同法67条）。基本的には単純多数決であるが，裁判官または裁判員のみによる多数で被告人に不利益に決めることはできないこととされている。評議・評決が終わると，裁判員・陪席裁判官が列席して，裁判長が判決を宣告する。裁判員の任務は，これで終了する（同法48条）。

裁判員は評議の秘密を漏らしてはならず（裁判員法70条），裁判員または裁判員であった者が評議の秘密その他の職務上知り得た秘密を漏らしたときは，6月以下の懲役または50万円以下の罰金に処せられる。

裁判員制度に対しては，憲法80条は裁判所を裁判官で構成することを想定している，裁判員の職務の強制は憲法18条が禁じる「苦役」に当たるなどとして，憲法違反とする意見もある。しかし，最高裁は，2011年の大法廷判決（最大判平成23・11・16刑集65巻8号1285頁）で，憲法は国民の司法参加を許容している，裁判員の職務は「苦役」には当たらないなどとして，裁判員制度を合憲とする判断を示している。

裁判員制度と市民の司法参加　民主主義・国民主権の本質は，市民が自らを統治する「市民自治」の原理にある。それゆえ，司法を含む国家の権力行使への市民参加は，民主主義の基本的構成要素である。この意味で，民主主義国家においては，司法への市民参加は当然のことといわなければならない。換言すれば，司法への市民参加のない国は，民主主義国家として未成熟ということになる。司法制度改革をめぐる議論の過程で司法への市民参加が現実の課題として浮上してきたことは，むしろ遅きに失したというべきである。

とはいえ，現在の裁判員制度が司法への市民参加の基本理念からみて妥当・適正な制度であるかは，極めて疑問といわなければならない。前述（216頁）のように，刑罰権は，三権分立の下では執行権力である行政権に属する。裁判所による刑事裁判は，当事者の争訟に対する裁判の形式で行政権による刑罰権行使を法の見地から裁判所がチェックする，司法的コントロールのための制度である。裁判所が裁くのは，被告人ではなく（裁判所が被告人を裁くのは糺問主義である），検察官と被告人の間の争訟であり，さらに言えば検察官の主張である。市民の司法参加は，市民が検察官の刑罰権行使をチェックするとともに，裁判所が司法的コントロールの権限を適切に行使しているかをチェックするための制度というべきである。その意味で，求められるのは，「市民が被告人を裁く制度」ではなく「市民が権力による刑罰権行使をチェックする制度」である。

しかしながら，裁判員制度は，権力に対する市民チェックのシステムとしては，極めて不十分なものである。裁判官から有罪・無罪の決定権限を奪い，陪審員のみで評議・評決する陪審制は，権力に対する市民チェックの構造をもっている。また，選抜されて一定期間裁判に従事する参審員であれば，裁判官を一定程度チェックすることも可能であろう。しかし，くじでいきなり裁判員に選ばれた一般国民が検察官・裁判官をチェックすることは，極めて困難と思われる。また，裁判官・裁判員双方の意見を含む過半数とされている評決方法も，裁判員のチェック機能を弱体化しているといえよう。もっとも，このような制度であっても，鋭い市民感覚をもった市民が裁判員として参加したときには，それなりの市民チェックのシステムとして機能することはありうるであろう。しかし，多くの国民が生活の安全を守ることに敏感になっている現状の下では，裁判員制度は，市民による権力チェックよりも，市民と権力が一体となって被告人を裁いて治安を維持する方向で機能しやすいと思われる。

裁判員制度の現状と課題　裁判員制度開始以後，2012年5月までの最高裁のデータでは，年平均1万人近くの裁判員・補充裁判員が任命され，年平均1000件以上の裁判員裁判が実施されている。この間，平均4.7日の審理で3884名が裁判を受け，そのうち14名に死刑が言い渡され，18名が無罪になっている。無罪率は0.46％で，従来の無罪率よりは若干高い。量刑では，従来の裁判官のみの裁判と比べ，強姦致傷・強盗致傷・傷害致死などで従来よりも量刑が重くなる傾向がみられる半面で，執行猶予が付く割合が増加している。

このような実施状況から，裁判員制度は順調に実施され，定着しているとの見方が有力である。しかし，世論調査では裁判員になることに消極的な国民が依然多く，実際にも，裁判員候補者の60％近くが辞退を申し出て認められているほか，呼出しに応じないで欠席する者も20％以上ある。裁判員制度は，国民の30％程度の協力的な人々によって行われているのが実情と思われる。そのような人々の多くは，裁判所・裁判官にも協力的と考えられ，市民による権力チェックの役割を十分に果たせるかは疑問である。記者会見で，「被害者の気持ちは理解できるが加害者の気持ちは理解しにくい」，「裁判官が色々教えてくれた」等と語る裁判員経験者も少なくなく，裁判員裁判が権力チェックよりも市民と裁判官が協同して治安を守る方向で機能していることが危惧される。裁判員制度は，抜本的な再検討が必要である。

司法への市民参加制度を白紙から再検討することは困難であろうが，現行制度は施行の3年後の検討・修正が予定されており（裁判員法附則9条），市民参加の本旨に近付けるための改正が求められる。法務省の「裁判員制度に関する検討会」などで議論が進みつつあるが，市民的視点に立って，対象事件を重大・凶悪犯事件ではなく否認事件にすること，対象事件に公務員犯罪，労働・公安事件，国や大企業に対する行政・民事事件等を含めること，死刑事件や少年事件を対象事件から外すこと，被告人に裁判員裁判と裁判官裁判の選択権を認めること，量刑を裁判員の職務から外すこと，有罪の評決を全員一致ないし絶対多数とすること等が検討されるべきであろう。また，制度のあり方を広く議論するために，裁判員の守秘義務を軽減することも検討されるべきであろう。

(3)　検察官

検察官の職務　刑事訴訟法は，「公訴は，検察官がこれを行う」（247条）と規定している。また，検察庁法も，「検察官は，刑事について，公訴を行い，裁判所に法の正当な適用を請求し，裁判の執行を監督」するほか，「公益の代表者」としての事務も行うものとしている（4条）。また，検察官は，捜査の権限も与えられている（刑訴法191条・検察庁法6条）。ただし，現在の刑事司法制度の下では，第一次的な捜査機関は警察官であり，検察官は第二次的捜査機関の地位にとどまる。検察官の主要な役割は公訴の提起・維持にあり，検察官が積極的に捜査を行うのは，政界汚職事件など特殊な事件に限られる。その中心になるのが「特捜部」であるが，特捜部検察官による証拠隠滅等の不祥事を契機に，そのあり方が社会問題となり，改革の議論が進められている（前述206頁，235頁参照）。

検察官は，刑事訴訟において原告官として被告人を訴追する一方当事者であるが，「法の正当な適用」を求めるべき公益の代表者としての性格ももっている。検察官は，一方当事者として被告人に不利益な訴訟活動のみをすればよいわけではなく，公益の見地から被告人の正当な利益を守る訴訟活動をすることも求められる。検察官が有罪・重罰の獲得にこだわって被告人に有利な事実を隠蔽した訴訟活動をするようなことは，検察官としての職務に反するものといわなければならない。有罪にするために証拠の偽造・変造等をするに至っては，論外である。

検察官と検察庁　検察官の事務（検察事務）を統括しているのが，検察庁である（検察庁法1条）。検察庁は，裁判所に対応する形で，最高検察庁，高等検察庁，地方検察庁，区検察庁に区分して設置されている（同法2条）。検察官には，検事総長，次長検事，検事長，検事，副検事がある（同法3条）。また，検察事務官があり，検察官の指揮を受けて捜査を行っている（同法27条）。検察官は，長のみに権限があって一般職員はその補助者として職務を行う一般の行政職員とは異なり，それぞれの者が検察官としての権限を有し，個々にその権限を行使する，独任制の官庁である。しかし，検察官の間で検察事務に矛盾や不統一が生じるのは公益の見地から不適当なため，上級の検察官は自己の管轄区域内の検察官を指揮監督できる（「上命下服の原則」という）などとして（同法7条以下），検察官は一体的・統一的に活動するものとしている。これを，「検察官一体の原則」という。

ただし，検察庁は法務省に設置（法務省設置法14条）されているため，法務大臣が検察官を自由に指揮監督できることとなると，検察事務が政治的に利用されるおそれが生じる。しかし，検察庁が誰からも制約を受けないことになると，暴走して「検察ファッショ」を招くおそれがある。そこで，検察庁法は，法務大臣は個々の事件処理については検事総長のみを指揮できる（14条。いわゆる「指揮権」）ものとして，この間の調整を図っている。これは，法務大臣の指示が不当な場合には検事総長が職を賭すなどして阻止することを期待したものである。なお，過去の例としては，1954年の造船疑獄事件の際に指揮権が発動された例がある。

検察官の任免　検察官は公益代表としての性格があるため，裁判官に準じて，その資格・任免には厳格な要件があり，一定の身分保障も与えられている。

検察官に任命される資格を有するのは，原則的には，司法試験に合格して司法修習を修了した者である（検察庁法18条1項）。この資格要件は，裁判官・弁護士と同一である。ただし，副検事については，特別の任用試験に合格した検察事務官等にも任用資格が認められる（同法18条2項）。一般的には，司法修習を修了した者が2級検事に任命（同法18条1項1号）され，一定年限の後に1級検事に昇任（同法19条）し，一部の者はさらに上位の検察官に昇任していく。それゆえ，日本では，検察官制度についても，キャリア・システムが採られている。なお，外国には，検察官を法曹資格のある者の中から住民の選挙で選ぶ国もある。

検察官は，国会議員・裁判官・弁護士等で構成される検察官適格審査会による，心身の故障，職務上の非能率等の事由で職務を執るに適しないとの議決を経なければ，免官されることはない（検察庁法23条）。また，この場合など一定の特別の事情がある場合でなければ，その意思に反する失官，職務の停止，俸給の減額を受けることはない（同法25条）。

検察審査会　検察官は，公訴を提起する権限を有するが，嫌疑がない場合は起訴せず（不起訴処分），嫌疑があっても情状により訴追が不必要な場合も起訴しないことができる（刑訴法248条。起訴猶予処分）。この検察官の起訴しない処分が適正に行われているかを一般市民がチェックするための機関として，検察審査会が設けられている。検察審査会は，検察審査会法によって設置され，すでに60年以上の歴史がある。

検察審査会は，選挙人名簿からくじで選任された任期半年の検察審査員で構成される（検察審査会法5条以下）。犯罪被害者や，告訴・告発をした者は，検察官の起訴しない処分に不服があるときは，検察審査会にその処分の当否の審査を申し立てることができる（同法30条）。審査の結果，検察審査会が起訴を相当と認めるときは，起訴を相当とする議決を行う（同法39条の5）。この議決は，従来は，検察官の参考となりうるにとどまり，検察官を拘束するものではなかった。しかし，2009年5月以降は，検察審査会は，起訴相当の議決をしたのに対して検察官が再度起訴しなかったときは，それを再度審査して，起訴相当と認めるときは起訴すべき旨の議決（起訴議決）をすることができるようになった（同法41条の6）。そして，起訴議決があったときは，裁判所が公訴の提起・維持にあたる弁護士を指定（指定弁護士）し，この者が公訴を提起して事件が裁判に付される（同法41条の9以下）。この場合は，検察官が起訴しなくても，検察審査会の判断で，事件が裁判所の審判に付されることになる（マスメディアは「強制起訴」と呼ぶが，用語として不正確である）。なお，2012年8月までに，6件の事件について起訴議決がされている。

ただし，検察審査会は，検察官の起訴しない処分の当否を審査できるのみで，起訴処分の当否を審査することはできない。起訴された者が起訴の不当を訴える場は，起訴されて裁判されている法廷以外にはない。これに対して，合衆国の大陪審は，検察官が起訴しない事件を起訴することもできるし，検察官の起訴処分をチェックすることもできる。検察審査会に起訴議決の権限を与えることに対しては，検察が起訴できない事件を裁判にかける道具になるなどとする批判的な意見もあるが，「力の濫用」(政治力・経済力を持っている者がそれを濫用して一般市民に被害を与えること）による犯罪を検察官が放置した場合などを考えると，この制度には重要な意義がある。検察審査会の事務体制を独立・強化して検察の影響を排除するとともに，検察官の不当な起訴も市民的視点からチェックできるようにすることが，将来の方向性であるように思われる。

(4) 弁 護 士

弁護人の役割　被疑者・被告人の弁護人は，原則として弁護士である（刑訴法31条)。弁護人としての弁護士は，刑事司法の重要な担い手である。「悪人を弁護する必要はない」などと言う者もあるように，弁護人の役割は，社会的に十分に認識されているとはいい難い。しかし，前述（228頁以下）したように，弁護人は，被告人と警察官・検察官との間の力の不均衡を是正し，適正な刑事司法を実現するために必要・不可欠な存在であり，裁判官・検察官と並ぶ刑事司法の重要な担い手なのである。

弁護士の資格と統制　弁護士は，刑事裁判において弁護人として検察官と対等に争う立場に立ち，裁判官・検察官と共に適正な刑事司法を担う存在である。それゆえ，その資格は，基本的に，裁判官・検察官と同一である。戦前には，「民」である弁護士は，「官」である裁判官・検察官よりも低くみられ，その資格・修習には差が設けられていた。しかし，現在は，裁判官・検察官・弁護士は「法曹３者」として同格にみられ，その資格・修習は基本的に共通になっている。また，戦前には，弁護士は，司法省の監督の下に置かれ，裁判所に置かれた懲戒裁判所によって懲戒された。しかし，現在は，「弁護士自治」が認められ，弁護士に対する監督・懲戒は，弁護士会の自律に委ねられている。

このように，弁護士となる資格を有するのは，原則的には，司法試験に合格して司法修習を修了した者（弁護士法４条）である。弁護士となるためには，日本弁護士連合会（日弁連）に備えられた弁護士名簿に登録されなければならない（同法8条）。そのためには，入会する弁護士会（単位弁護士会）を決めて，その弁護士会を通じて日弁連に登録の申請をしなければならない。弁護士の事務所は法律事務所と呼ばれ（同法20条），法律事務所を設置・移転したときは所属弁護士会・日弁連に届け出なければならない（同法21条）。弁護士は，弁護士業務を行うことを目的とする法人（弁護士法人）を設立することもできる（同法30条の2）。従来は，一人のベテラン弁護士が少数の新人弁護士（「イソ弁」と呼ばれる）を置いて業務を行う小規模な法律事務所がほとんどであったが，近年は，多くの人数の弁護士を擁する大規模法律事務所も増えてきている。

弁護士が日本弁護士連合会の会則に違反し，所属弁護士会の秩序または信用を害し，その他職務の内外を問わずその品位を失うべき非行があったときは，所属弁護士会の懲戒を受ける（弁護士法56条）。懲戒には，戒告，2年以内の業務停止，退会命令，除名がある（同法57条）。懲戒の調査・審査をするのは，所属弁護士会の綱紀委員会と懲戒委員会である（同法58条）。両委員会は，弁護士のほか，裁判官，検察官，学識経験者の外部委員も含めて構成される（同法66条の2・70条の3）。

(5) 警 察 官

捜査の担い手としての警察官　　刑事訴訟法は，警察官は司法警察職員として職務を行うものとし，司法警察職員は「犯罪があると思料するときは，犯人及び証拠を捜査するものとする」と規定している（189条）。捜査の中心的な担い手は，司法警察職員としての警察官である。上述のように検察官も犯罪を捜査することができるが，その主要な役割は公訴の提起・維持にある。捜査の第一次的な担い手は警察官であり，検察官は第二次的な捜査の担い手にとどまる。

警察組織　　警察官は，警察組織に属する。警察組織について規定した法律は，警察法である。警察法では，警察は，犯罪の捜査だけでなく，個人の生命・身体・財産の保護，犯罪の予防・鎮圧，交通の取締り等，公共の安全と秩序の維持がその責務とされている（2条1項）。そして，警察組織は，警察庁と都道府県警察とに分けられている。警察庁は，国務大臣を委員長（6条）として内閣総理大臣の下に置かれる国家公安委員会（4条）の下に設置されている（15条）。これに対して，都道府県警察は，都道府県公安委員会の管理（47条2

項）の下に都道府県に置かれている（36条1項）。警察の責務を全体的に担うのは，都道府県警察（36条2項）である。警察庁は，警察制度の企画・立案，国の公安に関する警察運営，広域組織犯罪に対する警察態勢，警察行政の調整など，国全体に関わる事務を行う（17条・5条）にとどまる。戦前の警察組織は，内政に広範な権限を有する内務省に一元化された中央集権的な構造をもっていた。そのため，警察は，政府と一体となって強大な権限を振るい，国民生活を支配していた（「オイ，コラ警察」といわれた）。警察法は，その反省に立って警察組織を分権化し，「警察国家」の復活を防止しようとしているのである。

警察庁の長は，国家公安委員会が内閣総理大臣の承認を得て任免する警察庁長官（警察法16条）である。警察庁の主要な警察官は，国家公務員採用Ⅰ種試験（2012年度からは総合職試験）の合格者から採用された者（いわゆる「キャリア警察官僚」）である。都道府県警察には，本部として，都警察の警視庁と道府県警察本部が置かれている。警視庁の長である警視総監，道府県警察本部の長である警察本部長および警視正以上の上級警察官は，都道府県公安委員会の同意（警視総監は内閣総理大臣の承認も必要）を得て，国家公安委員会が任免する（同法49条・50条・55条3項）。それ以外の警察官は，都道府県公安委員会の意見を聞いて警視総監・警察本部長が任免する（同法55条3項）。その多くは，都道府県の警察官採用試験合格者から採用された者（いわゆる「ノンキャリア警察官」）である。警察官の階級は，警視総監・警視監・警視長・警視正・警視・警部・警部補・巡査部長・巡査長・巡査とされている。なお，警察官は，労働基本権である団結権・団体交渉権・団体行動権が否定されている（国家公務員法108条の2第5項，地方公務員法52条5項）。基本的人権が十分に守られていない者が，他者の人権を守れるかは疑問である。被疑者の人権を守るためにも，警察官の人権保障が必要であろう。

警察法は，国家公安委員会（委員は両議院の同意を得て内閣総理大臣が任命。7条）・都道府県公安委員会（委員は議会の同意を得て知事が任命。39条）が警察組織を管理する（5条・38条）こととしている。これは，強力な権限をもつ警察組織を市民の代表がコントロールすることを目指したものである。しかし，現在は，公安委員は名誉職に近く，公安委員会の事務局が警察であることもあって，公安委員会による警察コントロールはほとんど有名無実になっている。今後は，警察を実際に管理できる人を公安委員に任命する（松本サリン事件被害者の河野義行氏が長野県公安委員に任命された例が想起される）と共に，事務局体制を改革して，公安委員会による警察管理という警察法の理念を実現することが求められる。

警察は厳格な階級組織であるが，任免権者の違いから，都道府県警察の上級幹部の多くは警察庁から出向したキャリア警察官僚であるのに対して，それ以外の警察官はノンキャリア警察官である。これは，分権化された警察組織を人事面から全国的に統合する意図によるものであるが，上級幹部とそれ以外の警察官との間の意思疎通がスムーズにいかない，キャリア警察官僚とノンキャリア警察官の昇進速度が著しく異なり格差が激しいなどの問題がある。今後は，官僚システムの改革の中で，これらの問題点が解決されていくことが期待される。

4　刑事手続の概要

(1)　捜　査

捜査の方法・実行　捜査を行う者（捜査機関）は，検察官・検察事務官・司法警察職員である（刑訴法189条以下）。犯罪が発生し，被害者や関係者からの通報・届出・告訴・告発等により，または警察官の職務質問等によって，捜査機関がそれを認知した場合，捜査が開始される。捜査は強制を伴わない任意捜査で行われるのが原則で，強制処分による強制捜査は，刑事訴訟法に特別の規定がある場合に限り例外的に認められるにとどまる（刑訴法197条）。強制捜査には，逮捕・勾留・捜索・差押え・検証・通信傍受（盗聴）などがある。

捜査機関は，被疑者および被害者・目撃者等（参考人）に出頭を求め，これを取り調べることができる（刑訴法198条1項・223条1項）。取調べは，任意であることが原則であるから，被疑者・参考人は，出頭を拒むことも，出頭後に何時でも退去することもできる（刑訴法198条1項但書・223条）。取調べの際は，被疑者には黙秘権があることを告げなければならない（刑訴法198条2項）。取調べに対する供述は，調書に録取し，これを閲覧または読み聞かせて，誤りがないと申し立てたときは，署名・押印を求める（強制はできない）ことができる（刑訴法198条3項以下・223条)。調書は，一定範囲で証拠となる(刑訴法321条・322条)。なお，取調べの現状と課題については前述(233頁以下)した。

逮捕・勾留　捜査機関は，一定の手続・要件の下に，被疑者を逮捕・勾留することができる。実務では，逮捕・勾留は取調べのためのものと理解され，逮捕・勾留された被疑者を警察の留置場に拘禁して取り調べるのが通常である。このことの問題性については，前述(233頁以下)した。

逮捕には，令状を得て行う通常逮捕(刑訴法199条)，令状主義の例外である現行犯逮捕(刑訴法212条)，および緊急の場合に事後に令状を得ることを条件に令状なしに逮捕する緊急逮捕(刑訴法210条)がある。警察が被疑者を逮捕したときは，48時間以内に被疑者を検察官へ送致する手続をしなければならない(刑訴法203条)。被疑者を受け取った検察官は，24時間以内に裁判官に勾留の請求または公訴の提起をしなければ，被疑者を釈放しなければならない(刑訴法205条)。勾留請求を受けた裁判官は，勾留の理由がない場合および勾留状を発することができない場合は釈放を命じ，そうでなければ勾留状を発する(刑訴法207条)。検察官は，被疑者が勾留されてから10日以内に起訴をしないときは，被疑者を釈放しなければならない。裁判官がやむをえないと認めた場合，この期間はさらに10日延長される。逮捕・勾留された場合，通常，最大限23日間，拘禁されることになる。勾留されている被疑者・弁護人等は，勾留理由開示の請求ができる(刑訴法82条・207条1項)。なお，逮捕・勾留の現状と問題点については，前述(224頁以下)した。

被疑者側の防御　被疑者は，自己の正当な利益・権利を守るため，弁護人を選任することができる(刑訴法30条)。一定の重い事件で被疑者が勾留されている場合，被疑者が貧困等の事由で弁護人を選任できないときは，国によって弁護人が選任される(刑訴法37条の2以下)。従来は被疑者国選弁護の制度は存在しなかったが，2004年の刑事訴訟法改正でこの制度が導入され，2009年5月からはその範囲がさらに拡大されている(前述229頁以下)。

弁護人は，被疑者の利益・権利を守るためには，逮捕・勾留された被疑者と十分に話し合う必要がある。そのため，被疑者・弁護人には，立会人なしに接見(面会)や書類・物の授受をする権利(接見交通権)が認められている(刑訴法39条1項)。ただし，捜査機関は接見・授受の日時・場所・時間を指定することができるとされている（刑訴法39条3項）ため，捜査機関が接見交通を様々な形でコントロールしているのが実情である。

(2)　公訴の提起

起訴独占主義・起訴便宜主義　検察官は，捜査を終えると，犯罪の成否，証拠の内容，処罰の要否等の諸般の事情を検討して，公訴の提起（起訴）をするかしないかを決定する。例外的な場合（刑訴法262条以下の付審判請求手続，検察審査会法41条の6による検察審査会の起訴議決）を除き，公訴の権限は検察官のみにある（刑訴法247条。国家訴追主義・起訴独占主義）。

検察官は，犯罪の証明が不十分と判断する場合は，事件を不起訴処分にする。また，犯罪の嫌疑・証拠があっても，情状により訴追が必要でないときは，公訴を提起しない（刑訴法248条。起訴猶予処分）ことができる。これは，起訴便宜主義と呼ばれる。外国には，訴追の公平性を重視して起訴猶予処分を認めない起訴法定主義を採る国もある。しかし，日本では，起訴に伴う不利益の回避という刑事政策的見地と裁判所の負担軽減の見地から，起訴便宜主義が明治以来採られている。なお，検察官の公訴提起権限に関する問題については，前述（248頁）した。

犯罪の嫌疑・証拠があり，訴追が必要と判断されるときは，公訴が提起される。公訴の提起は，被告人の氏名等，訴因を明示した公訴事実，および罪名を記載した起訴状を提出して行う（刑訴法256条）。起訴状には，裁判官が予断を抱くおそれのある書類等を添付し，またはその内容を引用してはならない（同条6項）。これを，起訴状一本主義という。

起訴後の勾留　公訴が提起された被告人が住所不定，または証拠隠滅・逃亡のおそれがあるときは，裁判所は，被告人を勾留することができる（刑訴法60条1項）。ただし，30万円以下の罰金・拘留・科料に当たる事件については，住所不定の場合に限られる（同条3項）。勾留期間は，公訴提起から2ヶ月であるが，1ヶ月ごとに更新ができる（同条2項）。更新は，原則として1回に限られている（同項但書）。勾留された被告人には保釈される権利があり，保釈の請求があれば原則として保釈を許さねばならない（刑訴法89条）。

被告人には防御の権利があるから，自由な防御活動ができるようにしておく必要がある。そのため，刑事訴訟法は，被告人の身柄拘束を例外的場合のみ許容し，勾留できる事由を限定し，保釈の権利を認めている。ただし，現状では，通常の公判手続で裁判された被告人の80％以上が勾留され，その中で保釈が認められたのは勾留された被告人全体の14％程度であり，勾留期間が3ヶ月を超える者も地裁では20％を超えている。否認している被告人には保釈が認められずに勾留が長期化する傾向があるといわれ，刑事訴訟法の原則に反する「人質司法」との批判も加えられている。

(3)　公判手続

裁判手続の方式　　公訴が提起された場合は，原則として，通常の裁判手続（公判手続）で裁判が行われる。ただし，100万円以下の罰金・科料で済ますことができる比較的軽微な事件については，検察官は，被告人の同意を得て，略式手続という簡便・迅速な書面による裁判を選択することができる（刑訴法461条以下）。また，事案が明白かつ軽微で，証拠調べが速やかに終わると見込まれる等の事情があるときは，被疑者の同意を得て，公訴の提起の際に即決裁判手続の申立て（刑訴法350条の2以下）をすることができる。即決裁判手続では，厳格な方式や証拠法則によらずに柔軟に審理が行われ，原則として即日判決が言い渡される。

通常の公判手続は，事件の軽重により，簡易裁判所または地方裁判所で1名または3名の裁判官によって行われる（裁判所法26条）。ただし，死刑または無期懲役・禁錮に当たる罪等の重大事件は，裁判員裁判で審理される（裁判員法2条）。

公判準備　　公訴が提起されると，裁判所は，起訴状の謄本を被告人に送達（刑訴法271条）し，被告人に弁護人・国選弁護人選任権の告知等（刑訴法272条）を行い，公判期日を指定（刑訴法273条）する。

公判手続で審理される事件について，充実した公判審理を継続的・計画的・迅速に行うために必要と裁判所が認めたときは，公判開始前に公判前整理手続（刑訴法316条の2以下）に付される。裁判員裁判では，必ず公判前整理手続が行われる（裁判員法49条）。この手続は，裁判員制度の導入を契機にして2004年の刑事訴訟法改正で創設されたもので，検察官・弁護人が出席して，争点や証拠の整理を行う。この手続には，被告人は出席できるが，一般の傍聴や裁判員の参加は認められない。公判前整理手続は，審理の効率化のために創設されたものであるが，第1回公判期日前に裁判所が当事者の主張や証拠に触れることになるため，予断排除の原則との関係で問題を含む。また，公判前整理手続に付された場合には，公判の活動がその結果に拘束される（刑訴法316条の32等）ため，早い手続段階で事件や証拠の全容を把握するのが困難な被告人・弁護人には不利ではないかという問題もある。公判への影響を考えて当事者が慎重になるために公判前整理手続に時間がかかり，手続全体としては長期化するとの指摘もある。

公判前整理手続では，検察官は，公判での取調べを請求した証拠（刑訴法316条の14）や，被告人の主張に関連する証拠（刑訴法316条の20）を，被告人・弁護人に開示しなければならない。事件に関する証拠は，捜査段階でほとんどが捜査機関に収集され，被告人・弁護人には限られた証拠しかないのが通常である。被告人に十分な主張・立証を尽くさせるためには，検察官の手元にある証拠を全面的に開示させて，防御方針を立てる資料とさせるとともに，被告人に有利な証拠を使用させることが必要である。ただし，証拠開示に関する従来の判例（最決昭和44・4・25刑集23巻4号248頁）は，公判の証拠調べの段階で弁護人が具体的必要性を示して一定の証拠の開示を求めた場合に，裁判所が訴訟指揮権に基づいて開示命令ができるとしていた。公判前整理手続の証拠開示は，これを拡大して手続を明文で規定したものであるが，実務の運用において実際にどこまでの証拠が開示されるかを注視していく必要がある。

公判期日の手続　公判期日には，公開の法廷（公判廷）で審理が行われる。公判廷には，裁判官・裁判所書記官が列席し，検察官が出席する（刑訴法282条）。裁判員裁判では，裁判官と並んで裁判員も列席する（裁判員法54条1項）。被告人は，軽微事件の場合を除き，出頭義務がある（刑訴法284条以下）。弁護人の出席は，開廷の要件ではない。ただし，死刑または無期もしくは長期3年を超える懲役・禁錮に当たる事件の場合は，弁護人がなければ開廷できない（刑訴法289条）。これを必要的弁護事件という。なお，2008年12月からは，殺人罪・強姦罪・自動車運転過失致死傷罪等の被害者が「被害者参加人」として公判手続に参加できる制度（刑訴法316条の33以下）が実施されている。

公判が開かれると，被告人の確認のための質問（人定質問），検察官の起訴状朗読，被告人・弁護人の意見陳述（罪状認否）などの冒頭手続（刑訴法291条）が行われ，その後，証拠調べが行われる。証拠調べでは，最初に検察官が証拠により証明する事実を明示するための冒頭陳述を行う（刑訴法296条）。被告人・弁護人も，冒頭陳述ができる。その後，検察官および被告人・弁護人が証拠調べの請求を行う（同法298条）。証人の取調べは，検察官と被告人・弁護人とが交互に尋問する交互尋問の方法で行われる。裁判官・裁判員も，証人を尋問することができる（刑訴法304条，裁判員法56条）。証人尋問の際，裁判所は，被害者保護の見地から，証人を被告人または傍聴人から遮へい（刑訴法157条の3）する，別室等からビデオリンク方式で尋問（刑訴法157条の4）する等の措置を採ることができる。被告人には黙秘権があるが，任意に供述する場合には，裁判官・裁判員・検察官・弁護人は，その供述を求めることができる（刑訴法311条，裁判員法59条）。

公判で，被害者等は，被害に関する心情等の意見陳述ができる（刑訴法292条の2）。被害者参加人は，証人尋問や被告人への質問ができる（刑訴法316条の36・316条の37）。これらの制度は近年の被害者保護の流れの中で導入されてきたものであるが，これによって被告人の防御権や適正手続が害されることがないかが危惧される。なお，被害者等の刑事手続への関与の問題については，後述（314頁以下）するところを参照。

証拠調べが終わると，検察官が事実と法適用に関する意見の陳述（論告）と求刑を行い，その後，被告人・弁護人が意見の陳述（最終陳述・最終弁論）を行う（刑訴法293条）。被害者参加人は，検察官の論告の後に，論告・求刑に相当する意見陳述ができる（刑訴法316条の38）。これで，審理は終了する（結審）。そして，最後に裁判所の判断が言い渡される。

証拠法　裁判における事実の認定は，証拠による（刑訴法317条）。これを，証拠裁判主義という。証拠については，その証拠能力と証明力とが区別される。証拠能力とは，証拠として使用できる法的資格をいう。証拠能力のない証拠は，裁判官・裁判員を惑わすような証拠や，その利用が手続の適正を害するような証拠であり，証拠として許容されない（証拠排除）。証明力は，一定の事実を推認させる証拠の実質的な価値をいう。証拠の証明力は，裁判官・裁判員の自由な判断に委ねられている（刑訴法318条，裁判員法62条）。これを自由心証主義という。刑事裁判には「無罪の推定」があるから，事実の存在に合理的な疑いが残るときは，「疑わしきは，被告人の利益に」の原則に従って被告人に有利に判断しなければならない。それゆえ，挙証責任は，原則として検察官にある。

刑事訴訟法は，憲法38条2項を受けて，「強制，拷問又は脅迫による自白，不当に長く抑留又は拘禁された後の自白その他任意にされたものでない疑のある自白は，これを証拠とすることができない」（319条1項）と規定している。これは，被告人の人権を侵害して違法に得られた自白の証拠能力を否定した規定と解される。また，刑事訴訟法は，憲法38条3項を受けて，「被告人は，公判廷における自白であると否とを問わず，その自白が自己に不利益な唯一の証拠である場合には，有罪とされない」（同条2項）として，自白の補強法則を定めている。これは，自白の証明力を制限したものであり，自由心証主義の例外である。

伝聞証拠（供述を内容とする書面，または他の者の供述を内容とする供述）も，原供述の内容である事実の証拠としては証拠能力が否定される（刑訴法320条）。伝聞証拠は，原供述者に対する反対尋問がされていないため，反対尋問権保障の見地から，証拠能力が否定されるのである。ただし，刑事訴訟法は，かなり広い範囲で伝聞証拠排除の例外を認めている（刑訴法321条以下）。そのため，警察官・検察官が作成した調書が多数証拠とされているのが現状であり，「調書裁判」との批判を生んでいる。

なお，明文の規定はないが，憲法の趣旨に違反して違法に収集された証拠については，適正手続の保障（憲法31条）を担保するために，その証拠能力を否定することが必要である（違法収集証拠の排除）。前述（228頁）のように，最高裁もこの法理を認めている。

公判の裁判　裁判所は，手続上の理由等で管轄違い・公訴棄却・免訴の形式裁判を言い渡す場合のほかは，有罪・無罪を判断して判決を言い渡す（刑訴法329条以下）。有罪の場合は，適切な刑を量定し（量刑），執行猶予にする場合はその旨を併せて言い渡す（刑訴法333条）。

(4) 上訴と非常救済手続

上訴と裁判の確定　第1審の判決に不服があるときは，検察官・被告人・弁護人は，事実誤認・量刑不当等を理由（刑訴法377条以下）として高等裁判所に控訴（刑訴法372条）することができる。高等裁判所の判決に不服があるときは，最高裁判所に上告することができる。上告の理由は，憲法違反と判例違反に限られている（刑訴法405条）。ただし，最高裁は，原判決に憲法違反・判例違反がない場合でも，法令解釈に関する重要事項を含む場合には，職権で上告を受理することができる（刑訴法406条）。また，最高裁は，判決に影響を及ぼすべき法令違反，甚だしい量刑不当，判決に影響を及ぼすべき重大な事実誤認等があって，原判決を破棄しなければ著しく正義に反すると認めるときは，職権で原判決を破棄することができる（刑訴法411条）。

裁判所の裁判に対してそれ以上争うことができなくなると，裁判は確定する。裁判が確定すると，有罪・無罪の実体裁判と免訴の裁判は，「二重の危険の禁止」の法理に基づいて，一事不再理の効力（なお，前述236頁参照）を生じる。これにより，同一の事件について再度の公訴提起を行うことは，許されなくなる。

非常救済手続　確定した裁判についてさらに争うことを広く認めることは，裁判による決着を無意味にし，法的安定性を害する。しかし，重大な誤判を放置することは，人権を侵害し，正義に反し，司法への信頼を害する。そこで，刑事訴訟法は，確定した裁判についても，再審と非常上告という，2つの非常救済手続を置いている。

再審は，証拠が偽造されていたことが確定判決によって証明された場合や，無罪を認めるべき明らかな証拠を新たに発見したときに，有罪判決に対して，その言渡しを受けた者の利益のために行うことができる（刑訴法435条）。無罪判決に対して有罪を求め，あるいは有罪判決に対してより重い判決を求める再審（不利益再審）は，許されない。再審請求を受けた裁判所は，それに理由があると認めるときは，再審開始の決定をする。いわゆる「白鳥決定」（最決昭和50・5・20刑集29巻5号177頁）は，この判断に際しても「疑わしきは被告人の利益に」の原則が適用になるとして，再審の門を拡げた。再審開始が確定すると，原裁判所で再審の裁判が行われる（刑訴法451条）。ただし，再審請求が認められるのは「ラクダが針の穴を通るより難しい」といわれ，真犯人が現われた事件や身代わり事件を除けば，再審が開始されるのは極めて稀である。

非常上告は，確定判決の法令違反を発見したときに，検事総長が最高裁に申し立てる（刑訴法 454 条）。法令解釈の統一を主な目的にした制度であり，原判決が破棄されても原則として被告人には影響を及ぼさない（刑訴法 459 条）。

II　行刑法の考え方

1　自由刑と行刑思想の展開

(1)　世界における自由刑と行刑思想の展開

自由刑の成立　近代以前の世界では，死刑・流刑・追放刑・身体刑等が刑罰の中心に置かれ，現在のような自由刑は存在しなかった。犯罪者を拘禁することは一般的に行われたが，刑が決まるまでの逃亡防止のための未決拘禁が主なものであった。犯罪者を拘禁して強制労働に使役することもあったが，危険・過酷な労働に利用するのが目的で，現在の自由刑との共通性はない。律令の「徒刑」は，犯罪者の「教化」が目的の一つとされている点で現在の自由刑に共通するが，名誉刑・身体刑的側面がある点で性質を異にしている。現在のような自由刑が刑罰の中心になるのは，近代以後のことである。

西欧における近代的自由刑の源流は，オランダのアムステルダム懲治場(ちょうじ)（1595年）にあるとされている。これは，犯罪者を拘禁して労働によって社会の有用な成員へと教化・改善するという理念に基づくもので，近代的自由刑の萌芽とされている。ただし，懲治場は，資本主義の進行に伴って発生した貧困階級への対策としての意味があり，当時の乞食や浮浪者等も集禁して過酷な労働による懲治（懲らしめて改心させる）と一般予防を目的としたもので，生活条件も劣悪であった。この点では，必ずしも近代的とはいえないものであった。

監獄改良と改善思想の展開　啓蒙思想が興ってくると，このような監獄の状況は悲惨で非人間的と考えられるようになり，監獄の生活条件の改善と人道化を目指す監獄改良運動が始まった。J. ハワードが『監獄事情』（1777年）を著わして監獄改良に尽力したことは，よく知られている。また，啓蒙思想に基づいて，合理的・人間的な応報刑，特別予防刑，一般予防刑を説く刑罰理論も現われてきた。

19世紀に入ると，自由刑によって受刑者を改善更生させるという，改善思想が影響力をもってきた。そして，クエーカーの思想に基づき昼夜間独居で反省と悔悟の生活を送らせて改善更生を図ろうとするペンシルバニア制，昼間は完全沈黙の中で雑居・労働させて夜間は独居させるオーバーン制等の拘禁形式が考案された。しかし，これらは人間の社会性を無視したもので長続きせず，昼間雑居・夜間独居または昼夜間雑居の拘禁形式が一般化した。19世紀の後半以後，自由刑の改革は拘禁形式から受刑者の処遇方法の改革へ重点が移り，累進制，分類制，受刑者自治等の処遇方法が導入された。

19世紀末から20世紀の前半にかけては，古典派刑法学と近代派刑法学の「学派の争い」が進行した。そして，応報刑論と目的刑論（特別予防論）との折衷・統合が進み，応報刑論においても特別予防を認める相対的応報刑論が通説化すると，自由刑による受刑者の改善更生という考え方は，刑法学の中でも次第に一般化していった。

戦後前半期の動き　第二次世界大戦後は，人権に関する意識の高まりから，受刑者の人権を重視する考え方が一般化した。世界人権宣言（1948年）には，奴隷・苦役の禁止（4条），拷問・残虐刑の禁止（5条）等が規定された。自由権規約（1966年）は，「自由を奪われたすべての者は，人道的にかつ人間の固有の尊厳を尊重して取り扱われる」（10条1項）と規定している。とくに受刑者等に関するものとしては，「国連被拘禁者処遇最低基準規則」が採択（1957年，国連経済社会理事会）されている。

行刑の理念に関しては，社会権・生存権の重視，福祉思想の興隆，人間科学の発展への信頼等の時代思潮に乗って，人間科学を応用した科学的な処遇を施して受刑者を改善更生させて社会復帰させるという，社会復帰思想・処遇理念に基づく改善思想が一般化していった。その典型は米国における「治療モデル」であり，受刑者を病人，刑務所を病院，刑務職員を医師になぞらえて，社会の病人である犯罪者を収容・治療して健全な市民にして社会に復帰させるのが刑務所であると考えられた。そして，この考えに基づいて，刑務所施設が作り替えられ，心理学・精神医学・社会学等の専門的知識をもった処遇職員が配置されて，様々な科学的処遇が実施されるようになっていった（いわゆる「積極行刑主義」)。

70年代以後の動き　しかしながら，1970年代以後，米国では，「治療モデル」への懐疑が生じ，改善思想は徐々に退潮していく。その懐疑の一つは，「治療モデル」の有効性に関するものである。この頃から米国は犯罪の増加に悩まされるようになったが，税金を投入して刑務所施設を作り替え，専門職員を雇用して処遇を行っても，犯罪は減少しなかった。そのため，「治療モデル」はコストの割に犯罪対策として有効性がないとの批判が生じた。もう一つの懐疑は処遇と人権に関するものであり，処遇によって人格を改変するのは個人の人格への不当な介入で人権侵害ではないかとの批判が生じた。その中から，施設収容により移動の自由を奪うのが自由刑であり，施設内では基本的に個人の自由が尊重されるべきで処遇の強制は許されないとする，「自由刑純化論」も主張された。

1980年代以後の米国では，受刑者処遇への悲観的な見方（処遇ペシミズム）が強くなり，犯罪者には正当な報い（Just Deserts）を与えればよいとする応報刑論的な「正義モデル」「法治モデル」の考え方が強くなっていった。しかし，このような考え方も，厳罰主義に流れて多数の受刑者を刑務所にただ拘禁しておくだけの結果となり，有効な犯罪対策とはならなかった。そこで，近年は，犯罪傾向が比較的低い受刑者に関して，改善思想を再評価し，受刑者の自発性を尊重しつつ処遇を行い，改善更生による社会復帰を図ろうとする動きも強まっている。

その後の世界の動き　「処遇ペシミズム」は，程度の差はあっても，米国以外の国々にもみられる。そして，刑事施設に拘禁して社会適応の訓練をすることの限界と弊害が意識され，受刑者の人権に対する意識が強まる中で，受刑者を施設に拘禁して処遇することをできるだけ回避しようとする「非施設化」(deinstitutionalization）の考え方も一般化してきている。そして，それを背景に，社会内処遇・開放処遇・週末拘禁・外部通勤・帰休制等によって施設収容の回避・緩和を図る試みも，広く行われるようになってきている。

ただし，行刑の理念に関しては，なお改善・社会復帰思想は優勢であり，自由権規約の「行刑の制度は，被拘禁者の矯正及び社会復帰を基本的な目的とする処遇を含む」（10条3項）とする規定に変わりはない。ただし，近年では，科学的処遇による受刑者人格の改変・改善，処遇の強制による改善更生等の考え方は，人間の尊厳と人権に反するものとして斥けられている。そして，受刑者の自主性を最大限に尊重しつつ，本人の社会復帰を積極的に推進するための援助・機会としての処遇を提供することで社会復帰を支援するという，控えめな考え方（いわゆる「消極行刑主義」）が一般化してきている。また，刑事施設を社会から隔絶した閉鎖的な場とはせず，地域とのつながりを保ち，施設内を通常の生活に近づけ，社会に開かれ，地域に根ざした行刑を目指す考え方も，一般化してきている。

(2) 日本における自由刑と行刑思想の展開

日本の自由刑の成立　日本の自由刑の淵源は，1790（寛政2）年に火付盗賊改役・長谷川平蔵が老中・松平定信に献言して設立された石川島人足寄場（にんそくよせば）にある。これは，江戸に流入してくる貧困層対策の意味をもち，犯罪者のほかに無宿人や刑余者も収容していた点では西欧の懲治場と共通するが，懲治を目的とせず，職業訓練を施して手職と生活資金を持たせて良民として社会復帰させるという，教化・改善更生・保護・授産等の思想に基づくものであった。この点では，当時の世界でも先進的なものであった。

明治維新後は，このような伝統に西欧の行刑制度が接ぎ木され，日本の近代自由刑が成立する。当初はフランス法がモデルとされて1881（明治14）年に（旧）監獄則が制定されたが，その後，法制のモデルはドイツ法に移行し，ドイツ法に倣って，1889（明治22）年に（新）監獄則，1908（明治41）年に監獄法が制定された。この監獄法は，その後100年にわたって日本の行刑の基本法規であり続けた。

監獄法は，ドイツ的な規律維持を基本として戒護と拘禁に重点を置いたもので，受刑者の処遇よりも施設管理を目的とするものであった。そのため，受刑者の官への服従が重視され，受刑者の社会復帰やそのための処遇に対する配慮はなかった。また，これらの西欧的法制も欧米諸国へ向けての「表看板」でしかなく，監獄もモデル施設以外は劣悪であり，職員も劣悪な者が多かった。そのような中で，明治政府は，受刑者とくに政治犯を富国強兵のための囚人労働力として酷使し，監獄は前近代的な悲惨な状態を呈した。とくに，北海道における囚人労働は，過酷であった。

戦前における改善行刑の展開　19世紀末以後は，治安の安定，いわゆる大正デモクラシーの進展等を背景に，日本の行刑も徐々に人道的なものに改良された。そして，ドイツ近代派刑法学の特別予防思想の影響を受けた刑法典（1907年）が成立し，牧野英一が教育刑思想を強力に展開すると，教育刑思想に基づく改善思想が学界・実務に次第に浸透していった。

このような流れを受けて，1933（昭和8）年に行刑累進処遇令が制定された。これは，司法省令ではあるが，累進処遇により受刑者の改善更生を促して社会復帰させることを目的としたもので，行刑を受刑者の改善更生と社会復帰の見地から再編成する，監獄法の実質的改正ともいえる画期的なものであった。これによって日本の行刑は新しい段階に入り，その中から，犯罪学に基づく科学的処遇を重視する考え方も現われてきた。しかし，日本は間もなく戦時体制に突入し，行刑も，受刑者を戦時生産へ動員する戦時行刑へと移行していった。そのため，行刑累進処遇令による改善更生・社会復帰行刑は，戦前には十分には展開されなかった。

戦後の行刑と行刑思想の展開　戦後は，日本でも，受刑者の人権尊重と社会復帰という世界的な思潮に連動して，教育刑思想の基礎の上に，社会復帰思想・処遇理念に基づく改善思想が有力になり，行刑実務にも強い影響力をもつようになった。そして，戦後の混乱が終息すると，戦時行刑によって中断された社会復帰行刑が徐々に進められていった。学界でも，相対的応報刑論の立場に立った社会復帰思想・処遇理念・改善思想が一般化していった。

日本では，学界・実務とも改善・処遇・社会復帰思想が現在も優勢である。学界では，処遇の実情に対する批判は強く（「作業あって処遇なし」といわれる），「処遇ペシミズム」に基づく「非施設化」の考え方も一般的であるが，自由刑純化論や正義モデル・法治モデルのような考え方は少ない。2003年に法務大臣に提出された行刑改革会議提言も，「我が国の行刑は，受刑者を一定の場所に拘禁して社会から隔離し，その自由を剥奪するとともに，その改善更生及び円滑な社会復帰を図るという基本的理念に基づき行われてきた。この基本的理念は，被拘禁者処遇最低基準規則など種々の国際準則にも合致するものであり，今後の行刑運営においても維持されるべきである」と述べている。ただし，学界では，改善・処遇・社会復帰に関しては，近年の世界的動向と同様に，受刑者の自主性を最大限に尊重しつつ社会復帰の援助のための処遇を行うという「消極行刑主義」の考え方が一般的になっている。また，社会に開かれ，地域に根ざした行刑を目指す考え方も，一般的である。

受刑者の人権の尊重も，学界では一般的な考え方となっている。しかし，規律中心の監獄法と戦前の軍隊的な処遇形式が残存し続けてきたことから，行刑実務には十分に浸透しなかった。後述の刑務所における受刑者の死傷等の不祥事は，このような中から発生したものである。このような事情が受刑者の改善・処遇・社会復帰の障害となっているという批判も強い。

監獄法の改正　受刑者の人権尊重と改善・処遇・社会復帰を目指す動きの中で，監獄法は，その障害として意識されるようになった。そこで，1970年代から監獄法改正作業が続けられ，1982年に「刑事施設法案」が立案されて国会に提出された。しかし，この法案は，「留置施設法案」とともに（「拘禁2法案」と呼ばれた）提出されたこともあって，いわゆる代用監獄を存続させるものとの強い反発を受けて廃案になった。その後も，一部修正された法案が1987年と1991年に再提出されたが，同様に廃案となった。

その後，名古屋刑務所の受刑者が刑務官による制圧中に死傷した事件が2002年に発覚し，受刑者の人権保障，刑務所・行刑の改革が急務であることが国民的に認識された。そこで，法務大臣の諮問機関として「行刑改革会議」が設置され，2003年に「行刑改革会議提言」が提出された。この動きを受けて，2005年に，代用監獄問題に関わる未決拘禁法部分を切り離して行刑法部分のみを規定した「刑事施設及び受刑者の処遇等に関する法律」が成立した。そして，2006年に，この法律の改正の形で未決拘禁法部分も含んだ「刑事収容施設及び被収容者等の処遇に関する法律」（刑事施設・処遇法）が成立し，2007年から施行された。これによって，監獄法は100年の命脈を終えた。

刑事施設・処遇法　刑事施設・処遇法は，刑事収容施設の「適正な管理運営を図るとともに」，被収容者の「人権を尊重しつつ，これらの者の状況に応じた適切な処遇を行うことを目的とする」（1条）法律とされている。「人権尊重」と「状況に応じた適切な処遇」が規定されたのは，監獄法からは格段の前進である。しかし，法律の目的として冒頭に掲げられているのは「施設の適正な管理運営」であり，その見地に基づく受刑者の人権の制約や，それが法務省令・施設長の裁量に委ねられている部分も少なくない。その意味で，受刑者の人権保障に関しては，なお課題が残されている。

また，刑事施設・処遇法は，「受刑者の処遇は，その者の資質及び環境に応じ，その自覚に訴え，改善更生の意欲の喚起及び社会生活に適応する能力の育成を図ることを旨として行う」(30条) ものとしている。「その自覚に訴え」との文言は，受刑者の自主性を尊重する趣旨である。それゆえ，この規定は，近年の行刑理念の動きに即応して，受刑者の自主性を最大限に尊重しつつ処遇による改善更生と社会復帰を目指す考え方を明らかにしたものとして重要な意味がある。しかし，刑事施設・処遇法においても，矯正処遇についての規定は処遇の現状を大きく超えるものではなく，「非施設化」の見地からの社会内処遇・開放処遇・週末拘禁・外部通勤・帰休制等に関する規定や「社会に開かれ，地域に根ざした行刑」のための規定も，世界水準と比べて立ち遅れている。この点でも，刑事施設・処遇法には課題がなお残されているといわなければならない。

2　行刑法の基本理念

(1)　行刑と憲法原則

行刑と憲法の規定　　現行憲法には，刑罰について定めた規定は必ずしも多くない。法定手続を保障した31条の規定と，残虐な刑罰を禁じた36条の規定に，「刑罰」という言葉がある程度である。だからといって，憲法の規定が行刑や受刑者と無関係であるわけではない。憲法は，「国民は，すべての基本的人権の享有を妨げられない」(11条)，「すべて国民は，個人として尊重される」(13条) と規定している。受刑者も，この例外ではなく，人間としての尊厳が認められる，基本的人権の享有主体である。かつての牢獄は，「地獄の一丁目」と呼ばれ，牢獄に入った者は人間とは認められなかった。しかし，現在の受刑者は，人間としての尊厳が認められ，受刑者としての地位に基づく制限は認められるものの，原則的には基本的人権の享有を否定されない。それゆえ，憲法11条以下の人権規定は，原則として，全て受刑者にも関係する。行刑は，受刑者の人権を不当に侵害するものであってはならないのである。

とくに，憲法31条は，「何人も，法律の定める手続によらなければ，その生命若しくは自由を奪はれ，又はその他の刑罰を科せられない」と規定している。この規定は，行刑にも妥当し，自由刑の執行について規定した法律（行刑法）がなければ実際に自由刑を執行することはできないとの趣旨を含むものと解しなければならない。それゆえ，憲法31条は，行刑法の制定を求めた規定と解される。

さらに，憲法31条は，その行刑法の内容が適正なものであることを求めるものと解されなければならない。憲法13条は，「生命，自由及び幸福追求に対する国民の権利については，公共の福祉に反しない限り，立法その他の国政の上で，最大の尊重を必要とする」と規定している。この規定からすれば，受刑者の生命権・自由権・幸福追求権も「最大の尊重を必要とする」のであって，自由刑の執行という「公共の福祉」の見地からの制約は認められるものの，その制約は必要最小限でなければならないことになろう。憲法31条は，この趣旨をも含むものと解しなければならない。

また，憲法25条は，生存権を保障している。それゆえ，行刑も，受刑者の「健康で文化的な最低限度の生活」を保障するものでなければならない。このようにして，行刑は，これらの様々な憲法の規定に適合するものでなければならないのである。

行刑と国際条約　刑事施設に拘禁されている人々は，とくに人権を侵害されやすい状況下にある。そこで，第二次世界大戦後は，これらの人々の人権を国際的に保障する動きが進み，国連を中心に被拘禁者の人権保障のための条約や国際基準が作られてきている。日本も，条約の取決めは誠実に遵守（憲法98条2項）しなければならないし，条約以外の国際基準も行刑の世界標準を示すものとして尊重されなければならない。

世界人権宣言は，奴隷・苦役の禁止（4条），拷問・残虐刑の禁止（5条）等を規定していた。自由権規約も，拷問・虐待・残虐刑の禁止（7条）や奴隷・強制労働の禁止（8条）について規定した上で，「自由を奪われたすべての者は，人道的にかつ人間の固有の尊厳を尊重して取り扱われる」（10条1項），「行刑の制度は，被拘禁者の矯正及び社会復帰を基本的な目的とする処遇を含む」（10

条3項）などと規定している。受刑者等の処遇に関してより具体的で詳細な基準を定めたものとしては，条約ではないが「国連被拘禁者処遇最低基準規則」があり，刑事施設に拘禁されている者の最低限の人権保障や生活条件を規定している。

被拘禁者処遇最低基準規則は，制定以来半世紀が経過し，時代遅れになった部分もある。その後に制定された「拷問及び他の残虐な，非人道的な又は品位を傷付ける取扱い又は刑罰に関する条約」（1984年），「あらゆる形態の抑留・収監の下にある全ての人々の保護のための原則」（1988年）等は，これを実質的に補充・修正する内容を持っている。

(2) 行刑法の基本理念

行刑法律主義　前述のように，憲法31条の規定は，法律によらなければ自由刑の執行として受刑者の自由を剥奪・制限できないとの原則を含むものと解される。それゆえ，自由刑の執行として受刑者のどのような自由・人権がどこまで剥奪・制限されるのか，刑事施設はいかなる事由を根拠に受刑者のどのような自由・人権をどこまで制約できるのか，そのための手続等は，法律で定められる必要がある。これを，「行刑法律主義」と呼ぶことができる。

戦前には，国と受刑者の間には特別権力関係論が妥当するとされていた。「特別権力関係論」とは，公務員や刑事施設被収容者などのように特別の公法上の原因によって公権力と特殊な関係にある者については，「特別権力関係」という特別の法律関係が成立するという理論である。そして，特別権力関係にある者については，公権力は個別的な法律の根拠なしに包括的な支配権（命令・懲戒権）を有しており，その者の人権を法律の根拠なしに制限することができ，その処分は原則として司法審査に服さないとされていた。監獄法は，このような法理論に基づくものであり，在監者の人権制限に関する個別的な根拠規定を置いていない。

しかし，「法の支配」と基本的人権の尊重を基本原理とし，裁判所に違憲審査権を認めた現行憲法の下では，このような法理論は成り立たない。そこで，戦後には，特別権力関係論を修正し，比例原則を導入して「人権制限は在監目的を達成するのに必要かつ合理的範囲に限られる」とする見解，法治主義原理を導入して「重要な人権の制約には法律の根拠を要する」とする見解等が主張されるようになり，処分に対する司法審査も認められるようになった。とはいえ，特別権力関係論による限りは，公権力・刑事施設側に広い裁量権を認め，司法審査もその裁量的判断を尊重することにならざるをえない。従来の判例（最大判昭和58・6・22民集37巻5号793頁）は，監獄法の下で，このような考え方に立っていたように見受けられる。

しかしながら，憲法31条の下では，国と受刑者の間には「行刑法律主義」が妥当する。刑事施設・処遇法は，省令や施設長の裁量に委ねた部分が少なくない点で問題を残してはいるものの，行刑法律主義に則って，被収容者の人権制限に関する個別的な根拠規定を置いている。これは，大きな前進である。今後は，法律を行刑法律主義により則したものに改善していくとともに，司法審査の基準をより厳格化していくことが期待される。

適正性の原則　憲法31条は，手続・実体の法定のみならず，手続・実体の適正をも保障する趣旨に解されている。憲法31条の行刑法律主義も，受刑者の自由制限の範囲や要件・手続を法律で規定することだけではなく，その規定の内容が適正であることをも求めるものと解される。それゆえ，憲法31条は，受刑者の自由制限の「適正性の原則」を含むものということができる。この見地からは，自由刑受刑者について認められる自由制限は，①自由刑の目的達成に必要最小限の自由制限と，②施設内の集団生活の維持・管理に必要最小限の自由制限とに限られる。

①に関しては，自由刑が刑事施設への拘禁を本質とするものである以上，居住や移動・移転の自由が制限されることはやむをえない。また，行動範囲が限定され，懲役刑受刑者には作業が課される（刑法12条2項）以上，職業選択の自由も制限されざるをえない。それゆえ，居住・移転・職業選択・外国移住の自由（憲法22条）は，制限が認められる。改善更生・社会復帰のための矯正処遇を義務付けることができるかは，自由刑の目的をどのように解するかによる。自由刑の目的を自由刑純化論のように施設拘禁に限定するのであれば，自由制限は「拘禁」に限られ，矯正処遇の義務付けはできないことになろう。これに対して，自由刑の目的を受刑者の改善更生・社会復帰に置くならば，受刑者に矯正処遇を受ける義務を認めるのは当然ということになろう。刑事施設・処遇

法は，後者の立場を採り，基本的に受刑者に矯正処遇を受ける義務を認めている（84条）。これ以外の自由・人権は，自由刑の目的の見地からは，原則的に制限を受けないと解されよう。

②に関しては，多数の受刑者を施設に拘禁して自由刑の目的達成を図るためには，施設を適正に管理運営（刑事施設・処遇法1条参照）して適正な行刑秩序を維持していくことが必要である。そのための必要最小限の自由制限は，認めざるをえない。ただし，施設の管理運営・秩序維持は，行刑の目的ではなくて手段にすぎない。管理運営・秩序維持が自己目的化してこの見地からの自由制限が肥大することは，行刑の本来の目的である改善更生・社会復帰をかえって妨げることにもなる。この見地からの自由制限は，厳格に必要最小限にとどめられなければならない。

従来，日本では，規律維持と戒護・拘禁に重点を置いた監獄法の下で，受刑者に軍隊を模した行動基準（軍隊式行進・号令・整列・挨拶等）が強制され，施設の管理運営・秩序維持の見地からの自由制限（正座・裸検身・会話禁止等）が広範囲に及んでいた。そして，施設の秩序を害するとみなされる行為に対しては，不明確な基準と適正性の保障がない手続で，厳しい懲罰が科されていた。それに対する不服申立ての権利も，十分に保障されてはいなかった。刑事施設・処遇法は，受刑者の自由・権利を保障する規定を多数設けたが，具体的運用が法務省令に委ねられている（例えば，38条～42条）場合や，「刑事施設の規律及び秩序の維持その他管理運営上支障を生ずるおそれ」等の抽象的な理由で制限できる（例えば，41条・42条・70条・71条3項等）場合も多く，運用によっては従来とほとんど変わらないことになる可能性もある。

社会復帰の理念　憲法25条は，「すべて国民は，健康で文化的な最低限度の生活を営む権利を有する」と規定している。この規定は，受刑者に対して，施設内での「健康で文化的な最低限度の生活」を保障するだけではなく，出所後は遵法的な市民として社会に復帰して「健康で文化的な最低限度の生活を営む権利」をも保障するものと解することができる。それゆえ，受刑者には，この意味での「社会復帰の権利」が認められなければならない。これは，自由権規約10条3項等によって国際的に承認されているところでもある。

刑事施設・処遇法は，「受刑者の処遇は，その者の資質及び環境に応じ，その自覚に訴え，改善更生の意欲の喚起及び社会生活に適応する能力の育成を図ることを旨として行う」(30条）と規定している。これは，社会復帰の権利を前提とした規定と解することができる。ただし，問題は，社会復帰を援助するための処遇の充実である。今後は，この規定の趣旨に適った処遇を十分に展開して「作業あって処遇なし」といわれるような現状を脱却できるかが，問われることになろう。

受刑者の「人間の尊厳」　これらの行刑の理念の根底には，「人間の尊厳」がある。

憲法13条は，「すべて国民は，個人として尊重される」と規定している。受刑者も，その例外ではない。「個人として尊重される」のは，全ての人間に「人間としての尊厳」が認められるからである。行刑は，受刑者に人間としての尊厳を認め，個人として尊重するところに立脚しなければならない。

これは，憲法の要請であるとともに，行刑の本質でもある。犯罪は，他者の生命・身体・自由・財産等の侵害である。それを行うのは，他者を個人として尊重しないからである。他者の人間としての尊厳を認め，個人として尊重するのであれば，他者に犯罪による被害を与えることはできない。受刑者が犯罪を行ったのは，他者の人間の尊厳を否定し，個人として尊重しなかったからである。それゆえ，受刑者の改善更生・社会復帰にとって重要なのは，人間の尊厳を自覚し，他者を個人として尊重する態度を養うことである。

人間の尊厳を否定され，個人として尊重されていない者が，人間の尊厳を自覚し，他者を個人として尊重する態度を身に付けることはできない。受刑者に人間の尊厳を自覚するように訴え，他者を個人として尊重する態度を養わせる立脚点は，受刑者の人間の尊厳を認め，個人として尊重することである。従来の行刑にあった規律重視の軍隊的手法は，受刑者の自尊心・自尊感情を傷付けるものであった。そこから，人間の尊厳と個人の尊重の自覚は生まれない。受刑者の人権を尊重するところからこそ，受刑者の人間の尊厳と個人の尊重の自覚が生まれるのである。

3　行刑の担い手

刑務官等　刑事施設は法務省の所管とされている（法務省設置法4条）から，行刑の責任者は法務大臣である。しかし，実質的に全国の刑事施設を指揮・監督しているのは，法務省の矯正局である。その下に，全国で8つの矯正管区が置かれ，その中に各刑務所が設置されている。近年は，矯正局の局長と重要役職は検察官によって占められており，矯正実務の経験のない者が矯正現場を指導することに対する批判が強い。刑務所の責任者は所長であり，一定の裁量権をもっている（例えば，刑事施設・処遇法74条）が，官庁の転任システムによって2〜3年で異動するのが通例である。

行刑の現場を担っているのは，刑事施設職員の約90％を占める刑務官である。刑務官は，法務大臣が刑事施設の職員の中から任命する（刑事施設・処遇法13条）。階級制が採られ，矯正監・矯正長・矯正副長・看守長・副看守長・看守部長・看守の7階級がある。日本の刑務官は，処遇担当職員と保安担当職員とに分けられてはいない。同じ刑務官が，受刑者に対して生活指導・作業指導・職業訓練指導等の処遇を行ってその改善更生・社会復帰を図るとともに，保安警備の任に当たっている。また，拘置所で勾留中の被疑者・被告人を処遇してその逃走・証拠隠滅を防止するとともに，公平な裁判を受けられるように配慮するのも，刑務官である。実際に死刑の執行を担当するのも，刑務官である。

従来の日本の行刑では，看守部長クラスの刑務官が「担当」として一定の受刑者集団の処遇・保安の責任者となる「担当制」が行われてきた。そこから，「担当」は担当する受刑者を親身に世話し，受刑者は「担当」に恩義を感じて裏切らないという家父長的な人間関係（受刑者が「担当」を「おやじさん」と呼ぶこともある）が形成され，良好な処遇効果と施設内秩序が生み出されていた。しかし，このような情緒的な人間関係に依拠する処遇は，人権意識を希薄化させる弊害を伴うとともに，受刑者・刑務官の意識や人間関係の変化によって維持が困難にもなっている。刑務官の人格的影響力は重要であるが，今後は，水平的な人間関係に立った合理的な処遇方法を開発していく必要があろう。

もっとも，刑務官は，専門職としては位置付けられておらず，法律や矯正についての専門知識は資格要件として要求されない。そのため，その指導・処遇は内部研修と経験による部分が多く，専門知識に基づく科学的な指導・処遇を行うのは困難なのが実情である。また，増加した受刑者に対して刑務官が不足し，十分な指導・処遇ができない実情もある（なお，18頁参照）。刑務所の現状が「作業あって処遇なし」と批判される原因には，このような刑務官の現状もある。今後は，資格要件の引き上げ，研修の充実，待遇改善等による刑務官のレベルアップとともに，刑務官の増員が求められよう。また，刑務官は，労働基本権である団結権・団体交渉権・団体行動権が否定されている（国公法108条の2第5項）。基本的人権が十分に守られていない者が，他者の人権を守れるかは疑問である。受刑者の人権を守るためにも，刑務官の人権保障が必要であろう。

専門職等　社会復帰を援助するための処遇を充実させるには，心理学・精神医学・社会学等の専門知識を有する処遇の専門職を刑事施設に配置することも必要である。作業，指導・教育，調査等の専門官の充実が徐々に図られているが，刑事施設職員の数％とまだかなり少ない。少年施設には，専門知識をもった法務教官・鑑別技官等が広く配置されて，処遇効果を上げている。刑事施設・処遇法は，「矯正処遇は，必要に応じ，医学，心理学，教育学，社会学その他の専門的知識及び技術を活用して行うものとする」（84条5項）と規定している。今後は，行刑へも専門知識をもった専門職を多数配置していくことが求められよう。

なお，刑務所では，職員にはない知識・経験を有する民間人がボランティアで篤志面接員や教誨（かい）師として協力し，指導・助言，宗教教誨等に当たっている。地域に根ざし，社会に開かれた行刑を目指すためにも，今後は，民間ボランティアの受け入れ（刑事施設・処遇法90条参照）をより積極的に拡大していく必要があろう。

刑事施設視察委員　刑事施設・処遇法は，刑事施設視察委員会の制度を創設した。

刑事施設視察委員会は，各刑事施設に置かれ，当該刑事施設を視察して，その運営に関して当該施設の長に対して意見を述べる（刑事施設・処遇法7条）。委員会は法務大臣が任命する10人以内の非常勤の委員で組織され，任期は1年

（再任を妨げない）である（同法8条）。刑事施設長は，刑事施設の運営状況について委員会に情報を提供する（同法9条1項）。委員会は，刑事施設の視察をすることができ，必要な場合には刑事施設長に対して委員と被収容者との面接の実施について協力を求めることができる（同条2項）。刑事施設長は，委員会による視察・面接に協力しなければならない（同条3項）。被収容者が委員会に提出する書面は，検査をしてはならない（同条4項）。法務大臣は，刑事施設長に対する委員会の意見とこれを受けて刑事施設長が講じた措置の概要を公表する（同法10条。法務省のホームページで公開されている）。

従来の日本の行刑では，受刑者の隔離，プライバシー保護，秩序維持等を理由に，「行刑密行主義」が採られてきた。そのために，刑事施設は社会の目の届かない閉鎖社会・密室となり，人権侵害が放置され，社会復帰行刑が進まない原因の一つとなっていた。これに対して，行刑改革会議提言は，行刑の透明性を確保し，国民の行刑への理解・支援を得るための方策の一つとして，イギリス，ドイツ，オランダなどで古くから実施されている制度に見倣って「刑事施設視察委員会」を創設することを提言した。提言では，委員会の役割は刑事施設の運営全般の向上と地域との連携強化にあって個別の人権侵害事案の救済ではないとされ，個別事案の救済については別の独立した人権救済機関が設置されるべきものとされている。刑事施設・処遇法で創設された刑事施設視察委員会は，これを受けて実現したものである。

今回の法改正によって各刑事施設から独立した刑事施設視察委員会が創設されたことは，画期的な意味がある。しかし，刑事施設視察委員会の委員が各施設の意向に基づいて選任されたり，情報の提供が恣意的に行われるならば，委員会は刑事施設の御用機関に堕してしまう。委員が公正に選任されるシステムの確立，委員会の視察・情報収集権限の強化等が，今後の課題であろう。

なお，行刑改革会議提言が設置を求めていた人権救済機関は，まだ実現していない。2002年に国会に提出されて廃案となった人権擁護法案の「人権委員会」は，法務省に設置されるものとされていて，刑事施設における人権侵害に対する救済機関としては内部機関にすぎず，独立した第三者機関としての性格をもちえない。国家権力による人権侵害の救済を広く図るためにも，国連の「パリ原則」（1993年）等の国際基準に則って，既存の国家機関とは別個に，独立した国内人権機関が早急に設立される必要があるといえよう。

4　行刑の概要

(1)　受刑者処遇の枠組み

基本的生活条件　起床・食事・作業・就寝等の起居動作の時間帯は，法務省令に基づいて施設長が定める（刑事施設・処遇法38条）。標準的な日課は，6時45分に起床して洗顔・トイレ・点検・朝食の後，工場に移動して8時に作業開始，午前・午後15分ずつの休憩と40分の昼食時間をはさんで16時40分に作業終了，夕食があって18時から余暇時間，21時就寝，というところである。土日祝日と年末年始は，作業がない。

居室は4畳程度の単独室と定員6名程度の共同室とがあるが，建築コストの関係で共同室のウエイトが高い。近年は，被収容者の増大から，居室に定員を超える受刑者を入れる過剰拘禁の状態が生じたが，女子刑務所を除いて徐々に解消しつつある。

衣類・食事・日用品等は，貸与・支給される（刑事施設・処遇法40条）が，一定の物品は自弁もできる（同法41条・42条）。主食は米麦混合で，副食費は一人一日約413円（2012年度）である。受刑者が使用・摂取できる物品は，施設が定める量の範囲内で，受刑者が保管・管理する（同法47条・48条）。金銭は，施設長が領置（同法47条2項2号）し，申請により使用が許される（同法49条）。

保健衛生の見地から，運動は休業日を除いて毎日できるだけ戸外で行う機会を与えるものとされている（刑事施設・処遇法57条）が，実態は施設で様々なようである。入浴は，週2～3回，各15分程度の施設が多い（同法59条参照）。調髪・ひげそりが義務付けられ，髪型は所定の髪型の中から選択する（同法60条）。受刑者が負傷もしくは疾病にかかったときは，施設の医師が診察・治療にあたるのが原則（同法62条1項）であるが，必要な場合には施設外の医師の診察を受けさせることができる（同条2項）。また，医療上適当な場合は，自費で施設外の指名した医師の診察を受けさせることもできる（同法63条）。ただし，刑務所の医師・医療設備の質・量と医療予算は必ずしも十分でなく，健康保険が利用できないために自費で診察を受けることも容易ではない。生命に関わる問題であるので，受刑者に対する医療の充実・向上は，緊要の課題である。

宗教に関しては，一人で行う宗教行為は原則として自由（刑事施設・処遇法67条）とされ，民間篤志家の宗教家による宗教儀式行事・教誨の機会を設けるよう努める（同法68条）ものとされている。

集団処遇　受刑者の矯正処遇は，個々の受刑者の資質や環境に応じた最適な処遇を個別に行う「個別処遇」であることが望ましい（刑事施設・処遇法30条参照）。しかし，多数の受刑者を全く個別に処遇することは不可能なため，一定の基準によって受刑者ごとに「処遇指標」を指定し，処遇指標が同一の者を集団に編成して処遇する「集団処遇」（同法86条）が行われている。処遇指標は，その受刑者に適切な矯正処遇の種類（作業・改善指導・教科指導の3種類）と内容，および受刑者の属性（少年，精神障がい者，身体障がい者，女子，外国人，刑期10年以上の者等）と犯罪傾向の進度（犯罪傾向が進んでいる者，いない者）とから構成されている。他方，各刑事施設は，その施設で実施できる矯正処遇の種類と収容できる受刑者の属性・犯罪傾向進度によって，処遇区分が定められている。受刑者は，処遇指標に基づいて，対応する処遇区分の施設に収容され，本人に適した矯正処遇の重点方針が決定される。

矯正処遇　矯正処遇には，作業，改善指導，および教科指導がある（刑事施設・処遇法84条）。

作業は，懲役受刑者については義務（刑法12条2項）であり，施設長が指定した作業を行う（刑事施設・処遇法92条）。禁錮受刑者は，作業の義務がない（刑法13条2項参照）ので，本人の申出により作業が認められる（同法93条）。作業は，「できる限り，受刑者の勤労意欲を高め，これに職業上有用な知識及び技能を習得させるように実施する」（同法94条）ものとされ，生産作業（木工・金属・縫製・印刷等），自営作業（炊事・洗濯等）および職業訓練に分かれる。ただし，設備や経済事情等との関係で，法律の趣旨に適合した作業を必要量確保し，個々の受刑者に適切な作業を指定するのは，困難なのが実情である。作業収入は国庫に収納され，受刑者には行った作業に応じて「作業報奨金」が支給（同法98条）される。作業報奨金は，労働の対価ではなく奨励金的なもので，平均月額は4723円（2011年度）である。作業報奨金は，受刑者の勤労意欲を高めるにも，出所後の生活資金にするにも低額すぎ，額の引き上げや賃金化を求める声が強い。

改善指導には，一般改善指導（刑事施設・処遇法 103 条 1 項）と特別改善指導（同法 103 条 2 項）がある。前者は，責任の自覚，健康な心身の培養，社会生活に必要な知識・生活態度の習得に必要な指導であり，講話・体育・行事・面接・相談助言等が行われているが，専門的というよりは経験に基づく指導が多く，効果の程度は明らかでない。後者としては，薬物依存離脱指導，暴力団離脱指導，性犯罪再犯防止指導，被害者の視点を取り入れた教育等が行われているが，対象者は限られる。「作業あって処遇なし」といわれるような現状を改めるためには，多くの受刑者に効果的な指導方法を開発するとともに，改善指導の専門職員の育成・配置が求められよう。

社会生活の基礎となる学力を欠くために改善更生・社会復帰に支障がある者や，学力の向上が社会復帰にとくに資する者には，学校教育に準ずる教科指導（刑事施設・処遇法 104 条）が行われる。受刑者には義務教育未修了者や高校中退者も多く，就業の障害となるため，中卒，高卒の資格を取らせることは重要である。

制限緩和制度と優遇措置制度　行刑累進処遇令以後の行刑では，累進処遇制度が採用されていた。累進処遇制度とは，自由刑の執行の過程を複数の段階に分け，入所時の階級から行刑成績に応じて受刑者の階級を上げ，それとともに処遇内容を変更し，徐々に自由の範囲を拡大して責任を加重し，社会への適応力を養わせる制度である。この制度は，受刑者の社会適応力の向上に合わせて自己の責任による自由の範囲を拡大して社会復帰につなげるという考え方によるもので，理念的には正しいものといえる。しかし，従来の累進処遇制度は，新入受刑者をその社会性の程度にかかわらずに一律に下の階級に位置付け，規律違反や懲罰なしに一定期間を過ごせば階級を上げるという画一的・形式的な運用がなされ，処遇の変更も湯茶給与・テレビ視聴・家族写真備付け・図書室利用等の便益拡大など些末なものが多く，刑務官に従順・迎合的な「懲役太郎」を作るだけで社会適応力の涵(かん)養には役立っていないとの批判が強かった。

そこで，刑事施設・処遇法は，累進処遇制度を廃止し，これに代わるものとして制限緩和制度と優遇措置制度を設けた。「制限緩和制度」は，「受刑者の自発性及び自律性を涵養するため」に，受刑者の改善更生の意欲と社会生活適応力が高まるに従って，「刑事施設の規律及び秩序を維持するための受刑者の生活及び行動に対する制限」を順次緩和する（88条1項）という制度である。そして，改善更生の意欲と社会生活適応力が高い受刑者については，早い段階から開放的施設で処遇することも可能（88条2項）とされている。「優遇措置制度」は，「受刑者の改善更生の意欲を喚起するため」に「一定の期間ごとの受刑態度の評価に応じ」て物品の貸与・支給，自弁物品の使用・摂取，面会の時間・回数等について「優遇措置を講ずる」（89条）制度である。しかし，累進処遇制度との異同は必ずしも明らかではなく，運用は法務省令に委ねられている。運用によっては，従前の累進処遇制度と変わらなくなる可能性もある。

拘禁の緩和　上述したように，近年の世界では，社会内処遇・開放処遇・週末拘禁・外部通勤・帰休制等によって施設収容の回避・緩和を図る動きが強くみられる。刑事施設・処遇法も，釈放前処遇（85条2項），刑事施設外処遇（87条），開放的施設（88条2項），外部通勤作業（96条），外出・外泊（106条）等の拘禁の緩和を図る制度を規定している。しかし，諸外国と比べればまだ十分とはいえないし，外出・外泊は制度はあっても実施例は極めて少ない。これらの制度がどれだけ積極的に活用されるかは，今後の運用にかかっている。

外部交通　施設に拘禁されている受刑者が外部との接触を保つことは，その社会適応性を維持・向上するためにも，また孤独感による情緒障害を防ぐためにも，重要なことである。外部交通には，面会・通信等の直接的方法と，マスメディア等への接触による間接的方法がある。刑事施設・処遇法は，外部交通として面会，信書の授受および電話等による通信を規定し，マスメディア等への接触に関しては書籍等の閲覧について規定している。

刑事施設・処遇法では，面会は，親族や，身分上・法律上・業務上の重大な利害に係る用務の処理のために面会が必要な者等のほかに，交友関係の維持などで面会を必要とする者について認められる（111条）。監獄法では面会は原則として親族に限られていたので，面会の対象者はかなり広げられたことになる。ただし，友人等については，規律秩序・矯正処遇の見地から施設長に幅広い裁量が与えられている。暴力団関係者等との接触を遮断する必要はあるが，運用によっては従来と変わらないことになるおそれもある。法律の規定では必要な場合には刑務官が面会に立ち会うこととされている（112条）が，ほとんどの場合に刑務官が立ち会っているのが実態である。面会の回数は月2回以上（114条2項）とされており，優遇措置があると回数が増える。時間は，面会室数・担当職員数等の施設の事情でかなり短いのが実情で，せいぜい10分程度といわれている。諸外国には，夫婦には個室で立会いなしに面会を認めるなど，かなり緩やかに面会を認めている国も多く，日本の現状に対する批判は強い。

信書の発受は原則として自由（刑事施設・処遇法126条）とされているが，規律秩序・矯正処遇の見地からの禁止・差止め（同法128条・129条）が一般的に認められている。信書の検査は必要な場合に行うとされている（同法127条）が，ほとんどの信書が検査されているのが実態である。信書の発信回数は少なくとも月4通（同法130条2項）とされ，優遇措置があると回数が増える。開放的施設で処遇されている者は，相当と認められる場合には電話等が許される（同法146条）。監獄法では認められていなかったので大きな前進であり，実施例が徐々に増えているようである。

マスメディアへの接触は，受刑者の権利ではなく施設長の努力義務とされている（刑事施設・処遇法72条）。受刑者が自費で書籍・雑誌・新聞等を閲覧することは原則として禁止・制限されない（同法69条）が，施設の規律・秩序や管理運営上の必要を理由に禁止・制限することが広く認められ（同法70条・71条）ており，運用に影響される部分が大きい。

規律・秩序維持・懲罰　刑事施設・処遇法73条は，「刑事施設の規律及び秩序は，適正に維持されなければならない」が，そのための措置は収容の確保，処遇環境の維持，安全・平穏な共同生活の維持に必要な限度を超えてはならないと規定している。これは，行刑法律主義に則って適正性の原則を規定したものと解される，重要な規定である。

この原則の下で，施設長は，受刑者の遵守事項を定める（刑事施設・処遇法74条）こととされている。遵守事項に定める事項は法律に列挙されており，施設長の裁量に委ねられていた監獄法からは大きな前進である。しかし，施設長には「規律及び秩序を維持するために必要な事項」を具体的に定める裁量権が認められているほか，職員にも規律・秩序維持に必要な場合に受刑者の生活・行動について指示する一般的権限が与えられている。適正性の原則が実際に守られるかは，今後の運用に待つところが多い。

刑務官は，規律・秩序維持に必要な場合は受刑者の身体・居室等を検査できる（刑事施設・処遇法75条）とされている。入所時や作業の前後に行われる裸検身は，人間の尊厳を侵害するものとの批判が強く，近年は徐々に縮小されてきている。受刑者の自傷・他害のおそれ，規律・秩序の維持に必要等，一定の事由があるときは，受刑者の隔離，制止，捕縄・手錠・拘束衣の使用，保護室への収容などの強制的措置が認められる（同法76条～79条）。これらの措置に関してはかなり厳格な要件・制限等が規定されており，施設長の裁量に委ねられていた監獄法と比べて，行刑法律主義の見地から大きな前進といえる。とくに，危険性が指摘されていた防声具が廃止されたこと，隔離収容（昼夜間独居）・保護室収容の期間を限定する規定が設けられたこと等は，適正性の原則から見て重要である。今後の運用が注目される。なお，刑務官には小型武器の携帯・使用が認められている（同法80条）が，その例は稀であり，刑務官は丸腰で受刑者の処遇に当たっている。これは，日本の行刑の優れた特色である。

懲罰は，法律の規定に基づいて定められた遵守事項を遵守しなかった場合と，法律の規定に基づく職員の指示に従わなかった場合に，施設長が科す（刑事施設・処遇法150条）。懲罰の種類・内容（同法151条・152条）と懲罰を科す手続（同法154条・155条）も，具体的に規定されている。監獄法には具体的な懲罰事由や懲罰手続に関する規定はなく，これらを法律で規定したことは，行刑法律主義からみて大きな前進である。また，人道に反するとの批判が強かった運動停止・減食・重屏禁（じゅうへいきん）の懲罰を廃止し，閉居罰（昼夜間独居で謹慎させる）の間に停止させる行為を明確に規定したことも，適正性の原則からみて大きな前進といえよう。とはいえ，職員の指示への不服従が懲罰事由とされているが指示の要件が具体的に規定されていない，懲罰手続が第三者を含めずに施設長と職員のみで行われる等，問題は残されている。

不服申立て　受刑者は，生活全体が施設の管理下にあるため，不当な処分や取扱いを受けないよう，それに対する救済制度を整備しておくことが必要である。刑事施設・処遇法は，審査の申請，事実の申告および苦情の申出の3種の不服申立ての制度を設けている。

「審査の申請」は，行政不服審査制度に準じる制度で（159条），施設長による懲罰を含む一定の処分に不服がある場合に矯正管区長に申請ができる（157条）。矯正管区長の裁決に不服がある場合は，法務大臣に再審査の請求ができる（162条）。「事実の申告」は，刑務官による暴力，違法・不当な捕縄等の使用または保護室への収容があった場合に矯正管区長にその事実を申告する制度（163条）で，矯正管区長は事実確認をしてその結果を本人に通知する（164条）。その通知に不服があるときは，法務大臣への申告ができる（165条）。「苦情の申出」は，自己が受けた処遇に関する苦情を法務大臣，監査官および施設長に申し出る制度で，苦情は誠実に処理して結果を本人に通知しなければならない（166条～168条）。これらの不服申立ての内容は職員には秘密（169条）にされ，不服申立てをしたことを理由とする不利益取扱いは禁止（170条）される。法律上，不服申立ての制度はそれなりに整備されているが，法務省内部での救済には限界がある。法務省から独立した国内人権機関の設立，条約（自由権規約第1選択議定書・1966年）による国際機関への個人通報制度の受諾などが急務といえよう。

(2) 受刑者処遇の流れ

入所から釈放まで　刑が確定した新しい受刑者は，医学・心理学・教育学・社会学等の専門的知識・技術を活用した処遇調査に基づいて処遇指標が指定され，本人の処遇指標に対応する施設に収容される。収容された施設では，より詳しい処遇調査が行われ，矯正処遇の目標とその基本的な内容・方法を定めた処遇要領を作成し，これに基づいて矯正処遇を行う（刑事施設・処遇法84条2項・3項）。刑執行開始時には，受刑の意義や施設内の生活・行動に関する新入時指導（同法85条1項1号）が行われる。

新入時指導が終わると，本格的な矯正処遇が始まる。この中間期処遇では，本来の矯正処遇として，作業，改善指導，および教科指導が行われる。処遇要領は，そこに定められた矯正処遇目標の達成度評価や処遇調査（再調査）に基づいて，定期および随時に見直しが行われる。そして，刑期が満了し，または仮釈放が認められれば釈放される（刑事施設・処遇法171条）。

釈放の前には，釈放後の社会生活で直ちに必要になる知識の付与など，帰住および生活に必要な釈放前指導がそれにふさわしい設備・環境を備えた場所

（塀外の開放施設等）で行われ，必要に応じて外出・外泊等も認められる（刑事施設・処遇法85条1項2号・2項・3項）。そして，受刑者は釈放される。

仮釈放　仮釈放は，一定の刑期経過後に，改悛（しゅん）の状があって改善更生が期待できると認められる場合に，地方更生保護委員会が決定する（刑法28条，更生保護法33条以下）。地方更生保護委員会が仮釈放の許否を審理する場合は，委員による本人の面接（更生保護法37条）を行い，被害者等から意見・心情の陳述の申出がある場合は原則としてこれを聴取する（同法38条）。被害者等の意見聴取は，生活環境の調整（同法37条）の一環と解すべきであり，これによって仮釈放の許否が決せられるべきものではない。

5　更生保護

更生保護　仮釈放された者は，刑期満了までの間，保護観察に付される（更生保護法40条）。ちなみに，保護観察付きの執行猶予が言い渡された者等も，保護観察に付される（同法48条）。このような，施設に収容せずに社会の中で改善更生のための指導援助を行う措置・活動を，「更生保護」という。更生保護は，「非施設化」や「社会内処遇」を重視する世界的傾向の中で，近年，重要性が増している。日本でも，保護観察対象者・経験者による重大再犯事件を契機に，2007年に，保護観察における遵守事項の整理・充実，社会復帰のための環境調整の充実，犯罪被害者に対する制度の導入等を目的に，更生保護法が制定され，従来の法律は廃止された。「更生保護」は，施設内処遇である「行刑」とは別のものであるが，社会復帰促進・再犯防止の見地から近年充実が図られている領域であり，便宜上ここで説明する。

保護観察　保護観察は，対象者の改善更生・健全育成を図ることを目的に，指導監督・補導援護を行うことにより実施される（更生保護法49条）。指導監督は，保護観察対象者全員に共通に定められた一般遵守事項（同法50条）と個々の対象者ごとに定められる特別遵守事項（同法51条）を遵守するよう，必要な指示・措置をとることを中心に行われる（同法57条）。補導援護としては，住居の取得の援助，医療の援助，就職の援助等が行われる（同法58条）。

保護観察は，対象者の特性等を勘案して，保護観察所の保護観察官または保護司が行う（更生保護法61条）。保護司は，保護司法に基づいて法務大臣から委嘱された無給・非常勤の国家公務員で，全国に約5万人いて，民間のボランティアとして更生保護を支えている。保護司は，地域のネットワークを活用して犯罪や非行に陥った者の社会復帰を援助できるという長所がある。半面，時間的・経済的余裕がなければできないため，60歳以上の高齢者に偏り，対象者との間のギャップが大きいことが問題である。更生保護の保護司への過度の依存は以前から問題とされてきたところであり，対象者の特性等を勘案した保護観察官と保護司との適切な役割分担と，連携強化が求められている。

更生保護と地域社会　更生保護には，保護司に限らず地域の人々の協力が不可欠である。現在は，BBS会，更生保護女性会，協力雇用主などが，ボランティアとして更生保護を支えている。また，保護観察対象者等を宿泊させ，給食，就職援助，相談・助言等の援助・指導をする民間施設として更生保護施設（更生保護事業法2条）があるが，財政的に困難な施設が多い。法務省は，民間の更生保護施設への受入れが困難・不適切な者を対象とする，「自立更生促進センター」と「就業支援センター」の設置を図っているが，まだ全国で2ヶ所ずつと極めて少ない。なお，厚生労働省は，高齢または障がいのある受刑者の出所後の福祉施設への入所や福祉サービスの利用の支援をする「地域生活定着支援センター」の設置を各都道府県に求め，2011年度末までに全都道府県で設置された。

なお，犯罪に陥った者の社会復帰には就労することが重要であり，法務省と厚生労働省が連携して「刑務所出所者等総合的就労支援対策」を実施している。しかし，不況もあって，刑務所出所者等の就労は，極めて厳しい状況にある。

6　死刑と終身刑

死　刑　裁判員制度の下では，一般市民が死刑の言渡しに関与する。裁判員制度の開始により，死刑は，一般市民にとっても他人事ではなく，自分自身の問題になったといわなければならない。そこで，狭義の「行刑」には含まれないが，刑の執行に関係する問題として，死刑の問題に触れておくことにする（なお，前述17頁・183頁以下参照）。

死刑は刑事施設内で絞首して執行されるが，それまでは刑事施設に拘置される（刑法11条）。拘置・執行される刑事施設は，原則として拘置所である。死刑囚は，受刑者・未決拘禁者等とは分離して収容され（刑事施設・処遇法4条），死刑囚の間の接触も絶たれているのが現状である。面会も，制限が厳しい。死刑囚は，刑務官以外の者と接触する機会に乏しく，孤立した状態にあるといえる。刑事施設における処遇も厳格で，行動の制限が多い。死刑執行の宣告は当日の朝に行われ，そのまま刑場に連行される。そのため，死刑囚は，執行までの毎朝，孤独の中で死の恐怖と向き合うことになる。死刑は，実質的には執行に至るまでの厳しい拘禁と，孤独と，死の恐怖を含んだ刑罰ということができる。

世界は，死刑を人間の尊厳に反する刑罰として廃止する方向に大きく進んでいる。憲法の理念に照らせば，刑罰は，自由刑に限らず，人間の尊厳を害しない，社会復帰に資するものでなければならない。人間のいのちを奪い，社会から抹殺する死刑は，憲法の刑罰適正原則（前述180頁以下）にそぐわない刑罰といわなければならない。立法論としては，死刑は廃止されるべきものである。世界の動きは，「人間の尊厳」の確立に向けての動きであり，これを「国による文化の違い」で無視することはできない。

国民の中には人を殺した者は死刑になって当然との意見もあるが，殺人を行った者の全てが死刑になるわけではない。刑罰における応報は，同害報復（タリオ）を意味するのではない。世論の多くが死刑存置を望んでいるとされるが，世論の多数意見でも人間の尊厳を奪うことは許されない。死刑がなくなると凶悪犯罪が増えるのではないかと恐れる者もあるが，死刑に無期刑などとは異なる特別の犯罪抑止力があることを実証するデータは存在しない。政府・法務省は，死刑に関しては極端な秘密主義を採っていて，かつては執行の事実や執行された者の氏名も明らかにしていなかった。最近は，執行の事実と執行された者の氏名は公表されるようになり，2010年8月には大手マスメディアに対して刑場が公開され，2013年1月には死刑囚の処遇の一部が情報開示されたが，執行の実態や死刑囚の状況等は全く公表されていない。そのこともあって，死刑に関する議論は進んでいない。政府は，国連自由権規約人権委員会の勧告に従って，死刑の実態を明らかにするとともに，人間の尊厳の確立の見地から，むしろ国民に死刑廃止を訴えかけるべきである。

終身刑問題　最近，仮釈放がある現在の無期刑のほかに仮釈放のない終身刑（絶対的終身刑）を設けるべきだとの主張がされている。これには，終身刑を設けることによって死刑廃止の実現を目指そうとする立場と，無期刑では軽いが死刑では重すぎる者を終身刑にすべきだとする立場の，2つの立場がある。前者は死刑廃止論からの主張であり，後者は厳罰化の主張である。

終身刑も，罪を犯した者を社会から永久に排除し，社会復帰の可能性を奪う刑罰である。この点で，憲法の理念にそぐわない。現在の無期刑の運用はかなり厳しく（前述19頁参照），実質的に終身刑化しているとの指摘もある。死刑廃止が当然に終身刑導入を伴うわけではなく，両者は別の問題である。現在の無期刑に加えて終身刑を設けることは，妥当でないと思われる。

7　保安処分と心神喪失者等医療観察法

保安処分　諸外国の中には，犯罪に当たる行為を行った者に対する刑事法的な対応として，刑罰制度のほかに保安処分の制度を有する国がある。日本にも，類似の制度として，「心神喪失等の状態で重大な他害行為を行った者の医療及び観察等に関する法律」（心神喪失者等医療観察法）による指定入院医療機関への入院等の制度がある。保安処分も心神喪失者等医療観察法の制度も，刑罰ではないが，拘禁や自由制限を内容とする法的処分として自由刑や更生保護と共通する側面があるので，ここで略述しておくことにする。

保安処分は，「特別予防の目的で設けられた刑罰以外の刑法上の法律効果であって，刑事裁判所が言い渡すもの」と定義される。刑罰は，行為者に責任があることを前提として，非難を内容とした応報としての本質を有する。これに対して，保安処分は，行為者に将来犯罪行為を行う危険性があることを前提として，それを予防するために科されるものである。したがって，保安処分は，非難・応報を内容とせず，行為者の責任を前提としないので，非難可能性・有責性がない行為者に対しても科される。

近代派の社会防衛論（54頁以下参照）は，刑罰の根拠は行為者の危険性にあり，刑罰はその犯罪を予防するためのものとする。この考えを徹底させれば，刑罰と保安処分の区別はなくなり，刑罰は保安処分で置き換えられることになる。

1921年のイタリア刑法草案（フェリー草案）は，このような「（保安処分）一元主義」を採っていた。

保安処分導入の動き　しかし，現実の立法ではこのような極端な方向はとられず，「責任に対しては刑罰を，危険性に対しては保安処分を」という「（刑罰・保安処分）二元主義」が採られた。そして，1930年代以降，イタリア，ドイツ，スイスなどで，常習累犯者や精神障がい者に対する保安処分が導入された。戦後は，戦前に「危険性」が恣意的に認定されて無限定な拘禁が行われ，人権が侵害されたこともあって，保安処分の重点は精神障がい者や薬物依存者に対する治療的処分に置かれるようになった。最近は，これらの者に対する治療効果への懐疑もあり，保安処分は縮小の傾向にある。

日本でも，保安処分制度を導入しようとする動きは戦前からあり，1927（昭和2）年の刑法改正予備草案，1940（昭和15）年の刑法改正仮案は，保安処分を規定していた。戦後もこのような動きが続けられ，1961（昭和36）年の刑法改正準備草案，1974（昭和49）年の改正刑法草案にも，精神障がい者に対する治療処分と，薬物依存者等に対する禁絶処分が規定された。しかし，日本では，危険性の予測が不確実であることによる恣意的拘禁や長期収容の可能性への危惧，精神障がい者が危険な存在とみられて差別が助長されることへの危惧，保安処分の治療・改善効果への疑念などから，保安処分の導入に反対する意見が強く，実現には至らなかった。

心神喪失者等医療観察法　従来は，犯罪に当たる行為をした者に精神障がいがあり，検察官が責任無能力または限定責任能力だが刑罰よりも精神病院での治療に委ねるべきものと判断したときは，不起訴処分にされ，「精神保健及び精神障害者福祉に関する法律」（精神保健福祉法）25条による都道府県知事への通報がされていた。これは，社会福祉的な見地からの医療措置であり，精神障がいのために自傷・他害のおそれがあることを2人以上の精神保健指定医が認めた場合に，都道府県知事が強制的に入院させて，治療を受けさせるものである（29条）。しかし，これに対しては，治安確保の視点がないために社会の安全が保たれない，入退院の判断の適正を確保するための手続的保障がなく人権保障に欠ける等の批判が加えられていた。

そのような中，2001年に発生した池田小学校事件を契機に，精神障がい者の他害行為への対応を強化する動きが高まり，2003年に心神喪失者等医療観察法が制定され，2005年から施行された。この法律では，殺人・放火・強盗・強姦等の対象行為（2条2項）を行った者が心神喪失者・心神耗弱者であることを理由に不起訴・無罪・減刑になったときは，検察官は，原則として，地方裁判所に対して入院等の決定をすることを申し立てる（33条）ものとされている。申立てを受けた裁判所は，1名の裁判官と1名の精神保健審判員（医師）の合議で（11条）審判し，必要と認めた場合には入院を決定する（42条）。この決定を受けた者は，指定入院医療機関（2条5項）に入院し，必要な医療を受ける（43条，81条）。指定入院医療機関の管理者は，入院を継続する場合には，6ヶ月ごとに地方裁判所に入院継続確認の申立てをしなければならない（49条2項）。入院者・保護者・付添人は，いつでも地方裁判所に退院の許可を申し立てることができる（50条）。これらの申立てがあった場合，裁判所は，これに対する決定をしなければならない（51条）。

心神喪失者等医療観察法の目的は，「病状の改善及びこれに伴う同様の行為の再発の防止を図り，もってその社会復帰を促進すること」（1条）に置かれている。それゆえ，この法律には，治療による病状の改善という福祉的側面と，再犯防止という保安処分的側面を認めることができる。その意味では，この制度は，福祉措置と保安処分の混合的制度とみることができよう。しかし，異質なものを混合した制度が問題なく機能するかは疑問である。また，現在の精神医療は世界的に開放化の方向にあり，入院による隔離・拘禁を中心とする制度が十分な治療効果を上げることができるかにも疑問がある。入院継続に対する裁判所のチェックが規定されていることは人権保障の見地から評価できるが，入院継続の要否の判断基準は不明確であり，実効性には問題が残る。そもそも，精神障がい者の犯罪率がとくに高いというデータがあるわけではない。精神障がい者に対しては，刑事政策的な視点よりも福祉的視点で対応すべきものと思われる。心神喪失者等医療観察法も定着しつつあるようにみえるので，できる限り福祉的側面を重視した運用を求めつつ，裁判所の運用状況と医療の実態を注視していく必要があるといえよう。

III　少年法の考え方

1　少年法の展開

(1)　世界における少年法の展開

少年と成人の別扱い　　罪を犯した少年を成人とは異なる処分にする法制は，100年余り前に生まれたものであり，比較的新しい法制度である。しかし，少年を成人とは別扱いする法制は，かなり以前にまで遡る。

中世には，子どもは「小さな大人」であり，基本的には，死刑・流刑・笞(ち)刑・身体刑等の大人と同じ刑罰が科されていた。しかし，年齢による刑事責任能力の否定・減軽は多くのところで認められ，ドイツ普通法では3つの年齢区分に従って処罰の免除や減刑が認められた。日本でも，江戸時代の「公事方御定書」は，15歳以下の「子心にて弁無く」(未熟な考えで理非を弁えずに) 罪を犯した者について，殺人・放火は15歳まで親類預置の上で遠島 (成人は斬首・火焙(あぶ)り)，窃盗は罪一等を減ずるものとしていた。少年にも成人と同じ刑罰体系を適用しつつ年齢による刑事責任無能力・限定刑事責任能力を認めるという法制は，今日まで続いている。日本の現行刑法も，14歳未満の者を責任無能力とし，14歳以上の者は完全責任能力として成人として扱う立場を採っている。

他方，16世紀末には懲治(ちょうじ)場が現われ，近代になると自由刑が刑罰の中心になっていった。しかし，当時の監獄は，雑多な犯罪者の溜り場で，衛生状態も悪く，悲惨な状態にあった。そこで，そのような所へ年少者を収容するのは非人道的で，成人から犯罪を学ぶ「犯罪学校」にもなるとの反省が生じ，年少者のための特別の収容施設を設ける動きが進んでいった。その初めは1704年にローマに作られた「サン・ミカエル院」だといわれているが，19世紀に西洋諸国で急速に設立が進んだ。ドイツの「ラウエス・ハウス」(1833年)，イギリスの「キングスウッド矯正院」(1852年)，アメリカの「マサチューセッツ州立矯正院」(1845年）などは著名である。20世紀になると，より年長の少年を収容する「ボースタル施設」も設立されるようになり，今日の少年院へと発展してくる。

少年法の発生と確立　少年法を生み出し展開してきた思潮には，2つのものがある。一つは，刑事学の発展に伴う刑事政策の思潮（前述53頁以下）であり，もう一つは，英米法の衡平法（equity）に由来する社会福祉的な思潮である。

19世紀後半から発展した犯罪学は，合理的・科学的な犯罪対策を目指す刑事政策の思潮と，行為者と特別予防を重視する近代派刑法学を導き出した。この動きは，古典派刑法学にも影響を与え，行為者人格や，応報による特別予防を重視する思潮を生み出した。このような思潮は，「保安処分」(前述286頁以下）の思想と方法をもたらし，可塑性に富み教育可能性が高い少年については教育的方法で個別的な処遇をする方が社会防衛の見地からも少年を人格として扱う見地からも効果的で適切であるとする考え方を定着させた。大陸諸国では，このような考え方に基づいて，20世紀初めに，少年のための特別裁判所を設立し，そこで少年に刑罰以外の処分を科す法制度が作られていった。ドイツの「少年裁判所法」(1923年)，フランスの「ベランジェ法」(1912年）などがそれである。これらは，成人の刑事法制に対する特別法的なもので，少年裁判所は刑事裁判所の少年部の性格が強く，少年に刑罰を科すことも刑罰以外の処分を科すことも可能であった。少年刑法の性格を基調としながら保護・教育の視点を取り入れた大陸型の少年法制は，その後の整備・充実を経て1950年前後に確立した。

他方，英米法の衡平法には，19世紀前半から「国親（くにおや）」(parens patriae）の思想が現われた。これは，国は全ての子どもの究極の親・保護者であり，子どもに親がないか，あっても保護ができない場合には，国が親に代わって子どもに保護を与えるという福祉的な思想である。ここでは，福祉的な視点から，罪を犯した少年は適切な保護が与えられていなかったから罪を犯したのであり，適切な保護を与えれば健全に育成することが可能と考えられた。このような思想は，「保護主義」と呼ばれる。国親思想に基づく最初の少年裁判所は1899年のイリノイ州の少年裁判所だといわれ，その後，英米法圏に広く拡大していった。

国親思想に基づく英米法型の少年裁判所は，罪を犯した少年のほかに放任された少年や扶助を要する少年をも管轄に含む，通常の民事・刑事裁判所とは別の裁判所であり，個々の少年のニーズに合った刑罰以外の適切な処分を行うことを目指している。そのため，その審理は，形式にとらわれない柔軟な手続で，人間科学を利用した科学的調査を活用して行われるところに特徴があった。

その後の少年法の動き　少年法制が刑事特別法の性格をもっている大陸法諸国では，1960 年代以後，犯罪少年に対する法的対応は保護主義的性格を強めた。少年裁判所法が犯罪少年を扱う一方で福祉法が放任・要扶助少年を扱うという従来の二元的法制を，両者を統合して一元化しようとする動きもあったが，実現しなかった。1990 年代からは厳罰化を求める政治的圧力が強まり，フランスでは犯罪少年に対する処分の制裁的性格を強めるような法改正もあったが，厳罰化・刑罰拡大を大きく推し進めるような動きにはなっていない。

変化が激しいのは，アメリカ合衆国の動きである。合衆国では，1950 年代から，国親思想に基づいて柔軟な手続で刑罰以外の処分を科す少年法制に対しては，非行少年を甘やかす半面で適正手続の保障に欠けるという批判がされるようになった。そして，人権や適正手続を重視する思潮を背景に，1960 年頃から，保護主義を維持しつつ適正手続を強化して両者の調和を図ろうとする，少年法制の改革が進行した（修正保護主義）。少年手続における適正手続の保障を強調した連邦最高裁判所の「ゴールト判決」（1967 年）は，このような動きを決定的なものにした。

1980 年代になると，合衆国ではアフリカ系アメリカ人少年による重大犯罪が増大し，少年犯罪への厳格な対応を求める政治的圧力が強まった。これを受けて，その後は，重大犯罪を行った少年犯罪者は刑事裁判所に移送して，成人同様に厳格に責任を問い刑罰を科すという，厳罰化のための少年法制の改革が進んだ。それ以外の少年は従来のように少年裁判所の保護処分に委ねられるが，比較的問題の少ない少年は本人・親の同意によって通常の手続から外して（ダイバージョン）福祉的措置に委ね，問題の多い少年には少年審判手続で施設収容等の強制的な処分を科すという動きが進んでいる。その結果，主に重い事案を扱うことになった少年審判手続は，刑事手続に近付き，検察官関与や行為の重大性を基準にした処分がされるようになってきている。合衆国の少年法制は，犯罪少年と放任・要扶助少年を福祉的見地から少年裁判所が一手に扱う一元的制度から，犯罪少年を刑事裁判所と少年裁判所が分担し，少年裁判所も少年によって対応が分かれるという，厳罰化の下での二元化・二極化の方向へ動いているといえよう。修復的司法（後述 326 頁以下）も，被害者に対する謝罪・賠償への圧力と，地域による監視の側面が目立つといわれている。

少年法制の 3 類型　現在の先進諸国には，大別して，上述の大陸型・英米型に北欧型を加えた，3 つの少年法制の類型があるとされている。

大陸型は，いわば「刑事特別法型」の制度であり，犯罪少年を少年裁判所が審理して，保護処分または少年刑を科す。ただし，保護主義的見地から，少年裁判所の手続は非公開とされ，刑罰ではなく教育処分が優先される。他方で，放任・要扶助少年等は，福祉法による措置に委ねられる。このような司法と福祉の二元的構造は，現在も変わっていない。

英米型は，いわば「司法福祉型」の制度であり，国親思想に基づく保護主義の理念に立って，少年裁判所が放任・要扶助少年と共に犯罪少年についても保護の責任をもつ。そして，少年裁判所は，福祉的な視点に立って審判を行い，保護処分を科す。その意味で，司法と福祉とが一体化した一元的構造の法制といえる。もっとも，上述のように，最近は，厳罰化の下で，司法と福祉の二元化・二極化が進みつつあるようにみえる。

北欧型は，スウェーデン，ノルウェー等の北欧諸国が採用している少年法制で，いわば「社会福祉型」の法制である。北欧型では，少年裁判所は存在せず，犯罪少年も福祉法に基づいて行政機関が扱う。そこでは，多くの社会福祉機関が連携し，充実した社会資源を活用して，少年の状況に最も適切と考えられる措置を行政サービスとして行う。行政機関の決定には行政裁判所の司法的チェックが及び，措置の適正を担保している。北欧型は，少年に刑事裁判所が刑事処分を科すことも可能とされている点では司法と福祉の二元的構造ともいえるが，刑事処分は例外的で社会福祉機関が大きな役割を果たしており，実質的には福祉の一元的構造とみることができる。

⑵　日本の少年法の展開

旧少年法まで　日本における本格的な少年法制は 1922（大正 11）年の旧少

年法に始まるが，それ以前にも，少年は成人とは区別して処遇されていた。

前述したように，すでに江戸時代には，年少者の刑の減軽や「親類預置」という一種の保護的措置が行われていた。西欧近代法制の影響を受けて制定された1880（明治13）年の旧刑法は，3つの年齢区分に従って責任無能力や刑の減軽を認め，その一定の者を懲治場に留置するものとしていた。

しかし，懲治場の処遇環境は劣悪であり，欧米の少年施設事業の影響を受けて，懲治ではなく教化・教育によって少年を矯正する施設である「感化院」が，民間の手で設立されていった。留岡幸助が設立した「家庭学校」は，現在の児童自立支援施設「北海道家庭学校」の前身として著名である。これを背景に，1900（明治33）年に「感化法」が制定され，道府県に感化院を設置し，親のない素行不良の少年や懲治場留置を言い渡された少年を収容して感化教育を施すものとされた。しかし，感化院の設置は道府県の任意とされたため，5府県が設置したにとどまった。その後，現行刑法・監獄法の制定によって懲治場が廃止されたため，1908（明治41）年に感化法が改正され，間もなくほぼ全国の道府県に感化院が設置された。

旧少年法の制定　感化院が全国に設置されても，少年犯罪対策としては弱体であった。とくに，第一次世界大戦後の少年犯罪の激増は，少年犯罪のための特別法の必要性を痛感させた。そこで，当時の欧米の先進的な動きに学びつつ立案作業が進められ，1922（大正11）年に少年法（旧少年法）が制定された。

この法律は，18歳未満を少年とし，犯罪少年，触法少年（14歳未満で刑法に触れる行為をした者）および虞(ぐ)犯少年（将来罪を犯す虞(おそれ)のある少年）を対象とする。そして，犯罪少年については，検事が刑事処分（刑罰）にするか保護処分にするかを振り分け（検察官先議），保護処分が相当とされた少年は，少年事件を専門に扱う行政機関（司法省に属する）である「少年審判所」で審判を受けることとされた。少年審判所には少年保護に知識・経験を有する判事・検事から任用された少年審判官と，少年保護司が置かれ，少年保護司による少年の資質・環境調査に基づいて，少年審判官が保護処分を決定した。保護処分は，矯正院送致，感化院送致，少年保護司観察，団体・個人委託，保護者引渡，改心誓約，訓戒等，多様であった。

この少年法は，合衆国の少年裁判所制度をモデルにして少年審判所を設置し，少年の資質・環境に応じた教育的な保護処分を行うという画期的な法律であり，「愛の法律」などと呼ばれた。しかし，検事が刑事処分相当とした少年は刑事裁判に付され，検事が保護処分相当とした場合に少年審判所の審判に付されるという制度は，司法的な刑事処分と福祉行政的な保護処分との二元的制度であり，刑事処分がむしろ優先する刑事的色彩の強い制度とみることができる。その意味では，合衆国の少年裁判所制度とは，かなり性質を異にする制度といわなければならない。

現行少年法の制定　1945年の敗戦は，憲法を初めとする日本の法制度の全面的変革をもたらした。少年法制も，例外ではなかった。連合国軍総司令部（GHQ）は，旧少年法を刑罰的色彩の強い法制とみて，当時の合衆国で隆盛であった国親思想に基づく保護主義・司法福祉型の少年裁判所制度の導入を求めた。日本側もこれを旧少年法・少年審判所の福祉的な保護主義の発展・強化と受け止め，その方向での旧少年法の全面改正が進められ，1948年に現行少年法が成立した。

現行少年法は，対象を「非行のある少年」（非行少年）すなわち犯罪少年・触法少年・虞犯少年に限定し，少年の刑事処分に関する規定を置いている等の点では旧少年法の要素を残しており，合衆国の少年裁判所法と全く同一ではない。しかし，旧少年法と比較して，①少年審判所を廃止して，新設される家庭裁判所に少年の保護処分の決定を委ねた，②少年年齢を20歳未満に引き上げて保護処分の対象を拡大した，③検察官先議・刑事処分優先を改めて，家庭裁判所が刑事処分相当と認めない限り保護処分を行うものとし，家裁先議・保護処分優先主義を採用した等の点で，司法福祉主義への転換と，保護主義の強化がみられる。日本の少年法制は，現行少年法によって，司法福祉主義・保護主義の制度へと大きく変容した。

現行少年法改正への動き　旧少年法から現行少年法への移行は，法務省・検察官からみれば，保護処分決定機関の移譲，検察官先議権の喪失，刑事処分の縮小・後退である。そこで，1952年に占領が終了すると，法務省は，検察官の権限と刑事処分の拡大・強化を目指して少年法の改正作業を進め，1966年に，少年年齢の引下げと「青年」層の新設，「青年」の審判への検察官関与等を骨子とする「少年法改正に関する構想」を公表した。これに対しては，最高裁・日弁連が反対を表明し，研究者・マスメディアも批判的であった。

しかし，法務省は，引き続き作業を続け，1970年に，「少年法改正要綱」を作成し，法制審議会に諮問した。この要項は，①18歳未満を少年，18歳以上20歳未満を「青年」とする，②「青年」の審判手続は刑事訴訟法の規定によって行う，③少年・「青年」の刑事事件の管轄を家裁とする，④検察官に，「青年」の起訴・不起訴，少年の送致・不送致の選択権限を付与する，⑤警察に不送致（微罪処分）権限を付与する，⑥適正手続の保障と処遇の適正化のための施策を強化する，などを内容とするものであった。この「要綱」は，単純に検察官権限の拡大と刑罰拡大・厳罰化を主張するものではなく，合衆国でゴールト判決以後とくに強まった国親思想・保護主義批判と少年手続における適正手続重視の思潮を背景に，保護主義と適正手続の調和を改正の目標に掲げていた。その意味では，適正手続の保障を理由に，少年手続の刑事訴訟化・刑罰化と検察官関与の拡大を図ろうとしたものとみることができる。

諮問を受けた法制審議会は，7年に渡って審議を続けたが，裁判官・弁護士・研究者委員の反対が強く，容易に結論を出すことはできなかった。そこで，意見が対立する問題は棚上げして，現行法の基本構造を変えずに改善できる事項を中間報告として答申することになり，1977年にいわゆる「中間答申」が法務大臣に答申された。この「中間答申」は，①少年の権利保障の強化と一定限度内の検察官関与による少年審判手続の改善，②18歳以上の年長少年の審判手続における特別の取扱い，③捜査機関への不送致権限の付与，④保護処分の多様化・弾力化，などを内容とするものであった。

「中間答申」以後の動き　「中間答申」にも異論は強く，以後，少年法改正の動きや議論は沈滞した。他方，運用・実務では，家裁の「少年事件処理要領」や判例による少年の権利への配慮，捜査機関からの簡易送致の拡充，少年院の処遇内容の多様化・弾力化等が進められた。これによって「中間答申」のかなりの内容が実質的に実現し，「少年法改正なき少年法改正」といわれた。

その後，1980年代半ば頃から，調布駅前事件・綾瀬母子殺害事件・山形マット死事件・草加事件等の冤（えん）罪ないし冤罪を疑われる事件が問題化し，少年審判における事実認定の厳格化や，少年の手続的権利の保障を求める動きが活発化した。そして，裁判官・弁護士の中にも，少年審判への検察官関与による対審構造化・準刑事手続化を容認する意見がみられるようになった。それを背景に，1996年から98年にかけて裁判所・法務省・日弁連による「意見交換会」がもたれ，一定の場合に少年審判への検察官関与を認めるという大枠では，意見の一致をみた。そこで，法務大臣から法制審議会に少年審判の事実認定適正化についての諮問がなされ，これに対する答申に基づいて，一定限度での検察官関与等を内容とする少年法改正案が法務省によって立案され，1999年に国会に提出された。しかし，この法案は，衆議院の解散で廃案となった。

少年法改正の進行　その一方で，神戸児童連続殺傷事件等を契機に，1990年代後半から，マスメディア報道等で「少年犯罪の増大・凶悪化と犯罪少年への厳罰化要求の高まり」が強調されるようになった。

これを受けて，与党国会議員が検察官関与のほかに刑事処分の拡大等をも内容とする少年法改正案を立案して議員提案として国会に提出し，2000年11月に成立した。この改正の主な内容は，①刑事処分可能年齢の16歳から14歳への引下げ，16歳以上の故意の犯罪行為による死亡事件の原則検察官送致等の，刑事処分の範囲の拡大，②審判を懇切・和やかに行うべき旨の規定への「内省を促すものとしなければならない」との文言の追加，③少年審判への裁定合議制の導入，家裁の裁量による一定の重い罪の事実認定手続への検察官関与，その場合の国選付添人の選任，観護措置期間の延長，関与事件の家裁決定に対する検察官の抗告受理申立権の付与，いわゆる「再審」の導入等の，事実認定手続の改革，④被害者等の意見聴取，審判結果の通知等の，被害者への配慮などである。この改正は，刑事処分の拡大，少年審判の構造の変更，被害者の顧慮など少年法の根幹に関わる内容をもつものであり，反対意見も強かった。しかし，法案の立案から成立までは短期間で拙速の印象を免れなかったため，5年後に見直す趣旨の規定が改正法の附則に置かれた。

そして，法制審議会への諮問・審議・答申を経て，少年法を再改正する法案が法務省で立案され，2005年に国会に提出された。この法案は，国会運営の関係で成立が遅れたが，2007年5月に一部修正されて成立した。この少年法の第2次改正は，①触法少年の事件に対する強制調査を含む警察の調査に関する規定の新設，②決定時14歳未満（おおむね12歳以上）の少年の少年院送致の許容，③遵守事項を遵守しない保護観察中の少年の少年院送致等の保護処分への変更などを内容とするもので，主に実務からの要請に基づくものであった。そして，この改正の際も，少年法の理念や基本原則からの議論はされなかった。

さらに，2008年6月には第3次の少年法改正法が成立し，①故意の犯罪行為により人を死傷させた罪および業務上過失致死傷等（刑法211条）の罪の被害者等の一定範囲での審判傍聴の許容，②少年の福祉を害する成人の刑事事件の管轄の家裁から地裁への移管などが行われた。この改正も少年審判手続の変質の可能性など少年法の理念や基本原則に関わる問題を含んでいたが，問題の本質に関わる議論はほとんどされなかった。

その後，2012年には，成人と比べて少年に刑事処分として科される刑罰が軽すぎるとして，無期刑に替えて有期刑を科す場合の刑期の上限を15年から20年に引き上げ，不定期刑を科す場合の長期の上限を10年から15年に引き上げる少年法改正案（51条，52条関係）が，法務大臣から法制審議会に諮問されている（同時に，国選付添人制度と検察官関与制度の対象事件の範囲の拡大も諮問されている）。成人を厳罰化したから少年も厳罰化するという短絡的思考に陥らず，少年法の理念と原則に基づいて本質的な議論がされることが期待される。

少年院法改正案　上述のように，少年法については，刑事処分の拡大，厳罰化の方向での改正が進行している。これに対して，少年院における処遇については大きな関心は持たれていなかった。しかし，2009年に広島少年院で複数の職員が多数の在院者に暴行を加えて刑事責任を問われるという事件が発覚し，大きな社会問題となった。これを契機に，「少年矯正を考える有識者会議」が設置され，2010年に法務大臣に提言が提出された。これに基づき，少年院法の全面改正がされることになり，2012年3月に新しい少年院法案と少年鑑別所法案が国会に提出された。この法案は，少年鑑別所に関する規定を少年院法から分離して少年鑑別所法とした上で，法律の目的として「人権の尊重」「健全育成」「社会復帰」等を規定し，従来は極めて不備であった在院・在所者の権利義務関係，職員の権限の根拠と限界，矯正教育の具体的内容，基本的な処遇制度等に関する詳細な規定を定めるとともに，在院・在所者による処遇に対する不服申立制度を整備し，施設の透明性を確保するための第三者機関である「少年院視察委員会」等を設置するなどの制度改革を行うもので，成人矯正に関する刑事施設・処遇法に相当する重要な改正案である。その基本的な方向性は少年法の理念と原則に沿うもので，早期の成立が望まれる。

2　少年法の基本理念

(1)　少年法と憲法原理

少年法と憲法規定　　少年法の基本理念・基本原則も，憲法の原理・理念に基づいて考えられなければならない。

憲法は，11条で「国民は，すべての基本的人権の享有を妨げられない」と規定している。そして，13条では，「すべて国民は，個人として尊重される」とされ，「生命，自由及び幸福追求に対する国民の権利」の「最大の尊重」が必要とされている。また，25条は，「すべて国民は，健康で文化的な最低限度の生活を営む権利を有する」と規定した上で，「国は，すべての生活部面について，社会福祉（中略）の向上及び増進に努め」るべきものとしている。さらに，26条は，「能力に応じて，ひとしく教育を受ける権利」を保障している。それゆえ，全ての子どもは，人間としての尊厳を認められ，個人として尊重され，基本的人権を保障され，健康で文化的な生活ができる人間に成長発達する権利を有し，それに必要な福祉上・教育上の援助を国から受ける権利を有すると解される。非行を行った少年も，一人の人間として，人間としての尊厳と，これらの権利が認められなければならない。それゆえ，非行を行った少年には健全で遵法的な生活ができる人間に成長発達する権利があり，国は，その少年に対して，自らが非行に至った要因・問題性を解決して健全に成長発達するのに必要なあらゆる援助を与える義務があると解される。この意味で，国は，非行を行った少年に対して，健全育成の義務を有するということができる。

また，憲法31条は，「何人も，法律の定める手続によらなければ，その生命若しくは自由を奪はれ，又はその他の刑罰を科せられない」と規定している。この規定は，直接には刑罰に関する規定であるが，保護処分も自由の剝奪・制約という点では刑罰と同じであるから，少年の刑罰・刑事手続だけでなく保護処分・審判手続にも適用されると解される。憲法31条は，適正手続の保障と，罪刑法定主義・実体的適正の原則を規定したものと解されている。それゆえ，少年審判手続も手続として適正でなければならないし，保護処分の要件も法律に定められ，その内容も適正でなければならない。32条以下の適正手続の内容を具体化した規定も，法廷・裁判の公開（34条後段・37条1項）など少年審判手続になじまない部分以外は，運用上の配慮は必要であっても，原則的に少年審判手続にも適用されると解すべきであろう。

少年法と国際条約　少年の人間としての尊厳の尊重，成長発達権の保障，少年手続の適正の保障等は，国際条約や少年司法に関する国際準則でも確認され，展開されている。これらも，少年法の理念・原則を考える上で重要な意味をもつ（憲法98条2項）。

最も基本となるのは，「児童の権利条約」である。この条約は，児童に関する全ての措置は「児童の最善の利益」（3条）を主に考慮して行われるべきものとし，「児童の生存及び発達を可能な最大限の範囲において確保する」（6条）ことを締約国に求めている。その上で，刑法を犯したとされる児童が「尊厳及び価値についての当該児童の意識を促進させるような方法であって，当該児童が他の者の人権及び基本的自由を尊重することを強化し，かつ，当該児童の年齢を考慮し，更に，当該児童が社会に復帰し及び社会において建設的な役割を担うことがなるべく促進されることを配慮した方法により取り扱われる権利」（40条1項）を認め，無罪推定・黙秘権・証人尋問権等の手続的権利を確保（同条2項）すべきものとしている。

さらに，条約ではないが，「少年司法運営に関する最低基準規則」（北京ルールズ・1985年），「少年非行防止のための国連指標」（リヤドガイドラインズ・1990年），「自由を奪われた少年の保護に関する国連規則」（1990年）などの国連文書も，少年司法のあり方を考える重要な資料である。これらの文書には，①少年司法は少年の福祉に重点を置かねばならないこと，②審判手続は公平・適正審理の原則に従って，少年の最善の利益に資し，かつ少年が参加・理解しやすい雰囲気の下で行われるべきこと，③少年に対する処分は犯罪の重大性，社会のニーズ等と共に少年のニーズに比例しなければならず，少年の福祉が指導的な要素であること，などが書かれている。各国の事情に配慮した「玉虫色」の記述ではあるが，少年の福祉の優先，審判手続の適正等の趣旨は明らかである。

(2)　少年法の基本理念

健全育成の理念　　憲法と国際条約・準則の理念・原則に基づくならば，少年法の基本理念は，非行を行った少年の「健全育成」でなければならない。

前述したように，非行を行った少年には，健全で遵法的な人間に成長発達する権利がある。そして，国は，その少年に対して，自らが非行に至った要因・問題性を解決して成長発達するのに必要なあらゆる援助を与えて，健全に育成する義務がある。それゆえ，少年法の基本理念は，非行を行った少年の「健全育成」でなければならない。少年法１条が「少年の健全な育成を期」すことを法律の目的としているのは，この趣旨に解される。

全ての子どもには，健全に成長発達する権利がある。その尊厳が認められ，個人として尊重されて，健全に成長発達していれば，基本的に非行に陥ることはないはずである。非行は，何らかの要因によって，それが妨げられたことから生じるものである。それゆえ，少年を非行に陥ることから守り，社会を少年非行から守る最善の方法は，全ての子どもの成長発達権を尊重して，健全育成を図ることにある。そして，その基礎は，全ての子どもに人間としての尊厳を認め，個人として尊重することでなければならない。子どもは，人間としての尊厳を認められ，個人として尊重されることで，人間の尊厳性を自覚し，他者を尊重することができる。尊厳性を否定され，個人として尊重されていない子どもに，他者を尊重することを求めることはできない。非行を行った少年に対しても，人間としての尊厳を認め，個人として尊重し，成長発達権を尊重して，その健全育成を図ることが，少年を再非行から守る最良の方法である。これは，少年の最善の利益であり，社会の利益でもある。

保護主義の理念　　少年法１条は，少年の健全育成を期して「非行のある少年に対して性格の矯正及び環境の調整に関する保護処分を行うとともに，少年の刑事事件について特別の措置を講ずる」ことを法律の目的として規定している。これは，非行のある少年には健全育成の見地から教育的・福祉的な保護処分を優先する趣旨を明らかにしたものと解される。これを，「保護処分優先主義」ないし「保護主義」と呼ぶことができる。

刑罰の本質は応報であり，その目的は犯罪予防と宥和（ゆう）（絶対的応報刑論では応報それ自体）にある（前述101頁以下参照）。刑罰は，基本的には社会の利益のために科されるのであり，本人の利益（人間的成長・発展）のために存在するものではない。それゆえ，教育的・福祉的見地に立って少年の健全育成を図る手段としては，刑罰は適切でない。少年の健全育成のためには，刑罰とは異なる教育的・福祉的性格をもった保護処分が必要である。「保護処分優先主義」「保護主義」が少年法の基本理念とされているのは，このためである。

このように，保護主義は，少年の成長発達権と国の健全育成義務を前提にするものである。それゆえ，そこにおける少年は，単なる愛護・教化・改善の客体ではなく，人間としての尊厳を有する自立した個人であり，自己にある問題性を主体的決定によって自ら解決・克服していく成長発達の主体としてとらえられなければならない。この見地から，少年法の保護主義は，少年の人間としての尊厳と自立的な成長発達権の主体としての地位の承認の上に立って，少年を個人として尊重しつつ，少年自らによる問題性・非行性の解決・克服の努力を信頼し援助するものでなければならない。このような思想・理念に即応した少年保護の方法は，「ケースワーク」である。少年法の保護主義は，「ケースワーク」の理論によって理解することができる。したがって，現在の保護主義は，国が保護の主体で少年は保護の客体とみる「国親思想」に立脚するものではない。

保護主義と犯罪予防・制裁　上述のような考え方に対しては，少年の利益のみを考えて犯罪予防という社会の利益を無視している，少年の甘やかしであるなどと批判する者もある。そのような者は，保護処分においても犯罪予防・社会防衛の見地を重視すること，保護処分に制裁の要素を含ませて少年に相応の責任を果たさせること，刑事罰の範囲を拡大すること，被害者の利益を考慮することなどを主張する。

しかし，犯罪予防の見地からみても，保護手続のケースワーク機能による少年の健全育成が，最も効果的な特別予防効果を持っている。制裁は，非行を行った少年が自分の問題性を理解し克服するのには役立たず，かえって問題性を複雑化させ，非行性を深めるおそれがある。厳格な処分によって一般予防を図っても，強い「よい子圧力」にさらされている現代の子どもたちは，ますます萎縮して内面のストレスを増大させるか，反発を強めるだけであろう。自分の非行の原因や問題性を理解する力が不十分な者に制裁を科しても，問題をこじらせるだけで，問題の解決にはつながらない。少年が自分の行ったことの責任を自覚することは健全育成の見地からも重要な意義があるが，それは少年が自ら自分の問題性を理解・克服する中で達成されるものである。責任は主体的に自覚するものであり，外から責任を押し付けても責任を自覚させることはできない。刑事罰も，自分の責任を自覚する力が不十分な者に応報を加えても応報の意味に乏しく，予防効果も期待できない。被害者の救済も重要であるが，被害者の真の救済は，被害者の心身の健康の回復と生活の安定にあるというべきである。厳罰よりは，少年がケースワークによって問題を解決・克服して自分の責任を自覚することの方が，被害者を癒し，その救済に役立つと思われる。

人々が非行に不安と防衛の感情を抱き，制裁や刑罰の力で対抗しようとするのは，一種の本能的反応として理解できる。しかし，先人は，それが真の問題解決にはならないことを経験的に学んで，保護主義の理念を生み出し，それをケースワークの思想と結び付けてきた。我々は，その歴史と先人の努力に学ばなければならない。

司法福祉主義　少年法は，このような福祉的・ケースワーク的な少年保護の役割を，司法機関である家庭裁判所に委ねている。これを，「司法福祉主義」ということができよう。

少年法は，司法福祉主義に立って，次のような手続原則を定めている。まず，家庭裁判所の審判に付すべき少年は，原則として，全てが家庭裁判所に送致・通告される（全件送致主義）。これによって，非行を行った全ての少年が，家庭裁判所の保護過程に乗ることになる。事件を受理した家庭裁判所は，事件について調査を行う（少年法8条1項。調査前置主義）。この調査は，主に家庭裁判所調査官によって（同法8条2項），少年・保護者・関係人の行状・経歴・素質・環境等について，医学・心理学・教育学・社会学等の専門的知識とくに少年鑑別所の鑑別結果を活用して行われる（同法9条。科学的調査主義）。この調査過程がケースワークとしての機能を営み，対象となった少年は家庭裁判所による教育的・福祉的な保護を受けることになる。そして，家庭裁判所は，この調査に基づいて，少年に対する措置を決定する（同法18条以下。家裁先議）。この決定過程や審判過程もケースワークとしての機能を有し，少年が自分の問題性・非行性を自ら解決・克服していくための支援の必要性（要保護性）に基づいて，家庭裁判所が少年に対する措置・保護処分を決定することになる。

司法福祉主義の下では，家庭裁判所は，司法機能と福祉機能を同時に発揮することが求められる。しかし，「司法機能」「福祉機能」がそれぞれ何を意味するかは，必ずしも明らかではない。上述のように，家庭裁判所の事件受理・調査・審判・決定の全過程は，ケースワークとしての機能を有し，少年に対する教育的・福祉的な「処遇」としての意味をもっている。これが福祉機能に当たることは，疑いない。また，適正手続によって少年の人権を保障しつつ適正な措置・保護処分を決定することが司法機能に当たることも，疑いない。これに対して，犯罪予防・社会防衛や責任非難・制裁の要素が司法機能に含まれるかは，争いがある。保護処分に犯罪予防・社会防衛と責任非難・制裁の要素を認める立場からは，これが肯定される。しかし，上述のように保護主義を少年自らによる問題性・非行性の解決・克服の援助の思想に基づいてとらえるならば，保護処分・司法機能に犯罪予防・社会防衛や責任非難・制裁の要素を認めることはできない。

少年手続と適正手続の理念　かつては，少年手続に関しては，その福祉的性格，本人の利益の側面が強調され，手続の非形式性・柔軟性が重視されていた。とくに，アメリカ合衆国の「国親思想」に基づく手続は，手続の非形式性・柔軟性が大きかった。しかし，少年手続も，本人の福祉・利益を目指すとはいっても，少年の自由・権利の制約の性質を有することは否定できない。それゆえ，家庭裁判所がその権限行使を誤り，事実誤認に基づく介入や恣意的あるいは過剰な介入を行えば，少年の自由・権利が不当に制約されることになる。本人の福祉・利益を目指した非形式的・柔軟な手続構造の下では，その危険性は大きい。合衆国では，連邦最高裁判所のゴールト事件判決（1967年）等を契機にしてこのことが大きな問題となり，少年手続における適正手続の保障が強く求められるようになった。合衆国の動きは日本にも大きな影響を及ぼし，日本でも少年手続における適正手続の保障が強調されるようになった。

上述のように，司法福祉主義は，家庭裁判所に司法機能と福祉機能を同時に発揮することを要求する。それゆえ，少年手続において福祉機能だけではなく適正手続による適正な措置・保護処分の決定という司法機能が重視されるべきことは当然といわなければならない。ただし，問題は，この両者がどのような関係に立つかである。

少年手続における適正手続を成人の刑事手続における適正手続と同様に考える場合には，適正手続は当事者主義の対審構造を要請することになり，現在の職権主義の少年手続の構造はその方向での修正・変容を免れないことになる。しかし，当事者の争いに第三者として判断を下すという手続構造は，少年の福祉を実現するには適していない。それゆえ，このような立場に立って少年手続における適正手続の強化を図る場合には，少年手続における適正手続の保障と福祉機能とは矛盾・対立することになり，少年手続の福祉機能は大幅に後退せざるをえない。これは，少年法の理念の崩壊につながる。

少年手続における適正手続を，成人の場合と同様に考える理由はない。少年法の基本理念は，少年の健全育成である。少年手続における司法機能と福祉機能は，この基本理念によって統合されなければならない。健全育成の理念は，少年の人間としての尊厳を認め，個人として尊重し，成長発達権の主体として位置付けることを前提としている。少年手続の中でこの前提が守られなければ，少年の健全育成は期しがたく，少年手続の福祉機能も果たされない。少年手続においてこの前提を守るためには，少年を手続的権利の主体として承認し，少年を個人として尊重するのに必要な手続的権利を認め，客観的事実に基づいて手続を行うことが必要であろう。そのようにして初めて，少年は審判に納得し，自分の問題性を直視して解決・克服することが可能になると思われる。これが，少年手続における適正手続であるべきである。それゆえ，少年手続における適正手続と福祉機能は矛盾・対立するものではなく，むしろ調和的に総合することが可能といわなければならない。したがって，少年手続における適正手続の保障は，手続の当事者主義化・対審構造化を必要とするものではなく，従来からの職権主義の手続構造の中でも十分に実現可能と考えられる。例えば，憲法や児童の権利条約が保障する無罪推定・黙秘権・証人尋問権等の手続的権利は，その告知や運用方法に配慮すれば，福祉的・職権主義的な少年審判手続の中でも保障可能であろう。

少年法改正と少年法の基本理念　　2000年以降に進められた少年法の改正は，刑事処分の拡大等の厳罰化，検察官関与の導入等の事実認定手続の改革，触法少年に対する警察の調査権限の承認，被害者の少年審判傍聴等の被害者への配慮など，少年法の基本理念・原則にも関係する重要な改正点を含んでいる。しかしながら，これらの改正は，「少年犯罪の増大・凶悪化と犯罪少年への厳罰化要求の高まり」というマスメディア報道を背景に，少年法の基本理念・原則との関係についての十分な議論なしに行われている。これらの改正と少年法の基本理念・原則との関係については，改めて十分な検討を加えることが必要である。

まず，刑事処分の拡大等の厳罰化については，その背景とされた「少年犯罪の増大・凶悪化」が客観的事実とはいい難いことは，前述した通りである（19頁以下）。その意味では，厳罰化は，立法事実を欠き，熱がないのに解熱剤を飲んだに等しいと評することができる。その点を措いても，上述したように，厳罰化は，特別予防・一般予防の効果を期待できず，非行防止に有効とは考えられない。かえって，少年手続のケースワーク機能を弱体化させることで少年の非行性の解決・克服を困難にして，再非行・再犯を誘発することが危惧（ぐ）される。厳罰化は，健全育成・保護主義の理念を後退させたものといわなければならない。

事実認定手続の改善，手続の適正の強化は，健全育成の見地からも重要な課題である。しかし，近年の改正では，検察官関与等の検察官権限の拡大と少年審判手続の対審構造化が進められた半面で，少年の権利保障は国選付添人やいわゆる少年再審の導入等に限られている。これで正確な事実認定と少年の手続的権利の保障が実現できるかは，極めて疑問である。むしろ，少年が検察官関与によってますます言いたいことが言えなくなり，正確な事実認定と少年の人権保障が後退することが危惧される。少年冤罪事件の教訓は，少年事件について事実認定が困難になる原因は，主に捜査にあるということである。適正な捜査がされなかったことから生じた困難は，少年審判に検察官を関与させても解決することはできない。正確な事実認定には，適正な捜査がされることが先決である。捜査手続の改革なしには，正確な事実認定はありえない。他方，少年の手続的権利を保障するためには，そのための具体的規定を置く必要があろう。

触法少年の事件を適正に調査する必要性も，否定できない。ただし，年少の触法少年に対する調査には，ケースワークとしての機能がとくに強く求められる。警察組織は，犯罪防止・治安維持を目的とする組織であり，福祉的なケースワークを行うための組織ではない。そこに触法少年の事件の調査を委ねることは，健全育成・保護主義の理念にそぐわず，疑問といわなければならない。

少年事件の被害者の保護も，重要な課題である。しかし，被害者等の意見陳述は，その聴取および判断の際の考慮の仕方によっては少年の健全育成に悪影響を及ぼすおそれがあり，慎重な聴取・考慮が必要とされよう。また，被害者等の審判傍聴は，少年や裁判官に被害者の目を意識させ，少年を萎縮させるだけでなく，少年審判を表面的な反省・謝罪の場に変質させて，少年審判手続のケースワーク機能を損なうおそれが強い。それで少年の問題性・非行性の解決・克服が妨げられれば，少年の利益にならないし被害者の不満も高まろう。事件後間もない審判の時点では，少年も被害者も，事件を冷静に考えたり表現できる心理状態にはない。被害者等の審判傍聴は，両者の心の傷をさらに深めるおそれすらある。両者が向き合うのは，処遇が進んで少年が事件・被害者と向き合える精神状態になり，被害者も事件後の混乱から脱してからが望ましい。被害者保護は，長期的・多角的な視野から考えられなければならない。

少年法の改正がその理念・原則との関係を十分に検討しないまま進行している半面で，少年院法改正はまだ実現していない。人権尊重，健全育成，社会復帰という少年法の理念・原則からみて重要な法案であり，早期の成立が期待される。

かつて，「少年法は刑事政策のパイオニア」といわれていた。行刑においても改善更生・社会復帰の理念に基づく「処遇」が重視される今日，この言葉を再度想起する必要がある。少年法の理念を後退させることなく，むしろ刑事罰にも及ぼしていくことが，21 世紀の課題というべきである。

3　少年法の担い手

家庭裁判所の裁判官　　少年保護手続は，司法福祉主義の理念に基づき，家庭裁判所が行う。家庭裁判所は相応な員数の判事・判事補で構成（裁判所法 31 条の 2）され，これらの裁判官が少年保護手続を担っている。そして，検察官送致の決定以外の裁判は判事補が一人ですることができる（少年法 4 条）ため，判事補一人で少年審判を行っている場合が多い。

判事補は，比較的若い裁判官が多く，少年と年齢が相対的に近いが，人生経験が浅く，裁判実務にも円熟していない場合が多い。少年保護手続は司法機能と福祉機能の総合が求められる困難な手続であり，そのような高度の実務能力が必要な手続を判事補一人に委ねることには，問題がないわけではない。また，多くの裁判官は転任システムによって家裁から他の裁判所へ転任していくため，少年審判に熟達した裁判官が生まれにくいという問題もある。少年審判を天職として家庭裁判所を動かない裁判官もあるが，裁判官としての昇進を捨てることになるため，そのような裁判官は稀である。少年手続は，非形式的・柔軟な手続であるために，裁判官の運用による部分が多い。少年保護に熱意のある優れた裁判官の養成・配置が，今後の課題といえよう。

家庭裁判所調査官　家庭裁判所で少年等の調査を実際に担当するのは，家庭裁判所調査官（裁判所法61条の2）である。家庭裁判所調査官は，心理学・社会学・社会福祉学・教育学等の専門知識を有する専門職であり，少年やその家族に面接するなどして，少年が非行に至った原因，生育歴，性格，生活環境等の調査を行う。そして，必要に応じて，少年の資質や性格傾向を把握するために心理テストを行い，少年鑑別所・保護観察所・児童相談所等の関係機関と連携しつつ，少年が抱える問題の解決・克服に必要な支援を検討して，裁判官に報告する。裁判官は，これを資料にして審判を行う。いわゆる試験観察（少年法25条）を担当するのも，家庭裁判所調査官である。このような調査は，裁判官の決定のための資料を準備するにとどまらず，それ自体が少年に対するケースワークとしての機能を営んでいる。それゆえ，家庭裁判所調査官は，家庭裁判所による少年の教育的・福祉的処遇の重要部分を担っているのであって，少年保護において非常に重要な役割を果たしている。

鑑別技官　少年鑑別所には，心理学の専門職である鑑別技官が配置されている。少年鑑別所は，主に家庭裁判所の観護措置決定（少年法17条）によって送致された少年を収容し，医学・心理学・社会学・教育学等の専門知識に基づいて，その資質の調査を行う施設である。鑑別技官は，送致された少年について，各種の専門的検査・面接・調査を行い，知能・性格等の資質上の特徴，その少年が非行に至った原因，少年が抱える問題の解決・克服に必要な支援など，処遇の指針等を解明する。その結果は，「鑑別結果通知書」として家庭裁判所に送付され，家庭裁判所の審判や少年院・保護観察所での指導・援助に活用される。

法務教官　少年院で少年の矯正教育を担当しているのは，法務教官である。法務教官は，心理学・社会学・教育学等の専門知識を有する専門職であり，専門的知識に基づいて，個々の少年の問題性に着目し，集団活動・グループセラピー・面接・相談助言・生活指導等によって，少年が自分の抱える問題に自ら気付いてそれを解決・克服していくことを支援し，少年の健全育成・社会復帰を図る役割を担っている。また，法務教官は，余暇を健全・有効に活用する生活習慣を体得させるために，リクリエーションの指導等も行っている。

法務教官は，少年鑑別所にも配置されている。少年鑑別所においては，法務教官は，送致された少年の身柄を確保し，少年が落ち着いて審判を受けられるように心情の安定を図るとともに，少年の問題性やその解決・克服の可能性等を探り，その資質の鑑別に役立てるために面接・相談助言等も行っている。

なお，少年院では，職員にはない知識や経験を有する民間人がボランティアで篤志面接員や教誨(かい)師として協力し，指導・助言，宗教教誨等に当たっている。

保護観察官・保護司等　保護観察の保護処分の決定（少年法24条1項1号）を受けた少年および少年院を仮退院した少年は，保護観察所の保護観察に付される（更生保護法48条）。保護観察を実施するのは，保護観察所の保護観察官と保護司である（同法61条）。保護観察官・保護司については，成人の保護観察のところで述べた（前述283頁以下）。

なお，児童自立支援施設・児童養護施設の職員については，後述（312頁以下）するところを参照されたい。

4　少年手続の概要

家裁送致までの手続　少年法の少年保護手続の対象となるのは，20歳未満の「非行のある少年」であり（少年法1条・2条），犯罪少年・触法少年・虞犯少年の3つ（同法3条）に分かれる。犯罪少年は14歳以上の罪を犯した少年，触法少年は14歳未満で刑罰法令に触れる行為をした少年，虞犯少年は一定の事由があって将来罪を犯すおそれ等がある少年である。

これらの少年を発見した者は，家庭裁判所に通告しなければならない（少年法6条1項）。警察が犯罪少年を検挙したときは，交通反則通告制度が適用になる場合を除き，罰金以下の刑に当たる犯罪の被疑事件は直接家庭裁判所に送致し，それ以外の刑に当たる犯罪の被疑事件は検察官に送致する（少年法41条，刑訴法246条，道交法130条）。これを受けた検察官は，捜査を遂げ，犯罪の嫌疑がある，または犯罪の嫌疑はないが家庭裁判所の審判に付すべき事由があると認める場合は，事件を家庭裁判所に送致する（少年法42条）。警察官は，触法少年と疑うに足りる相当の理由のある少年を発見したときは，事件を調査できる（同法6条の2以下）。触法少年および14歳未満の虞犯少年は，児童福祉法上の措置が優先され，まず児童相談所に通告される（児童福祉法25条）。これらの者については，家庭裁判所は，都道府県知事または児童相談所長から事件が送致されてきた場合に限り審判を行うことができる（少年法3条2項）。14歳以上の虞犯少年は，原則として，家庭裁判所に通告される。ただし，警察官・保護者は，虞犯少年が18歳未満で，家庭裁判所に通告するよりも児童福祉法による措置に委ねるのが適当と認める場合は，児童相談所に通告することができる（同法6条2項）。

少年事件の調査・審判　家庭裁判所が事件を受理したときは，家庭裁判所調査官に事件および少年の生育歴・環境等を調査させる（少年法8条・9条）。必要な場合には，観護措置の決定により少年を少年鑑別所に送致して，資質鑑別を求めることができる（同法17条）。鑑別所は，少年を収容して，医学・心理学・教育学・社会学等の専門的知識に基づいて，少年の資質鑑別を行う（少年院法16条）。

家庭裁判所は，調査の結果，児童福祉法上の措置を相当と認めるときは，事件を都道府県知事または児童相談所長に送致する（少年法18条）。審判に付すことができず，または審判に付すのが相当でないと認めるときは，審判不開始を決定して事件を終わらせる（同法19条）。死刑・懲役・禁錮（こ）に当たる事件について罪質・情状に照らして刑事処分を相当と認めるときは，事件を検察官に送致（逆送）する（同法20条1項）。ただし，16歳以上の少年が故意の犯罪行為で被害者を死亡させた場合は，とくに刑事処分以外の措置を相当と認めたとき以外は逆送する（同条2項）。

審判を開始するのが相当と認めるときは，審判を開始する（少年法21条）。審判は，通常一人の裁判官が行うが，例外的に合議体で行うこともできる（裁判所法31条の4）。審判は，非公開で，懇切を旨として，和やかに行うとともに，非行少年に対し非行について内省を促すものでなければならないとされている（少年法22条）。

弁護士である付添人（少年法10条）は，審判に出席することができる。家庭裁判所は，故意の犯罪行為により被害者を死亡させた罪など一定の重い罪に関する犯罪少年に係る事件については，審判に検察官が関与する必要があると認める場合には，審判に検察官を出席させることができる（同法22条の2）。この場合，少年に弁護士である付添人がないときは，弁護士である国選付添人を国が付する（同法22条の3）。また，家庭裁判所は，故意の犯罪行為により被害者を死傷させた罪および業務上過失致死傷等（刑法211条）の罪の被害者等から審判の傍聴の申出があった場合は，弁護士である付添人の意見を聴取し（少年法22条の5），少年および事件等に関する事情を考慮して相当と認めるときは，傍聴を許すことができる（同法22条の4）。

家庭裁判所は，審判の結果，保護処分に付すことができず，またはその必要がないと認めるときは，不処分の決定をする（少年法23条2項）。都道府県知事・児童相談所長送致または検察官送致が相当と認めるときは，その決定をする（同条1項）。これら以外の場合は，少年に対して，保護観察，児童自立支援施設・児童養護施設送致，または少年院送致の保護処分を決定する（同法24条）。家庭裁判所は，保護処分の決定に必要と認めるときは，少年を家裁調査官による試験観察に付すことができる（同法25条）。

少年・法定代理人・付添人は，一定の事由があるときは，保護処分の決定に対して高等裁判所に抗告することができる（少年法32条）。検察官は，一定の事由があるときは，関与の決定があった事件に対する決定等に対して，高等裁判所に抗告受理の申立てができる（同法32条の4）。

少年の刑事手続　家庭裁判所から送致を受けた検察官は，原則として公訴を提起しなければならない（少年法45条5号）。起訴後の手続は，成人の刑事手続とほぼ同様である。それゆえ，事件が裁判員裁判対象事件（裁判員法2条）である場合には，少年の事件も裁判員裁判で審理される。この場合も，審理は，「健全育成」という少年法の目的（1条）に則り，少年等の行状・経歴・素質・環境等についての医学・心理学・教育学・社会学等の専門的知識，とくに少年鑑別所の鑑別結果を活用して行われなければならない（少年法50条，9条）。しかし，裁判員がこのような審理に対応することは困難であり，少年の裁判員裁判では，この少年法の要請は没却されているように見受けられる。少年事件を裁判員裁判の対象から除外するなどの，早急の対応が必要と思われる。

裁判所は，事実審理の結果，少年を保護処分に付するのが相当と認めるときは，事件を家裁に移送する（少年法55条）。また，行為時18歳未満の者に対しては，死刑をもって処断すべきときは無期刑を科すものとされ，無期刑をもって処断すべきときも10年以上15年以下の有期懲役・禁錮を科すことができるとされている（同法51条）。また，長期3年以上の懲役・禁錮で処断すべきときは，その刑の範囲内で不定期刑を言い渡すものとされている（同法52条）。なお，少年に科す自由刑の刑期については，現在，法制審議会でその引上げが検討されている（前述297頁参照）。

懲役・禁錮の言渡しを受けた少年は，少年刑務所または刑務所内の特定区画で刑を執行する（少年法56条1項）。ただし，16歳未満の少年は，16歳に達するまで少年院で刑を執行することができ，この場合は作業を課さずに矯正教育を行う（同条3項）。

少年院の処遇　　少年院送致の保護処分の決定（少年法24条1項3号）を受けた少年は，それらの少年に矯正教育を授ける施設である少年院（少年院法1条）に収容されて矯正教育を受ける。少年院における処遇等について規定した基本法令は，少年院法である。少年院法については，全面改正案が作成され，現在，その成立が図られている（前述297頁参照）。

少年院には，初等少年院（おおむね12歳以上おおむね16歳未満の者を収容），中等少年院（おおむね16歳以上20歳未満の者を収容），特別少年院（犯罪的傾向の進んだおおむね16歳以上23歳未満の者を収容），医療少年院（心身に著しい故障のあるおおむね12歳以上26歳未満の者を収容）の4種類がある。また，少年院における処遇は，非行傾向が比較的進んでいない者を対象とする一般短期処遇（収容期間は原則として6ヶ月以内）・特修短期処遇（収容期間は4ヶ月以内）と短期処遇になじまない者を対象とする長期処遇（収容期間は原則として2年以内）とに区別されている。そして，一般短期処遇には短期教科教育課程・短期生活訓練課程の2種の処遇課程が設けられ，長期処遇には生活訓練課程・職業能力開発課程・教科教育課程・特殊教育課程・医療措置課程の5種の処遇課程が設けられている。

少年院の処遇は，少年一人一人の必要性に応じた個別的処遇が目指される。そのため，科学的調査に基づいて個々の少年の個性と矯正教育上の必要性を把握して収容される少年院の種類・処遇区分・処遇課程を決定し，これらが共通する者を集団に編成して処遇を行う集団処遇が行われている。その上で，少年ごとに個別処遇計画が作成され，これに基づいて個別処遇が行われている。矯正教育としては，生活指導・職業補導・教科教育・保健体育・特別活動等が実施されている。

少年院の処遇は，新入時教育・中間期教育・出院準備教育の3期の教育課程に区分され，それぞれの期に応じた処遇が行われている。1級から3級までの段階的処遇が行われ，在院者は改善・進歩に応じて2級下から順次進級する。少年院長の申出があり，地方更生保護委員会が仮退院を相当・必要と認めたときは，仮退院が許される（更生保護法46条）。仮退院が許された者は，保護観察に付される（同法48条2号）。

少年の保護観察　保護処分として保護観察に付された少年は，原則として20歳に達するまで保護観察に付される（更生保護法66条）。ただし，その必要がなくなったと認められた場合は，保護観察解除等の措置がとられる（同法69条）。

保護処分としての保護観察には，一般の保護観察のほかに，一般短期保護観察と交通短期保護観察がある。前者は，交通事件以外の非行を行った少年で非行性の進度がそれほど深くない者に対するおおむね6ヶ月以上7ヶ月以内の保護観察であり，後者は，交通事件で保護観察に付された少年で一般非行性の進度が深くなく交通関係の非行性も固定していない者に対する原則3ヶ月以上4ヶ月以内の保護観察である。保護観察対象少年は，改善進歩の進度等に応じて4区分された段階に編入され，各段階に応じた処遇を受ける。また，対象者をその特徴的な問題性によって暴走族・中学生・無職等・シンナー等濫用・性犯罪等などに類型化し，それに基づいて処遇する類型別処遇が行われている。

児童自立支援施設・児童養護施設の指導　児童自立支援施設・児童養護施

設送致の保護処分の決定（少年法24条1項2号）を受けた少年は，児童自立支援施設・児童養護施設に収容されて指導・養護等を受ける。児童自立支援施設（1997年までは「教護院」）は，不良行為をなす児童等を入所等させて，個々の児童の状況に応じた必要な指導を行って自立を支援し，退所者にも相談等の援助を行う施設である（児童福祉法44条）。児童養護施設は，環境上養護を要する児童を入所させて，これを養護し，退所者にも相談等の自立のための援助を行う施設である（同法41条）。これらの施設は，少年院が法務省所管の国立の施設であるのとは異なり，その多くが地方自治体または民間が設立した厚生労働省所管の福祉施設である。

児童自立支援施設では，伝統的に「夫婦小舎制」が採られ，夫婦一組の職員（児童自立支援専門員・児童生活支援員）が家庭的な雰囲気の寮舎で子どもたちと生活を共にし，非行のある子どもを家庭的な温かさで包み，家庭の暮らしを通じてその心身の健全な成長発達を促す処遇が行われてきた。しかし，最近では，数名の職員が交替で児童の指導に当たる「交替制」を採る施設が増え，夫婦小舎制の施設は少なくなってきている。児童養護施設では，被虐待児童や放任児童が入所児童の多数を占め，児童指導員・保育士等の職員が，児童ができるだけ家庭的な雰囲気の中で日々の生活を送り，それぞれの希望と能力に応じた進路を選択して社会的に自立できるよう，支援を行っている。

IV 犯罪被害者法の考え方

1 犯罪被害者法の展開

(1) 世界の犯罪被害者法の展開

被害者の地位の変遷　犯罪被害者の地位は，「被害者の黄金期」から「被害者の衰退期」を経て，「被害者の復興期」を迎えているといわれる。

刑罰の淵源の一つは，復讐である。権力が未発生で，公刑罰が存在しない原始社会では，復讐が刑罰としての機能を果たしていた（復讐とその制限については，前述 24 頁以下参照）。この時代は，いわば復讐が刑罰であり，その意味では「被害者が加害者を罰する」「被害者の黄金期」ということができる。しかし，やがて権力者が発生して王国が成立すると，権力者による公刑罰が成立し，復讐の応酬は王国内の秩序に対する脅威となった。そこで，「タリオ」（同害報復）の原則による復讐の制限，贖（しょく）罪金の支払による復讐の代替等，権力者による復讐の抑制が進んだ。ただし，公刑罰の発動も民事裁判のように被害者の訴えで行う（弾劾主義）のが通常で，復讐の制限も当事者の争いへの権力介入という点で民事裁判と共通する。この点で刑事法と民事法とは未分化の状態にあり，被害者はなお重要な地位が認められていたといえる。そして，国王・皇帝の権力が強力になると，復讐は原則的に禁止され，国王・皇帝が被害者の訴えとは無関係に（職権開始主義）一元的に刑罰権力を行使するようになる。ただし，氏族の名誉が重視されるところでは，一定範囲で復讐や「贖罪金」による解決が認められた。

近代になると，民事法と刑事法は完全に分離され，復讐は犯罪として禁止される。刑事法は，罰する国家と罰せられる犯罪者との間の法律関係として純化され，被害者が関わる余地はなくなった。そして，被害者と加害者の関係は専ら民事法によって処理されることになり，被害者は民事法的手段によって加害者から被害の賠償・回復を受けることとされた。このようにして，犯罪被害者は，公法的な法律関係からは完全に排除され，専ら民事法上の私的な権利のみが認められる存在となった。このような状態は，犯罪被害者が「忘れられた人々」となった「被害者の衰退期」と呼ばれている。

犯罪被害者法の展開　諸外国で犯罪被害者に社会的な関心が向けられるようになるのは，戦後とくに1960年代以降であり，1980年代以降は国際的に犯罪被害者に対する配慮が進み，「被害者の復興期」といわれるようになっていった。

この背景には，3つの事情があるように思われる。第1は，家族・地域構造の変化である。従来は，大家族と地域の結合が存在し，犯罪被害者は自分や加害者の属する大家族・地域によって支援・救済されていた。しかし，戦後は大家族や地域の解体が進んで犯罪被害者も加害者も孤立した個人となり，国家的・社会的支援なしに生活を再建することが困難になった。第2は，欧米でとくに1970年代以降，犯罪が急増したことである。その中で，人々が犯罪被害を他人事としては考えなくなり，社会連帯によって犯罪被害者を支援・救済する動きが進んだ。第3は，国家の被害者への配慮に対する不信の増大である。刑事司法からの被害者の排除は，国家による被害者への十分な配慮が存在しなければ動揺する。しかし，警察官等の無神経な被害者対応による「二次被害」の発生，警察官等による犯罪被害の訴えの無視や犯罪行為の放置，公務員・企業・支配的立場の者等の「力の濫用」（abuse of power）による被害の放置等が次第に顕在化し，被害者への配慮に対する国民の信頼が動揺した。

このような事情を背景に，1950年代から，DV被害女性の支援や犯罪被害者への国家補償を主張する動きが現われた。そして，1960年代になると，1963年のニュージーランドを先駆けに犯罪被害者への国家補償制度を設ける国が徐々に増加するとともに，DV被害者や虐待児童の保護・救済等の動きが始まった。1970年代には，市民ボランティアによる犯罪被害者支援の動きが進み，アメリカ合衆国の「NOVA（全米被害者支援機構）」（1975年），ドイツの「白い環」（1976年），イギリスの「被害者支援協会」（1979年）など，犯罪被害者支援のための全国的NPOの設立・展開が進んだ。

1980年代になると，「犯罪被害者の権利」を確立する国際的な動きが始まり，数々の国際会議等を経て，1985年の国連総会で「犯罪および力の濫用の被害者に関する司法の基本原則宣言」が採択された。これは，犯罪被害者の司法へのアクセスおよび公正な取扱いの保障，犯罪被害者に対する損害賠償・公的補償の確保，犯罪被害者に対する社会的援助の提供，「力の濫用」の禁止とその被害者の救済などの重要な内容を持つもので，「国連被害者宣言」などとも呼ばれる画期的な国際準則である。これと共に，欧米諸国では犯罪被害者の救済・支援のための立法が進み，合衆国で「被害者及び証人保護法」(1982年)，ドイツで「刑事手続における被害者の地位の改善に関する第1次法律」(1986年)，イギリスで「被害者憲章」(1990年) 等が制定され，被害者である証人の負担軽減と支援の提供，刑事手続の進行や被害者の権利についての情報提供，一定範囲での刑事手続への参加などが進められた。被害者の権利運動の盛んな合衆国では，犯罪被害者の権利を州憲法に規定する州も現われた。また，加害者の処罰よりも犯罪で生じた害の修復を目指す「修復的司法」(Restorative Justice) の試みも盛んになった。

1990年代以降は，国連被害者宣言が求めるような被害者救済・支援策を具体的に展開する動きが欧米を中心にさらに進むとともに，国際的には「力の濫用」とくに戦争犯罪の防止とその被害者救済へ向けた動きが進み，旧ユーゴスラビア戦争犯罪国際法廷（1993年）・ルワンダ戦争犯罪国際法廷（1994年）が設置され，2002年には国際刑事裁判所規程（ローマ規程）が成立し，翌年から国際刑事裁判所（ICC）の活動が始まっている。

(2)　日本の犯罪被害者法の展開

日本における犯罪被害者の地位　日本の刑事裁判の伝統には，神判など祭祀の要素が色濃く，復讐の要素はあまりみられない。もっとも，家名を重んじる武家の社会には「敵討ち」「仇討ち」の慣習があり，親の敵討ちは家の名誉とされた。しかし，武家政権にとって敵討ちの応酬は治安の乱れとなるため，鎌倉幕府の御成敗式目はこれを原則として禁止し，江戸幕府も許可制によって厳しく制限した。曽我兄弟も赤穂義士も，賞賛はされたが処罰されている。敵討ちの承認も，復讐自体を是とするものではなく，武名を上げて家名を回復することを是とするものであった。日本に「被害者の黄金期」があったようには見受けられない。

明治期になると，幕末維新期の政治的殺害に対する復讐の防止と法制の西欧化を目的に，1873（明治6）年に「復讐禁止令」（太政官布告37号）が発布され，敵討ちは全面的に禁止された。これ以後，私的な復讐は全て犯罪として処罰されることになり，犯罪の処理は刑事法による処罰と民事法による損害回復に委ねられることになった。

犯給法の制定とその後　日本でも，犯罪被害者の救済・支援を求める声は以前からあり，日本弁護士連合会も1960年の人権擁護大会で「被害者の人権擁護」に関する決議を採択している。そして，1960年代以後は，犯罪被害者遺族による犯罪被害国家補償制度の確立を求める動きや，外国の制度を紹介する学界の動きもあった。しかし，そのような声は，社会的関心を引かなかった。

その中で，1974年にいわゆる三菱重工ビル爆破事件で多数の人が死傷し，その被害者の多くが実質的に何らの補償や支援を受けることができないという事態が生じた。被害者の強い訴えによって，犯罪による重大な被害を受けた者が事実上何の補償・支援もなく放置されている状況が明らかになり，犯罪被害者に対する国家補償を求める世論が高まった。そこで，日本でも犯罪被害補償制度を新設する動きが始まり，1980年に「犯罪被害者等給付金支給法」（犯給法）が制定された。これによって，生命・身体を害する故意の犯罪行為によって不慮の死を遂げた者の遺族または重傷病や障害を負った者に対して，一定の要件の下で「犯罪被害者等給付金」が支給されることになった。

しかし，その後，日本では，東京・強姦救援センター（1983年）や東京医科歯科大学犯罪被害者相談室（1992年）の開設等の限定的な動きはあったものの，国や全国レベルでの犯罪被害者の救済・支援の動きは再び停滞する。その背景としては，犯罪被害者も一般国民も犯罪被害を私事として被害者・加害者の家族・地域の私的関係による救済・支援を求めたこと，安定した犯罪情勢の下で犯罪被害が社会問題にならなかったこと，多くの国民が刑事司法機関を信頼していたこと，被害者の権利の強調が被疑者・被告人の権利の弱体化につながることが危惧（ぐ）されたことなどが考えられる。

犯罪被害者保護2法の制定　このような状況は1990年代後半以後大きく変化し，犯罪被害者救済・支援の動きが急速に進展した。その契機となったのは，1995年の地下鉄サリン事件である。無差別犯罪であった地下鉄サリン事件は，日本の「安全神話」を崩壊させたといわれ，その頃から犯罪認知件数が急増したことと相まって，人々に犯罪被害への強い不安を抱かせた。また，事件の後遺症に悩む多くの被害者にとって補償・支援は不十分で，核家族化と都市化の進展の中で家族・地域に救済・支援を求めるのは不可能であることが明らかになった。さらに，犯罪検挙率の低下や，いわゆる「隼君事件」(1997年)，「桶川ストーカー事件」(1999年）等における被害者への対応に対する批判を契機に，警察・検察への国民の不信感が高まった。そのような状況を背景に，民間ボランティアによる犯罪被害者支援組織が全国に徐々に拡大し，犯罪被害者の組織も数多く生まれた。そして，このような動きを受ける形で犯罪被害者保護のための立法作業が進められ，2000年以後，犯罪被害者保護に関する立法が急速に進展した。

その最初のものは，2000年に制定され，「犯罪被害者保護2法」と呼ばれた，「刑事訴訟法及び検察審査会法の一部を改正する法律」(刑訴法等改正法）と「犯罪被害者等の保護を図るための刑事手続に付随する措置に関する法律」(犯罪被害者保護法）である。ここでは，刑訴法等改正法によって，①証人への付添い，遮へい等の負担軽減措置，②性犯罪の告訴期間の撤廃，③被害者等の心情等の意見陳述等が定められ，犯罪被害者保護法によって，①被害者等の公判傍聴への配慮，②被害者等による公判記録の閲覧・謄写，③刑事和解の導入等が定められた。同年には，少年法の一部改正も行われ，①被害者等による少年事件記録の閲覧・謄写，②被害者等の申出による意見の聴取，③被害者等への決定内容の通知等が定められた。また，同年には，「ストーカー行為等の規制等に関する法律」(ストーカー規制法)，「児童虐待の防止等に関する法律」(児童虐待防止法）も制定された。

翌2001年には，犯給法の改正により，①給付金支給対象の拡大，②警察の犯罪被害者等への援助義務，③犯罪被害者等早期援助団体指定制度等が規定され，法律名も「犯罪被害者等給付金の支給等に関する法律」に改められた。また，同年には，「配偶者からの暴力の防止及び被害者の保護に関する法律」(DV防止法）が制定された。

犯罪被害者等基本法の制定とその後　2004年には，「犯罪被害者等基本法」が制定された。この法律は，「犯罪被害者等は，個人の尊厳が重んぜられ，その尊厳にふさわしい処遇を保障される権利を有する」(3条1項) とした上で，犯罪被害者等に対する国・地方公共団体・国民の責務を規定し，政府は「犯罪被害者等基本計画」を策定して犯罪被害者等に対する施策を総合的・計画的に推進するものとした (4条以下)。そして，国・地方公共団体は，損害賠償・給付金支給に関する施策，医療・福祉・安全・住居・雇用等に関する施策，刑事手続への参加等に関する施策等を講ずるものとした (11条以下)。これに基づいて，「犯罪被害者等基本計画」が閣議決定された。また，2004年には，人身取引犯罪被害者保護のための「人身取引対策行動計画」も閣議決定され，これに基づいて，翌2005年に刑法および出入国管理・難民認定法が改正され，刑法の人身売買罪 (226条の2) 等が新設され，人身取引被害者の在留許可が認められることになった。

その後も，2006年には「犯罪被害財産等による被害回復給付金の支給に関する法律」(被害回復給付金支給法) が制定され，詐欺・出資法違反等の組織的な財産犯に当たる悪徳商法等の被害者に対して，行為者から没収・追徴等された財産から「被害回復給付金」を支給する制度が設けられた。

2007年には，「犯罪被害者等の権利利益の保護を図るための刑事訴訟法等の一部を改正する法律」が成立し，①刑事裁判への被害者参加制度の創設，②損害賠償命令制度の創設等が行われ，犯罪被害者保護法の名称が「犯罪被害者等の権利利益の保護を図るための刑事手続に付随する措置に関する法律」に改められた。同年には「犯罪利用預金口座等に係る資金による被害回復分配金の支払等に関する法律」(被害回復分配金支払法) も成立し，いわゆる「振り込め詐欺」等の被害者に対して，被害金が振り込まれた金融機関の口座から「被害回復分配金」を支払う制度が創設された。

2008年には，少年法の第3次改正により，少年審判の被害者傍聴等が認められた。また，犯給法が再度改正され，休業補償加算が新設され，支給額の上限が自動車損害賠償責任保険と同額程度に引き上げられるとともに，法律名が「犯罪被害者等給付金の支給等による犯罪被害者等の支援に関する法律」に改められた。さらに，「オウム真理教犯罪被害者等を救済するための給付金の支給に関する法律」が制定され，地下鉄サリン事件・松本サリン事件等の被害者に最高3000万円の給付金が支給されることになった。

なお，2011年には，第2次犯罪被害者等基本計画が閣議決定され，2005年の犯罪被害者等基本計画（第1次犯罪被害者等基本計画）の実施状況を検証した上で，新たな補償制度の創設，地方自治体における総合的対策窓口の設置促進，民間団体に対する支援の充実等を含む具体的施策に取り組んでいくこととされた。

犯罪被害者法制の現状　日本の犯罪被害者法制は，2000年以後急速に整備されているようにみえる。しかしながら，数多くの新規立法・改正は，統一的な視点や原理に乏しく，パッチワーク的で整合性・統一性に欠けるものになっている。例えば，被害者への賠償・補償・経済的救済に関する法制は，犯罪被害者間さらに災害・公害被害者等との間の整合性に欠けるように思われる。また，慎重な検討を要する困難な問題を含む立法も多いにもかかわらず，十分な検討はされていない。例えば，被害者の刑事手続関与は，被疑者・被告人の権利との関係や裁判員制度との関係で多くの問題を含んでいるにもかかわらず，十分に検討されてはいない。さらに，被害者への考慮を理由に刑事手続・少年手続が大きく変容している半面で，被害者の経済的救済・生活支援はかなり不十分であり，犯罪被害者保護・支援が刑事的統制の強化・厳罰化に利用されている懸念も感じられる。総じて，理論的分析に基づく体系的議論が不十分で，犯罪被害者間の意見の違いも十分に考慮されておらず，一部の被害者・被害者団体の意見に動かされている観もあり，拙速の感は否めない。今後は，犯罪被害者の法的地位やその権利の性質・範囲に関する理論的分析を深め，その上に立って，この間の立法を抜本的に見直す必要があるといえよう。

2　犯罪被害者法の基本的な考え方

(1)　犯罪被害者の権利

犯罪被害者と憲法　前述したように，近年では，「犯罪被害者の権利」を認め，それを立法によって具体化する動きが盛んである。しかし，その「権利」の根拠や法的性格は，必ずしも明らかではない。犯罪被害者法のあり方を考えるには，まず，これらの点が明らかにされる必要がある。そして，その際の立脚点は，憲法の諸規定と理念でなければならない。

憲法には，犯罪被害者に特化した特別の規定はない。しかし，憲法13条は，人間の尊厳の理念に基づいて個人の尊重を定め，生命，自由，幸福追求の権利を保障している。これは，犯罪被害者にも当然に妥当する。これに続く人権諸規定が犯罪被害者にも適用されることも，いうまでもない。また，憲法25条は，「健康で文化的な最低限度の生活を営む権利」を保障し，国に社会福祉・社会保障・公衆衛生の向上・増進に努める義務を課している。そして，26条は教育を受ける権利を保障し，27条は勤労の権利を認めている。犯罪被害者も，犯罪被害にかかわらず，その生活・教育・勤労が保障されなければならない。

憲法の諸規定が犯罪被害者にも適用されるとはいっても，憲法は犯罪被害者には言及していない。憲法の諸規定の犯罪被害者についての展開は，法律および理論に委ねられている。

犯罪被害者と国際準則　「国連被害者宣言」は，条約ではないが，犯罪被害者に関する国際準則として，憲法の諸規定の犯罪被害者についての展開を検討する際に，重要な参考とされるべきものである。この宣言は，犯罪被害者に関して，①司法へのアクセスおよび公正な取扱い（4条～7条），②損害賠償（8条～11条），③国家補償（12条・13条），④被害者援助（14条～17条）について規定し，さらに，⑤「力の濫用」の被害者（18条～21条）について規定している。

①については，その尊厳に対して同情と尊敬の念をもって処遇されるべきこと，司法制度にアクセスして速やかな回復を受ける権利があること，刑事手続の進行状況や処分決定について知らされるべきこと，国内の司法制度に従って被告人に不利益を与えることなく意見や関心事を刑事手続の適切な段階で表明させたり考慮したりすること，等が規定されている。②については，刑事事件における判決の選択肢の一つとして被害弁償を言い渡せるよう法律等を見直すこと，環境に大きな被害が発生した場合の被害弁償命令には環境の原状回復，インフラの再建，公共施設の建替え等を含めること，公務員等の犯罪の被害者は国から弁償を受けられること，等が規定されている。③については，身体のかなりの傷害や心身の障がいを生じた被害者や死亡または心身の能力を失った

被害者の家族に国家が経済的補償を行うべきこと，等が規定されている。④については，被害者は政府・ボランティア機関・地方機関等から物質的・医療的・精神的・社会的に必要な支援を受けることができること，等が規定されている。⑤については，国家は「力の濫用」を禁止して被害者を救済する基準を国内法に盛り込むこと，必要に応じて政治的権力・経済的権力の重大な濫用行為を禁止し，それを防止する法律を制定して被害者に適切な権利と救済を与えること，等が規定されている。

犯罪被害者等基本法　犯罪被害者等基本法は，「犯罪被害者等の権利利益の保護を図ることを目的とする」（1条）法律とされ，全ての犯罪被害者等に「個人の尊厳が重んぜられ，その尊厳にふさわしい処遇を保障される権利」（3条1項）を認めている。そして，国・地方公共団体に，相談および情報の提供等（11条），損害賠償の請求についての援助等（12条），給付金の支給に係る制度の充実等（13条），保健医療サービスおよび福祉サービスの提供等（14条），安全の確保（15条），居住の安定（16条），雇用の安定（17条），刑事に関する手続への参加の機会を拡充するための制度の整備等（18条），保護・捜査・公判等の過程における配慮等（19条）などについて，必要な施策を講ずる責務を課している。これは，犯罪被害者等に国・地方公共団体に対する具体的な請求権を付与したものではないが，その積極的な施策・配慮を求める抽象的な権利を認めたものとみることができよう。

(2)　犯罪被害者の権利の理論的基礎

犯罪被害者の権利の法的性格　憲法には犯罪被害者にも関連するとみられる規定があるが，それがどのような法的論理によって「犯罪被害者の権利」として具体化されるかは，必ずしも明らかではない。

犯罪被害者は，被疑者・被告人等とは異なり，国によって自由を制限され，あるいは自由を不当に侵害されるおそれのある地位にある者ではない。したがって，犯罪被害者については，刑事手続の過程で国家機関から二次被害を受けない権利などの限られたものを除けば，国家からの自由侵害に対する特別の権利（犯罪被害者特有の自由権）を認める必要性は乏しい。犯罪被害者にとって重要なのは，再被害やマスメディア等による二次被害からの保護，損害賠償・国家補償等の援助，生活上の支援，刑事手続へのアクセス等であり，そのための権利である。このような権利は，国に対して保護・援助・支援等と，そのための制度の創設・整備を求めることを内容とする権利であり，国の積極的な作為・介入を請求する権利である。「犯罪被害者の権利」は，国家に対する「保護・給付請求権」や「制度創設・整備請求権」を中心とした，多種多様な権利の集合とみることができる。

犯罪被害者の権利の憲法的根拠　問題は，このような請求権がなぜ認められるかである。

憲法13条による個人の尊重や幸福追求権の保障は，国家機関からの二次被害に対する権利などの自由権的権利の根拠にはなりえよう。しかし，犯罪被害者の人間としての尊厳や幸福追求権が保護・給付請求権や制度創設・整備請求権を含むと解することは，権利の性質上困難である。これらの請求権の根拠は，別に求められなければならない。

一つの考え方は，憲法25条以下の生存権等の保障を根拠とすることであろう。これらの規定は，社会権としての国に対する保護・給付請求権を保障したものだからである。そのように考えるならば，「犯罪被害者の権利」は，憲法25条以下で抽象的権利として認められている権利を，犯罪被害者に即して具体的権利として構成したものと解されることになる。しかし，そうだとすると，国は，犯罪被害者に対しても「健康で文化的な最低限度の生活」を保障すれば足りるはずであって，生活保護制度等の一般的な制度の中で保護・援助すればよいことになり，特別の制度は必要ないことになろう。

もう一つの考え方は，国の「基本権保護義務」によってこれを基礎付けることであろう。憲法13条以下の基本的人権の保障は，国による侵害からの自由（自由権）を保障したものとされてきた。しかし，近年では，国にはこれらの基本的人権（基本権）を保護する義務（基本権保護義務）があり，国は立法等を行って市民の基本権が侵害されないように保護しなければならないとする考え方が有力に主張されている。この考えに立てば，国は市民を犯罪の被害から保護する義務があり，市民が犯罪の被害を受けた場合は，国はこの義務を果たさなかったものとして補償・救済・援助の義務を負い，犯罪被害者は国に補償・救済・援助を求める権利があると解することが可能となろう。この「基本権保護義務論」は,「犯罪被害者の権利」の根拠となりうると思われる。

とはいえ,基本権保護義務論に立つ場合も,国が基本権保護義務を負うのは犯罪被害者には限らないであろう。国は,災害や公害の被害を防止する責務も負っており(災害対策基本法3条,環境基本法6条・14条1号),災害・公害被害者に対しても基本権保護義務を負うものといわなければならない。そうだとすると,これらの被害者にも「被害者の権利」を認め,犯罪被害者と同等の補償・救済・援助請求権を認めなければ,法の下の平等(憲法14条)に反することになろう。さらには,社会的に人権侵害状態に置かれている被差別グループやマイノリティ・グループ等の社会的弱者の人々に対しても,国は基本権保護義務を負うというべきであろう。犯罪被害者に限って憲法上の特別の具体的権利を認めることは,困難なように思われる。

「権利」の法的根拠をどのように考えるにしても,それが国に施策・配慮を求める抽象的な権利にとどまる限りは,現実の救済には結び付かない。立法により,それが特定の作為・給付を請求する権利として具体化されることで,現実の救済に結び付く。今後の方向性は,東日本大震災と東京電力福島第一原子力発電所爆発災害の状況をも見据えながら,国連被害者宣言を踏まえて,犯罪被害者に限らず,立法によって,全ての被害者や要支援者の具体的な補償・救済・援助をバランスよく拡充していくことにあるように思われる。

犯罪被害者の権利の限界 犯罪被害者の権利を立法によって具体的な権利・請求権として定立する場合には,他の者の権利との関係が問題になる。もっとも,犯罪被害者の権利が公的補償や社会的援助に関わる場合は,犯罪被害者の権利を認めることが他の者の権利を侵害することはないので,他の要支援者とのバランスの問題はあっても,このような問題は生じない。これに対して,犯罪被害者の権利が刑事手続とくに手続への関与・参加等に関わる場合には,犯罪被害者の権利を認めることが被疑者・被告人の権利に悪影響を与える場合が考えられる。それゆえ,この領域では,犯罪被害者の権利には限界があると考えられ,権利を認めるのには慎重である必要がある。ところが,近年の立法は,刑事手続の領域における犯罪被害者の権利を拡張することには積極的であるが,公的補償や社会的援助に関わる領域では消極的なように感じられる。これは本末転倒であり,犯罪被害者が国家権力の強化・拡大に利用されているとの見方もある。

本来，犯罪被害者の権利は，積極国家の思想を前提とする請求権としての性格が強い。これに対して，被疑者・被告人の権利は，国家からの侵害に対する自由権としての性格を有する。積極国家の思想を優先させた場合には，国家の過剰介入を招くおそれがある。それゆえ，人間の尊厳と人格的自律を尊重するためには，自由権を重視していく必要がある。犯罪被害者の権利は，被疑者・被告人の権利を害しない限りにおいて認められると解されなければならない。国連被害者宣言 6 条(b)が「被告人に不利益を与えることなく」犯罪被害者の意見・関心事を刑事手続の中で表明等させるべきものとしているのは，この趣旨に解されよう。

「被害者の人権と加害者の人権」　マスメディア報道等では，「加害者の人権は守られているのに，被害者の人権は守られていない」などといわれる場合がある。しかし，これは誤解である。「加害の権利」がないのは当然であり，それゆえ「加害者の権利」もない。加害者は，正当防衛からは保護されないのであって，その限りでは法の保護を奪われている。被疑者・被告人には刑事手続上の権利が認められるが，「被疑者・被告人」と「加害者」は同一ではない。被疑者・被告人には「無罪の推定」があって，有罪が確定するまでは「加害者ではない」と推定されるのである。被疑者・被告人の手続的権利を「加害者の人権」というのは，誤りである。

被疑者・被告人については，国家による自由の制限が認められているために，不当な自由侵害がされないように一定の権利が認められている。これは，「被疑者・被告人としての権利」であり，「加害者としての権利」ではない。受刑者の権利も，自由を奪われている「受刑者としての権利」であって，「加害者としての権利」ではない。前に述べた（214 頁以下，269 頁以下）ように，被疑者・被告人・受刑者の権利も，必ずしも十分に守られているわけではない。今後も，その充実・強化が図られなければならない。「犯罪被害者の権利」と「被疑者・被告人の権利」は，シーソーゲームの関係にあるのではなく，車の両輪のように両者ともに拡大・向上していくべきものである。犯罪被害者の権利の尊重が，被疑者・被告人・受刑者の権利の切り下げになってはならない。

(3) 修復的司法

諸外国では，近年，加害者の処罰よりも犯罪で生じた害の修復を目指す「修復的司法」(Restorative Justice：回復的司法，恢復的司法）の試みが行われている。日本でも，この導入を目指して被害者と加害者の対話を実施する試みが各地で行われつつある。

「修復的司法」は，ニュージーランド先住民マオリの人々の伝統的な問題解決法に触発されて，1970年代にカナダ，ニュージーランド，オーストラリア，アメリカなどで始まり，その後西欧諸国を中心に世界各地に拡大していった，犯罪・非行に対する司法に関する試みないし考え方の総称である。修復的司法の試みとしては，被害者・加害者およびその家族とコミュニティー構成員の協議によって被害回復・和解・補償等を目指す「家族集団協議会」の方式や，従来の刑事司法の中に被害回復・和解・補償等の要素を取り入れる試み等がされている。その基礎には，犯罪を法規範違反ととらえて応報・懲罰で対応する(応報的司法）のではなく，犯罪を人々と人間関係の侵害ととらえてその修復・回復を図るという基本的な考え方がある。

「修復的司法」は，ある種の運動の基本的方向性を示す概念ともいうべき多義的な概念であり，狭義には「ある犯罪に利害関係がある全ての者が集まり，共同して，その犯罪の結果およびその将来への潜在的影響の処理について決定する一つのプロセス」を意味し，広義には「犯罪で生じた害の修復によって正義の実現を目指す一切の活動」を意味するとされる。前者によれば，加害者・被害者・地域代表等が進行役と共に円卓を囲んで犯罪から生じた問題の解決を話し合うというのが，「修復的司法」のイメージになる。これは，従来の刑事司法とは別のものであり，一定の刑事事件の修復的司法への移行（ダイバージョン）や，刑事司法の修復的司法への吸収等が主張される。これに対して，後者によれば，修復的要素を取り入れた刑事司法も，「修復的司法」ということになる。

とはいえ，「修復的司法」の動きは実験段階にあるというべきであり，その具体的成果の分析や，その法的性格，従来の刑事司法との関係などの法理論的解明も十分にされていない。被害者が加害者と対等の立場で直接話し合うことで被害者はさらに傷付くという指摘もあるし，被害者と地域代表が加害者を責め立てて表面的な謝罪と賠償を引き出すにとどまっているとの指摘もある。「修復的司法」は，犯罪によって壊された社会連帯と共生関係の回復を目指す理念として貴重であり，刑事司法を大きく変革する可能性もないとはいえないが，理念的・理論的にも実践的にも将来の課題とされるべき点が多い。

3　被害者支援制度の概要

(1)　刑事司法と犯罪被害者

犯罪被害者の範囲　近年，犯罪被害者に対しては，その権利・利益を保護・支援する制度が作られてきた。ただし，犯罪の被害は，犯罪行為の被害を直接受けた当の本人に限らず，その家族・遺族，友人・知人，救助者，目撃者等にも及ぶ場合がある。また，殺人等の場合は，直接の被害者は死亡して存在しない。この場合は，遺族等がその被害を引き継ぎ，あるいは代弁するしかないが，両者はあくまでも別人格であって同一ではない。「犯罪被害者」の範囲は，かなり多様・広範である。そのため，犯罪被害者の権利・利益を保護・支援する制度においても，その対象とされる犯罪被害者の範囲は微妙に異なっている。ただし，それを一々明示するのは煩瑣なので，以下では「被害者」「犯罪被害者」として大まかに述べる（詳しくは引用条文を参照）。

捜査・公訴と犯罪被害者　刑事手続は，捜査に始まる。捜査を行うのは，主に警察である。それゆえ，犯罪被害者が最初に関わりをもつ刑事司法機関は，警察である。警察は，「被害者対策要綱」に基づいて，各種の保護・援助を行っている。刑事手続との関係では，刑事手続の概要，利用可能な制度等を記載した「被害者の手引き」を一定の被害者に渡し，「被害者連絡制度」により希望に応じて殺人・傷害・強姦等の被害者に被疑者の検挙，氏名・住所，処分状況等の情報提供を行っている。捜査の過程では，事情聴取等の際に被害者が余計な負担や二次被害を受けないよう，できる限りの配慮をするものとされている。また，再被害の防止についても，必要に応じて身辺警戒・パトロールの強化，緊急通報装置の貸出し等を行うものとしている。さらに，性犯罪被害者等に対しては，負担軽減・二次被害防止のため，女性警察官による対応等を進めているとされる。検察段階では，「被害者等通知制度」が設けられ，被害者に，希望に応じて，検察庁における処理結果，公訴事実や不起訴理由の概要，被疑者の釈放等の身柄状況等を通知している。

親告罪の告訴に関しては，性犯罪等について，告訴期間が撤廃されている（刑訴法235条）。通常の親告罪の場合は犯人を知った日から6ヶ月を経過したときは告訴ができないが，性犯罪等については，被害者が精神的ショック等で短期間に告訴するか否かを決断することが困難な場合があるため，この制限が外され，犯罪が公訴時効になるまでは告訴が可能とされているのである。ただし，半面において，被疑者が長期間に渡って不安定な状態に置かれることは，否定できない。

検察官が公訴を提起しなかった場合は，公務員職権濫用罪等の被害者は，裁判所に付審判請求（刑訴法262条以下）をすることができる。事件を裁判所の審判に付す旨の決定があったときは，公訴提起があったとみなされ（同267条），裁判が行われる。これ以外の場合は，検察官の不起訴処分に不服がある被害者は，検察審査会に審査を申し立てることができる。この手続については，前述した（248頁）。

公判手続と犯罪被害者　公判手続に関しては，検察庁の「被害者等通知制度」により，被害者に，希望に応じて，公判期日，刑事裁判の結果等が通知される。傍聴を希望する場合は，被害者は優先的に傍聴できるよう配慮される（犯罪被害者保護法2条）。また，被害者は，申し出れば，原則として公判記録の閲覧・謄写が許される（同法3条）。

性犯罪等の被害者は，氏名等が公になることで名誉・プライバシー等が侵害されるおそれがある。また，暴力団事件等の場合は，氏名等が知られることで「お礼参り」の再被害を受けるおそれもある。そのような事情を考慮して，刑事訴訟法は，一定の場合には，被害者の氏名等を公開法廷で明らかにしない旨の決定をできることとしている（290条の2）。この決定があった場合は，起訴状の朗読も，氏名等を明らかにしない方法で行われる（291条）。

犯罪被害者が証人となることは少なくないが，それによって名誉・プライバシーの侵害や「お礼参り」等の被害を受けるおそれを生じ，あるいは強い不安・緊張を感じる場合がある。そのことを考慮して，刑事訴訟法は，証人保護のための規定を置いている。まず，検察官が証人となる者の氏名等を弁護人に知らせる（299条）場合，被害者の保護のために必要なときは，検察官は弁護人に対して証人の氏名等を被告人その他の者に秘匿することを求めることができる（299条の3）。そして，証人尋問を行う際には，裁判所は，相当と認めるときは，証人への付添い（157条の2），証人の遮へい（157条の3），ビデオリンク方式による証人尋問（157条の4）等の措置をとることができる。

さらに，犯罪被害者は，被害に関する心情その他の被告事件に関する意見の陳述を裁判所に申し出て，公判期日に意見を陳述することができる（刑訴法292条の2）。そして，被害者または委託を受けた弁護士（被害者参加弁護士）は，裁判所が相当と認める場合には，「被害者参加人」として刑事手続に参加することができる（同法316条の33以下）。この場合，被害者・被害者参加弁護士は，公判期日に出席し（同法316条の34），裁判所が相当と認める場合には，証人の尋問（同法316条の36），被告人への質問（同法316条の37），事実および法律の適用に関する意見の陳述（同法316条の38）等をすることができる。この場合，被害者に弁護士を委託する資力がない場合は，国の費用で弁護士（国選被害者参加弁護士）を選任してもらうことができる。

犯罪被害者は，近年の法改正により，公判手続の中で様々な権利・利益が与えられることになった。これらの法改正は，これらの権利・利益を望んでいた犯罪被害者にとっては大きな前進であるが，意見陳述や被害者参加人の制度は，犯罪被害者に陳述・参加をするか否かの決断を迫り，その後もその判断の適否をめぐって犯罪被害者を悩ませる可能性を内包している。また，これらの権利・利益の行使は，被告人の防御に悪影響を及ぼし，その手続的権利を侵害するおそれを有する。とくに，被告人が無罪を主張している場合や，裁判員による裁判が行われる場合には，そのおそれが大きい。これらの立法が適正・妥当なものであったかは，問題といわなければならない。それゆえ，これらの制度の運用に当たっては，被告人の権利に不当な影響を及ぼすことがないよう，慎重な配慮が必要である。

公判は，被告人に対する公正な裁判を実現する場であり，犯罪被害者の個人的な復讐や救済の場ではない。意見陳述や被害者参加によって犯罪被害者が心理的な癒しや満足が得られることがあるとしても，それは公正な裁判を損なわない限りにおいてでなくてはならない。犯罪の被害は，犯罪の「結果」として犯罪行為を法的に評価する資料であるが，「結果」の評価はあくまでも客観的・公正にされなければならず，犯罪被害者の主観的心情・評価に依存してはならない。犯罪被害者の意見・心情等は，犯罪の「結果」を客観的に評価するための一つの資料として，客観的にとらえ返されるべきである。裁判官・裁判員は，このことにとくに留意する必要があると思われる。

少年審判と犯罪被害者　　少年事件に関しては，保護主義の理念と審判の非公開原則から被害者が情報をほとんど得ることができなかったため，「被害者が蚊帳の外に置かれている」との批判が強かった。しかし，近年は，少年法改正等によって，被害者への情報提供や被害者の手続関与が認められてきている。

まず，警察は，「被害者連絡制度」によって，希望に応じて殺人・傷害・強姦等の被害者に被疑少年の検挙，氏名・住所，送致状況等の情報提供を行っている。

家庭裁判所の審判に関しては，被害者は，少年の健全育成への影響等の事情を考慮して不相当とされない限り，審判中および審判確定後3年以内は，当該保護事件の記録を閲覧・謄写することができるとされている（少年法5条の2）。また，家庭裁判所は，事件の終局決定をしたときは，被害者の申出により，少年の健全育成を妨げるおそれがない限り，少年と保護者の氏名・住所，決定の年月日と主文・理由の要旨を通知するものとされている（同法31条の2）。なお，記録を閲覧・謄写した者や審判結果の通知を受けた被害者には，罰則はないが，厳しい守秘義務（同法5条の2第3項・31条の2第3項）が課せられている。

また，被害者は，被害に関する心情その他の事件に関する陳述を申し出れば，事件の性質や調査・審判の状況等の事情から不相当とされない限り，裁判官または家庭裁判所調査官にこれを聴取してもらうことができる（少年法9条の2）。2008年末からは，被害者による少年審判の傍聴が認められるようになり，12歳以上の少年による故意の犯罪行為で被害者を死傷させた罪および業務上過失致死傷等（刑法211条）の罪の審判に関しては，家庭裁判所が，少年の付添人の意見を聴いた上で，少年の年齢・心身状態，事件の性質，審判の状況等の事情を考慮して相当と認めた場合は，被害者は審判を傍聴できる（少年法22条の4第

1項)。被害者が強い不安・緊張を覚えるおそれがあるときは，弁護士等の適切な者の付添いも認められる（同法22条の4第3項)。ただし，被害者の意見陳述や被害者の審判傍聴は，前述（306頁）したように，少年の健全育成や少年審判のケースワーク機能に悪影響を及ぼすおそれがある。立法としては疑問があり，運用には慎重な配慮が求められよう。

矯正・更生保護と犯罪被害者　刑が確定した受刑者に対する処遇においては，「特別改善指導」の一つとして，罪の大きさや被害者の心情等を認識させるなどして被害者に誠意をもって対応するための方法を考えさせること等を目指して，「被害者の視点を取り入れた教育」が行われている。少年院でも，被害者の苦痛・心痛に対する理解を深めさせて，被害者に誠意をもって対応させていくことを目指して，「被害者の視点を取り入れた教育」の充実・強化が図られている。

地方更生保護委員会が受刑者の仮釈放の可否を審理する際に，被害者から仮釈放に関する意見および被害に関する心情を述べたい旨の申出があれば，原則として聴取される（更生保護法38条)。また，仮釈放や保護処分で保護観察に付されている者について，被害者から被害に関する心情，被害者の置かれている状況または保護観察対象者の生活・行動に関する意見を伝えたい旨の申出があれば，原則として相手方に伝えられる（同法65条)。

なお，検察庁は，「被害者等通知制度」によって，希望に応じて刑の満期日，満期釈放・仮釈放により釈放された年月日を被害者に通知しているほか，再被害防止のためにとくに必要と認められる場合には，希望に応じて釈放予定時期（必要な場合は受刑者の釈放後の住所地も）を通知している。

保護観察の実施中においても，「心情等伝達制度」によって保護観察所が被害者から被害に関する心情等を聴取して保護観察中の加害者に伝達しているほか，地方更生保護委員会・保護観察所が被害者等に加害者の処遇状況等について通知をする制度，主に保護観察所が被害者等からの相談に応じ，関係機関等を紹介する制度等も開始されている。

(2)　犯罪被害者への損害賠償・国家補償

損害賠償の確保　犯罪被害者は，犯罪行為によって財産に直接被害を受ける場合があるほか，治療・療養費，死亡・身体傷害による損失，休業等による損失など，様々な財産的被害を受ける場合が少なくない。これらの損害は，加害者が損害賠償すべきものであるが，犯罪の加害者に損害賠償をするだけの資力がないために損害賠償を求めても無意味な場合が少なくない。加害者に資力がある場合でも，損害賠償に応じなければ，被害者は民事訴訟を提起するしかない。しかし，それには，費用・労力・時間を要する。

このことを考慮して，犯罪被害者保護法は，被害者による当該事件の公判記録の閲覧・謄写を原則として認め（3条），損害賠償の請求に必要な場合には同種の余罪の公判記録の閲覧・謄写も認めうるものとしている（4条）。また，少年の保護事件に関しても，原則として記録の閲覧・謄写が認められている（少年法5条の2）。これによって，被害者がこれらの公判記録を損害賠償請求に活用することが，可能にされている。

また，犯罪被害者保護法は，いわゆる「刑事和解」の制度を設け，被告人と被害者の間で民事上の合意（示談）が成立した場合には，第1審・控訴審裁判所に申し立ててその内容を公判調書に記載してもらうと，裁判上の和解と同一の効果が生じるものとしている（13条）。これによって，被告人が示談内容を履行しない場合には直ちに強制執行が可能となり，示談が無視されて事実上無意味になることが防止されることになった。

さらに，犯罪被害者保護法は，刑事裁判に連続して損害賠償に関する裁判を行う，「損害賠償命令」の制度を創設した。この制度では，故意の犯罪行為で人を死傷させた罪や性犯罪等の一定の犯罪の被害者は，その刑事事件を審理している地方裁判所に，被告人に損害賠償を命じる旨の申立てをすることができる（17条）。この申立てがされ，刑事事件について有罪の言渡しがあったときは，裁判所は，直ちに損害賠償の申立てを審理する法廷を開いて刑事事件の訴訟記録のうちの必要なものを取り調べ（24条），損害賠償を命じる（26条）。これに対して異議の申立てがなければ，損害賠償命令に確定判決と同一の効力が発生する（27条）。異議が申し立てられたときは，民事裁判に移行する（28条）。

損害賠償命令制度は，刑事裁判終了後に引き続いて損害賠償裁判を行うもので，刑事裁判と損害賠償裁判とを同時並行して一体的に行う「附帯私訴」制度とは異なっている。しかし，刑事裁判の成果を利用して損害賠償裁判を簡易・

迅速に行う点では，共通する考え方に立つものといえる。ただし，これによって損害賠償裁判が簡易・迅速になる半面として，損害賠償をめぐる利害対立が刑事裁判にも持ち込まれ，被告人が被害者の落ち度を強く主張して被害者がかえって傷付くことも考えられる。

公的補償制度等　犯罪被害者に対する公的補償としては，犯給法による給付金制度がある。これは，故意に人の生命・身体を害する犯罪行為によって被害者が死亡・重傷病・後遺障害の被害を受けた場合に，被害者・遺族に給付金を支給する制度である（2条～4条）。支給を受けるためには，一定期間内に住所地の警察署を経由して都道府県公安委員会に申請し，その裁定を受けなければならない（10条）。支給額の上限は自動車損害賠償責任保険の支払限度額とほぼ同額であるが，親族間の犯罪や被害者にも犯罪を誘発する等の落ち度がある場合などは，給付金の一部または全部が減額される（6条）。

犯給法による給付金の支給対象被害・支給範囲・支給額等は徐々に拡大してきているが，欧米と比べて給付人数・給付額とも極めて少ないのが現状である。その理由は，対象犯罪が限定されていること，傷病を受けた場合の支給要件が厳格なこと，給付が1回の一時金で長期の療養に対応していないこと等にあると考えられる。今後は，これらの点の改善が求められよう。

なお，「オウム真理教犯罪被害者等を救済するための給付金の支給に関する法律」，被害回復給付金支給法および被害回復分配金支払法による支給・支払については，前述（319頁）したところを参照されたい。このほか，民間の寄附によって「公益財団法人犯罪被害救援基金」が設立され，犯罪被害者の遺児等に奨学金を給与している。

(3)　犯罪被害者への社会的支援

社会的支援の現状　犯罪被害者の社会的支援に対するニーズは極めて高く，犯罪被害者等基本法・犯罪被害者等基本計画もその充実を掲げている。しかし，犯罪被害者に対する社会的支援の現状は，かなり弱体である。

犯罪被害者が最初に接触する捜査機関である警察には，警察本部に「警察総合相談室」が置かれ，各種の要望・相談に対応している。また，専門知識を有する職員や民間との連携により，カウンセリングにも対応している。一定の事件については，警察官である「指定被害者支援要員」が被害者に付き添い，各種付添い，病院の手配，相談対応，民間支援団体への引継ぎ等を行っている。検察庁には，検察事務官出身者等の「被害者支援員」が置かれ，相談対応，法廷への付添い，事件記録閲覧手続の援助，民間支援団体との連絡・調整等を行っている。被害者支援員とは，「被害者ホットライン」を通じて電話で連絡ができるようになっている。日本司法支援センター（法テラス）も，犯罪被害者の援助に関する情報・資料の提供等を行っている。弁護士会も無料の電話相談・面接相談を行っているほか，個々の弁護士も犯罪被害者を支援・代理する活動を受任している。

地方自治体の中には，犯罪被害者支援に関する独自の制度や窓口を設けているところもある。また，公営住宅への優先入居制度を設けている自治体もある。

民間ボランティアによる犯罪被害者支援団体は，現在，全国に約50団体が存在している。そのうち，犯給法による「犯罪被害者等早期援助団体」に指定されて警察と連携して犯罪被害者支援に当たっている団体は，全国で約40団体である。その活動の中心は電話相談であるが，臨床心理士による面接相談，各種付添い等の直接支援も行われている。

今後の課題　犯罪被害者に対する社会的支援の現状は，警察・検察がカバーしている部分が少なくなく，民間の犯罪被害者支援団体は人員的・財政的になお弱体である。また，民間犯罪被害者支援団体には，警察の主導で結成されたものも少なくない。これは，欧米では犯罪被害者支援が民間のボランティア団体の主導で進められ，全国組織の民間団体を中心に警察・自治体との連携の下に被害者支援が行われているのとは，かなり異なるところである。

このような状況は，日本の市民活動・市民意識の未成熟に基づくものであるが，市民の自発的な社会参加による社会問題の民主的解決という見地からは，好ましいものではない。また，警察が犯罪被害者給付金の支給を含む犯罪被害者の社会的・経済的支援をいわば「取り仕切る」ことは，警察が捜査機関であって社会福祉機関ではないことを考えると，適切とは思えない。今後は，国民の市民意識，ボランティア意識を向上させて，民間犯罪被害者支援団体を拡充・強化することが必要と思われる。そして，そこが中核となって関係機関をコーディネートし，犯罪被害者支援の窓口となっていくことが期待されよう。

(4) 「力の濫用」からの救済制度

制度の現状 国連被害者宣言等の国際準則によれば，犯罪被害者には，「力の濫用」の被害者も含まれる。すなわち，国際基準に反する人権侵害行為によって身体・精神・感情・財産・基本的人権に重大な侵害を被った者は，加害行為が刑罰法規に当たらない場合や刑事司法機関が黙認または見過ごしている場合であっても，被害者としての救済が与えられなければならないのである。

日本の法制にも，「力の濫用」の被害者の救済を図るためのものとみられるものがある。ストーカー規制法，DV防止法，児童虐待防止法などは，親族関係等に基づく「力」を濫用して生命・身体・精神等に被害を与える行為を規制・防止し，その「力の濫用」の被害者の救済を図るための法制とみることができる。

今後の課題 このように，個人的関係における「力の濫用」の防止・被害者救済に関する制度はそれなりに作られているが，国家機関や企業等による「力の濫用」の防止・被害者救済に関する制度は弱体のように思われる。国連の「パリ原則」等の国際準則に則った国内人権機関も，いまだに設置されていない。

日本に，国家機関や企業等の「力の濫用」による被害がないわけではない。警察官・検察官・刑務官等による人権侵害は表面化したものだけでも少なくないし，行政官庁の作為・不作為によって多数の国民が重大な健康被害等を受ける事態も発生している。その中には，関係公務員が刑事責任を問われるケースも存在する。企業による従業員の人権侵害や，周辺住民の公害被害もある。水俣病や東京電力福島第一原子力発電所爆発災害のように，「国策」に基づく企業活動から生じた大きな健康被害，環境破壊もある。これらの中には，国際基準に反する人権侵害行為による被害というべきものも少なくないと思われる。しかしながら，これらの被害の防止・救済のための法制度は，必ずしも十分とは思えない。国は，基本的に，全ての国民の人権と権利・利益を保護する責務を負っている。今後は，国際準則に則った国内人権機関の早期設置を含め，これらの被害者に対する救済・支援制度を確立することが求められよう。

事項索引

あ 行

か 行

さ　行

た　行

な　行

は　行

ま　行

や　行

ら　行

判例索引

大判明治 36・5・21 刑録 9 輯 874 頁……………*132*
大判明治 43・10・11 刑録 16 輯 1620 頁 ………*166*
大判明治 44・3・3 刑録 17 輯 258 頁……………*148*
大判昭和 7・3・24 刑集 11 巻 296 頁……………*130*
大判昭和 15・8・22 刑集 19 巻 540 頁
……………………………………*129, 130, 132*
大判昭和 16・7・17 刑集 20 巻 425 頁 …………*124*
最大判昭和 23・3・12 刑集 2 巻 3 号 191 頁……*184*
最大判昭和 23・5・5 刑集 2 巻 5 号 447 頁 ……*216*
最判昭和 23・6・22 刑集 2 巻 7 号 694 頁………*125*
最大判昭和 25・9・27 刑集 4 巻 9 号 1805 頁 …*237*
最判昭和 27・12・25 刑集 6 巻 12 号 1442 頁 …*125*
最決昭和 28・12・24 刑集 7 巻 13 号 2646 頁 …*149*
最決昭和 29・6・17 刑集 8 巻 6 号 881 頁………*137*
最大判昭和 30・12・14 刑集 9 巻 13 号 2760 頁
…………………………………………………*223*
最大判昭和 31・6・27 刑集 10 巻 6 号 921 頁 …*133*
最判昭和 31・12・11 刑集 10 巻 12 号 1605 頁…*166*
最大判昭和 32・3・13 刑集 11 巻 3 号 997 頁
………………………………………*153, 157*
最判昭和 32・3・28 刑集 11 巻 3 号 1275 頁……*166*
最大判昭和 32・11・27 刑集 11 巻 12 号 3113 頁
…………………………………………………*179*
最大決昭和 33・2・17 刑集 12 巻 2 号 253 頁 …*219*
最大決昭和 33・7・29 刑集 12 巻 12 号 2776 頁
…………………………………………………*226*
最大判昭和 35・1・27 刑集 14 巻 1 号 33 頁……*153*
最判昭和 35・12・8 刑集 14 巻 13 号 1818 頁 …*137*
最大判昭和 36・12・20 刑集 15 巻 11 号 2017 頁
…………………………………………………*138*
最大判昭和 37・2・21 刑集 16 巻 2 号 107 頁 …*138*
最判昭和 37・3・27 刑集 16 巻 3 号 312 頁 ……*137*
最大判昭和 37・5・30 刑集 16 巻 5 号 577 頁 …*120*
最決昭和 38・10・22 刑集 17 巻 9 号 1755 頁 …*138*
最決昭和 39・5・7 刑集 18 巻 4 号 144 頁………*138*
最大判昭和 41・10・26 刑集 20 巻 8 号 901 頁…*166*
最決昭和 42・5・19 刑集 21 巻 4 号 494 頁 ……*126*
最決昭和 42・7・20 判時 496 号 68 頁 …………*154*
最大判昭和 44・4・2 刑集 23 巻 5 号 685 頁……*138*
最決昭和 44・4・25 刑集 23 巻 4 号 248 頁 ……*256*
最大判昭和 44・10・15 刑集 23 巻 10 号 1239 頁
………………………………………*153, 157*
最判昭和 45・4・24 刑集 24 巻 4 号 153 頁 ……*138*
最大判昭和 45・6・17 刑集 24 巻 6 号 280 頁 …*138*
最大判昭和 47・12・20 刑集 26 巻 10 号 631 頁
…………………………………………………*220*
最大判昭和 48・4・25 刑集 27 巻 4 号 547 頁 …*166*
最大判昭和 49・11・6 刑集 28 巻 9 号 393 頁
………………………………………*119, 143*
最決昭和 50・5・20 刑集 29 巻 5 号 177 頁 ……*259*
最大判昭和 50・9・10 刑集 29 巻 8 号 489 頁
…………………………………*121, 137, 139*
最判昭和 51・4・30 刑集 30 巻 3 号 453 頁…*75, 132*
最大判昭和 52・5・4 刑集 31 巻 3 号 182 頁……*166*
最判昭和 53・6・20 刑集 32 巻 4 号 670 頁 ……*227*
最判昭和 53・9・7 刑集 32 巻 6 号 1672 頁 ……*228*
最決昭和 55・10・23 刑集 34 巻 5 号 300 頁……*227*
最判昭和 57・9・28 刑集 36 巻 8 号 787 頁 ……*154*
最大判昭和 58・6・22 民集 37 巻 5 号 793 頁 …*270*
最判昭和 58・10・27 刑集 37 巻 8 号 1294 頁
………………………………………*153, 157*
最決昭和 58・11・24 刑集 37 巻 9 号 1538 頁 …*132*
最大判昭和 60・10・23 刑集 39 巻 6 号 413 頁
………………………*122, 139, 140, 143, 153, 166*
最判昭和 62・9・22 刑集 41 巻 6 号 255 頁 ……*133*
最決昭和 63・2・29 刑集 42 巻 2 号 314 頁 ……*133*
最大判平成元・3・8 民集 43 巻 2 号 89 頁 ……*219*
最判平成元・12・14 刑集 43 巻 13 号 841 頁 …*154*
最決平成 3・4・5 刑集 45 巻 4 号 171 頁……*76, 132*
東京高判平成 4・7・13 判タ 791 号 284 頁 ……*154*
最判平成 7・4・13 刑集 49 巻 4 号 619 頁………*154*
最判平成 8・2・8 刑集 50 巻 2 号 221 頁 ………*133*
最判平成 8・11・18 刑集 50 巻 10 号 745 頁……*127*
最決平成 11・12・16 刑集 53 巻 9 号 1327 頁 …*227*
最決平成 13・7・16 刑集 55 巻 5 号 317 頁 ……*133*
最判平成 15・2・14 刑集 57 巻 2 号 121 頁 ……*228*
最判平成 17・4・14 刑集 59 巻 3 号 259 頁 ……*236*
最決平成 20・11・10 刑集 62 巻 10 号 2853 頁…*138*
最大判平成 23・11・16 刑集 65 巻 8 号 1285 頁
…………………………………………………*244*
最判平成 24・12・7（平成 22 年（あ）957 号）
…………………………………………………*119*

◈著者紹介

平川 宗信（ひらかわ むねのぶ）

1968年　東京大学法学部卒業，東京大学法学部助手
1971年　名古屋大学法学部助教授
1981年　名古屋大学法学部教授
現　在　中京大学法学部・大学院法学研究科教授，名古屋大学名誉教授

主要著書

刑法各論〈法律学全集41〉〔新版・新版増補〕（団藤重光と共著）（1980年・1994年）
名誉毀損罪と表現の自由（1983年）
刑法各論（1995年）
刑事法演習〔初版・第2版〕（後藤昭と共編）（2003年・2008年）
報道被害とメディア改革――人権と報道の自由の視点から（2010年）

主要論文

「主体性と刑事責任」団藤重光博士古稀祝賀論文集（2）（1984年）
「刑法の憲法的基礎について」平野龍一先生古稀祝賀論文集（上）（1990年）
「日本刑事法理論の自覚的展開に向けて」柏木千秋先生喜寿記念論文集・近代刑事法の理念と現実（1991年）
「死刑制度と憲法理念」ジュリスト1100号・1101号（1996年）
「『憲法的刑法学』と憲法理論」松尾浩也先生古稀祝賀論文集（上）（1998年）
「刑法と人間――親鸞の地平から」京女法学2号（2012年）

刑事法の基礎〔第2版〕
Basics of Criminal Law, Criminal Procedure, Juvenile Law, Corrections, and Victim Law
(2nd edition)

2008年12月25日　初　版第1刷発行
2013年 3 月30日　第2版第1刷発行

著　者　平　川　宗　信
発行者　江　草　貞　治
発行所　株式会社　有　斐　閣
〔101-0051〕東京都千代田区神田神保町2-17
電話　(03) 3264-1314〔編集〕
(03) 3265-6811〔営業〕
http://www.yuhikaku.co.jp/

印　刷　大日本法令印刷株式会社
製　本　牧製本印刷株式会社

★定価はカバーに表示してあります。

ISBN 978-4-641-04290-2